教师研究的逻辑

王昌民 著

图书在版编目(CIP)数据

教师研究的逻辑／王昌民著. -- 西安：陕西人民出版社，2025. -- ISBN 978-7-224-15787-1

Ⅰ.G451.2

中国国家版本馆 CIP 数据核字第 2025T3M558 号

责任编辑：姜一慧
整体设计：善书设计

教师研究的逻辑
JIAOSHI YANJIU DE LUOJI

作　　者	王昌民
出版发行	陕西人民出版社
	（西安市北大街 147 号　邮编:710003）
印　　刷	陕西天地印刷有限公司
开　　本	787 毫米×1092 毫米　1/16
印　　张	30.25
字　　数	450 千字
版　　次	2025 年 4 月第 1 版
印　　次	2025 年 4 月第 1 次印刷
书　　号	ISBN 978-7-224-15787-1
定　　价	89.00 元

前言

基础教育课程改革需要学校领导、教师"读懂教师";师范院校为基础教育服务也需要学校领导、教师和师范生"读懂教师"。"读懂教师"是叶澜教授提出的一个教育变革命题。如何才能"读懂教师"?需要对"教师"这一教育学基本范畴展开研究,需要对"教师"这一教育现象进行研究,需要对教师"教育影响"活动的规律加以研究,需要对教师"教育影响"效能提升问题加以研究。事实上,从20世纪中叶以来,国内外学者就对教师进行了近百个分主题的研究。这些研究以教师"教育影响"效能为问题焦点。但是,现在还没有把这些研究整合在一起的成果,还没有从"教育影响"的视角进行综合研究的成果,不能为教育领导者、教师和师范生提供一个完整的"读懂教师"的学习资源。本书的写作目的,就在于通过文献研读和梳理,提供一个"教师'教育影响'是复杂多面体"以及"教师作为教育范畴"的复杂性的认识;明了这种"复杂"的逻辑前提是"教"与"学"的复杂性,明晰教师研究各子范畴的问题聚焦和各子范畴之间的基本逻辑关系,从而对教师研究的逻辑有一个全面的认识;建构一个以"教育影响"效能为主轴的逻辑框架。

教师研究的"逻辑"何在?围绕教师"教育影响"和"教育影响"的效能,学者们展开了教师个性特征、教师行为、教师期望、教师效能、教师角色、教师身份认同、教师主体性、教师德性、教师伦理、教师知识、教师信念、教师哲学、教师思维、教师能力、教师情感、教师专业精神、教师文化、教师学习等多个子范畴的研究。这些研究,都可以归结为对教师"教育影响"

效能的前提条件、素质基础、精神支撑和发展动力等方面的探究。赖以回答"教师应该知道什么、能够做什么、教师应该相信什么、教师应该关心什么、教师如何清晰认识'我是谁'"之类的逻辑问题。这些研究也回答了"师范生学习了教育学和心理学为什么还不会教书""为什么学会了教学的所有技术却仍然不适合做教师"的教师认识论问题；回答"教师何以知道怎样的行动是合理的""哪些知能品性影响着教师的行动"的教师价值论问题；回答"哪些因素促成了教师的行动""哪些因素让教师走出职业倦怠的旋涡"的教师动力论问题。这些研究遵循了由外而内、由浅而深、由简单而复杂、由行为到精神、由"专业发展"到"教师学习"、由教师情感到"教师文化"的发展过程，遵循了教育现象的认识规律，为人们理解教师"教育影响"现象提供了知识框架。这些研究，一方面构成了教师"教育影响"效能的逻辑框架；一方面反映了各个子范畴间的逻辑关系，以及子范畴的命题之间的逻辑关系。而且，每一个子范畴的研究都逻辑性地提出了关乎教师发展的根本性问题。逻辑框架、逻辑关系、逻辑问题体现了学者们对教师"教育影响"效能的规律性认识，为教育研究者分析教师"教育影响"效能问题提供了思维工具。对这些逻辑问题、逻辑关系的梳理，旨在用"教师认识论"回应"对作为教师的人的认识"和"对作为人的教师的认识"；用"教师价值论"回应教师对有关教师价值观念、价值品质和教师德性伦理、责任伦理、专业伦理以及教师合作文化等方面问题的认识和理解；用"教师动力论"回应教师对教师"教育影响"之前提条件、素质基础、精神支撑、发展动力、价值导向等问题的认识和理解；用"教师教育改进论"回应从教师研究中所获得的若干启示，如，教师教育课程体系改进、师范院校办学模式改进、师范专业课堂教学模式改进和师范生实习模式改进，以及教师学习方式改进。

  退休后的这几年，我有幸为基础教育学校做一点力所能及的事情。在与基础教育学校成熟教师和高中学校新手教师的接触中，我深深感到，教师们的"关注"焦点很不一样，呈现了"阶段性"特点，正像叶澜教授指出，"教师所处的关注水平可以衡量教师发展的成熟度"。师范生处于"虚拟关注"阶段，新手教师处于"生存关注"阶段，熟手教师处于"任务关注"阶段,而成熟教师则处于"自我更新关注"阶段。不同阶段教师的观念、知识、技能有所不同,导致其自我意识、关注点和发展动力都有很大的不同,表现出一定的复杂性,对教师的自我认识和理解造成了某些困惑;加之课程改革的深化和教师工作的"无边界性"和"不确定性"带来的压力,给教师造成了心理困境。如何帮助教师们化解这种心理困境?是笔者写此书的最初想法。我多年来从事教师教育研究,对师范院校办学特色、人才培养模式、教师教育课程体系和课堂教学模式都有涉及,对教师研究保持着浓厚的兴趣。笔者认为,师范生是未来的教师,师范院校要研究自己的培养对象,必须对教师有一个清晰的认识和理解。因此,从基础教育一线的实际问题出发,从我个人兴趣所致,加之多年的知识积累,是促使我系统地开展教师研究的深层动机。

目录

第一章 绪论 1
- 第一节 教师研究的意义 2
- 第二节 教师研究的目的 5
- 第三节 基本概念分析 7
- 第四节 教师研究综述 16
- 第五节 内容结构安排 38

第二章 教师研究的逻辑 41
- 第一节 教师研究的基本逻辑 41
- 第二节 教师研究的逻辑之理论依据 56

第三章 教师职业的历史考察 82
- 第一节 历史上的教师和教师职能 82
- 第二节 教师形象与地位的历史演变 86
- 第三节 教师专业化的历史变迁 95
- 第四节 中国的师道传统 98

第四章 教师思想的历史遗产 103
- 第一节 古代的教师观念 104
- 第二节 近代资产阶级教育家的教师观念 109
- 第三节 现代教育家的教师观念 115
- 第四节 现代各流派学说的教师观 128

第五章　教师本体研究 ………………………………………… 138
第一节　教师职业的本质 ……………………………………… 139
第二节　教师劳动的创造性 …………………………………… 143
第三节　教师主体性研究 ……………………………………… 149
第四节　教师的角色 …………………………………………… 156
第五节　教师身份认同 ………………………………………… 163

第六章　教师德性研究 ………………………………………… 171
第一节　教师德性的概念 ……………………………………… 173
第二节　教师德性的价值 ……………………………………… 179
第三节　教师德性的主要内容 ………………………………… 182
第四节　教师德性的养成 ……………………………………… 187
第五节　教师的师德修养 ……………………………………… 190
第六节　教师专业伦理 ………………………………………… 192
第七节　教师德育专业化 ……………………………………… 199

第七章　教师行为研究 ………………………………………… 202
第一节　教师行为的特征、类别与标准 ……………………… 203
第二节　国外学者的教师行为研究 …………………………… 207
第三节　教师期望研究 ………………………………………… 217
第四节　国内学者的教师行为研究 …………………………… 222

第八章　教师知性研究 ………………………………………… 236
第一节　教师信念 ……………………………………………… 237
第二节　教师知识 ……………………………………………… 255
第三节　教师哲学 ……………………………………………… 273
第四节　教师思维 ……………………………………………… 278
第五节　教师能力 ……………………………………………… 290

第九章　教师精神现象研究 …………………………………… 304
第一节　教师情感研究 ………………………………………… 305

第二节　教师教育情怀 ·················· 319
　　第三节　教师专业精神 ·················· 329
　　第四节　教师教育家精神 ················ 336

第十章　教师文化研究 ·················· 352
　　第一节　教师文化研究的视角 ············ 353
　　第二节　教师文化模式 ·················· 355
　　第三节　教师文化结构 ·················· 358
　　第四节　教师文化特征 ·················· 361
　　第五节　教师文化功能 ·················· 364
　　第六节　教师文化建构 ·················· 366

第十一章　教师学习研究 ················ 372
　　第一节　教师学习的内涵 ················ 373
　　第二节　教师学习理论 ·················· 385
　　第三节　教师学习实践方式 ·············· 395

第十二章　结　论 ······················ 404
　　第一节　教师认识论 ···················· 404
　　第二节　教师价值论 ···················· 423
　　第三节　教师动力论 ···················· 429
　　第四节　教师教育改进论 ················ 438

参考文献 ······························ 446

第一章

绪　论

教师的作用就是对学生施加"教育影响",用教育社会学的术语来说,即"对学生的身心施加符合社会要求的影响"。[①] 不论是"培养""示范""灌输""熏陶""环境营造",还是"塑造""感化""传道""授业""解惑""激发""引出",归根到底,都是教师对学生"心灵""兴趣""认知结构""价值观念""道德品质""思维品质""行为习惯""学习能力"等施加的某种影响。杜威概括为"教师人格的影响和课业的影响",以及"对于学生的道德和礼貌、特性、语言和交际习惯等具有影响"。[②] 帕尔默概括为"以心灵影响心灵"。[③] 叶澜概括为"教师职业的价值在于对学生心灵成长和发展的影响之中"。[④] 鲁洁给"教育"的狭义定义中指明,教育是"向受教育者施加有目的、有计划、有组织的影响",并且说明"教育影响"是教育过程中的一种"要素"。[⑤] 范梅南用教育学术语表述为"从根本上影响一个人的人生观、政治意识和道德观"。[⑥] 陈向明表述为"教育是一项规范性活动,期望教育者以

[①] 鲁洁,吴康宁. 教育社会学 [M]. 北京：人民教育出版社,1990：423.

[②] [美] 杜威. 我们怎样思维·经验与教育 [M]. 姜文闵,译. 北京：人民教育出版社,2005：57.

[③] [美] 帕克·帕尔默. 教学勇气：漫步教师心灵 [M]. 方彤,译. 上海：华东师范大学出版社,2020：14.

[④] 叶澜. 基础教育改革深化之路怎么走？[J]. 人民教育,2015 (11)：60-62.

[⑤] 鲁洁. 超越与创新 [M]. 北京：人民教育出版社,2001：56.

[⑥] [加] 马克斯·范梅南. 教学机智：教育智慧的意蕴 [M]. 李树英,译. 北京：教育科学出版社,2001：277.

一种正确的、良好的、恰当的方式影响学生。"① "影响"的概念是中性的，容易被理解为"控制"。而"教育影响"，用范梅南的话来说，则是有"教育学意向"的，是有"教育关系"的"影响"，是有"引出"学生内在潜能作用的"反思性"的实践。

"教师研究"就是对教育学基本范畴"教师"的研究，是对教师如何开展"教育影响"的研究。然而，研究者们更关心的问题是，如何提高教师"教育影响"的效能？由于"教育影响"的多层面多向度，不同层面不同向度"教育影响"对教师有不同的素质和品性要求，使得教师成为一个复杂的教育范畴。"教育影响"的多层面多向度，表明了"教师工作的复杂性"，表明了"教育影响"效能问题的复杂性。围绕教师的"教育影响"，学者们展开了多个领域的研究。这些领域的研究，就是"教师"范畴之下的子范畴。如教师的社会责任、教师权力、社会地位、教师劳动的性质等等。更为关键的是，围绕教师"教育影响"的效能问题，学者们从心理学、伦理学、社会学、教育学和哲学等方面开展了深入地研究。如教师个性、教师行为、教师期望、教师效能、教师德性、教师伦理、教师知识、教师思维、教师能力、教师实践智慧、教师专业精神等。这些研究，都可以归结为"教师研究"的子范畴，都可以看作是对教师"教育影响"效能基础方面和动力方面的探究。这些"教师研究"，构成了关于"教师研究"的逻辑框架。这些教师研究的成果，为人们从多个侧面认识教师提供了大量描述性知识，为人们认识教师"教育影响"提供了诸多规范性知识，为人们分析教师"教育影响"的效能问题提供了方法论知识。

第一节　教师研究的意义

第一，基础教育新课程改革对"教师即课程"的定义提出课程创生命题，全面实施"核心素养"培育提出课程融合命题，带来一系列的改革挑战，向

---

① 陈向明. 实践性知识：教师专业发展的知识基础 [J]. 北京大学教育评论，2003（1）:104-112.

广大教师提出了诸多新要求。一是思想观念上的转变。教师在课程改革中的主体地位已经由国家政策做了明确规定。但教师能否真正成为主体，积极主动地参与课程改革，则取决于教师思想观念的转变，取决于教师对作为"人"的教师自身意义的建构。教师对课程改革持怎样的态度？教师有没有参与改革的勇气和经验？教师的课改观念能否灵活地运用于实践？怎样才能"读懂教师"？这些是决定教师能否真正成为课改主体的标志。教师要将"静态积累"的知识观转变为"动态生成"的知识观；将"知识为本"的教学观转变为"素养为本"的教学观；将"知识本位"的课程观转变为"素养本位"的课程观；将"接受学习"的学习观转变为"自主、合作、探究"的学习观。这些观念的转变，是教师作为课程改革主体的先决条件。二是精神境界上的提高。教师作为专业人员，肩负着教育年轻一代、指引年轻一代发展的责任，是学生生命成长的"重要他人"。因此，教师须有丰富的精神世界、热爱事业的教育情怀、追求卓越的专业精神、关怀学生的良好心境，以及公平公正的德性品质。教师精神世界的丰盈，有赖于教师的广泛阅读和行动反思，有赖于教师在与学生的相处中获得良性心理体验，有赖于教师与同伴在共同体中同心合作、互相学习、互相帮助。三是知识结构上的调整。教师即课程，是指教师是最重要的课程资源。要求教师不仅要在学科知识、学科教学法知识、课程知识上有深厚积累，而且要有丰富的个人知识和实践智慧；教师个人的人格作为课程影响学生的发展；教师负有生成课程的责任。因此，教师要不断地学习，自觉调整自己的知识结构。教师的深度学习，强调自我发现的行动性研究、知识创造的学术性研究，通过学习共同体中教师间对话、交流与协作，将产生的经验性知识转变为共同体的知识，促进教师知识结构发生质的变化。四是教学能力上的提升。课程改革对教师教学能力带来新的挑战。以核心素养为本的课程改革，给教师创新教学提供了更多空间。从课程目标的确立到课程资源的开发，从课程内容的选择到课程实施的设计，从挖掘各门课程中的核心素养到学生学习方法指导，都需要教师提升课堂信息选择加工能力、教学监控能力、教学问题解决能力和教学反思能力。五是身份关系上的变化。在教师身份被制度化之后，一方面存在着个体心理性的认同问题和社会认同问题,一方面存在着教师角色的转变和认同问题。在课程改革的大潮中,教师对课程的理解、批判和重构,期待教师由技术熟练者向反思性实践者转变;社会往往对教师有较高的身份期待和道德诉求,而教师自己面对这种期待和诉求则产生了疑惑和焦虑。"教师是谁?""教师怎样转变角色?""怎样才能成为一名好教师?""怎样理解教师即课程?"这类问题关乎教师的教学生活适应、心理压力消解和教学专业发展。教师研究就是要帮助、指导教师释疑解惑。

第二,师范生对"教师研究"的了解,关乎未来教师职业情怀的培养,有利于提升未来教师对教育活动的深度理解,有利于未来教师职业生涯的规划和教学专业的发展。师范生的教师职业认同直接影响其从教意愿,是做好教师职业的心理基础,是从事教师职业的基本心理准备,是教师情感最持久的源动力。师范生对师生关系的关注、对教师成长的了解也会影响他们的职业认同。由于师范生"对教师在成长过程中何时、何地、何种场景下会遇到何种问题,他们需要何种类型、何种程度的帮助不甚清晰",[1] 因而对教师职业的专业特性理解不够深刻,"对教师缺少一种发展观",[2] 体验不深,使师范生对教师的职业认同产生误区,对师范生确立教育职业信念帮助不大,对师范生生成教师专业成长观念、认识教师发展规律帮助不大。师范生要从事教师职业,要对教师职业产生认同,不但需要有对教师职业的意愿、热情和期望,有对教师生活的感知和体验,而且需要有职业的知识、信念、态度、价值和技能,还需要有对教师职业的本质、教师劳动的特点、教师劳动的价值、教师的地位和作用的认识。研究表明,职业认知和职业情感应该是职业认同的核心。[3] 师范生应该明了教育情怀与职业认同、职业情感的关系,明了"教师研究"与职业认同的内在关系。

第三,地方师范院校面向基础教育的"卓越教师培养",全面实施"核心

---

[1] 叶澜. 教师角色和教师发展初探 [M]. 北京:教育科学出版社,2001:199.
[2] 叶澜. 教师角色和教师发展初探 [M]. 北京:教育科学出版社,2001:199.
[3] 王鑫强等. 师范生职业认同感量表的初步编制 [J]. 西南大学学报(社会科学版),2010(5):152-157.

素养"的培育和教师专业发展从诸多层面对教师的知识结构、能力结构和素质结构提出了更新、更高的要求。"卓越教师"的培养既要强化人文素质教育，重视健全人格的塑造，也要重视对教育专业的深刻理解，确立未来教师的教育信念，加深对教师工作本质的认识，为专业能力的形成提供充分的理论知识和思想基础；既要设置多样的学科教育课程，又要健全多样的实践性教学环节，不只是提供模仿性、感受性的实践环节，更应提供体验性、反思性实践环节；既要确立"教师成为研究者"的理念，也要明确教师作为"反思性实践者"的角色定位，深化未来教师的身份认同和身份建构。"卓越教师"的培养必须从教师精神世界的建构上完善课程体系，强化教师教育思维、教师德性伦理、教师审美等方面的课程。因此，地方师范院校必须明了教师成长的规律性，必须明了教师职前培养的着力点，必须明了教师研究的基本问题，迫切需要从师范生对"教师研究"主要问题的清晰了解出发，从师范生知识结构优化这个角度去设置相关课程，优化教师教育课程体系。

第二节 教师研究的目的

"教师研究"以教师之"在"为对象，展开对教师具有的各种规定性的"在者"的研究。也就是说，"教师研究"是指"以教师为对象的研究"，是以"教师"为核心主题的研究，是以"教师"这一教育现象的范畴为内容的研究，而不是指"教师的研究"或"教师自身开展的研究"。各种规定性的"在者"，是指教师这一复杂教育现象各个侧面如个性、知性、德性、品性、主体性和生长性表现出来的教育现象的范畴，是指教师作为教育现象范畴各个侧面的现象研究的本质规定性。这个本质规定性说到底，就是教师"教育影响"的效能问题。教师之"在"，既有教师作为"人"之"在"的规定性，也有教师作为"教师"之"在"的规定性。教师之"在"，本质上是教师"教育影响"之"在"。对教师的研究本质上是对教师"教育影响"效能的研究，是对"教育影响""效能"的基础性研究。

本书所做的研究是对"教师研究"的研究，是把教师研究作为一种"实践活动"的研究，是围绕教师"教育影响"的效能展开的研究。通过对各种"在者"的梳理和反思，清晰地展现教师研究的逻辑，即逻辑起点（教育影响）—问题焦点（教育影响的效能）—效能基础（教师知识、教师思维、教师能力）—教师动力（教师德性、教师信念、教师情感、教师教育情怀、教师专业精神、教师主体性、教师身份认同）—关键点（实践性知识、教师思维方式、教师教学专长、教师教学监控能力）；清晰地展现教师研究各子范畴之间的逻辑联系；清晰地展现教师的"存在"之路，一方面是教师"专门职业"的"存在"之路，如，教师职业的本质、教师社会地位和形象、教师劳动的性质特点、教师个性品质，等等；一方面是教师"精神成长"的"存在"之路，如教师信念、教师知识、教师效能感、教师德性、教师专业精神，等等。不论是对教师职业的本质、教师社会地位和形象、教师劳动的性质特点、教师个性品质、教师知识的研究，还是对教师信念、教师效能感、教师德性、教师专业精神、教师文化等的研究，都是对教师"教育影响"的效能的基础要素或动力要素的研究。前者是教师"教育影响"效能的基础要素，后者是教师"教育影响"效能的动力要素。通过对这些研究的梳理，勾画教师"存在"的逻辑链路和教师成长的规律性。总而言之，本书所做的研究旨在通过理论逻辑的讨论和"实践逻辑"的探究，力图提供一种既能够解释教师实践又能说明教师理论和教师实践之间存在"距离"乃至"鸿沟"的理论。

"教师研究的逻辑"要解决的问题：

第一，对教师具有的各种规定性的"在者"的梳理，旨在明晰教师研究各子范畴的问题聚焦，明确教师"存在"各要素之间的基本逻辑关系，从而对教师研究的逻辑有一个全面的认识。教师研究的逻辑既包含各子范畴间的基本逻辑关系，也包含各个下位范畴的逻辑特性。如教师本体范畴、教师德性范畴、教师知性范畴、教师精神范畴，等等。

第二，对教师具有的各种规定性的"在者"的梳理，旨在明晰教师研究各个层面的问题所在，清楚地认识学者们对提升教师"教育影响"的效能确定的这些主题，本质上是回答"教师应该知道什么、能够做什么、教师应该相信什么、教师应该关心什么、教师如何清晰认识'我是谁'"之类的问题，并且明确这类问题在动态多元情境下的发展态势。

第三，对教师研究中有关各种规定性的各类问题进行文献梳理，通过综述，明晰学者们对这些问题的主题和基本概念、主题结构、逻辑特性、价值逻辑、培育路径等的基本结论，结合教师实践对这些研究做出评价，以形成该主题的逻辑关系，以便形成对教师实践具有解释性的理论，又具有规范性的理论。

第三节 基本概念分析

与教师相关的概念，都具有综合的特性，一是概念本身与教育的背景相联系，二是概念的解释离不开教育活动中教师与其他教育因素的关系分析。教师研究的概念分析，是正确理解教师行为、正确理解教师研究活动的前提，是正确认识教师教育教学实践和教师相关关系的基础，是恰当运用教师研究理论结果的重要环节。石中英教授提出了教育学概念分析中主要的六种类型，也适用于教师研究中基本概念的分析。

一、教师

《辞海》对"教师"的解释是亦称"教员"。在学校中担任教学工作的人员。随着学校的产生而出现。中国古代称为"师"。清末兴办学堂，一度称"教习"。[1]

《教育大辞典》对教师的定义是"学校中传递人类科学文化知识和技能，进行思想品德教育，把受教育者培养成一定社会需要的人才的专业人员。"[2]

对教师概念，不同二级学科从不同视角给予不同的定义。教育学的定义是："教师是年轻一代的培育者，是传递和传播人类文明的专职人员，是学校

---

[1] 辞海编辑委员会. 辞海（第六版）[Z]. 上海：上海辞书出版社，2010：912.
[2] 顾明远主编. 教育大辞典（增订合编本上）[Z]. 上海：上海教育出版社，1998：770.

教育职能的主要实施者，被推崇为'人类灵魂的工程师'"。① 这个定义表明，一是教师是处在师生关系中的，教师与学生的关系是"培育者"与"被培育者"的关系。二是教师承担着"教书育人"的责任。三是明确教师的"专职人员"或"专业人员"的定位。

教育社会学的定义是：教师"是在学校中专门从事教育教学活动的一种特定的角色"。从角色的分析中，确立了教师的形象，"一是知识和技能的代表；二是人生的示范和向导"。②

作为社会角色的教师，一是要承担一定的社会责任。"即对学生的身心施加符合社会要求的影响。"③ 具体地说，就是"立德树人"，要培养学生的集体主义精神、良好的思想品德、掌握扎实的科学技术知识和技能，发展学生个性，培养学生的能力。二是享有教育自由权。"指教师在教育实践活动中所拥有的权限。"④ 包括教科书选用权、课程实施计划制定权、教学形式与教学方法运用权、评价手段使用权。三是教师的社会地位。"社会成员对于教师职业的所有层面进行直觉的综合评价的结果。"⑤

作为学校成员的教师，具有双重角色。对学生来说，教师是教育者；对其他教师来说就是同事。教师因工作需要在双重角色中不断转换，这种转换导致教师容易形成双重人格，使教师往往感受到较为强烈的内心冲突。

作为社会化承担者的教师，"必须成为被学生所认可的权威"。⑥ 教师的权威受四个方面的影响：一是教师的专业素质，二是教师的人格魅力，三是教师的评价手段，四是师生关系。教师热情、和蔼、诚实、谦逊、守信、公正等人格特征可以使学生对教师产生信任感，有助于教师威信的树立。良好的师生关系，有助于学生接受教师的影响。

---

① 王道俊，郭文安. 教育学（第六版）[M]. 北京：人民教育出版社，2009：444.
② 谢维和. 教育活动的社会学分析[M]. 北京：教育科学出版社，2000：195-200.
③ 鲁洁，吴康宁. 教育社会学[M]. 北京：人民教育出版社，1990：423.
④ 鲁洁，吴康宁. 教育社会学[M]. 北京：人民教育出版社，1990：425.
⑤ 鲁洁，吴康宁. 教育社会学[M]. 北京：人民教育出版社，1990：430.
⑥ 鲁洁，吴康宁. 教育社会学[M]. 北京：人民教育出版社，1990：441.

作为社会特殊成员的教师,必须经历特殊的社会化过程。这一过程有四项内容:一是内化教师职业价值,把社会期望教师造就"时代新人"的价值植根于自己的行为意识之中;二是获取从事教师工作所需要掌握的知识和技能;三是认同教师在其教育实践活动中必须遵循的平等关爱学生的规范、教师集体协作的规范、对待家长的规范和教师关乎自身劳动态度的规范;四是形成教师热情、和蔼、耐心、细致、诚实、公正等关爱学生、诲人不倦的职业性格。①

二、教师专业化

英国教育社会学家莱西的定义:教师专业化"是指个人成为教学专业的成员并且在教学中具有越来越成熟的作用这样一个转变过程。"②

顾明远的定义:教师专业优势指"教师成为专业人员或者实现和提升教师专业性的过程"。③

刘湘溶的定义:教师专业化是指教师按照工作岗位的需要,通过不断的学习与训练,获得学科专业知识与教育专业知识技能,实施专业自主,表现专业道德,逐步提高从教素质,取得相应的专业地位的过程。④

莱西的定义侧重于教师专业化对教学的作用。顾明远的定义侧重于教师成为专业人员。刘湘溶的定义较为全面,既涉及教师的专业知识与技能,又涉及专业自主和专业道德。

教师专业化内容包括:(1)要使教师掌握较高的专门(所教学科)的知识和技能体系;(2)经过较长时期的专门职业训练,掌握教育学科的知识和技能,并需经过"临床"实习;(3)要有较高的职业道德;(4)教师需要有不断增强自身的能力,即进修的意识和不断学习的能力;(5)教师有权根据

---

① 鲁洁,吴康宁. 教育社会学 [M]. 北京:人民教育出版社,1990:446-450.
② 刘捷. 专业化:挑战21世纪的教师 [M]. 北京:教育科学出版社,2002:43.
③ 顾明远等. 2004:中国教育发展报告:变革中的教师与教师教育 [C]. 北京:北京师范大学出版社,2004:9-10.
④ 刘湘溶. 简析教师专业化与教师教育专业化 [J]. 中国高教研究,2004(7):22-25.

教育方针和课程标准自主地处理教育教学工作，自主地提出教师资格的要求，并对自己的行为负责；（6）要有职业的专门组织，即行业组织，进行行业自律。①

教师专业化是由教师的职业特点决定的。② 一是教师不仅应该是在学术上的理论先知和行为先知结合的专业人才，也应该是在道德上的伦理先知和楷模先知结合的专业人才。二是教师是人类灵魂的工程师，是社会的良心，社会的脊梁。三是教师职业的传道、授业、解惑和知识创新特点要求教师既会自己从事科学和教学研究，又会指导学生从事科学和教学研究，具有较高创新素质和鲜明专业特点的研究型教师、专家型教师。四是教师是形成教育实践和追求教育目的的两方面的主体，教师爱学生就必须把学生当作主体看待，调动学生的主动性和积极性，挖掘学生潜能。

三、教师专业发展

"教师专业发展"这个概念是一个引进的概念。对中国的教师和教师教育研究者来说，有一个如何理解的问题。一是对"专业"特别是"教学专业"的理解有不同的取向；二是对"发展"的内容和标准有不同的理解；三是对发展的对象指向有不同的理解，有的指向教师个人，有的指向教师组织；四是对"教师专业发展"组词结构有不同的理解，一方面是指"教师专业"的"发展"，另一方面是"教师"的专业发展；五是把"专业发展"与"专业成长""教师发展""教师培训"等交互使用。③

霍伊尔认为，教师专业发展是指在教学职业生涯的每一阶段，教师掌握良好专业实践所必备的知识与技能的过程。佩里认为，教师专业发展意味着教师个人在专业生活中的成长，包括信心的增强、技能的提高、对所任学科知识的不断更新、拓宽和深化以及对自己在课堂上为何这样做的原因意识的

---

① 顾明远. 教师的职业特点与教师专业化 [J]. 教师教育研究，2004 (6)：3-6.
② 郝文武. 关于教师专业化的哲学思考 [J]. 陕西师范大学学报（哲学社会科学版），2003 (6)：111-115.
③ 叶澜. 教师角色和教师发展初探 [M]. 北京：教育科学出版社，2001：225.

强化。富兰和哈格里夫斯认为，教师专业发展既指通过在职教师教育或教师培训而获得的特定方面的发展，也指教师在目标意识、教学技能和与同事合作能力等方面的全面的进步。①

哈格里夫斯和富兰指出，教师发展可以从知识与技能的发展、自我理解和生态改变三个方面来理解。伊文思提出教师发展最基本的是态度上和功能上的发展。态度上的发展包含智识性发展和动机性发展；功能上的发展体现为程序性发展和生产性发展。哈格里夫斯认为，教师专业发展不仅应包括知识、技能等技术性维度，还应该广泛考虑道德、政治和情感的维度。戴的界定是：教师专业发展包含所有自然的学习经验和有意识组织的各种活动，这些经验和活动直接或者间接地让个体、团体或学校得益，进而提高课堂的教育质量。格伦迪和鲁宾逊认为，教师专业发展有三个基本目的与功能：（1）拓展，指教师在原有认知基础上引介和增加新的知识与技能；（2）更新，指用最新成果取代过时的内容，是对原有知识与实践的转换与变革；（3）成长，指教师专业知识与技能程度的提升。戴和萨克斯提出，教师专业发展的基本功能包括三个方面：通过改善实践促进教育政策的推行；通过改进教师表现提高学生的学习成就；提升教学专业的身份与地位。格伦迪和鲁宾逊提出：教师专业发展有两个推动力：一是来自系统的推动力，包括学校和社会等因素的影响；二是个体自身的推动力，受到教师生涯发展阶段和生活经验的影响。凯尔克特曼认为，虽然教师专业发展是一个高度个体化的学习过程，但它不是在真空中发生的，而是个体教师与情境交互作用的结果。② 埃劳特将教师专业发展分为四类取向：（1）"补短"取向，这种取向针对教师知识的过时或者工作的低效予以改进；（2）成长取向，这种取向视教学为一个复杂的互动过程，认为教师可以通过实践中的学习和反思获得成长；（3）变革取向，这种取向认为教育系统需要随着社会文化、经济、技术等的变革而不断重新

---

① 叶澜. 教师角色和教师发展初探 [M]. 北京：教育科学出版社，2001：222 - 223.

② 卢乃桂，钟亚妮. 国际视野中的教师专业发展 [J]. 比较教育研究，2006（2）：71 - 76.

定向，教师应该随着变革而改变；（4）解决问题取向，这种取向把教学看作发生于复杂而具体情境中的过程，教师在解决问题的过程中得到专业发展。[1] 受学习理论的影响，教师专业发展的概念中具有了"教师学习"的内涵，甚至加拿大著名学者、国际教育变革权威迈克尔·富兰表示，用"教师学习"来代替"教师专业发展"。[2]

中国学者对"教师专业发展"的概念做出了"中国式表达"。李瑾瑜教授指出："教师专业发展是不断唤醒和激发以及建立教师职业内在的价值感、尊严感和成就感的过程。""教师专业发展是以学生学习的需要和特性为内在依据的发展过程。"[3] 叶澜教授"把教师专业发展理解为教师的专业成长或教师内在专业结构不断更新、演进和丰富的过程。依教师专业结构，教师专业发展可有观念、知识、能力、专业态度和动机、自我专业发展需要意识等不同侧面。"[4] 赵明仁教授认为："教师专业发展，指教师通过校内和校外的各种正式和非正式途径，所进行的引起教师信念的更新和实践改善的活动过程。具有需求导向、经验分享、实践性和反思性特征。"[5]

综上所述，教师专业发展是一个教师不断学习和发展优质的专业思想、知识、技能和情感智能，提高专业能力的过程。教师专业发展是教师作为人的发展的组成部分，通过合作互动，催生了人的主体意识；通过实践反思，激活了人的经验，生成了个人知识或实践智慧；通过不懈地学习和探究，改变了教师自己的信念、知识和实践。

---

[1] 于泽元. 教师专业发展视野中的高师课程改革 [J]. 高等教育研究, 2004 (3)：55-60.

[2] 毛齐明. 国外"教师学习"研究领域的兴起与发展 [J]. 全球教育展望, 2010 (1)：63-67.

[3] 李瑾瑜. "教师专业发展"的概念特质与实践要义 [J]. 中国教师, 2017 (6)：26-29.

[4] 叶澜. 教师角色和教师发展初探 [M]. 北京：教育科学出版社, 2001：226.

[5] 赵明仁. 教学反思与教师专业发展：新课程改革中的案例研究 [M]. 北京：北京师范大学出版社, 2009：100.

四、教师研究

从严格意义上讲，教师研究并不是一个教育概念，而是一个词组。它表示的是一种对"教师"范畴的专门研究活动。之所以在这里把它作为概念，是为了表述的需要。

教师研究是指国内外教育学者对教师作为教育要素展开的既有分析性、又有综合性的整体性、全面性研究。"教师研究"作为词组可从两个角度去解释，一种是对教师的研究（research on teacher）；一种是教师所从事的研究（research of teacher）。这里的教师研究指第一种情况。对教师的研究内容包括教师特征、教师行为、教师认知、教师德性、教师思维、教师能力、教师角色和身份认同、教师情感、教师专业精神、教师文化等。对教师的研究是基于教育关系的研究，是基于教育活动过程的研究。

20世纪中叶以来，教师研究一直是西方教育研究者瞩目的焦点之一，从关注教师特征和行为的教师效果研究，到关注教师认知加工过程和教师个人实践知识的教师认知研究，再到关注教师与教师之间关系的教师生态文化研究，以及关于教师自我身份认同和自我意义建构的研究，对教师的研究经历了从外在到内在、从个体到关系的重大转换和发展，对教师的认识也越来越丰富和深化。教师行为研究是从教师外显行为方面研究教师技能的获得。教师认知研究则从教师的心理变化、知识获得等方面来研究技能的精深，从教师实践知识的角度，研究教师的思考决策过程和教师的信念。对教师外在的"角色规定"与内在的"身份认同"的研究，促使教师进行自我意义建构，促进教师专业自主发展，实现教师内在的深度改变。

五、教育影响

"教育影响"是一个关系性的概括教育活动功能的抽象概念。教育哲学家定义的教育概念："从广义上说，教育指的是对一个人的身心和性格产生塑造性影响的任何行动或经验。"① 这一概念虽是对"教育"概念的界定，但它明确了"教育影响"的本质和功能所在。"教育影响"是对教师开展的教育活动的功能概括，是对教师自身给学生的感染和熏陶。正如范梅南所说，教师"最好的教育影响不是说教"，"是通过活生生的生活展示出来的，让人看到什么是教育影响的魅力"。②Ⅲ 因此，"教育影响"是对这一类社会现象的抽象概括，是教育过程中的一种"要素"。按照教育社会学家对"教育影响"的论述，"教育影响"包括环境对人的教育影响、教师对学生的教育影响、教育制度和政策对教育活动的影响。在"教师研究"的语境下，主要指的是教师对学生的"教育影响"。

涂尔干在考察了历史上各种类型的教育目的和教育功能之后，得出了教育的定义："教育是年长的几代人对社会生活方面尚未成熟的几代人所施加的影响。"③ 在涂尔干看来，"教育影响"包括在人的意识中确立"权利与义务""社会与个体""智慧与道德""科学与艺术"等观念，以及"塑造社会我""创造新人格"等功能。赫尔巴特从"精神生活的交际和经验"来考察"教育影响"，主要考察"训育"活动中环境、教师对学生性格和心灵的影响。在《普通教育学》第三编"道德性格的力量"中，"影响"是高频词，达 39 次。赫尔巴特说：教师会"通过各种描述来扩大自己的影响范围"，"为各种观念打开精神王国的大门"。④ 在赫尔巴特看来，"思维训练""唤醒心灵""影响心灵""理解力的锻炼""思想范围的形成"都是"教育影响"的途径。需要着重指出的是，涂尔干和赫尔巴特都主张教师的"权威"，主张学生处于"被动状态"。他们认为教师对学生的"教育影响"是通过权威施加的，让学生被动接受。而杜威认为，对教师的权威应该有所限定，"减少到最低限度"，

---

① 陈友松. 当代西方教育哲学 [M]. 杨之岭，林冰，蔡振生，等译. 北京：教育科学出版社，1982：26.
② [加] 马克斯·范梅南. 教学机智：教育智慧的意蕴 [M]. 李树英，译. 北京：教育科学出版社，2001.
③ 张人杰. 国外教育社会学基本文选 [M]. 上海：华东师范大学出版社，2009：8.
④ [德] 赫尔巴特. 普通教育学 [M]. 李其龙，译. 北京：人民教育出版社，2015：56.

主张学生的主动参与和主体地位。杜威概括了教师对学生"心理作用的影响""人格的影响和课业的影响""道德礼貌和语言及交际习惯的影响"。① 他还从环境的角度来看"教育影响"。他说:"社会环境能通过个体的种种活动,塑造个人行为的智力的和情感的倾向。"② "社会环境无意识地、不设任何目的地发挥着教育和塑造的影响。"③ 显然,在杜威看来,"塑造"就是"教育影响"。杜威肯定了"道德观念"和"道德教学"对学生"行为"的影响。杜威认为,教育是经验的改造,而"经验"又是个人内心与环境的交互影响。杜威十分看重学生的主体地位在其接受"教育影响"中的作用,认为学生所受教育影响不是"被动的",而是主动的。他说:"教育并不是一件'告诉'和被告知的事情,而是一个主动的和建设性的过程。"④ 所以,他强调学生的"可塑性",强调"生长",强调"从经验学习"。杜威论述了学校环境带来的"教育影响"是按照它的教育效果深思熟虑地进行调节。他说:"学校当然总是明确根据影响其成员的智力的和道德的倾向而塑造的环境典型。"⑤ 虽然涂尔干和杜威所说的"教育影响"并未指向教师,但任何"教育影响"都是通过教师来施加的。加拿大学者范梅南详细地论述了"教育影响"的概念,他认为,年长者和年幼者的相互影响应该是指向特定方向的。因此,他用"教育学影响"来表达"教育学意向"。并指出,"教育学影响是情境性的、实践性的、规范性的、相关性的和自我反思性的。"⑥ 美国学者西克森米哈利和麦科马克论述了"教师的影响"。他们认为,"一个有影响的教师,是一个能奖

---

① [美]杜威. 我们怎样思维·经验与教育 [M]. 姜文闵, 译. 北京: 人民教育出版社, 2005: 54-57.

② [美]杜威. 民主主义与教育 [M]. 王承绪, 译. 北京: 人民教育出版社, 2001: 22.

③ [美]杜威. 民主主义与教育 [M]. 王承绪, 译. 北京: 人民教育出版社, 2001: 23.

④ [美]杜威. 民主主义与教育 [M]. 王承绪, 译. 北京: 人民教育出版社, 2001: 46.

⑤ [美]杜威. 民主主义与教育 [M]. 王承绪, 译. 北京: 人民教育出版社, 2001: 25.

⑥ [加]马克斯·范梅南. 教学机智: 教育智慧的意蕴 [M]. 李树英, 译. 北京: 教育科学出版社, 2001: 21.

能罚，或在某一知识领域具有非凡驾驭能力的人。""教师如果要对学生的行为产生影响，就必须使学生相信，他掌握了那些他们所渴望掌握的东西。"有影响的教师"往往是'温和''平易近人'和'热情'的。""有影响的教师最大的成功，在于他们能够使通常枯燥乏味的课堂生活转变成学生愉快的经验感受。""教师的热情和献身精神是使学生进入有意义学习活动的媒介。"可见，教师实现"教育影响"的条件是热情、有活力、"有吸引学生注意的特殊的思维方式"。①

澳大利亚墨尔本大学教育研究所约翰·哈蒂教授（原新西兰奥克兰大学教授）用了15年的时间，综合分析了关于影响学生学业成就的800项元分析数据，概括出了138个影响学生学业成就的因素，按六大类别（学生、家庭、学校、教师、课程、教学）分别加以比较、阐释和总结，指出"对学业成就影响最大的因素是教师"，而且效应量最大的两类因素"课程"和"教学"，也是与教师密切相关的。因此，哈蒂教授呼吁教师："认识你自己的影响力"②。认为教师成为自己教学的学习者，会大幅提升"自己的影响力"；主张教师给学生以即时的"形成性反馈"，提供"下一步做什么"的信息③。哈迪教授对教师"教育影响"的研究深入到了学生的学习领域，用证据来表达教师"教育影响"的"效应量"。由此可见，教师的"教育影响"在教师的教学领域和学生的学习领域具体表现为"反馈"和"评价"。

第四节　教师研究综述

前已述及，教师研究以教师之"在"为对象，展开对教师具有的各种规定性的"在者"的研究。教师之"在"，既有教师作为"人"之"在"，也有

---

① ［美］西克森哈利·麦科马克. 教师的影响［A］. 瞿葆奎. 教育学文集：教师［C］. 吴慧萍，译. 北京：人民教育出版社，1991：63.
② ［新西兰］约翰·哈蒂. 可见的学习：对800多项关于学业成就的元分析的综合报告［M］. 彭正梅、邓莉、高原、方补课，译. 北京：教育科学出版社，2015，5-6.
③ ［新西兰］约翰·哈蒂. 可见的学习：最大程度地促进学习（教师版）［M］. 金莺莲、洪超、裴新宁，译. 北京：教育科学出版社，2015，188.

教师作为"教师"之"在"。从教师各种规定性的"在者"出发，教师研究以三个维度展开，一是以教师的本体维度的研究，如教师职业的本质、教师劳动的创造性质、教师主体性、教师的角色与身份认同、教师德性等。这种研究虽然是本体维度的研究，但却对教师的认知维度有促进作用。二是教师的认知维度的研究，如教师的教育观念、教师知识、教师思维、教师能力、教师实践智慧等。三是教师情感维度的研究，如教师信念、教师效能感、教师情感、教师教育情怀等。

一、国外教师研究的学科特点

国外对教师的研究主要从心理学、社会学、伦理学等方面入手。

1. 心理学方面的研究

国外教育心理学领域的大量研究探讨了教师的知识结构、能力、信念、教学效能感、课堂行为、人格特征、角色、期望等针对教师的研究。从20世纪50年代开始，出现了对教师心理学的研究。苏联学者于1954年出版了《苏联教师心理学概论》，美国心理学家林格伦于1956年出版的《教育心理学》中有"教师心理学"的章节。

教师心理学研究的内容主要有：教师的角色、教师的知识、教师的信念、教师的个性品质、教师的行为、教师的人格特征、师生互动、教师的职业生涯、教师的压力和职业倦怠等。对教师人格的研究，早期研究者是应用人格特质理论，以期发现教师的人格特质对学生的心理能力和学习成绩的影响，借以从人格特质上区分好教师与差教师。瑞安斯的研究支持了早先那种关于教师个性特征和学生动机之间的关系的假说。斯波尔丁发现教师的条理性和学生学习成绩之间呈正相关。20世纪60年代Rushton等人根据学生对教师讲课效果的等级评价，总结出两个成功的教学所必需的个性维度。这两个维度分别是：成就取向（aehievement orientation），由管理能力、智力、忍耐力和职业责任感等特质组成；人际取向（interpersonal orientation），由影响力、非权力性、非防御性及自我同一性等特质组成。后来，他根据研究又增加了课堂行为方面的两个维度：即魅力，由对某一课程的兴趣及表达能力等构成；

组织才能（organization），指能够有条理地、系统地组织教材和课堂活动。研究表明，在这四个维度上得分高的教师，往往被学生评价为优秀教师。[①] 从20世纪80年代中期开始，信息加工派的研究者开始研究在教学活动中专家和新手之间的差异，以期揭示教师复杂的心理行为。这些研究表明，与新手教师相比，专家教师在课堂经验、理解教学事件和解释课堂事件方面有更丰富、精巧的知识结构。总的来说，心理学研究教师的根本目的是学生的发展，着力于探讨教师的特征与学生发展之间的因果关系。

对教师的心理学研究其逻辑基于教师的人格特质和教师行为对学生的"教育影响"。如瑞安斯的研究证实了教师的个性特征对学生动机形成的"教育影响"。又如，斯波尔丁发现教师的条理性和学生学习成绩之间呈正相关。还有，"惩罚性教师"对学生的创造性人格会产生负面的"教育影响"。[②]

对教师的心理学研究其局限性在于，对教师作为行为主体的内在影响因素关注不够，有重行为、重结果的倾向，而忽视了教师的认知过程，没有关注教师认知和行为的相互作用。

2. 社会学方面的研究

从20世纪30年代开始，一直到80年代，社会学围绕教师的社会出身、教师的社会地位、教师的角色、教师的期望、教师的作用、教师的社会责任、教师的社会权利等方面展开研究。社会心理学集中注意课堂群体的各种特征，如，群体的社会气氛、决策过程以及参与和领导模式，还有对师生课堂互动行为类型的研究。关于教师在社会中的作用，功能论强调教师把思想、价值与信仰传播给学生的作用；冲突论认为教师是社会劳动力再生产的工具；解释论从微观上分析教师对学生自我概念形成和社会化过程的作用。[③] 有代表性的著作是1932年出版的沃勒著《教学社会学》、哈格里夫斯著《知识社会

---

① 辛涛，林崇德. 教师心理研究的回顾与前瞻[J]. 心理发展与教育，1996（4）：45-51.

② [美]奥苏贝尔·鲁宾逊. 教师的个性特征[A]. 瞿葆奎. 教育学文集：教师[C]. 马立平，译. 北京：人民教育出版社，1991：229.

③ [瑞]胡森. 教育百科全书（教育社会学卷）[Z]. 刘慧珍，译. 重庆：西南师范大学出版社，2011：120.

中的教学》、芝加哥大学的社会学家洛蒂著《学校教师——社会学研究》。

社会学研究认为,社会职业的地位排序,"主要考虑三个标准:声望、财富和权力"。在工业化国家的地位排列中,"往往把教师放在中产阶级职业的末端和那些被认为是专业职业的底层。教师所获得的尊重明显不如其他更安全的职业:医学、法律和政府部门。""教师获得的工资与他们的声望成比例","教师的权威限定于学生、学校和课程事务方面。"①

教育社会学把教师角色的概念区分为三种:一是行为角色,用来指具有教师特征的行为;二是社会职位角色,指教师所享有的身份或社会职位;三是角色期望,指教师所拥有的期望。因此,对教师的行为角色理解要受到背景、部门和职能的限制,即只考察教师指向本部门另一社会地位的成员所表现的那部分角色,或者只考察教师的某一职能或不同的行为。由于教师受到了许多不同的行为期望的约束,故在教师角色研究的文献中,有三种不同的期望模式,一种是研究教师行为的规则,一种是研究教师偏好,还有一种研究教师信仰。这三种期望模式是不可交换的。"当教师面对两个或多个权力高于他们的人抱有互相矛盾的期望时,他们可能会非常不舒服。这种情形造成了所谓的'角色冲突'。"②比德尔认为,教师解决角色冲突的方式是根据教师个性特征的"自我定向"或"他人定向"选择"顺从"或"妥协"。③美国学者格兰布斯将教师角色分解为两大类:一是学习指导者,包括学习成绩评判者、有知识者、维护纪律者、学生所信任者、道德气氛的创造者、学校中的受雇者、教育传统的支持者;二是文化传播者,包括中产阶级文化守护者、青年人楷模、理想主义者、思想界先锋、有文化教养者、社区事务参与者、社区中的陌生人、社会公仆。④

---

① [瑞]胡森. 教育百科全书(教育社会学卷)[Z]. 刘慧珍,译. 重庆:西南师范大学出版社,2011:163-164.
② [瑞]胡森. 教育百科全书(教育社会学卷)[Z]. 刘慧珍,译. 重庆:西南师范大学出版社,2011:165.
③ [瑞]胡森. 教育百科全书(教育社会学卷)[Z]. 刘慧珍,译. 重庆:西南师范大学出版社,2011:166.
④ 马和民. 新编教育社会学[M]. 上海:华东师范大学出版社,2002:102.

教育社会学还研究了教师与教育变革的关系。一是教师如何看待教育变革。豪斯对教师关于变革的态度和认知进行了研究，认为教师一般对太多的变革缺乏信心，因为变革推行者所设想的条件和教师面对的情境完全不同。教师间存在的差异是很大的，对变革的态度、认知、选择也不同。① 二是变革推行者怎样获得对教师的理解。哈格里夫斯等人认为，合作是变革的力量。变革的程度与教师的合作程度高度相关。合作文化是变革实施成功与否的关键性的内在因素。② 三是如何指导教师变革。麦克唐纳尔等人认为，教师领导者应缩小与教师的距离，不要过度推销和强迫。要重视教师组织起到的积极作用。③

3. 伦理学方面的研究

从 20 世纪 80 年代始，随着教师专业化理论研究而兴起，侧重于教师的专业伦理研究，从伦理关系维度分析教师伦理的专业特性。教师专业伦理成为教师专业化的重要维度，是专业成熟的标志。美国全国教育协会以实证研究为基础，于 1929 年制定了《教学专业伦理规范》，期望以理想的教师形象带动教师伦理建设。此后又进行了四次修订，形成了《教育专业伦理规范》，在尊重学生的个性自由、鼓励学生的创造精神、提高教师的教育劳动社会责任心、反对教师的职业利己行为等方面，提出了更为具体的道德要求。1975 年，美国全国教育协会对《规范》进行了第五次修订，教师职业伦理的指导思想发生了一些实质性的变化，主要表现在师德理想方面，明确提出了"保障教与学的自由，让每个人都享有平等的受教育权""教育工作者承担维护最高伦理标准的责任"等核心要求，把教师专业自主、专业伦理、专业服务等教师"专业特质"纳入了《规范》之中。《规范》提出："教师的第一天职即为求索真理，达至卓越，孕育民主。"④ 20 世纪 80 年代，美国教师教育协会（AACTE）在要求新教师必须掌握的知识中也明确提出了教师应当掌握专业合

---

① 钱民辉. 教育社会学概论 [M]. 北京：北京大学出版社，2010：216.
② 钱民辉. 教育社会学概论 [M]. 北京：北京大学出版社，2010：217-219.
③ 钱民辉. 教育社会学概论 [M]. 北京：北京大学出版社，2010：221.
④ 陈桂生. 教师伦理价值：规范体系刍议 [J]. 中国教师，2008 (11)：12-16.

作、专业伦理、法律权利和责任等方面知识的主张。教师需要在专业中达到一定的标准，如职业守则或标准中的能力、底线或伦理等要求。1987年《国际教师工作与教师教育百科全书》较为通俗地解释了专业标准的内涵："专业化教师，即工资高，训练有素，有能力和愿意继续学习，有工作动力，为自己的工作感到自豪，对学生、家长和社会有责任心的教师"。① 美国教育哲学家索尔蒂斯为探索"教学的具体品德"，从管理型、治疗型、解放型三种教学实践讨论品德，论证了"好的教师既要学会一组道德品德，也要学会一组实用的品德，这两组品德会有助于教师符合我们所能理解到的这个专业最好形式所必备的绝对优秀性之一切要求。"一是"学识丰富"，二是"关心学生和关心学习"，三是"高度的热情"，四是"对学生的学习结果全盘负责"，五是以身作则、身体力行。在三种类型教学实践之中，道德品德包括诚实、方正、公平、公正待人，理智品德包括合理、虚心、尊重证据、反省思考和有思虑的怀疑等。② 加拿大多伦多大学教授伊丽莎白·坎普贝尔在《伦理型教师》一书中针对当今西方教师伦理危机，从教学一线捕捉种种教师的伦理冲突，勾勒出教学情境中教师的伦理知识与决策行动，提出了教师"伦理知识"的概念，阐述了教师的伦理责任。

西方有关教师伦理研究主要有四个取向。③ 一是专业取向。专业取向的研究主要从教育（或教学）作为一门专业的立场出发，以社会中相对成熟的专业为参照，认为教育（或教学）要想成为一门专业，需要以坚实的知识或技能作为基础，而且要提供独特的社会服务、履行某种特殊的社会职能。二是实践取向。实践取向的研究主要是从教学实践是一种"道德或智慧的活动"的视角出发，认为教育（或教学）作为一种特殊的社会协作活动，是一种具有自身"内在利益"或"卓越标准"的实践，这种"内在利益"或"卓越标

---

① 王小飞. 当代西方教师专业伦理研究与发展现状述评 [J]. 中国教师, 2008 (12): 13-16.

② [美] 索尔蒂斯. 论教学的品德和实践 [J]. 吴棠, 译. 华东师范大学学报（教育科学版）, 1986 (3): 1-8.

③ 张宁娟. 国外教师伦理研究新进展 [J]. 中国德育, 2010 (4): 55-58.

准"就是满足或促进他人的学习。而要实现这种"内在利益",就需要教师拥有某种德性。三是规范取向。规范取向的研究从教学实践或教师专业视角分析已有教师专业伦理准则在教育、教学或管理过程中的应用及其面临的冲突或困境。有些研究从理论上分析教师伦理准则制定的核心问题和一般维度,有些研究针对已有教师专业伦理准则(主要是由政府或教师专业团体制定的)的文本进行批判性分析。四是实证和跨学科取向。这是一种研究范式取向。美国教育界的理论工作者把教育伦理问题的研究与教育学、教育心理学、教育行为科学等研究结合起来,以期为培养教师的职业道德品质提供广泛、深入的理论论证。

关怀伦理视域下的教师伦理研究认为,当关怀伦理学应用到课程实践(特别是道德教育)的时候,有四个主要的组成要素:示范、对话、实践、证实。[①] 示范性关怀主要是向学生展示何为关怀、关怀的意义是什么;对话则允许我们与学生一起讨论关怀的话题;实践不仅意味着参与关怀的活动,还意味着创造一系列的关怀态度与关怀智慧,从而反过来提升关怀活动;证实意味着需要对别人的优点给予鼓励和肯定,但不是以一种口号式或简单化的态度进行证实,而是通过长期建立起来的基于信任的关系进行证实。诺丁斯强调,关键一点是,使关怀关系成为可能的相互尊敬的关系:"必须以关怀之心对待别人,任何一个道德的人都不能逃避这个要求。"[②]

二、中国学者教师研究的学科特点

1. 心理学方面

中国学者对教师的研究,均运用实证研究方法,直接指向了教师的教学思维领域。俞国良、申继亮、辛涛等人采用教师教学效能量表对382名中学教师及其相应的在校大学生进行了测查,探讨了教师教学效能感的心理结构。因素分析结果表明,教师教学效能感可以分为一般教育效能感和个人教学效能感两个方面。通过对可能影响教师教学效能感因素的考察发现,教龄因素

---

① 张宁娟. 国外教师伦理研究新进展[J]. 中国德育, 2010 (4): 55-58.
② 张宁娟. 国外教师伦理研究新进展[J]. 中国德育, 2010 (4): 55-58.

对教师一般教育效能感和个人教学效能感有不同的影响，随教龄的增加，教师的一般教育效能感呈下降趋势，而个人教学效能感表现出上升的倾向。[1] 申继亮、辛涛等人对教师教学监控能力的实质、构成以及提高等问题开展了系统的研究工作，论述了教师教学能力的结构、特征、作用机制、发展特点。[2] 他们还采用内隐理论的研究范式，对教师教学监控能力的培养进行研究。根据研究，他们把教师的教学能力分为四个方面，即教师的认知能力、操作能力、监控能力和动力系统，每个方面又包括许多子成分。研究表明，根据其在教学过程的不同阶段的表现形式不同，教师教学监控能力主要包括以下几个方面：计划与准备性、课堂的组织与管理、教材的管理、言语和非言语的沟通、评估学生的进步、反省与评价性和对职业发展的意识。研究发现，教师教学监控能力受其知识、观念、动机、情绪情感等个人因素的影响。另外，环境因素对教师教学监控能力也有明显的影响。研究表明，教师教学监控能力的发展会促进其教学认知水平的提高和教学行为的改善；教师教学监控能力的发展最终会显著地促进学生学科能力的发展，也会明显地提高学生的学习成绩。[3] 沃建中、申继亮研究了中小学教师自我概念发展问题。他们采用量表测试和访谈的方法，对323名中小学教师做实证研究，确立了中小学教师自我概念发展的维度，即主体自我（个体对自己的认识评价），镜像自我（个体对他人对自己的态度与看法的觉知），理想自我（个体所希望的自我形象）。每个维度之下又分为身体自我、社会自我、职业自我、人格自我等几个子维度。研究结论：一是中小学教师自我概念的发展是平稳的；二是中小学教师自我概念各子维度的发展是不平衡的；三是中小学教师主体自我的性别差异

---

[1] 俞国良，申继亮，辛涛. 教师教学效能感：结构与影响因素的研究 [J]. 心理学报，1995 (2)：159 – 166.

[2] 申继亮，辛涛. 论教师教学的监控能力 [J]. 北京师范大学学报（社会科学版），1995 (1)：67 – 75.

[3] 申继亮，辛涛. 关于教师教学监控能力的培养研究 [J]. 北京师范大学学报（社会科学版），1996 (1)：37 – 45.

显著；四是文化程度对中小学教师自我概念发展的影响不显著。① 曾拓、申继亮等人运用调查与实验的方法，研究教师教学问题诊断能力及其影响因素。作者认为，教师的教学问题诊断调查涉及教学目标、教学内容、教学方法、师生互动四个方面；教师的教学问题诊断能力，即教师发现教学问题、分析教学问题的能力是教师能力的重要组成部分；教师的教学问题意识是影响其教学问题诊断能力的首要因素；教师的知识和经验是其教学问题诊断能力的重要影响因素。研究结果表明：（1）在整体上，中小学教师的教学问题诊断能力比较低，而且中小学教师之间，不同类型学校的教师之间不存在显著差异。原因在于教师教学反思水平较低，很少深入开展教学分析、教学决策等教师思维活动，还与教师所掌握的条件性知识严重偏少，实践性知识贫乏有关。（2）教师在教学目标方面的教学问题诊断能力显著低于教学内容、教学方法、师生互动三个方面的教学问题诊断能力；应该着力提高教师的教学分析、教学决策等教学反思能力，从而增强教师在教学目标方面的教学问题诊断能力，这是提高教师的其他教学问题诊断能力的关键。（3）教师的一般性教学问题意识、教师的条件性知识和实践性知识对其教学问题诊断能力有显著的预测作用。② 耿文侠、申继亮等人运用实证研究的方法，对影响教师反思水平的心理因素进行深入的研究。作者认为，可以通过研究教师的反思态度与其反思倾向的关系，进而通过影响和改变教师的反思态度来实现教师思维的正面价值，发挥教师反思在其专业发展中的作用。研究结果证明，教师的反思态度，即教师的专心、虚心、责任心对教师的反思倾向具有解释和预测作用。教师对教学工作专心致志，可以直接影响其好奇心、思维的暗示性和秩序性，还可以通过影响教师的虚心和责任心程度来影响其反思倾向。③ 俞国良等人对教师心理健康问题做了系统的研究，包括教师心理健康的现状、问

---

① 沃建中，申继亮. 中小学教师自我概念发展的研究 [J]. 心理发展与教育，1993（3）：18-22.
② 曾拓，张彩云，申继亮. 中小学教师教学问题诊断能力的研究 [J]. 教育理论与实践，2005（6）：29-31.
③ 耿文侠，申继亮，张娜. 教师反思态度与其反思倾向之关系的实证研究 [J]. 教师教育研究，2011（6）：30-33.

题类型、成因、影响因素、对学生发展的影响、调适与对策等。①

中国学者从心理学方面对教师的研究，均以国外学者研究成果为基础开展进一步的研究，如教师教学效能感的心理结构、教师自我概念、教师教学问题诊断能力等。教师的反思态度与其反思倾向的关系研究，从实践的角度验证了杜威关于反思态度对反思倾向具有影响作用的理论。

2. 社会学方面

中国学者从教育社会学多个分支学科角度对教师进行了大量的研究。鲁洁教授在其《教育社会学》一书中，从社会责任、社会权利和社会地位等方面分析了作为社会成员的教师；从角色特征、工作群体和地位形成等方面分析了作为学校成员的教师；从社会化的角度分析了同时作为社会化承担者和承受者的教师。吴康宁教授等人研究了课堂教学的社会因素、社会文化、社会过程、社会行为，对教师课堂角色的类型进行了研究。该项研究由教师的言语行为来区分其课堂角色类型，教师的言语行为按"工作领域"分为五大类，即提问、要求、评价、答复及其他，由此相应导出教师课堂角色的四种总体类型。一是定向者。以"提问"为主，所提问题本身基本上规定了学生思维的内容与性质，故提问实际上对学生的课堂参与起着一种定向作用。二是定向·定规者。教师在提问的同时也向学生提出"要求"，以确立某种规范。三是定向·定论者。教师在课堂中经常对学生进行"评价"，力图通过加强评价来调整学生的课堂行为。而评价常常是一种"给定的结论"。四是定向·定规·定论者。教师的提问、要求与评价这三大类言语行为并用。教师课堂角色还有分项类型，分别是引导者、建议者、放任者、强制者、鼓励者、矫正者。研究指出：教师作为对学生施加教育影响的正式权威，其社会角色的一个主要范畴是课堂角色。② 他们认为，课堂教学文化中既有规范文化，也有非规范文化；既有教师文化，也有学生文化；既有主动文化，也有受抑文化；既有学术性文化，也有日常性文化。这些类型的文化之间有着非常复杂的关系。③ 叶子、庞丽娟研究了师生互动的本质、结构和特征。社会学主要是

---

① 周雪梅，俞国良. 教师心理健康问题：类型、成因和对策[J]. 教育科学研究，2003（3）：51-54.
② 吴康宁，等. 教师课堂角色类型研究[J]. 教育研究与实验，1994（4）：1-8.
③ 吴康宁. 课堂教学社会学[M]. 南京：南京师范大学出版社，1999：119.

从角色及其相互之间的行为过程这一角度来理解师生互动的，也就是教师和学生这两类角色间相互作用和影响的过程。师生互动具有如下性质：一是教育性，二是交互性和连续性，三是网络性，四是组织化和非正式化相结合，五是非一一对应性，六是系统性和综合性。① 钱民辉研究了教师与教育变革的关系，认为可以从三个方面来分析教师与教育变革的关系。一是教师如何看待教育变革。教师对待教育变革的看法是复杂的，一般从需要和"回报"、变革的确定性来具体分析。二是变革推行者怎样获得对教师的理解。合作与互动是实现变革成功的重要因素。通过对教师的培训，加强彼此间的互动和理解。三是如何指导教师参与变革。一方面是指导教师做自我分析，提高教师对变革的认知，一方面是发挥组织的作用，弘扬合作文化。② 周正对教学活动本质进行社会学分析，认为教学活动不仅仅是一种促进个体社会化的活动，同时也应是一种平等的文化创造的活动。③ 谢维和研究了教师尊严的社会基础，认为师生关系是所有教育关系和规范的微观基础。教师尊严的社会基础在于，一方面是教师代表和体现着中国传统教师文化道统和理想信念，另一方面是教师在知识传授上的权威性和学校知识的真理性。④

中国学者从社会学方面对教师的研究既有基于国外学者研究的基础，也有自己的领域知识开拓，如教师的社会责任分析、教师的课堂教学角色、师生互动的性质、教师尊严的社会基础等都有一定的开拓性。课堂教学社会学的研究运用了实证研究的方法。

3. 伦理学方面

中国学者的研究既涉及德性伦理方面，也涉及规范伦理方面，还有专业伦理方面的研究。陶志琼、宋晔等人论述了教师德性的概念内涵、教师德性的主要内容和教师德性的价值。陶志琼认为，教师德性为教师创造良好的职业生活之可能性，使教师成为人师打下了人格基础，教师德性是教师敬业乐

---

① 叶子，庞丽娟. 师生互动的本质与特征 [J]. 教育研究，2001 (4)：30 – 34.
② 钱民辉. 论教师与教育变革的关系 [J]. 教育理论与实践，1996 (6)：16 – 21.
③ 周正. 教学活动本质的社会学分析 [J]. 教学与管理，2006 (2)：7 – 9.
④ 谢维和. 教师尊严的教育基础：谈教师怎样才能得到学生的尊重和敬仰 [J]. 人民教育，2016 (2)：17 – 21.

教的内在动力。① 宋晔认为，教师德性是对教师在遵守教师道德规范基础上的更高的道德要求。从教师的职业性质来看，它的核心内容就是教师关怀、教师宽容和教师良心。② 薛晓阳顺应教师伦理研究的趋势，从哲学视角研究教师德性，探讨了教师德性的哲学基础。他认为，在教师德性的思考中，人们逐渐远离了哲学的批判精神，用生活化的伦理态度代替道德哲学的思辨，最终以"无私"和"奉献"为核心内容的善良道德赢得了最后的裁决，成为教师德性的哲学基础和逻辑基点。他在古代希腊哲学中，找到了把对外部世界的发现和人内在潜能的张扬理解为德性的本质，是"至善"的真正内涵，得出了与善良论相对立的德性观，即德性的本质是以知识和智慧为核心的创造，从而揭示出创造不仅是一个知识论的问题，而且也是一个德性论的问题，道德创造性具有生活伦理的实践价值，它构成生成性道德的重要基础。因此，他提出了超越圣洁，就是重新思考教师德性的真实内涵，是要从根本上回答教师德性的真正意义。③ 檀传宝探讨了教师的道德人格及其修养中的策略和尺度问题。教师的道德人格建设需要教师具有坚定的"学为人师"的职业信念和进行知行合一的职业道德实践。教师要成功进行自己的人格修养，必须在两个层面上采取"取法乎上"的策略。一是在人生层面努力确立自己的终极价值体系和生活与人格的理想；二是要充分认识教育事业的神圣价值，努力确立自己的职业理想。教师人格修养的审美尺度，就是要进行师表美的建设。④ 杜时忠以教师的不道德行为为例来探讨教师的道德从何而来的问题，指出教师道德首先来源于社会对于教师职业的切实保障，而不仅仅是教师教育培训这一种途径。要妥善处理教师素质与教师待遇、个人道德与社会道德的关系。⑤ 甘剑梅论述了教师不应该扮演道德家的社会角色。她认为，在多元文

---

① 陶志琼. 关于教师德性的研究 [J]. 华东师范大学学报（教育科学版），1999（1）：38-44.
② 宋晔. 教师德性的理性思考 [J]. 教育研究，2005（8）：48-52.
③ 薛晓阳. 超越"圣洁"：教师德性的哲学审视 [J]. 教育研究与实验，2001（2）：19-25.
④ 檀传宝. 教师的道德人格及其修养 [J]. 江苏高教，2001（3）：75-78.
⑤ 杜时忠. 教师道德从何而来 [J]. 高等教育研究，2002（5）：79-82.

化的时代中，教师不再只是一个道德的呈现者，而更多扮演道德阐释者的角色，同时，教师也不能以道德家的心态进行教育，道德家的心态就是专制的心态，它必然导致教育的强制与暴力，其直接的后果是教育的反道德性。[①] 赫鸿雁分析了当代中国教师面临的教育伦理问题。一是当前中国教育权威处于一种转型期的失序状态：主要包括传统式的教育权威失败；现实的教育权威失范；理想的教育权威失落。传统的以教师权威的天然合理性为基础的教育伦理秩序必将被一种现代的、建立在道德证明或道德印证基础上的教育伦理秩序所取代。二是市场经济社会的利益导向，对传统的教师伦理产生深刻影响，当代中国教育必须面对市场社会，确立教师伦理道德的基本地位。[②] 张西方探讨了教师德性伦理的结构体系与运行机制。他认为，教师德性伦理是一个完整的结构体系，主要包括师生伦理关系、教师伦理人格、教师伦理责任、教师道德义务、教师伦理精神等。教师德性伦理的内在制约机制由权利意识、义务意识和责任意识三部分组成。外部法律制约机制对教师德性伦理运行机制发挥着宏观上的决定作用，而内部制约机制则是启动教师德性伦理运行机制的直接动因。[③]

檀传宝论证了教师专业道德概念建立的历史必然性。他认为，由一般性的教师"职业道德"向专业特征更为明显的教师（或教育）"专业道德"的方向观念转移实际上是经验型教师向专业型教师转变的一个重要方面。他对比分析了国家出台的《中小学教师职业道德规范》存在的对于教师工作的专业特性反映不够、《规范》的制定随意性大，不全面、不具体等问题，提出了在承认专业性存在的前提下开展教师道德规范的制定工作，专业性地推进教师专业道德建设的建议。他进一步指出，认可教师道德的专业性，认可教师专业道德与专业生活、专业发展的内在联系，是我们正确理解和推进教师的

---

① 甘剑梅. 教师应该是道德家吗：关于教师道德的哲学反思 [J]. 教育研究与实验，2003（3）：25–30.

② 赫鸿雁. 当代中国教师面临的教育伦理问题 [J]. 黑龙江高教研究，2003（4）：84–85.

③ 张西方. 教师德性伦理的结构体系与运行机制 [J]. 山东师范大学学报（人文社会科学版），2004（1）：100–102.

专业道德建设的前提。① 金生鈜论证了"教育的技术化状态"带来的不良后果,"对于教师的品质要求就降低为对教学技能的要求,忽略了教师的伦理感和目的感的培养","忘记了教师的道德人格以及师生关系的道德性具有的重要的教育意义,消解了教师的教育行动的道德性,从而使教师的行动失去了道德的维度"。他认为,"教育是一种道德性的实践""教师的工作是一种整体的伦理实践""好的教师就是具有道德的教师""教师的专业发展应主要是教师的道德发展""合乎道德要求的教育,才是真正的教育,合乎道德要求的教师才是真正的好教师。"② 徐廷福论述了我国教师专业伦理的建构。他基于我国传统师德的生成方式及局限的分析,认为我国传统师德的生成方式存在着"身份伦理"和个体经验来源等特点,使得传统师德存在着职业特点不明显和代表性不强等弱点。因此,引导粗糙、抽象和一般的传统师德过渡到全面、具体、规范的教师专业伦理,是当前我国教师专业化建设不可忽视的内容。当前我国教师专业伦理在建构过程中应当实现两个转换:一是从身份伦理向专业伦理转换,充分考虑教育教学工作的特殊性,彰显行业特色,形成有别于其他专业或职业的特殊伦理规范;二是从经验方式到理论方式的转换,借助理论的指导作用,通过演绎的方法去建立相应的伦理规范。③ 傅维利等论述了我国教师职业道德规范的基本体系和内容。作者把教师道德分为对待教育事业的道德、对待教育对象(学生)的道德、对待其他教师和教师群体的道德、对待学生家长或其他社会人员的道德,而把道德规范分为道德理想、道德原则和道德规则,分析了这四种道德产生的四种关系范畴,列出了四种关系中涉及的三层次道德规范的内容。作者认为,道德理想体现着教育专业至善至美的道德境界,具有激励功能;道德原则是指导教师职业行为的准则和依据,具有指导功能;道德规则是对教师职业行为的最低要求,具有约束

---

① 檀传宝. 论教师"职业道德"向"专业道德"的观念转移[J]. 教育研究, 2005(1): 48-51.
② 金生鈜. 何为好教师:论教师的道德[J]. 中国教师, 2008(1): 18-22.
③ 徐廷福. 论我国教师专业伦理的建构[J]. 教育研究, 2006(7): 48-51.

功能。①

我国学者教师伦理研究借鉴国外研究成果，结合中国教师伦理和教师专业道德建设的国情特点，在三种取向上有一定的拓展。一是规范取向，旨在追求教师专业道德建设，以教师为道德主体，重在规约教师的教育行为；二是专业取向，旨在适应教师专业化发展的要求，以教师为专业主体，重在改善教师的专业品质；三是实践取向，旨在切实促进教师专业化发展，以教师为实践主体，重在提升教师的实践智慧。

三、教师研究的方法论特点

1. 教师研究的方法论特点体现教育研究方法论的特点

教育研究方法论是揭示和解决教育研究对象与方法之间的矛盾时所采用的思维方式以及由手段、办法所组成的理论系统。教育研究方法论为研究方法提供理论基础、提供标准和规范，也证明研究方法与研究对象的适切性。研究者的方法论水平决定了研究者的研究素养和研究能力，体现了研究者思想方法的科学性和创造性。当研究者的知识积累达到一定程度，研究能力的决定因素就是受方法论水平制约的思想方法的批判性与创造性。② 教师研究是教育研究中一个范畴的研究。教师研究的方法论特点体现了教育研究方法论的特点，即在哲学方法论的指导下，将教育学科的研究方法系统化，形成教育方法论体系，同时也包含着研究的具体方法。在方法论方面，主要有实证主义、实践认识论和现象学等，这些方法论为教师研究提供了很好的视角。

2. 教师研究以运用比较研究方法为主

在现代历史学研究中，兴起了一种新的研究方法，称"历史比较研究方法"。历史比较研究方法是"系统地对比两个或两个以上的社会或制度""经常拿彼此不同的东西对照着看的意思"。在教育理论研究中，运用这种方法，可以对历史上那些既有历史差别性，又有某种历史联系性或共同性的历史现

---

① 傅维利，朱宁波. 试论我国教师职业道德规范的基本体系和内容 [J]. 中国教育学刊，2003（2）：52-56.

② 叶澜. 教育研究方法论初探 [M]. 上海：上海教育出版社，2014：23-26.

象进行比较分析,从而得出许多新的结论;引入历史比较研究方法,有助我们对以前忽视的一些历史现象形成新的认识。① 教师研究也可以运用历史比较研究方法。通过对教师研究历史过程的分析,了解教师研究中研究方法的运用特点,了解研究方法与研究对象的关系,从而达到了解教师研究方法论特点的目的。如美国学者贝格丽对比古希腊亚里士多德和柏拉图的美德伦理,并借鉴"实践智慧"的概念,探讨教师的伦理德性和理智德性。②

除了历史比较的方法之外,还有一般比较方法的运用,特别是在教师知识研究、教师思维研究和教师能力研究中,采用新手教师和专家型教师的比较。如有学者在教师学科教学知识的研究中,比较了两类教师在理解学生思维、诊断学生错误想法与所采用教学策略方面表现出的明显差异。与非专家教师相比,专家教师更了解学生的错误想法与难点,所采用的策略倾向于从学生错误概念的本质入手,而非专家教师则直接引导学生掌握运算规则。③

3. 教师研究的方法也具有学科特点

如教师个性研究采用心理测验的方法。瑞安斯1958年、1960年和1961年对教师个性特征所做的一次最大规模的研究,"支持了早先那种关于教师个性特征和学生动机之间的关系的假说。"④ 罗森塔尔系统梳理了实验心理学家通过对照实验对主试期望效应的研究,得出教师对学生表现的期望可作为这些学生表现的部分决定因素的观念,这就是罗森塔尔效应。他指出,这类研究对从事教育研究具有方法论的意义。⑤ 这些研究是建立在实验、观察和测量基础上的自然科学研究范式。教师角色冲突研究采用社会调查的方法。伯纳

---

① 王坤庆. 关于教育研究方法论的探讨 [J]. 黄冈师范学院学报, 2005 (1): 72-81.
② 张磊. 西方教师德性研究的肇始、发展与问题 [J]. 教师教育研究, 2016 (3): 108-114.
③ 李琼, 倪玉菁, 萧宁波. 小学数学教师的学科教学知识: 表现特点及其关系的研究 [J]. 教育学报, 2006 (4): 58-64.
④ [美] 奥苏贝尔, [美] 鲁宾逊. 教师的个性特征 [A]. 瞿葆奎. 教育学文集: 教师 [C]. 马立平, 译. 北京: 人民教育出版社, 1991: 229.
⑤ [美] 罗森塔尔. 教师期望及其对儿童的效应 [A]. 瞿葆奎. 教育学文集: 教师 [C]. 张云高, 译. 北京: 人民教育出版社, 1991: 252.

姆调查研究过角色扮演者所感受到的对角色的各种期望。①

4. 教师研究多采用多学科方法相结合研究的特点

20世纪70年代以来西方的教师研究除受到认知心理学、人类学和信息加工理论的影响外，还受到现象学、个人概念心理学、社会互动理论、社会批判理论和社会语言学等各种学术思潮的影响。② 教师效能研究既包括采用变量法来研究教师效能影响因素，还有多维度考察的"条件—过程—结果"三元分析法。③ 国外关于师生课堂互动类型的研究方面，既有聚焦于学生学习结果的实验和比较，还有师生之间社会相互作用的分析，也通过一系列课堂观察工具对课堂中教师行为、学生学习行为、课堂情景的观察，进行严格的量化统计和分析，从而获得教师行为与学生成果的关联，也呈现出心理学、社会学、统计学等多学科方法相结合研究的特点。④ 教师行为研究是"过程—结果"研究，把过程变量视为研究的重点。"所谓过程变量是指课堂教学情境中可观测的教师与学生的行为，以及教师与学生之间的互动。""教师教学行为研究把部分现象与情境抽离出来成为变量，忽略其脉络，无法完全理解教学的整体现象，无法全盘把握教学过程中教师与学生的意图，研究结果受到怀疑。"⑤ 教师的实践性知识的研究，植根于课程研究和教师教育，多运用一些人种学的、社会学的和跨学科的方法。关于教师信念研究的方法，帕加里斯认为，完全可借用医学、法学、人类学、社会学、政治学、商学和心理学的研究成果和方法。他认为，这些学科的研究已经获得大量有关信念的有价值的研究信息，如自我效能感是社会认知理论的一个重要概念，自我感知和自我评价是现象学和人文学科理论研究的重要基础。这些内容同时也正是教师教育信念研究的重要组成部分。研究者认为，在教师信念研究中对环境的主

---

① [美]格雷斯. 教师和角色冲突 [A]. 瞿葆奎. 教育学文集：教师 [C]. 戴玉芳，译. 北京：人民教育出版社，1991：204.
② 兰英. 当代国外教师教学思想研究 [J]. 比较教育研究，2000 (4)：32-37.
③ 王晶莹，李新璐，等. 国外教师效能研究概览 [J]. 世界教育信息，2016 (8)：37-41.
④ 张建琼. 国内外课堂教学行为研究之比较 [J]. 外国教育研究，2005 (3)：40-43.
⑤ 钟启泉. 国外的"教师研究"及其启示 [J]. 网络科技时代，2007 (1)：6-10.

观设计和控制法、教师在接受刺激后的边想边说法、追溯谈话法和追踪调查法都是较为理想的教师信念研究方法。① 教师心理研究遵循心理科学研究的方法论。其一，是唯物辩证法，即教师心理中的任何研究课题，都应以辩证唯物主义为指导思想。其二，是系统方法论。教师心理的研究是以普通心理学和教育心理学为理论基础的，同时也要进行跨学科、跨文化的交叉研究，综合运用多种研究方法，采用多种变量设计，引进现代科学技术手段，以扩展教师心理科学研究的深度和提高研究的精确性。教师心理的研究必须遵循客观性原则、发展性原则和实践性原则等。②

5. 把实证研究和解释性研究结合起来

20世纪90年代以来，解释学、建构主义理论使人们对教师的研究有了新的理解。研究者逐步偏爱解释性的研究方式，他们通过参与性的观察和大量的个案研究，以期发现教师某些特征对其教学效果和学生发展的影响机制，其中最典型的代表是关于教师知识的研究。③ 研究人员已越来越认识到，教师在理解教学中发挥着重要作用，他们对教学拥有独特的知识，教师的教与学应放在其发生的环境中去体察和理解，即把当前的课堂事件和教师的个人经历和对教与学的认识、教学所处的社会文化环境联系在一起去理解和解释教学，从而不断建构起教师个人对教与学的理解力。现在，研究者开始把实证研究和解释性研究结合起来，以解释性研究得到某种构想，而以实证性研究进行验证。④ 舒尔曼和他的学生所进行的案例研究，就是把实证研究和解释性研究结合起来的事实证明。案例研究不仅详细阐释了教师学科内容知识的内涵，而且使有关教师能力的讨论前所未有地丰富起来。朱小蔓教授对创造性教师的研究，以现象学、释义学、存在哲学的"视域融合"来指导理论研究，

---

① 兰英. 当代国外教师教学思想研究 [J]. 比较教育研究, 2000 (4): 32-37.
② 韩进之, 黄白. 我国关于教师心理的研究 [J]. 心理发展与教育, 1992 (4): 36-42.
③ 辛涛, 林崇德. 教师心理研究的回顾与前瞻 [J]. 心理发展与教育, 1996 (4): 45-51.
④ 辛涛, 林崇德. 教师心理研究的回顾与前瞻 [J]. 心理发展与教育, 1996 (4): 45-51.

从教育思想史中找到其发展与演变的线索和轨迹，形成一定的"理论视域"，运用了文献分析和深度访谈的研究方法。对教师的教学案例进行分析，对优秀教师进行有主题的深度访谈，形成研究个案，追踪其成长史，探索创造性教师的活动范型以及支配着这些活动范型的教师教育观念，是实证研究和解释性研究结合的典范。①

教师研究的方法论表现出层次性、综合性、系统性的特点。一是既有具体学科的研究方法，也有多学科方法的综合运用。二是既有研究范式的层次、也有分析模式的层次，还有具体的方法运用，更有观察、测量工具以及调查问卷的制作。三是既有教师个性心理与行为特征的研究，又有教师社会行为的分析；既有分析的经验主义的方法，也有解释学的现象学的方法。特别是现象学内在地契合了教育的实践本性，内在地契合了教师研究的综合性。范梅南指出："现象学方法论提出的是不作任何假设的研究方法，换句话说，这种方法论力图避免任何对程序、技术和概念进行预先构思的倾向。"② 现象学方法论的综合性、系统性特点就在于不事先限定于某种特定方法，而应"回到事物本身"，根据研究的实际需要采取适合研究具体内容的研究方法。

四、教师研究的历程特点

1. 教师研究起源于对教师行为的研究

因不同研究者的视点不同，对行为研究的称谓也不同，如从目的视点看称为教师效能研究，从关注视点看称为教师特质研究，从方法视点看称为教师行为研究。早在 20 世纪 20 年代末，查特斯和韦普尔斯、巴尔等人就已经开始了对教师行为的研究。20 世纪 60—70 年代随着"过程—结果"研究范式的兴起，有关教师行为的研究尤其繁多。20 世纪 80 年代末以后由于"过程—结果"研究范式的衰微，教师行为研究日渐减少。早期的教师研究主要集中于教师的某一方面特征或教师的教育行为与学生身心发展以及学生学习成

---

① 吴安春，朱小蔓. 对创造性教师的研究 [J]. 上海教育科研，2002 (5)：4-8.
② ［加］马克斯·范梅南. 生活体验研究：人文科学视野中的教育学 [M]. 宋广文，译. 北京：教育科学出版社，2016：36.

绩之间的相关研究，如教师人格特征与学生学习成绩的相关研究，教师知识结构与学生发展之间的关系研究，教师期望对学生成绩的影响研究。

教师行为研究蕴含的前提是"教师是学生学习和发展过程中最重要的影响者，也是决定学校教育质量的关键。"[①] 教师行为研究的方法是采用变量法来研究教师效能的影响因素。通过教师效能的测量研究教师特质。因此，教师特质的研究焦点在教师效能。但是，由于研究者对"教师效能"有不同的定义，因而出现了多种研究范式。如阿莫尔认为教师效能是教师影响学生完成学习任务的"信念"；古德从教师指导学生在标准化成就测验中得到比预期高的结果来定义教师效能；瑞恩从教师能使学生达到一些特定教育目标定义教师效能；马什认为教师效能主要是教学效能，可从9个维度进行评价。[②] 由于研究者对结果变量的把握有疑虑，逐渐过渡为集中研究过程变量，多数研究者把重点移到教师行为的研究上，旨在探讨教育教学环境中教师的行为规律。早期的教师行为研究未能触及教师创新行为的研究，诸如教师创新行为的特征、结构、表现及其条件等问题。另外，教师研究侧重于教师效能，即教师行为对学生学习的影响，尚未涉及影响教师行为的认知因素分析。

2. 教师研究经历了一个从行为主义到认知主义再到建构主义的历程

行为主义理论下的教师研究关注的是教师教学行为研究，它试图寻求教师行为和学生学习成绩之间的关系，关注教师的认知活动如何影响他的教学行为，教师哪些行为可以导致学生有效学习的发生。

随着认知理论的发展，有关教师和他们的心理生活的研究在20世纪80年代开始发生转变。人们认识到支配教师行为的是其背后的决策，而支持教师决策的是他们对教学的信念、想法和对课堂的感知和判断。教学意味着教师进入复杂的思维过程。研究者认为仅仅从教师可见的外部行为不足以揭示教学过程，最终决定教师教学行为的是教师的教育思维过程。教师的教育观念属于教师教育思维的组成部分与产物。[③] 以教师为焦点的教学研究指向了

---

① 王晶莹，李新璐，等. 国外教师效能研究概览 [J]. 世界教育信息，2016 (8)：37-41.

② 王晶莹，李新璐，等. 国外教师效能研究概览 [J]. 世界教育信息，2016 (8)：37-41.

③ 易凌云. 教师个人教育观念 [M]. 北京：教育科学出版社，2010：2.

"教师思维研究"和"教师知识研究",前者研究"分析了决定教学的核心要素——教师在教学中实现的选择与判断的思维活动"。"教师的思维研究"把教师界定为"决策者"。① 研究教师就要研究教师的心理生活。这种心理生活或者用"决策"来表示,或者通过其"信念、原则和假设"表现出来,或者通过教师个人的、实践的知识反映出来。研究者对教师教育思维的研究不断深入,研究的内容从横断描述、揭示教师教育思维的性质和现状(教师有什么样的教育观念)逐步扩大到纵向描述、解释教师教育思维的发展过程(教师教育观念是怎样形成和发展的)。②

从20世纪80年代中期开始,课程研究发生了"范式转换",从"课程"转向了"教师"。教师研究领域,"一跃而为教育研究的核心领域","所寻求的是教育经验的质,是教育问题的结构性解决"。③ "教师的知识研究"是基于两种需求:一方面探索构成专业教育内容的"知识基础",一方面探索教师在课堂教学中运用的"实践性学识"的内容和性质。④ 兴起于20世纪70年代中的教师认知研究涉及教师决策、教师知识和教师发展等多个研究主题。在教师的认知研究中,"教师学习"成为一个前沿课题,"主要指在一定人为努力或外部干预下的教师专业知识、能力的生长变化。"⑤ 转向"教师学习"意味着突出教师学习的日常性和主动性,也意味着突出教师知识的内生性和建构性。20世纪80年代中期教师学习领域的兴起,所反映的其实是认知理论中的建构说对于早期传递说的胜利——正是因为强调学习者的主动建构而不是教育者的简单传递,才会有研究重心的下移和对于教师学习的重视。⑥

---

① [日]佐藤学. 课程与教师 [M]. 钟启泉,译. 北京:教育科学出版社,2003:387.
② 易凌云. 教师个人教育观念 [M]. 北京:教育科学出版社,2010:2.
③ [日]佐藤学. 课程与教师 [M]. 钟启泉,译. 北京:教育科学出版社,2003:384.
④ [日]佐藤学. 课程与教师 [M]. 钟启泉,译. 北京:教育科学出版社,2003:388.
⑤ 刘学惠、申继亮. 教师学习的分析维度与研究现状 [J]. 全球教育展望,2006(8):54-59.
⑥ 毛齐明. 国外"教师学习"研究领域的兴起与发展 [J]. 全球教育展望,2010(1):63-67.

3. 教师研究视角从外在的标准性规定转向内在的教师自我认同

把教师的职业认同作为单独的领域进行研究，是近20年的事。最早是古德森于1994年对教师职业认同相关概念的辨析。沃克曼和安德森在1998年提出了教师职业认同的定义。他们认为，职业认同是一个复杂的过程，是人格自我形象和教师必须遵循角色之间动力平衡的过程，与角色、自我、自我形象、自我人格、职业自我有高度相关。教师职业认同的研究方法主要是教师生活史研究、教师访谈、理论分析等。布利克森提出了教师职业认同的三因素模式，认为教师认同形成和确立从理论上可以区分为个人的、集体的、相互的三大因素，每个因素中又包含了认知、情感、行为和社会四个方面。可见，职业认同是个人因素和社会因素共同作用的结果。教师职业认同的核心是教师的自我认同和建构。① 教师职业认同的研究也体现了对教师研究的心理学取向与社会学取向的结合。

4. 教师德性研究随着对教师职业专业化的关注而兴起

教师道德伦理在20世纪80年代中后期才真正被系统研究，并逐渐发展成教师规范伦理学派和德性伦理学派。前者以美国学者斯特莱克和索尔蒂斯为代表，提倡以教师伦理规范和义务作为教师道德依据；后者以芬斯特马赫、索科特、卡尔等学者为代表，在继承亚里士多德的德性伦理传统的基础上，主张教师个体的道德品质是有道德依据的。前者关注教师的行为表现和结果；后者关注教师作为行为者本身，主要研究教师本人的品质、良好的品格，认为教师德性是与教师的优秀品行、品质、人格紧密联系在一起的。进入90年代，教师德性以思辨研究为主，对理论进行了大量的探索，并形成了一些基本的理论观点，包括教师德性目录，教育活动本身与美德的内在联系，美德与情感、动机、理性的关系，教师德性如何养成，教学技术和教师美德的关系，重新定义学校教学中的专业主义等。进入2000年以后，教师德性问题得到空前重视。美国国家教师教育认证委员会（NCATE）发布《中小学、大学以及有关教育机构的专业认证标准》（以下简称《标准》），指出在教师专业

---

① 沈之菲. 近十年西方教师认同问题研究及启示［J］. 上海教育科研，2005（11）：10 – 13.

化背景下，对教师"知识和技能"的关注要逐渐转向教师应该具备哪些"品质"，并且提出了教师个体品质的具体要求。NCATE《标准》的发布标志着教师德性研究在西方正式进入了研究的新高潮。大批以教育哲学为主的研究深化了教师德性理论，同时还进行了大量的实证研究。因此，教师德性研究已经从纯思辨逐步进入实证研究。[①]

第五节 内容结构安排

第二章对"教师研究"的基本逻辑及其理论依据进行综述。概括出教师研究逻辑的框架。

第三章和第四章是对教师研究发生学逻辑和历史逻辑的考察。发生学逻辑表明了伴随教师职能活动的发展，教师的"教育影响"也从自发性演变为专业性，凸显了教师"教育影响"效能的日趋复杂性。历史逻辑表明了教育学家们都从教师的角色定位考察"教育影响"的效能问题。

第五章是对教师研究本体论逻辑的分析。论证教师的"存在"是一种主体性存在，创造性存在，精神生长性存在，这种存在特性构成了教师"教育影响"效能的基本动力。确证了教师职业的本质是道德实践的服务性劳动，是创造性劳动。在服务性和创造性劳动中，教师自我认识、自我理解、自我确信、自我塑造、自我实现、自我超越，承担社会责任，扮演社会角色，实现身份认同，获得专业发展的动力。

第六章是对教师德性作为教师"教育影响"效能的基础研究。论证教师德性从根本上奠定了教师"教育影响"的品质基础和伦理基础，是教师提高"教育影响"效能的支撑力量和规范力量。教师德性包括品质德性、理智德性和创造德性三个方面的概念内涵。教师德性的内在价值在于提升教师的职业生活，确立教师精神发展方向，追求教师善和教师自由。教师德性的外在价值在于教师的榜样作用，教师本身作为教育的资源使学生受益。教师德性有8

[①] 张磊. 西方教师德性研究的肇始、发展与问题［J］. 教师教育研究，2016（3）：108－114.

个方面的内容：即教师关怀、教师公正、教师宽容、教师爱心、教师耐心、教师敬业、教师真诚、教师创造。

第七章以教师行为研究的逻辑展开，综述和梳理学者们运用分析、比较、实证等方法，对教师行为产生"教育影响"及其效能的一系列研究活动，从而展现了教师特征、教师行为、教师效能、教师期望等在"教育影响"效能方面的特殊作用。

第八章是对教师素养的核心构成要素的研究，是教师"教育影响"效能的重心部分。教师的"教育影响"内在地蕴含着教师如何判断自己采取的"教育影响"行动是否合理、合情的心理因素。教师的判断和行动决策以信念和知识为基础，以教师哲学为指导，以思维品质、思维方式、思维能力为支撑，以实践性知识、实践智慧、教师效能感、教学监控能力、教学专长为关键点，构成了教师"知能品性"的逻辑链条。

第九章研究的四种教师精神现象是跃升到教师精神动力层面的研究，是教师"教育影响"及其效能的更高层面。四种教师精神现象之间具有内在的逻辑关系，并且与教师的"存在特性"、教师德性、教师信念等都有因果性、生成性的逻辑关系。

第十章教师文化研究从深层次揭示了教师"教育影响"及其效能的制约因素，揭示了教师文化中教师工作特征、教师教育观念、教师行为引出的个人主义取向和封闭保守等问题，解释了教师在教育变革和专业发展中教育观念和教学行为转变的机理，论证了教师文化建设的核心在于专业学习共同体的建构，在于合作文化模式的生成，在于教师之间开展合作、对话、互动、探究、反思等活动。证明了教师合作文化和专业学习共同体的建构是提升教师"教育影响"及其效能的合理举措和最佳途径。

第十一章论述了教师学习是与教师专业发展相联系的实践活动，是教师知识、信念、思维、能力、情感、德性、身份认同诸方面都能提升的综合性活动，促使教师从学习的被动性和单一性中走出来。表明教师学习的目的指向"学会教学"，指向对学生学习的有效指导，指向教师"教育影响"效能的提升。对教师学习的多维分析，促使教师全面理解学习的多重功能，了解教师学习与教师素质的密切逻辑联系。揭示了教师学习与教师合作文化构建的共生性逻辑关系。

第十二章从教师研究对"教育影响"效能问题的梳理中，从各子范畴间逻辑关系的梳理中归结出"教师认识论"逻辑、"教师价值论"逻辑和"教师动力论"逻辑。"教师认识论"回应"对作为教师的人的认识"和"对作为人的教师的认识"。"教师价值论"回应教师的价值观念、价值品质和教师德性伦理、责任伦理、专业伦理以及教师合作文化方面的问题。"教师动力论"回应"教师能够做什么"的支撑动力和发展动力问题。

从教师研究中获得了对教师教育的诸多启示，在"教师教育改进论"中得以回应。一是教师教育课程体系改进；二是教师教育模式改进，包括师范院校办学模式、人才培养模式、教学模式的改进；三是师范生实习模式改进；四是教师专业学习方式的改进。

第二章

教师研究的逻辑

第一节 教师研究的基本逻辑

一、教师研究的基本逻辑框架

1. 教师研究子范畴间的逻辑关系

逻辑既是认识的规范，又是理解的工具，还是思想的方法。"教师研究"就是对教育学基本范畴"教师"的研究，是对教师如何施加"教育影响"的研究。然而，研究者们更关心的问题是，如何提高教师"教育影响"的效能。由于"教育影响"的多层面、多向度，不同层面、不同向度"教育影响"对教师有不同的素质和品性要求，使得教师成为一个复杂的教育范畴。"教育影响"的多层面多向度，表明了"教师工作的复杂性"，表明了"教育影响"效能问题的复杂性。围绕教师的"教育影响"，学者们展开了多个子范畴的研究。如教师的社会责任、教师权力、社会地位、教师劳动的性质，等等。这一类研究虽未涉及"教育影响"，但是在社会层面上制约着教师"教育影响"效能的发挥。更为关键的是，围绕教师"教育影响"效能的问题，学者们从心理学、伦理学、社会学、教育学和哲学等方面开展了深入的研究。如教师个性、教师行为、教师期望、教师效能、教师德性、教师伦理、教师信念、教师知识、教师思维、教师能力、教师实践智慧、教师教学专长、教师情感、教师教育情怀、教师专业精神等。这一类研究还涉及它们之间的逻辑关系。

比如，教师德性使教师期望更为主动和有效；教师的人格特点会影响教师期望的形成；教师的知识会促使教师期望的针对性更强；教师德性的情感成分促使教师产生积极情感，并与教师的职业幸福体验联系起来；教师对自己身份、角色的认识和理解会促使教师生成情感意识；教师信念是教师情感劳动优化的内动力；教师教育情怀构成教师身份认同的内生力；教育情怀的自身向度包含着教师主体性；教师专业精神既受教师德性和教师信念的主导，又对教师专业文化、合作文化的构建有促进作用；教育家精神是教师情感、教师教育情怀、教师专业精神和教师信念、教师德性、教师主体性的内容"集成者"和功能"集成者"，是教师精神现象的最高"凝聚者"和最终"升华者"。简言之，子范畴间的逻辑关系是丰富的，是有特殊教育价值的。

围绕教师的发展问题，学者们开展了教师学习研究、教师文化研究。教师学习的专业特征表现在多维整合功能，强化其与教师信念、教师知识、教师思维、教师能力、教师身份认同、教师主体性等的逻辑联系，把教师知识、信念、思维、能力等支撑性要素逻辑地整合在一起。教师文化研究主要是关注教师群体行为和教师之间的互动，强调以人为本、强调合作主义，倡导学习共同体，主张塑造共同价值观等，建立了教师文化与教师知识、教师信念、教师思维、教师能力、教师德性、教师的自我认同、教师形象、教师情感、教师教育情怀和教师专业精神的密切逻辑联系。

教师研究子范畴间贯穿着教师对教育关系的认识和理解，贯穿着教师对教育价值的判断、选择和评价，贯穿着教师素养和精神状态对"教育影响"效能的支撑和提升。因此，教师研究子范畴间的逻辑关系可以归结为"教师认识论""教师价值论"和"教师动力论"的关系。

2. 教师研究的基本逻辑框架

上述研究，都可以归结为"教师研究"的基本范畴的研究，都可以看作是对教师"教育影响"效能基础方面和动力方面的探究。这些"教师研究"构成了关于"教师研究"的逻辑框架。这些研究遵循由外而内、由浅而深、由简单而复杂、由行为到精神、由"专业发展"到"教师学习""教师文化"的发展过程，遵循了教育现象的认识规律，为人们认识"教师"作为教育范畴的复杂性，为人们理解教师"教育影响"现象提供了知识框架，为教育研究者分析教师"教育影响"效能问题提供了思维工具。通过对"教师研究"的文献梳理，概括出教师研究逻辑框架：即"起点"（教育影响）——"主轴问题"或"逻辑焦点"（教育影响的效能）——"前提条件"（教师个性特征、教师行为、教师效能、教师形象）——"素质基础"（教师德性、教师信念、教师主体性、教师知识、教师思维、教师能力、教师教学监控能力、教师实践智慧、教师教学专长）——"精神支撑"（教师情感、教师教育情怀、教师专业精神、教育家精神、教师主体性、教师身份认同、教师劳动的创造性）——"价值导向"（教师文化、教师学习）——"关键点"（教师实践性知识、教师实践智慧、教师思维方式、教师教学专长、教师自我效能感、教师教学监控能力、教师合作文化、教师专业学习共同体）。教师研究具有综合抽象和主题转换的逻辑特性。各子范畴间存在着因果性和制约性的逻辑关系。子范畴中存在着基于"教育影响"效能的根本逻辑问题。

二、教师研究的逻辑起点

对于任何理论体系来说，要确保其"系统性和内在联系性"，都必须确立逻辑起点；而确立逻辑起点必须"以某一门学科理论的大量积累为重要基础"，必须"经过认真地研究探索之后，才能逐步明确起来。"[①] 郭元祥认为，逻辑起点范畴具有四个方面的规定性：（1）是整个理论体系对象的最简单、最一般的本质规定；（2）是构成体系对象的最基本单位；（3）是以"胚芽"的形式包含着体系对象整个发展中的一切矛盾和可能；（4）是认识历史发展的起点。[②] 教师研究已经积累了有关教师各个侧面的大量知识，虽未形成子学科，但也初步形成了若干理论，具有了研究领域的初步形态，这种初步形态有自己的独特认识对象，有最简单、最抽象和最常见的范畴。教师研究的对象最简单、最一般的本质规定是"教育影响"，它也有其历史起点——"教师

---

① 冯振广，荣今兴. 逻辑起点问题琐谈 [J]. 河南社会科学，1996（4）：56-58.
② 郭元祥. 教育学逻辑起点研究的若干问题思考：兼与有关同志商榷 [J]. 教育研究，1995（9）：30-34.

效能",且体现着一定的社会关系。冯契在论述"如何把握对象的具体真理以再现对象的具体总体"时,提出"弄清一个领域里原始的基本的关系",作为确定研究的逻辑起点的一般方法。[①] 因此,"教师研究"也应该具有自己的逻辑起点。按照"逻辑起点表现着或者说承担着一定的社会关系"的规定性,[②] 教师研究的逻辑起点是涂尔干提出的"教育影响",而且也是从历史实践中抽象出来的。涂尔干在分析教育的定义时指出:"教育是年长的几代人对社会生活方面尚未成熟的几代人所施加的影响。"他还提到了教师所施加的"教育影响"的"效能"问题。[③] 第斯多惠在论述"人的主动性"时指出:"教师的一言一行,常常影响学生,都会给学生带来希望和活力。"[④] 赫尔巴特在论述"训育"时,多次提到对学生"性格和心灵的影响"。[⑤] 乌申斯基主张"从人性中吸取教育影响的手段。"[⑥] 杜威也指出"教师人格的或课业的影响"。[⑦] 陶行知主张"教师以人格影响学生。"[⑧] 鲁洁用教育社会学术语表达,"对学生的身心施加符合社会要求的影响"。[⑨] 帕尔默概括为"以心灵影响心灵"。[⑩] 叶澜概括为"教师职业的价值在于对学生心灵成长和发展的影响之中"。[⑪] 可见,"教育影响"正是体现了教师与学生之间原始的教育基本关系。从教师对

[①] 彭漪涟. 论"原始的基本关系":冯契关于辩证分析逻辑起点的一个重要思想 [J]. 华东师范大学学报(哲学社会科学版),2002(1):32-35.

[②] 瞿葆奎. 教育学的探究 [M]. 北京:人民教育出版社,2004:355.

[③] 张人杰. 国外教育社会学基本文选 [M]. 上海:华东师范大学出版社,2009:8.

[④] [德]第斯多惠. 德国教师培养指南 [M]. 袁一安,译. 北京:人民教育出版社,2001:23.

[⑤] [德]赫尔巴特. 普通教育学 [M]. 李其龙,译. 北京:人民教育出版社,2015:134-136.

[⑥] [俄]乌申斯基. 人是教育的对象:教育人类学初探 [M]. 郑文樾,译. 北京:人民教育出版社,2007:26.

[⑦] [美]杜威. 我们怎样思维·经验与教育 [M]. 姜文闵,译. 北京:人民教育出版社,2005:57.

[⑧] 陶行知. 陶行知教育文集 [M]. 成都:四川教育出版社,2017:186.

[⑨] 鲁洁,吴康宁. 教育社会学 [M]. 北京:人民教育出版社,1990:423.

[⑩] [美]帕克·帕尔默. 教学勇气:漫步教师心灵 [M]. 方彤,译. 上海:华东师范大学出版社,2020:14.

[⑪] 叶澜. 基础教育改革深化之路怎么走 [J]. 人民教育,2015(11):60-62.

学生的"教育影响"的如下事实，可以看出，教师的"教育影响"中无不包含"原始的教育基本关系"，即师生间互动交往关系。如，激发学生的学习兴趣、训练学生的思维、对学生传授结构化的知识、训练学生的基本技能、让学生掌握学习和思考的方法、让学生形成良好习惯、唤醒学生的自我意识、改变学生固有的观念、陶冶学生的性格、为学生树立道德榜样。

三、教师研究的逻辑特性

"研究的逻辑特性，主要指概念特性和理论的真理特性。"[①] 教师研究的逻辑特性，遵循教育研究的范式，既有逻辑思辨，又有实践探究。

一是教师研究概念的综合特性。教师概念具有社会定位、社会角色、社会地位、社会责任和社会期待等多方面的含义，由此决定了教师概念的综合特性，也由此决定了教师研究的概念具有综合特性。教师概念是在教育背景和关系分析中建构的，教师研究必然离不开关系的分析，如师生关系、教师与同事的关系、与家长的关系、教师研究子范畴之间的关系等；也离不开教育的社会背景分析；如教师的社会地位、教师劳动的性质、教师的社会角色、教师职业的专业性等。"多元、比较、整合"作为教师研究"概念自身的形成与发展逻辑，也体现了综合"，[②] 其理论基础必然是多元的。二是教师研究对象的复合特性。既是一般的教育研究，也是教师作为人的研究。作为一般的教育研究，既包括教师所参与的教育实践研究，也包括教师作为教育要素的研究。教师作为人的研究，包括教师的生命成长和情感变化、教师的自我意识和自我认同、教师的心理状态和德性养成，也包括教师的整个教育生活状态。教师的"教育影响"在很大程度上是"人格"的影响，往往以自己整个的"人格"呈现在学生面前，因此，教师自己的人格陶冶、德行修养也是教师研究的主题之一。

三是教师研究所形成理论的综合性质。既具有事理判断，又具有学理的性质。"教育影响"的效能问题，既包含事理，又包含学理。"教育影响"的

---

① 叶澜. 教育研究方法论初探 [M]. 上海：上海教育出版社，2014：342.
② 叶澜. 教育研究方法论初探 [M]. 上海：上海教育出版社，2014：343.

性质和过程就是事理,而"教育影响"的"效能"又涉及学理。教师采取"教育影响"的具体行动,必然受教师自身信念、观念、价值理性的制约。教师教育理念落后,必然使"教育影响"打折扣。

四是教师研究演变中的逻辑转换。教师研究经历了教师行为研究、教师知识研究、教师思维研究、教师感情研究、教师学习研究、教师文化研究等主题变换过程。每一次主题变换,都伴随着一个逻辑转换过程,即这种转换是如何发生的。比如,教师行为的"教育影响"有怎样的局限性?如何克服这种局限性?逻辑转换的前提是发现现有研究的局限性,是寻找提升"教育影响"效能的更深层次的原因。逻辑转换本质上是"实践逻辑"的客观要求。

五是教师研究涉及多重理论逻辑。既包括心理、伦理、社会关系和实践设计等侧面的理论逻辑,又包括本体论逻辑、认识论逻辑和价值论逻辑,如教师心理、教师德性和教师伦理、教师角色和身份认同、教师实践智慧、教师教学专长等。

对"教师研究"的研究就是以教师的"教育影响"为逻辑起点,以教师"教育影响"的效能为主轴展开的发生学逻辑、理论逻辑、实践逻辑和历史逻辑等多重逻辑的研究,同时也对本体论逻辑、认识论逻辑和价值论逻辑进行阐发。

四、教师研究的发生学逻辑

教师的"教育影响"体现在多个方面,每一个方面都是具有价值合理性的"在者",有其特定的问题,也都有其不同的发生学逻辑,如教师的社会地位、教师形象、教师的性格、人格,教师的能力和知识水平,教师的道德性品质,教师的信念和价值观等如何制约"教育影响"的效能。教师各种规定性的"在者",都起因于"教育影响"的发生、发展与演变。对教师各层面"在者"问题的深化研究,都旨在提升"教育影响"的效能。

教师研究的发生学逻辑主要考察教师"教育影响"的历史演变过程中出现的一些问题:一是"经验传递";二是班级授课;三是教学过程的形式阶段;四是"思维训练";五是有效教学;六是课程改革。教师最早的职能活动,虽指向"经验传递",但"经验传递"也存在"教育影响"问题。"经验传递"的方法是言传身教，其"教育影响"的效能是显而易见的。"教育影响"的效能问题的出现，一方面是自从有了学校教育，教师的教育对象群体化以后，特别是近代班级授课制的出现，"教育影响"的效能问题就比较突出。教学方法和手段运用、教学策略的运用等因素引入课堂教学，促使课堂教学的组织管理复杂化，制约着教师"教育影响"的效能。最明显的例子，就是夸美纽斯的《大教学论》提出的"教起来有把握，因而准有结果"的效能标准，以及相应的教学原则；① 第斯多惠的《德国教师培养指南》所阐述的基于"教育影响"效能的"一般教学规律和规则""课堂教学规则"和"富有吸引力"的"课堂教学原则"。② 同时出现的还有教师形象对学生带来的特定效能的"教育影响"。如孔子、孟子倡导的"躬身垂范""身正为范"，夸美纽斯的"要靠榜样，不要靠教诲"，第斯多惠的"身体力行"，赫尔巴特的"权威与爱"。又如，涂尔干强调的"教师的权威和热情则是使儿童有更大的热情和更高尚的精神所不可缺少的。"③ 另一方面，随着社会文化的发展，提出了个体社会化问题，社会规范和宗教信仰纳入了教育的内容，"教育影响"的效能问题就更加突出。

到了近代，科学的发展使人们对知识需求面扩大，什么知识是最有价值的知识选择问题出现了，"教育影响"的效能问题不仅体现在教育对象的群体规模方面，还体现在人们的知识观和知识价值观方面对"教育影响"的制约，使效能问题更加复杂。如，杜威提出为什么要"训练思维"？因为"思维是明智的学习方法"；④"为什么必须以反省思维作为教育的目的？"就是"使我们的行动具有深思熟虑和自觉的方式"，就是"产生有经验的意义"，就是要避

---

① ［捷克］夸美纽斯. 大教学论［M］. 傅任敢，译. 北京：教育科学出版社，1999：1.

② ［德］第斯多惠. 德国教师培养指南［M］. 袁一安，译. 北京：人民教育出版社，2001：176.

③ 张人杰. 国外教育社会学基本文选［M］. 上海：华东师范大学出版社，2009：327.

④ ［美］杜威. 民主主义与教育［M］. 王承绪，译. 北京：人民教育出版社，2001：167.

免不正确思维和无效思维。① 还有，教师掌握知识的范围和程度，直接制约着教师"教育影响"的效能。围绕"教育影响"的效能问题，学界展开了对教师的多方位研究。既有对教师行为研究所体现的效能问题，也有对教师德性研究、教师专业精神研究所体现的效能问题，还有对教师信念、教师知识、教师思维、教师效能感、教师专长所体现的效能问题。另外，每一轮的课程改革，都在考验着教师的适应性，考验着教师"教育影响"效能的提升。

五、教师研究的历史逻辑

教师研究的历史逻辑有三个层面：一是教师这一教育现象在历史上出现的相关事件和当时人们对这一现象的意识水平，如教师职能的发生、教师职业的形成、教师的社会地位、教师形象、教师专业化，等等；二是历史上教育家有关教师主题提出的主张和观念，如教师的作用、教师的角色、对教师职业的定位、对教师劳动性质和特点的概括、对教师的专业要求，等等；三是对教师展开学科性专门研究的历史节点和内容，如教师专业化运动以来心理学家、社会学家、伦理学家对教师的研究。在教师研究的每一个历史阶段上，在每一个子范畴研究的起点上，都提出了一个触及根本的问题。比如，在教师行为研究上，教师"怎样的个性行为是有效的？"又如，在教师知识的研究上，"教师应该知道什么？"再如，在教师德性研究上，"教师应该具有怎样的品性？"还有，在教师职业身份认同上，"教师是谁？"

教师研究的历史逻辑在于心理学家在研究道德教育、教学方法和课程选择的同时，也开始了对教师教学效能的研究，以及这些研究所形成的理论、观念的历史演变。如从赫尔巴特提出"直接对儿童心灵发生影响"，② 到罗森塔尔等人研究的教师"期望效应"，③ 以及后来的教学评价和反馈；又如，从

---

① [美] 杜威. 我们怎样思维·经验与教育 [M]. 姜文闵，译. 北京：人民教育出版社，2005：23 - 24.

② [德] 赫尔巴特. 普通教育学 [M]. 李其龙，译. 北京：人民教育出版社，2015：134.

③ [美] 罗森塔尔. 教师期望及其对儿童的效应 [A]. 瞿葆奎. 教育学文集：教师 [C]. 张云高，译. 北京：人民教育出版社，1991：242.

夸美纽斯提出"使教师少教而学生可以多学",采用"那种吸引人的方法"等主张,① 到奥斯丁的"有效教学策略"研究,坎贝尔提出了101条教与学的策略,以及加涅的"教学与学习的有效策略"。②

教师研究的历史逻辑还在于社会学家和教育学家对教师的责任、教师的社会角色、身份认同、教师的发展动力等研究中形成观念的进一步继承与发展。如,杜威认为,教师要提高"教育影响"的效能,必须有渊博的知识,必须研究学生,必须"使教材心理化",必须"担负起提供情境的责任",为学生的学习"提供适当的条件",必须"指导学生形成良好的学习习惯"。③对杜威这些主张的发展,一是关于"专家和新手研究"。专家型教师的策略性知识结构远比新手教师完善和复杂,从新手教师向专家型教师成长的过程,就是策略性知识形成和发展的过程。二是"有效学习"的研究。加涅对有效学习策略的研究,一方面是"使教材心理化"的实践,一方面是对学生认知特点和学习风格的研究。三是"教师成长与教学反思"研究。将教学反思看成是教师成长的必由之路。新手教师的成长,除了掌握足够的策略性知识,还必须通过"行动中反思"和"行动后反思"理解策略性知识的恰当运用,从而提高教学监控能力。

六、教师研究的理论逻辑

教师研究的理论逻辑就是围绕"教育影响"而展开的多重逻辑。一是教师范畴的本体论逻辑,如教师的社会地位、教师的形象、教师劳动的创造性特点、教师职业的本质。二是教师范畴的认识论逻辑,如教师的信念、教师的知识、教师的角色、教师的行为、教师的身份认同。三是教师范畴的价值论逻辑,如教师德性、教师伦理、教师的社会作用、教师的专业精神。四是

---

① [捷克]夸美纽斯. 大教学论 [M]. 傅任敢,译. 北京:教育科学出版社,1999:46.

② [美]加涅. 教学与学习的有效策略(上)[J]. 博森,译. 外国教育资料,1991(5):16-23.

③ [美]杜威. 我们怎样思维·经验与教育 [M]. 姜文闵,译. 北京:人民教育出版社,2005:213-263.

教师"教育影响"的动力论逻辑,如教师"教育影响"的素质基础、精神支撑、价值导向等。

教师研究的理论逻辑,体现在心理学家们开展的对教师心理和行为的研究,伦理学家对教师伦理的研究,社会学家对于教师社会角色的研究,教育学家对于教育哲学和教师哲学的研究。教师研究的理论逻辑,还表现为教师研究的范式转换。范式转换的逻辑在于对先在范式的问题梳理和批判,如教师行为研究的"过程—结果"范式,是基于过程变量的"量化研究"。舒尔曼总结了这种行为研究的缺点是缺乏"3C":"内容(content)"、"认知(cognition)"、"语脉(context)",即行为研究"基于因果关系的认识、旨在合理地控制对象的,教材的"内容"和儿童的"认知"这一不可视的事件,以及不是现象的"因果"而是关乎"因缘"的"语脉",是排除在研究对象之外的。"通过对"过程—结果"范式的批判,推进了教师思维研究、教师知识研究和"反思性实践的研究"。① 这些研究都是向"质性研究"范式的转变。

作为"人"的教师承担着一定的社会角色,从事着"影响"人身心发展的教育实践,这个基本事实决定了对教师的研究必然要分析教师实践的特性、必然要分析与"教育影响"相关的各种要素。哲学理论是理解人的发展、理解实践的本质、理解教育的本质、分析"教育影响"要素的思想武器,打开了人们观察教育实践的视野,也拓展了教师研究的主题。一是从实践唯物主义的视角看,教育就是一种人之自我建构的实践活动,引导教师理解人的发展的"自然、自发状态"和"有目的实践活动下的自觉状态",② 引导教师把握人的发展的本质,把握影响人发展的基本要素;二是知识论启示我们,知识的意义是其内具的促进人的思想、精神和能力发展的力量,学校课程组织

---

① [日]佐藤学. 课程研究与教师研究[J]. 钟启泉,译,全球教育展望,2002(9):7-12.

② 鲁洁. 超越与创新[M]. 北京:人民教育出版社,2001:369.

必须"保持知识和活动之间的重要联系"，① 指引教师正确把握知识在培育"核心素养"上的作用；三是价值论指引人们以"人的内在尺度"理解和把握教育的价值，确立知识教育价值观，确立价值教育在人的发展教育中的核心地位，引导教师从价值教育的要求上影响学生的发展；四是主体性哲学指导我们全面认识教育的主体性问题，把基本的着眼点放在受教育者的主体性上，把造就社会历史活动主体看作教育的中心主题或最高目的；五是伦理哲学区分了规范伦理和德性伦理在道德教育方面的不同功能，为教师道德修养和开展道德教育活动，进行思想引领和方法论指导。

教师作为社会角色，必然承担一定的社会功能，发生社会行动，处理社会关系，这就决定了教师的研究既可以包含对个体教师的研究，更重要的是对教师作为一个社会职业的研究，对教师作为社会群体行为的研究，对教师"教育影响"效能的事理发生机制的研究。教育社会学指明了教师以"社会代言人"施加的"教育影响"是教师应该承担的社会责任，要求教师不仅要加强与学生、家长之间的互动，还要采取价值理性行动和情感的交融，正确运用知识权威，并且要把积极参与教育改革的活动作为承担社会责任的重要内容。从知识社会学的角度来考察教师角色，就是把知识和教师联系起来，教师作为知识人成为确立教师专业地位的基点。同时强调教师的课程创生和教师个人知识的建构，确立了教师与学生之间建立在互相理解基础上的一种知识性的关系。教学社会学侧重知识社会中的教学，教师要确保专业地位，必须重视复杂的认知学习，对自己的专业学习进行自我监控和反思；必须把教学活动中的社会交往的重点放在学习方法的训练上；必须重视教师的互动行为所产生"教育影响"的效能。德育社会学把"个体道德社会化"作为"教育影响"的重心，但这种"教育影响"的效能是不确定的。教师对学生道德成长的影响只能维持相对权威身份。德育终极性目标的实现只能是一个不断逼近的过程。因此，教师在德育中应该起文化领导者、角色期望导向者的作用。

---

① ［美］杜威. 民主主义与教育［M］. 王承绪，译. 北京：人民教育出版社，2001：374.

教师作为教育专业人员，必然要与学生发生互动，掌握学习规律，体现教育工作的专业特性，这就要求教师研究必须以心理发展规律为依据。因此，认知心理学、学习心理学为教师研究提供了工具性的知识和学理基础，品德心理学为教师德性研究提供了知识基础和思维框架，人本主义心理学成为教师支配自身教育行为和指导学生发展的理论指南，使对教师"教育影响"效能的研究建立在科学的基础上。特别是教育心理学中教师心理部分，对教师的情感、信念和角色意识进行分析，关注教师的角色冲突、工作压力、心理困惑和职业倦怠，帮助教师有效缓解压力，从而集中精力提升自己"教育影响"的效能。

教师研究的哲学、社会学、心理学理论为教师动力研究提供理论解释、方法指导和思维导向，如，教师主体性问题、教师德性问题、教师情感和教育情怀问题、教师专业精神问题、教师自我角色认同问题、教师教学效能感问题，都在一定程度上影响着教师的发展。

七、教师研究的实践逻辑

"教育研究具有实践的品性"，因此，教育研究要保持对实践的关怀。[①]教师研究必须有实践逻辑的考察。如果说，教师研究的理论逻辑和历史逻辑在于形成解释，论说"为什么是这样的？"那么，教师研究的实践逻辑则在于形成规范，即告诉人们"应该如何去做？"

"实践逻辑"的概念最初是由布迪厄提出的。他说："实践有一种逻辑，一种不是逻辑的逻辑。"[②]"实践逻辑的逻辑性只可以提炼到特定的程度，一旦超出这种程度，其逻辑将失去实践意义。"[③]布迪厄认为，实践活动具有不确定性和模糊性，正是惯习、资本与场域之间的复杂性运作形成了实践的逻

---

① 杨小微. 教育理论工作者的实践立场及其表现 [J]. 教育研究与实验，2006 (4)：6-9.

② [法] 皮埃尔·布迪厄. 实践感 [M]. 蒋梓骅，译. 南京：译林出版社，2012：122.

③ [法] 皮埃尔·布迪厄，[美] 华康德. 实践与反思：反思社会学导引 [M]. 李猛，李康，译. 北京：中央编译出版社，1998：24.

辑。对实践逻辑的分析理解都应以作为惯习和场域之间的互动结果来加以分析。布迪厄认为，"惯习"是人的持久的、可转换的"潜在行为倾向系统"，是个人和集体的历史的实践活动，是"既往经验以感知、思维和行为图式的形式储存于每个人身上"，在实践的操作中通过策略来实现。布迪厄所指的"潜在行为倾向系统"具有"保证实践活动的一致和它们历时而不变的特性"。① 由此，教师研究的实践逻辑表明，在教师研究的特定"场域"中，研究主体"共同分享和遵守的一般形式、结构或内在法则"。② 这些"一般形式、结构或内在法则"是"惯习"与"场域"互动的结果，就可以看作是在教师研究者与特定"场域"相互作用的历史活动中"生成"的逻辑。教师研究的"实践逻辑"所起作用就在于拉近教育理论、心理理论和道德理论与教师实践之间的距离。

20世纪80年代中期，在美国许多州的教师资格认证过程中，往往只测验教师的学科知识与教学知识，而学科知识多是对某些事实的记忆，教学知识则仅涉及准备教案与评价，识别学生的个别差异、教室管理与教育政策等内容，完全看不到"学科"的影子。因此，舒尔曼特别提出"缺失的范式"，试图在教师资格认证制度中重新重视学科知识在教学中的重要性，提出了"学科教学知识"的概念。③ 教师资格认证中的"缺失范式"反映了一种教师资格能力认知的模糊性，没有看到"学科教学知识"在教师教学实践中的作用。"缺失范式"本质上没有看到产生教师理论的条件并非产生教师实践的条件。"学科教学知识"概念的提出，一方面引起了教师知识研究中的"认知冲突"，另一方面，又有助于解决教师资格制度中导致的"利益冲突"，从模糊性的旧范式进入了接近实践情境的新范式，体现了存在于实践者的行为与特定环境结构之间互动关系的认识实践的思维方式。

---

① [法]皮埃尔·布迪厄. 实践感[M]. 蒋梓骅, 译. 南京：译林出版社, 2012：76.
② 石中英. 教育实践的逻辑[J]. 教育研究, 2006(1)：3-9.
③ 杨彩霞. 教师学科教学知识：本质、特征与结构[J]. 教育科学, 2006(1)：60-63.

范梅南的《教学机智——教育智慧的意蕴》一书，是讨论"善于思考的教师怎样做"的问题，"是在实践中讨论这样的问题"，因而是为教师提供实践的理论。①Ⅱ范梅南比较了医生的"反思性实践"和教师的"反思性实践"。医生在与病人的互动中，是面对一个人的情境，而且是可以停留下来反复研究的，不存在时间因素的制约，医生的情境存在着"行动中的反思"；教师在与学生的互动中，面对的是一群学生，而且"每一个时刻就是一个情境"，时间的因素使教师不可能"从情境中撤出来反思各种办法和行动后果"。② 范梅南的结论是，医生的医疗情境的反思实践，是对"解决问题的反思"；教师和学生之间的教育情境的反思实践，"教师是在处理情境、困境、各种可能性和困难"。而且，困难和困境构成了"有意义的问题"。这是有"教育学意义"的问题，"有意义的问题"是不能一次就永远"解决"或根除的。③ 这就是课堂教学实践的逻辑，也是教师研究的实践逻辑，即在不确定情境下追求教育学意义的逻辑。

八、理论逻辑的实践关怀

基于理论逻辑的教师专业发展，特别看重理论原理对实践的指导或理论原则对实践的规范。然而，理论逻辑"产生于理论抽象过程的终点，是'滤掉'了具体事实、具体情境、具体过程等等而留下来的'一般'，一句话，是抽离了事物、活动的一切特殊性或'非本质特性'而剩下的所谓对'一般规律'或'普遍法则'的刻画。"④ 在教师专业发展的语境中，理论逻辑的实践关怀需要的是一种"介入式"的关怀。但这一点却时常不容易做到，问题在

---

① [加] 马克斯·范梅南. 教学机智：教育智慧的意蕴 [M]. 李树英，译. 北京：教育科学出版社，2001.
② [加] 马克斯·范梅南. 教学机智：教育智慧的意蕴 [M]. 李树英，译. 北京：教育科学出版社，2001：146.
③ [加] 马克斯·范梅南. 教学机智：教育智慧的意蕴 [M]. 李树英，译. 北京：教育科学出版社，2001：143.
④ 杨小微. 教育理论工作者的实践立场及其表现 [J]. 教育研究与实验，2006 (4)：6-9.

于没有自觉地行动反思，缺少了"实践智慧"。缺少了"介入式"实践关怀，缺少了"实践智慧"，教师要么纯粹成了理论知识的消费者，缺乏自我反思的意识，要么陷入经验思维的泥淖无法自拔，沉溺于墨守成规的"惯习"之中。

教学作为"教育影响"，除了具有教师、教材和学生等要素，还应有预期的目标以及评价等要素，也包含学习的要素。学者从教育哲学的分析中，得出如下观点："教学在任务意义上并不一定包含学习，而在成功意义上则包含着学习。"教学与学习在逻辑上都是独立的概念，它们没有相互包含的关系。① 教学与学习建立确定关系的关键在于教师是在任务意义上理解教学，还是在成功意义上理解教学。这与教师的教育哲学修养有关，与教育理论的实践关怀有关。如果教师在成功意义上理解教学，就会为学生创造学习的条件，教给学生学习的方法。这样的"教育影响"是更为根本的。

德育作为"教育影响"，主要指向教师对学生的影响，指向师生关系中的"教育影响"。正像赫尔巴特所说："对青少年的心灵产生直接影响，即有目的地进行的培养，就是训育。"② 在论述这种"教育影响"时，赫尔巴特用了"陶冶""感染""赞许"等词汇。赫尔巴特认为，训育的特殊意图是"养成忍耐、求索和勤勉的精神以及公正、善良和内心自由的观念。"③ 按照赫尔巴特的思路，这种"教育影响"要求教师创设情境、重视感情气氛、激发乐趣、注重习惯、正确运用奖励和惩罚，要求教师诚恳、信任、尊重学生，了解学生的性格特征，追求训育的艺术。赫尔巴特也重视"榜样"作为"教育影响"的意义和作用。教师以自己的人格"感染"学生，"塑造"学生的人格，这是对学生的一生负责任的"教育影响"。如果教师不是从"真诚"的"爱学生"出发、而采取不恰当的方式给学生施加的"影响"，造成了学生的负面心理"影响"，这绝不是"教育影响"，也绝不是教育学意义上的"影响"。

---

① 陈友松. 当代西方教育哲学［M］. 杨之岭，林冰，蔡振生，等译. 北京：教育科学出版社，1982：219.

② ［德］赫尔巴特. 普通教育学［M］. 李其龙，译. 北京：人民教育出版社，2015：134.

③ ［德］赫尔巴特. 普通教育学［M］. 李其龙，译. 北京：人民教育出版社，2015：155.

由此可知，教育理论的实践关怀本质上是对"教育影响"的具体关怀。

第二节 教师研究的逻辑之理论依据

"现代意义上的教育研究之学科的教育学需要有哲学、心理学及社会学等多种坚实理论基础。"① 不论是研究作为教师的"人"还是研究作为人的"教师"，都需要有一个研究的理论基础，也是教师研究的逻辑依据。这个理论基础分为三部分：哲学、社会学和心理学。教师作为教育的主体要素，教师研究作为教育研究的一个组成部分，必须注重教育学赖以发展的"三大支柱"学科，必须对这三种支柱学科提供的理论基础进行深入的研究，从中获得理论滋养和逻辑依据的支持。不论是对教师行为、教师本体、教师知识、教师思维、教师能力的研究，还是对教师德性、教师精神现象的研究，都既需要基础理论提供前提性认识基础，提供方法论的指导，也需要基础理论为研究提供合理性的解释性框架。

一、教师研究的哲学基础

叶澜教授指出："教育的为人性、历史性、社会性，使教育学科有着全方位的联系，哲学对于教育科学的研究，不仅具有前提性认识基础的意义，而且具有价值导向的意义。"② 因此，哲学自然应成为教师研究的理论基础。

1. 以实践为基础理解人与世界的关系

（1）实践本体论的内涵。本体是指"作为存在的存在"，是指事物得以产生、生存和发展的源泉、基础和根据。人的实践正是人类世界得以存在和发展的源泉、基础和根据。③ 实践本体论主张"以实践为基础理解人与世界的

---

① 吴康宁. 简论教育社会学的学科性质 [J]. 华中师范大学学报（人文社会科学版），1998（3）：61-64.
② 叶澜. 教育研究方法论初探 [M]. 上海：上海教育出版社，2014：131.
③ 肖前，杨耕. 唯物主义者的现代形态：实践唯物主义研究 [M]. 北京：中国人民大学出版社，2012：183.

关系",实践表现和确证着人的全部本质力量。①

（2）实践是主观世界和客观世界分化与统一的基础。② 主观世界以及主观世界和客观世界的关系形成于人的实践活动中。实践从根本上制约着主观世界和客观世界接触的范围，以及主观世界的广度和深度。③ 实践是人有目的的活动。就是说，人要依据自己的目的利用客观规律去改变客观世界的现存状况，使之成为符合人的目的要求的新的状态，即成为属人世界。④

2. 教育是一种创造新人的实践活动

教育这种人的自我改造实践，所要改变的不仅仅是人的自然规定性，从更普遍的意义上说，它所扬弃的是人已经拥有的任何规定性，其中包括社会与历史所赋予的规定性，教育要使人在已有规定性的基础上不断创造出自己新的规定性来。⑤

人存在着两种发展状态：一种是自然、自发状态下的发展，另一种是通过人的主观世界改造，这种有目的的实践活动中所实现的发展。教育实践的产生是以这样的事实为根据的，那就是人在自然、自发状态下发展的结果并不能满足人发展自身的要求。人决心要按照他的目的——人的理想发展和存在来改变人的现实存在，改变人在自然、自发状态下的发展结果。⑥

3. 从教育学的立场出发理解知识

（1）知识的内在构成。知识，作为表征人类认识结果的一个符号体系，是一个由表及里，由符号、结构、意义交织组成的立体结构。一是符号表征。作为人类的认识成果，任何知识都是以特定的符号作为表征的。符号所表征

---

① 肖前，杨耕. 唯物主义者的现代形态：实践唯物主义研究 [M]. 北京：中国人民大学出版社，2012：17.
② 肖前，杨耕. 唯物主义者的现代形态：实践唯物主义研究 [M]. 北京：中国人民大学出版社，2012：178.
③ 肖前，杨耕. 唯物主义者的现代形态：实践唯物主义研究 [M]. 北京：中国人民大学出版社，2012：179.
④ 肖前，杨耕. 唯物主义者的现代形态：实践唯物主义研究 [M]. 北京：中国人民大学出版社，2012：180.
⑤ 鲁洁. 超越与创新 [M]. 北京：人民教育出版社，2001：363-354.
⑥ 鲁洁. 超越与创新 [M]. 北京：人民教育出版社，2001：370.

的是人类关于世界的认识所达到的程度或状态,即"关于世界的知识"。二是逻辑形式。知识的逻辑形式是指人认知世界的方式,具体包括知识构成的逻辑过程和逻辑思维形式。任何知识的形成,都经历了分析与综合、归纳与演绎、分类类比与比较、系统化与综合化等逻辑思维过程,都包含着概念、判断和推理等逻辑思维形式。三是意义。知识的意义是其内具的促进人的思想、精神和能力发展的力量。作为人类认识成果的知识蕴含着对人的思想、情感、价值观乃至整个精神世界具有启迪作用的普适性的或"假定性"的意义。四是知识的教育学立场。确立知识的教育学立场,就要从生命立场、过程取向和价值关怀的角度看知识对学生的现实意义,在教育中通过师生互动产生新的意义系统。[①]

(2) 道德教育的知识论基础。道德不是知识的一个类别,而是知识的一个内在深层结构;不是只有道德知识才与道德相关,而是所有的真的知识都具有道德与价值意义这一内在结构,对人的行为具有指导与规范作用。知识的道德意义,要经过自己的亲身的体验,使得知识与自己的生活世界发生联系,才能够体悟与获得。[②]

知识学习通达德性的路径,一是深层次的学习才能有益于德性养成。只有将知识与人所在的世界相贯通,将人类的认识结果返回到人的生活世界中来的知识的学习,到达知识的最深层的意义结构,才能够获得知识最深层的价值与道德意义,达到知识学习的最终目的。可见,问题不再是知识学习是否能够通达道德意义,而是怎么学习知识才能够获得知识的伦理特性。[③] 二是深度的知识教学才有利于德性的养成。直接而表层的道德知识教学,是一种建基于平面化、分划的知识观基础上的道德教育观,无益于人的德性的养成。杜威指出:"科学地组织知识,就是以保持知识和活动之间的重要联系的思想

---

① 郭元祥. 知识的教育学立场 [J]. 教育研究与实验, 2009 (5): 1-6.
② 孙彩平. 知识·道德·生活:道德教育的知识论基础 [J]. 教育研究与实验, 2012 (3): 17-21.
③ 孙彩平. 知识·道德·生活:道德教育的知识论基础 [J]. 教育研究与实验, 2012 (3): 17-21.

为基础的。"① 学校道德教育，必须通过各学科的深度知识教学，把知识引入学生存在的生活世界，才能够深入挖掘（而不是渗透）出知识的道德与价值意义，实现知识教学对人的德性成长的增益作用。正如杜威所说："在认识这些科目的社会意义的条件下掌握这些知识，它们就会增加到的兴趣和发展道德卓识。"②

（3）从教育学的立场出发理解知识。在教育中，我们不能仅仅以普遍的世界观和方法论来理解知识，而要站在人的立场上，从学生的生命立场、发展立场和价值立场出发去理解知识，也就是要从教育学的立场出发理解知识。学生学习知识的过程，就是追求知识的个性化意义的过程。所谓知识的个性化意义，是指知识所内具的促进个人的精神成长和人格成长的意义。③

（4）知识的性质与教育改革。④ 对现代知识的基本性质以及所造成的思想和社会后果从各个角度进行了深刻地批判，促进了知识性质的转变。一是从客观性到文化性。知识从其生产的整个过程来说都不可避免地受到其所在的文化传统和文化模式的制约，与一定文化传统和模式中的价值观念、生活方式、语言符号乃至形而上学信仰都不可分割，因而是"文化涉入"的而非"文化无涉"的。"'文化性'而非'客观性'才是所有知识的基本属性"。二是从普遍性到境域性。任何知识都是存在于一定的时间、空间、理论范式、价值体系、语言符号等等文化因素之中的；"任何知识的意义都不仅是由其本身的陈述形式来给定的，而且更是由其所位于的整个意义系统来赋予的；离开了这种特定的境域或意义系统，既不存在任何的知识，也不存在任何的认识者和认识行为。"三是从中立性到价值性。知识的"价值性"说明"所有的知识生产都是受着社会的价值需要指引的，价值的要求已经代替求知的渴

---

① [美] 杜威. 民主主义与教育 [M]. 王承绪，译. 北京：人民教育出版社，2001：374.

② [美] 杜威. 民主主义与教育 [M]. 王承绪，译. 北京：人民教育出版社，2001：375.

③ 伍远岳，郭元祥. 论知识的个性化意义及其实现 [J]. 湖南师范大学教育科学学报，2011（1）：56-59.

④ 石中英. 知识性质的转变与教育改革 [J]. 清华大学教育研究，2001（2）：29-36.

望成为后现代知识生产的原动力。"后现代知识的价值性还体现在"知识的控制"上。

从后现代知识"文化性""境域性"和"价值性"的性质，可以看到教育改革的方向。一是教育目的应从追求"外在发展"向追求"内在发展"转变。个人的发展不再是追求知识的记忆、掌握、理解与应用，而是"追求以知识的鉴赏力、判断力与批判力为标志的内在发展"。二是课程知识的选择，第一要"超越对具体科学知识、方法和技术的掌握"，达到对科学知识、科学史、科学与社会和人类关系广泛、全面和深刻的理解。第二要"选择、保存、传递和发展本土知识"，"通过本土知识的传播，加强本土社会青少年学生的文化认同"；"改造源自西方的自然科学、社会科学以及人文科学课程，使它们本土化，剔除它们之中对于本土社会稳定和可持续发展不利的东西。"第三要加强人文课程。重视整个社会及其个体的德性教化、情感陶冶与性格训练，重视青少年一代正确人生观、世界观和幸福观的培养。三是教学过程的重新组织。第一是在教学基本任务或基本目标方面，"应该通过课程知识的传递而培养学生的怀疑意识、批判意识和新的探究意识"。第二是在教学组织形式上，应该进一步改革班级授课制，在条件具备的情况下，实行"小班教学""分组教学"与"合作教学"，"以便使教学过程有更多的讨论、质疑、实验和辩论时间，更加接近于真正的知识发现活动"。第三是在教学原则方面，"应该制定旨在激发、保护、鼓励和引导学生进行质疑问难、大胆探索的新原则"。第四是在教学方法方面，"大力提倡真正意义上的讨论法、实验法、实践法等，提高课堂教学的问题意识，充分利用学生的'个体知识'和'地方性知识'，使教学过程变成一个在教师领导下的、以问题为核心的、师生共同探索知识及其意义的过程"。第五是在教学评价方面，"应该从注重课程知识的记忆、理解、掌握、综合和简单应用转移到注重学生对课程知识的独特理解、阐释、质疑、批判和应用上来"。[①]

4. 价值教育在教育中处于核心地位

---

① 石中英. 知识性质的转变与教育改革 [J]. 清华大学教育研究，2001 (2)：29-36.

（1）人是价值问题的出发点。一切价值都是属人的，是以人为目的和尺度并由人来享占的。现实的人有无数个体和群体，它们都是实实在在的"人"；每个层次的"人"都必然地、现实地同他人或自己构成一定的对象关系；在人的这些对象关系中，需要与被需要，满足与被满足，作为客体的人对于作为主体的人的意义，就是"人的价值"的实质。"人是价值主体"意味着人是需要者和被满足者，是评定一切对象之价值的主体和标准；"价值"一定是指客体对于一定人的意义，即客体满足主体的需要、符合主体的尺度等。人对人的价值和意义、人对人的需要和满足，在现实中通过人们相互之间具体的历史的社会关系、社会交往和交换而表现出来。①

（2）知识教育价值观。教育价值观是指人们对客体的教育现象的属性与作为社会实践主体的人的需要之间一种特定关系的不同认识和评价。"知识教育价值观是指人们对教育中所包含的知识的属性的认识以及在满足自己需要基础上对知识目标的选择。"② 科学知识的认知价值，是指学生在接受知识过程中，通过一定的活动方式去获得人类沉淀下来的历史经验、认识成果，并将这些认识成果内化为主体的认知图式，逐步形成认识事物的能力。知识的认知价值，所着眼的不是简单的"实用"和"有效"，而是一种具有丰富的人类学含义的习得性遗传。③

（3）教育价值的分类与内容。基于教育学分析和其所依赖的主体来看，首先是教育的教育性价值。教育的教育性价值主要指教育促进人的发展的价值。分为三类：一是教育促进人个体的发展价值。二是教育促进人的全面发展价值。三是教育促进人的持续发展价值。其次是教育的文化性价值。教育的文化性价值是教育对人类文化发展与交流的价值。文化性价值分为四类：一是教育对文化的继承和传递价值。教育既是文化继承的工具，也是文化传

---

① 李德顺."价值"与"人的价值"辨析：兼论两种不同的价值思维方式[J]. 天津社会科学，1994（6）：29-36.
② 王坤庆. 关于知识教育价值观的探讨[J]. 华中师范大学学报（哲社版），1994（6）：73-76.
③ 王坤庆. 关于知识教育价值观的探讨[J]. 华中师范大学学报（哲社版），1994（6）：73-76.

递的工具。二是教育对文化的传播和交流价值。三是教育具有文化创新和更新价值。四是教育的文化价值对教育具有反作用价值。再次是教育的社会性价值。教育的社会性价值是教育促进社会发展的价值。社会性价值分为两类：一是教育对人的社会化价值。二是教育具有推动社会发展和社会改造的价值。① 基于人的价值结构的教育价值分类，既包括教育的元价值，或杜威所说的"教育的内在价值"，也包括教育的工具性价值和教育的消费性价值。一是教育的元价值是指促进人的元价值发展的价值，也就是促进人的生命发展的价值，使人的生命得到全面的、协调的、持续的发展的元价值。二是教育的工具性价值就是实现人的工具性价值的过程，即培养人的社会生产能力的价值。三是教育的消费性价值是指教育对人的社会生活价值的实现价值。②

（4）价值教育在人的发展教育中的核心地位。价值教育是整个教育活动的灵魂，在人的全面发展教育中居于核心的地位。价值教育是一种完整教育活动的一个组成部分，是促使学生价值观念和价值态度的形成、价值理性的提升、价值信念的建立以及基于正确价值原则的生活方式的形成的一种教育活动。"基于人的发展的立场来说，价值教育就是这样一种旨在引导和促进人们反思自身发展方式、原则或方向并不断加以重构的教育。"③ "价值观教育"包含在价值教育的概念之中，但"价值观教育"可能主要侧重于价值观念的呈现、阐释和宣传，认知主义的色彩比较浓厚；而"价值教育"则不仅关注观念形态的价值范畴的呈现、阐释和宣传，还关注更加广泛的教育目标的达成，如正确的价值态度和情感的陶冶、价值理性或自主性的培育、价值信念的建立以及将某一价值观念整合到日常生活之中的行动等等。"可以简要地把价值教育看成是道德教育或价值观教育的丰富与拓展。"④

学校的价值教育应该肩负起如下的使命：传承人类的基本价值；弘扬社会的主流价值；整合优秀的传统价值；注重职业价值观的养成；提升人们的

---

① 杨志成，柏维春. 教育价值分类研究 [J]. 教育研究，2013（10）：19-23.
② 杨志成，柏维春. 教育价值分类研究 [J]. 教育研究，2013（10）：19-23.
③ 石中英. 价值教育的时代使命 [J]. 中国民族教育，2009（1）：18-20.
④ 石中英. 价值教育的时代使命 [J]. 中国民族教育，2009（1）：18-20.

价值理性。①

5. 价值教育的逻辑是在认识论层面讨论价值教育的规律

"价值教育是实践性的。"② 要有效指导价值教育的实践，必须把握价值教育的规律，理解价值教育的逻辑。价值教育必须作用到行为上，因而"以行为为对象赋予意义"是价值教育的第一条逻辑。成功实施价值教育，重点是要使受教育者形成价值观念和价值态度，提升他们的价值理性，要"以受教育者个体为载体完成理性的建构"，这是价值教育的第二条逻辑。价值教育与历史文化有着密切的关系，价值教育的第三个逻辑就是"以历史文化为基础的价值判断"。这三个逻辑从施教、受教、评教三个方面刻画了价值教育。这三条逻辑阐释清楚了实践层面需要解决的核心问题。一是以行为为对象的意义赋予揭示了在价值教育中要解决好"怎么样让受教育者能从日常的正当行为中获得激励感"的问题。二是以个体为载体的理性建构揭示了在价值教育中要解决好"怎么样保证受教育者接受的就是施教者教的那样"的问题。三是以历史文化为基础的价值判断揭示了在价值教育中要解决好"怎么样保证受教育者头脑里建立的价值体系具有延续性"的问题。③

6. 主体性是人的生命自觉的一种哲学表达

（1）主体性的概念。主体性实质上指的是人的自我认识、自我理解、自我确信、自我塑造、自我实现、自我超越的生命运动及其表现出来的种种特性，如自主性、选择性和创造性等等；它是人通过实践和反思而达到的存在状态和生命境界，展现了人的生命的深度和广度，是人的生命自觉的一种哲学表达。④

（2）人作为主体的规定性。人的主体性是人作为活动主体的质的规定性，

---

① 石中英. 价值教育的时代使命 [J]. 中国民族教育，2009（1）：18－20.
② 李一希. 论价值教育的逻辑 [J]. 华东师范大学学报（教育科学版），2020（11）：109－118.
③ 李一希. 论价值教育的逻辑 [J]. 华东师范大学学报（教育科学版），2020（11）：109－118.
④ 郭湛，王文兵. 主体性是人的生命自觉的一种哲学表达 [J]. 唐都学刊，2004（2）：13－15.

是在与客体相互作用中得到发展的人的自觉能动和创造的特性。人的主体性是人性之精华。人不仅仅是一般的同其他自然物质形态一样的物质运动的主体，还是思维运动、社会运动等高级运动形式的物质主体。人作为主体，只有在能动的活动中用理论的和实践的方式把握客体，主动地、有选择地、创造性地改造客体，在主体的对象化活动中自觉实现人的目的，在客体的改变了的形态中确证主体的力量，同时也使主体本身得到全面、自由的发展，才算是真正证明了自己的主体性。人作为主体兼有物质和精神双重属性，即所谓"心""物"二重性。只有肯定人作为实践和认识主体的身份，才能真正理解人同其活动的客体关系的本质规定性，即人的主体性。作为主体的人并非抽象的、固定不变的某物，而是具体的、历史的活动主体。①

（3）个体生命自觉。人的个体生命实际上是由他所属的群体（社会、文化）支持和塑造的，尽管他的生命自觉总是从对独特自我的意识开始。自我意识从形式上看是个体自己的事情，实际上是离不开他人和社会的。一个人的生活，包括他的物质生活和精神生活，都离不开一定的社会和文化的支持。每个人都生活在从家庭到民族的种种群体中，由此个人成为群体（社会、文化）的载体，其生命自觉由个体层次上升到群体（社会、文化）层次。人的生命意识的发展，总的说来是不断地突破自我中心，走向被人承认、承认他人，走向群体（社会、文化）的过程。唯有如此，一个人才能获得日益完整而深刻的生命自觉，人的主体性才能实现自我超越，从个人主体性走向交互主体性。在主体间的这种相互观照中，既确定了对自身而言的自我的存在，同时又确证了他人的自我的存在。一个人的个体生命只有在其群体（社会、文化）生命中，才能得到张扬和确证。②

7. 造就社会历史活动主体是教育的最高目的

教育的主体性，既表现为教育主体的主体性，又表现为教育活动的主体性。教育的主体性，首先表现为教育主体的主体性。一是受教育者的主体性。

---

① 郭湛. 人的主体性的进程 [J]. 中国社会科学，1987（2）：55-64.
② 郭湛，王文兵. 主体性是人的生命自觉的一种哲学表达 [J]. 唐都学刊，2004（2）：13-15.

受教育者既是教育活动的对象，又是教育活动的主体；而且正因为他是教育活动的主体，他才能成为教育活动的对象。二是教育者的主体性。一方面，肯定教育者在教育活动中对受教育者的主导作用，即既引导和规范受教育者的学习和发展，又尊重和培养受教育者的主体性，或者说，通过受教育者的主体性，引导和规范受教育者的学习和发展，因势利导、因材施教。另一方面，教育者作为社会的现实的人，在教育活动中，既要适应社会现实，又要批判地对待社会现实；既要接受教育决策者的决策和社会文化观念的导向，又会有自己的教育价值选择和主动创造。

教育的主体性，还表现为教育是一种主体性活动。强调教育的相对独立性、教育的超越性、教育为人的全面发展服务。教育主体会根据两个尺度（一是对社会现实与发展趋势的认识与判断，二是对自身需要的认识与评价）进行有意识的选择，建构教育系统，开展教育活动。"主体教育论把基本的着眼点放在受教育者的主体性上，把造就社会历史活动主体看作教育的中心主题或最高目的。"[1]

作为社会实践活动的主体一定要具备他所在的社会所必需的主体特征与素质，掌握他所处时代的知识、能力、心理模式、思维方式等，才能发挥现实的实践主体作用，即每个个体在成长发展过程中，他的主体性的获得、主体的生成，需要一个现实化的过程。只有通过主体心智结构不断建构与重构，主体与外在客体相互作用的范围与能力才会得到扩展与提高，才能对作用对象做出新的解释，从中释放出新的信息。更为重要的是，主体才可能超越作用于他的外部客体的现实规定性，具有创造性和超越性，才能真正成为改造客观世界的实践主体。在自我建构的内在实践活动中，人的主体性还表现为即使外在的作用与影响"不在场"（指在一定的时空范围内不存在），作为主体的自我也会通过反思等活动，产生对客体自我进行建构与再构的需要与动力。[2]

---

[1] 王道俊. 关于教育的主体性问题 [J]. 教育研究与实验, 1996 (2): 1-5.
[2] 鲁洁. 教育: 人之自我建构的实践活动 [J]. 教育研究, 1998 (9): 13-18.

8. 确立教师道德教育工作的价值理性[①]

（1）规范伦理与德性伦理的比较。道德哲学是以人的实践（道德生活）为研究对象的学问。规范论重视对人的行为的道德论证、指导与评价，而德性论则更多地聚焦于人的道德品质。前者强调以实质性的道德原则来规范行为者，后者则强调对人的道德品格、道德人格的培养。前者是围绕行为的道德建构，后者则是基于行为者的道德言说。奠基于前者的道德教育关心的是"做事"，评价的重心是个体行为是否合乎规范；而奠基于后者的道德教育关心的则是"做人"，评价的关注点是个体的"品格"或"品质"。二者都是对人之道德生活的界说与规限，是"人为的"也是"为人的"。它们都在各自的理论框架中研究人的道德生活的一个面或一个维度，通过它们的研究我们可以得到关于道德生活的一种理解。也意味着，要为人的道德生活提供整体的、更加合理的说明。

（2）规范伦理的道德教育。[②] 在规范论立场的道德教育看来，道德规则的论证、道德知识的传授、道德行为的考察是道德教育的核心任务。道德教育的过程就是教育者为道德原则辩护，进而引导受教育者接受、理解和内化道德规则的过程。道德教育成功与否，取决于受教育者外显的道德行为与普遍性道德规则的符合程度。

依循规范论的道德教育往往容易窄化为规则教育，或简单化为道德知识教学，致使道德教育与学生真实、具体的道德生活之间无法建立有机的连接，这导致道德教育面临教育效力低迷的风险。[③] 一是在实践中容易出现道德知识与学生道德生活脱节的风险。道德知识的确定性与道德生活的情境性、生成性之间的张力，极易使学生所掌握的道德知识无法有效回应他们在道德生活中所遇到的问题，如无法应对新情况，无法给问题以新的解释，使学生陷入

[①] 张姜坤. 规范与德性之间：道德教育的出场方式 [J]. 道德与文明，2023（3）：152-166.

[②] 张姜坤. 规范与德性之间：道德教育的出场方式 [J]. 道德与文明，2023（3）：152-166

[③] 张姜坤. 规范与德性之间：道德教育的出场方式 [J]. 道德与文明，2023（3）：152-166

道德两难甚至是自相矛盾的处境中。二是在实践中还容易出现学生道德认知与道德行为的断裂。道德教育对学生道德生活的效用取决于学生的道德选择（认同道德生活的基本原理并愿意这样做），而非道德认知（因为其中存在"说一套做一套"的可能）。将人的品格特征视为一种按照道德原则行动的内在倾向，强调道德他律，并未给予学生的内在道德需求与主体性的道德建构以足够的重视，这也使道德原则难以转化为学生主动的道德选择。规范论立场的道德教育的效力低迷与教育精神平庸的危机，根源于道德教育中"人"的消解，即将人的道德判断和道德选择排除在道德教育的视野之外。

（3）德性伦理的道德教育。[①] 德性论立场的道德教育强调学生作为道德教育的主体，肯定在道德教育过程中个体情感、体验的正当性与合理性。德性论立场的道德教育面对现代社会价值观念多元的基本境况，在价值甄别、价值选择与价值判断上表现出一种无力，它甚至放弃了自身的专业定力，放弃了在不同道德选择与道德原则之间做比较与评价的可能性。这既影响了道德教育的现实解释力与说服力，也加剧了不同道德主张之间的价值对立。

（4）道德教育对教师的要求。[②] 教师开展道德教育的前提和基础是教师对道德教育过程的认识、理解与反思，对自身道德教育工作意义与价值的体悟。教师不断反思自己的教学过程，检验自己在道德教育过程中所坚持的基本原理、个人的道德教育经验，理解自己道德教育过程中所面对的困境与冲突，重新确立自身道德教育工作的价值理性。

二、教师研究的社会学理论基础

1. 教育变革是以教师的活动来实现的

"教育变革是以人的活动来实现的，特别是以教师的活动来实现的。"一方面，教育变革的发生、发展时时受到教师的思想与行为的影响。另一方面，

[①] 张姜坤. 规范与德性之间：道德教育的出场方式 [J]. 道德与文明, 2023 (3)：152-166

[②] 张姜坤. 规范与德性之间：道德教育的出场方式 [J]. 道德与文明, 2023 (3)：152-166

教师总是积极地从外界接受各种信息来不断地提高自身的认知水平和工作水平。① 可以从三个方面来分析教师与教育变革的关系。一是教师如何看待教育变革。教师对待教育变革的看法是复杂的，一般从需要和"回报"、变革的确定性来具体分析。"教师一般对太多的变革缺乏信心，许多变革带来了坏的名声。"② "教师在思想和行为上总是面临着应付太多的变革。"③ 二是变革推行者怎样获得对教师的理解。合作与互动是实现变革成功的重要因素。通过对教师的培训，加强彼此间的互动和理解，"在合作文化的基础上实现变革"。④ 三是如何指导教师参与变革。一方面是指导教师做自我分析，提高教师对变革的认知。另一方面是发挥组织的作用，弘扬合作文化。"合作文化是变革实施成功与否的关键性的内在因素。"⑤

2. 教师作为知识人是确立教师专业地位的基点

（1）教师是知识人。立足于知识社会学的视角，对于"教师究竟是谁"这一根本问题的回答是：教师是知识人。所谓知识人，按照兹纳涅茨基的说法，是指"某些个体，在他们的生命历程中或长或短地致力于知识的耕耘"。⑥ 从知识社会学的角度来考察教师角色，就是把知识和教师联系起来，教师作为知识人成为确立教师专业地位的基点。教师参与知识的基本方式是：教授、学习和研究。教师是"站在教育的立场上选择知识、组织知识、呈现知识和传授知识，同时在一定的情境下创造条件，促使和帮助学生掌握知识、理解知识、运用知识和探究知识，在此基础上追求个体智力，情感、品德和体质的全面发展。教师所从事的是一种知识的事业，是以某种程度和类型的知识为标志、为工具、为对象的"。⑦

---

① 钱民辉. 教育社会学概论［M］. 北京：北京大学出版社，2004：214-215.
② 钱民辉. 教育社会学概论［M］. 北京：北京大学出版社，2004：216.
③ 钱民辉. 教育社会学概论［M］. 北京：北京大学出版社，2004：217.
④ 钱民辉. 教育社会学概论［M］. 北京：北京大学出版社，2004：219.
⑤ 钱民辉. 教育社会学概论［M］. 北京：北京大学出版社，2004：219.
⑥ ［波］弗·兹纳涅茨基. 知识人的社会角色［M］. 郑斌祥，译. 南京：译林出版社，2012：7.
⑦ 石中英. 当代知识的状况与教师角色的转换［J］. 高等师范教育研究，1998（6）：52-57.

(2) 教师的课程传递与开发。多尔在《后现代课程观》一书中从过程的角度来界定课程，从后现代课程观强调教师的角色定位，指出教师应该是"课程创造者和开发者，而不仅仅是实施者"，强调"'创造者'和'开发者'比'实施者'更适合于讨论后现代教师的作用。"① 多尔指出了杜威与泰勒的不同之处在于，杜威强调发现式的课程传递，泰勒主张实现式的课程传递。所谓发现式课程传递，主张课程目标存在于课程传递的过程之中，是由教师和学生共同发现和制定的，因而目标是不断变化的，也具有批判性。而实现式课程传递，课程目标是预先选定的，是与学生无涉的，因而是非批判的。两种课程传递过程中，教师的角色行为是不同的。发现式课程传递要求教师扮演课程创造者和开发者的角色。而实现式课程传递，教师只是实施者。

(3) 教学过程中知识的社会建构。从知识社会学的角度探讨教师知识的建构，"不仅要研究教师知识系统构成本身，更应该从社会层面来探讨教师知识是如何被建构、如何被合理化和合法化的；这种作为'权威'的教师知识是如何对学生的非权威知识及其价值观进行改造、塑造的；教师知识与作为常识和惯习的'知识'关系如何；在具体的教学过程中，在学校、课堂等特定场域里，教师知识中的哪些知识，哪些知识的表达方式与呈现方式被认为是合理的。"② 教学过程中知识的社会建构过程，就是教师和学生围绕教科书而展开的一系列活动和交往的过程，也是一个在社会性的活动和交往过程中，共同建构自己对于知识的理解和认识的过程。对于教师来讲，研究教学过程中知识的社会建构，其实质是反思自己对于知识的理解和认识过程，建构自己的知识体系，使自己的教学行为和教学活动由无意识到有意识，由自发到自觉，形成自己对于教育教学的思想和观念的过程。③

---

① [美] 小威廉姆·多尔. 后现代课程观 [M]. 王红宇，译. 北京：教育科学出版社，2000：23.

② 乐先莲. 教师与知识：教师角色的知识社会学分析 [J]. 全球教育展望，2006 (8)：60-63.

③ 齐学红. 教学过程中知识的社会建构：一种知识社会学的观点 [J]. 南京师范大学学报（社会科学版），2003 (1)：66-72.

3. 师生关系是一种知识性的相互理解关系

教师与学生之间是一种知识性的关系，是一种相互理解的关系，是一种在相互理解基础上的知识关系。在这种师生之间的知识关系中，知识本身具有决定性的作用，它制约了交往双方的教师和学生的行为，同时，教师和学生不仅是在传授知识和学习知识，而且也在建构知识和创造知识。[①] 师生双方还是一种社会关系，存在着互动和交往。师生交往过程中既有和谐、一致、配合的一面，也存在着分歧、对抗、冲突的一面，即师生冲突。从知识社会学视角来分析，教师与学生所处社会地位、角色等存在差异，其思维模式与行为模式也各不相同，因而师生冲突更多表现为师生知识视界的碰撞。这种冲突的消解要求教师一方面正视冲突，注重冲突的正向功能，促使学生学会在冲突中体悟自身与他人、社会的文化差距，逐渐接受冲突在其社会化过程中产生的深刻影响。另一方面要求教师改变参与知识的方式，从传统的知识传递者转变为知识的教授、学习和研究者，教师的知识需要不断发展和更新。教授是知识的输出，学习是知识的输入，研究是知识的创造。这三种不同的知识参与方式是紧密相关的，教授能促进学习，学习能促进研究，而研究能提升教授和学习。另外，消解这种冲突也要求教师与学生展开知识对话，引导学生学会知识选择。要创设一种宽松的、自由的、多元的教育情境，向学生展示广阔的未来，引导学生理解发展的多样性和个人成长的多种可能性。[②]

4. 教学活动是一种典型的社会交往活动

（1）面向知识社会的教学。哈格里夫斯指出，教师应成为知识社会的催化剂。教师必须建立自己新的专业地位。为此，教师要能够①促进深层次认知学习；②学习在自己学习时没使用过的方式教学；③投身于持续的专业学习；④在团队中工作和学习；⑤将学生家长当作学习的合作者；⑥开发并吸取集体智慧；⑦培养变革和冒险的能力；⑧在学习的过程中培养信任感。[③] 在

[①] 谢维和. 教育活动的社会学分析：一种教育社会学的研究 [M]. 北京：教育科学出版社，2007（2）：253-254.

[②] 陈文心. 知识社会学：师生冲突的一种研究视角 [J]. 海南广播电视大学学报，2011（3）：90-93.

[③] [美] 安迪·哈格里夫斯. 知识社会中的教学 [M]. 熊建辉，陈德云，赵立芹，译. 上海：华东师范大学出版社，2007：13.

强调教师的学习时，哈格里夫斯提出，教师要"对不断变化发展的有效教学的研究作为基础和经验"，对自己的专业学习进行自我监控和反思；对自己的专业学习进行积累和总结；批判性应用教育研究成果，使实践能与研究相结合；从事行动研究，对自己的教学进行总结反思。哈格里夫斯认为，面向知识社会的教学方式应该包括：一是强调高层次的思考技能、元认知技能；二是建构主义学习方式、基于脑科学的学习、合作学习策略、多元智能以及不同的"思维习惯"；三是使用广泛的评价技术；四是实用计算机技术以及其他技术；五是使学生具有独立获取信息的能力。① 哈格里夫斯概括了面向知识社会的教学的丰富内涵：一是复杂的认知学习；二是基于研究性教学实践的不断扩展和变革的全部技能；三是持续的专业学习和自我调控；四是团体合作；五是与家长之间的学习伙伴关系；六是发展和利用集体智能；七是培养塑造重视问题解决、敢于冒险、拥有专业信任、善于应对变化并致力于不断改进提高的专业精神。②

（2）作为社会交往的教学活动分析。谢维和教授指出：教学活动是一种典型的社会交往活动。它具有一般社会交往的意义和属性，也有它自己的特点。一是教学活动中的社会交往是以知识为媒介的，教师和学生通过知识的讲授和学习而进行交往。因此，知识本身的特征往往在一定程度上决定和制约着教学活动中交往的特点。如交往双方的地位、主动与被动的关系，以及彼此话语权力的大小，也与作为交往中介的知识的构成有关。二是教学活动中的社会交往是一种描述性的交往活动。教师和学生之间的交往并不完全是一种规定性的动作。交往带有更多的自主性，且因具体环境的不同而充满差异。交往方式往往与教师个人的风格和学生群体的特点有关。三是教学活动中社会交往的内涵体现了一种养成性。即指教师对青少年学生生活和行为习惯方式的一种教育和培养。这种养成性的主要功能就是帮助青少年学生形成

---

① ［美］安迪·哈格里夫斯. 知识社会中的教学 [M]. 熊建辉，陈德云，赵立芹，译. 上海：华东师范大学出版社，2007：14.
② ［美］安迪·哈格里夫斯. 知识社会中的教学 [M]. 熊建辉，陈德云，赵立芹，译. 上海：华东师范大学出版社，2007：18.

一种必要的习惯，包括思维和行为的习惯。四是教学活动中社会交往的内涵体现了一种权力和控制的特点。表现为教师和学生之间话语权力的相互作用，以及彼此之间的相互控制，多体现为教师对学生的控制。①

谢维和教授认为，教学活动中社会交往的功能是多方面的。一是教学活动中社会交往的知识功能。首先，教学活动中社会交往的形式与内容的差异对学生知识发展所具有的影响是不同的。教学活动中的社会交往在一定程度上制约了学生知识发展的方向、重点、程度和范围，以及学生学习的能力。教师应把教学活动中的社会交往重点放在学习方法的训练上。其次，教学活动中社会交往的状况导致了学生个体知识发展的差异。如学生与学校和教师的关系往往从一个侧面反映出这个学生对学习的态度，以及他对于教师、课程的态度。二是教学活动中社会交往的社会功能。教学活动中社会交往具有促进青少年学生社会性发展的功能。青少年学生在教学活动中，不仅是学习作为社会公民的基本要求，而且也是在一定的社会结构中学习各种具体的社会角色，学会承担责任、履行一定的义务，享受适当的权利，以及学会与人相处、必要的合作与协调冲突。对于教师来说，其责任除了知识传递，还包括为青少年学生的社会交往创造一种更好的环境和必要的条件。三是教学活动中社会交往的伦理功能。伦理功能是指教学活动中社会交往对于个体自我的形成所具有的意义和价值，特别是对于个体自我同一性的发展所具有的意义。学校教学活动中教师的评价，以及教师在教学活动中引导学生的相互评价和自我评价，往往能够为青少年学生自我同一性的发展提供有利条件，起到促进作用。②

5. 课堂教学是一种角色实现的社会文化活动

课堂教学社会学的基点是将课堂教学视为一种特殊的"社会活动"。吴康宁教授认为，课堂教学的社会学分析包括对于课堂教学的"外部分析"，其任

---

① 谢维和. 教育活动的社会学分析：一种教育社会学的研究［M］. 北京：教育科学出版社，2007（2）：363-368.

② 谢维和. 教育活动的社会学分析：一种教育社会学的研究［M］. 北京：教育科学出版社，2007（2）：373-375.

务是阐明外部社会系统对课堂教学的各种影响，阐明课堂教学的社会基础；对于课堂教学自身社会系统的分析，即把课堂教学视为"具有一定文化特性的一群特殊社会角色按照一定模式展开其社会行为的过程"，将其作为一种思路，分别对"社会角色""社会文化""社会行为""社会过程""社会学模式"等各逻辑层面展开分析。①

第一，课堂教学中的社会角色。分为教师角色与学生角色两大类。教师正式角色（包括学习动机激发者、学习资源指导者、教学过程组织者、课堂行为与学习效果评价者等），教师非正式角色（包括教育知识分配者等）；学生正式角色（包括既定课程学习者、课堂活动参与者、课堂规范遵守者等），学生非正式角色（包括主体地位谋求者、展示机会竞争者、肯定评价寻求者、同伴与教师行为制约者等）。课堂教学中的教师角色具有两个主要特征，一是自身行为被全面地合理化，二是对学生的评价被全部饰以合法化。②

第二，课堂教学中的社会文化。课堂教学有复杂的文化结构和关系。课堂教学文化中既有规范文化，也有非规范文化；既有教师文化，也有学生文化；既有主动文化，也有受抑文化；既有学术性文化，也有日常性文化。这些类型文化之间有着非常复杂的关系。一是"教师在课堂上所表现的规范文化，有的是社会明确规定的，有的是教师自身具有而社会并未作明确规定的，后者往往会对前者加以筛选、过滤、加工。"③ 二是"教师的规范文化在课堂中处于主导地位，它常常会以主动文化的姿态出现，影响、控制着作为受抑文化的学生非规范文化。"④ 三是课堂文化的显性冲突因教师的包容性不同，可能出现摩擦性、失衡性、对抗性冲突。课堂文化冲突具有的正向功能是促进课堂群体的团结，一定程度上强化了教师的权威。四是课堂文化的整合要求教师以规范性表述、运用教学法、结构性提问等方式，为学生创设一个民主、宽容、和谐的学习环境，促进学生的关注、遵从、认同、内化课堂规范

---

① 吴康宁. 课堂教学社会学 [M]. 南京：南京师范大学出版社，1999：10.
② 吴康宁. 课堂教学社会学 [M]. 南京：南京师范大学出版社，1999：64-111.
③ 吴康宁. 课堂教学社会学 [M]. 南京：南京师范大学出版社，1999：119.
④ 吴康宁. 课堂教学社会学 [M]. 南京：南京师范大学出版社，1999：121.

文化。①

第三，课堂教学中的社会行为。课堂中教师指向学生的行为或许变化频繁（包括采用"民主的""平等的""合作的"方式），但万变不离其宗，此宗即为"课堂控制"。控制乃是教师的课堂行为的社会学本质。与之相应，教师对于学生回应自己的控制行为的期待也就可同样归结为一点，服从！② 教师在课堂教学中的控制分为两种方式：一是显性控制方式，是指以明确要求、明言为本的控制方式。二是隐性控制方式，是指以间接引导、暗设障碍为本的控制方式。③

第四，课堂教学中的社会过程。课堂教学中存在着人际互动过程、规范形成过程、知识控制过程。教师个体与学生个体之间的互动，是最能对学生产生影响的互动，它主要存在于课堂教学中的提问与应答、要求与反应、评价与反馈，以及个别辅导、眼神交流、直接接触等过程中。④

第五，课堂教学中人际互动对学生学习效果的影响。互动理论研究表明，课堂互动通过影响课堂气氛、课堂中的反馈以及学生的参与程度，进而影响课堂教学的效果；在学习过程中集体学习具有重要意义，群体性互动对个体行为的影响，也包括对个体参与积极性和思维活动的影响；教师的互动行为和学生的学业成绩有肯定的关系。"教师的责任心与学生的学业成绩之间存在着一种切实的联系。"⑤ 教师的积极、肯定、民主、富有启发性的互动行为，无疑会促进课堂教学效果和学生学业成绩的提高，而教师的消极、否定、专制、带有注入式的互动行为，将会影响教学效果和阻碍学生学业成绩的提高。⑥ 王家瑾提出师生间存在着两种互动类型：正向互动即良好师生沟通导向良好的教学效果；反向互动即不良的师生沟通，导向不良的教学效果。教师

---

① 吴康宁. 课堂教学社会学 [M]. 南京：南京师范大学出版社，1999：131 – 149.
② 吴康宁. 课堂教学社会学 [M]. 南京：南京师范大学出版社，1999：158.
③ 吴康宁. 课堂教学社会学 [M]. 南京：南京师范大学出版社，1999：159：159.
④ 吴康宁. 课堂教学社会学 [M]. 南京：南京师范大学出版社，1999：200.
⑤ [美] 休·索克特等. 教师教育的道德目的与认识论目的 [A]. 教师教育研究手册（上）[C]. 张斌，译. 上海：华东师范大学出版社，2017：55.
⑥ 吴康宁. 课堂教学社会学 [M]. 南京：南京师范大学出版社，1999：202.

的积极教学态度、良好的教学组织与教学技巧,以及教师自身的敬业精神与人格感召力等,在传播教学内容的同时,能够与学生产生感情上的交流并引起共鸣等,教师的状态趋于最佳值,可以正向促进学生提高学习的积极性,充分发挥其学习自主性与能动性。①

6. 教师在学生道德人格发展中起领导作用

(1)德育中教师的社会角色。鲁洁教授认为,教师是对学生道德生活进行有目的干预的人。在学生道德人格发展中教师起着领导作用。她对德育过程中教师的社会角色进行了系统地分析。②

一是教师德育角色的专业性分析。一方面是从教师德育影响与德育效果之间联系的不确定性看,一定程度上削弱了教师的不可替代地位,教师对学生道德成长的影响只能维持相对权威身份。一方面,由于学校德育的社会政治功能,要求教师必须遵守某些规定,接受特定的监督,一定程度上影响了教师的专业自主性。但教师在具体的教育情境中的德育决策完全是独立自主的。

二是教师德育角色的功能分析。一方面是促进德育工具性目标的实现。如,德育活动秩序的维持、德育权威的维护、师生角色关系的稳定和规范、学生角色对德育过程的真正参与。一方面是促进德育终极性目标的实现。这个实现的过程是由上下级角色之间的相互制约与道德理想的矛盾运动促成的一个不断逼近的过程。③

三是教师德育角色的形成过程分析。教师德育角色行为的实现过程是教师在个体人格需要与社会结构要求的矛盾运动中,以学校教育体制内部的人际互动为媒介,采用角色期望和人格需要矛盾的动态权衡机制,产生专业角色意识和敬业精神,使为人之道与为师之道一以贯之,进而实现专业角色行

---

① 王家瑾. 从教与学的互动看优化教学的设计与实践 [J]. 教育研究,1997(1):51-55.
② 鲁洁. 德育社会学 [M]. 福州:福建教育出版社,1998:165-166.
③ 鲁洁. 德育社会学 [M]. 福州:福建教育出版社,1998:166-168.

为的过程。①

四是教师德育角色行为模式分析。共四种。第一种是非理性—对立模式。在这种模式中，有三类角色。第一类是"替罪羊"与"驯狮人"角色。教师的绝对权威导致师生关系处于对立状态，在学生眼里教师似乎是"替罪羊"，而教师则自认为是"驯狮人"。这类角色不具有教育价值。第二类是道德执法官角色。这类角色使教师陶醉于道德法官的绝对威严之中，习惯于棍棒纪律约束，师生关系处于紧张状态之中。以这种关系为媒介的德育活动，也缺失了民主性和理性价值。第三类是监护人角色。强调教师中心、接受性学习、维护纪律和道德上的服从。工作方式体现为监护，而不是体现学生的自主性、独立性。师生关系比较稳定、单向服从。显示出从对立模式向权威模式的过渡。第二种是理性—权威模式。在这种模式中，有三类角色。第一类是真理捍卫者角色。教师看重德育过程的理性化，运用理性说服方法，师生关系具有民主性，重理性过程轻情感陶冶、重知识传播和社会价值、轻学生的主观能动性和独创性、轻学生个性的自由发展。第二类是团体领导人角色。教师是学生课堂行为和人格发展的领导者、指导者，起主导作用。第三类是模范公民角色。这是理想的角色形象，教师被视为道德完美的化身，但存在着角色和个人同一化的误区。第三种是和谐—体谅模式。在这种模式中，有两类角色。第一类角色是心理治疗家角色。教师在感情上采取完全接纳、同情、信赖、理解学生的态度，使师生情感交融，学生可以毫无保留地敞开心扉，具有德育影响的工具性价值。第二类角色是人际关系艺术家角色。教师以高超艺术型的人际关系技能和策略，同学生建立和谐友好关系，重视学生个性发展的独特需要，把德育过程植根于尊重和友好的社会性关系中。这类角色德育价值很大。第四种是专业—个性化模式。在这种模式中，教师起着文化领导者、角色期望导向者的作用。师生关系兼具民主性、人道性、教育性、社会性。师生角色关系建立在协调互补、公正平等、相互认同的基础上，为人之道与为师之道统合协调。②

---

① 鲁洁. 德育社会学 [M]. 福州：福建教育出版社，1998：169 – 173.
② 鲁洁. 德育社会学 [M]. 福州：福建教育出版社，1998：174 – 179.

(2) 德育中的社会关系分析。鲁洁教授指出，学校内部的诸种社会关系影响德育过程。她分析了学校制度关系和非制度关系下影响德育过程的因素。① 德育过程是学校社会关系的一部分。德育过程是社会互动的过程。在德育过程中不仅有教育者与受教育者之间在德育文化的制约下所发生的社会互动，而且还存在着非德育文化所影响的社会互动。因此，学校中的社会关系是具有道德意义的，学生思想品德的发展离不开学校的社会关系。学校制度关系有利于德育活动的开展，有利于学生道德行为习惯的养成。但是，学校制度关系中的分层与竞争，对学生的品德发展存在负面影响。学校非制度关系中的社会互动是以互动者个体的文化特征为基础的，形成一种特定的校园文化氛围。当校园文化氛围所包含的价值观和规范与德育文化一致时，会起到提升德育效果的作用。反之，当校园文化所包含的价值观和规范与德育文化相斥时，不利于德育文化的传递。当教师以积极期待展开与学生的互动时，有助于德育获得实际的效果。反之，当教师以消极期待展开与学生的互动时，不利于教师的道德教育。

三、教师心理学基础

教师心理是教育心理学的组成部分，主要包括教师角色、教师角色特征、教师信念、教师教学效能感、教师情感投入、教师的个性品质、教师期望效应、教师教学能力、教师职业倦怠等。

1. 教师角色意识体现教师的人文关怀

（1）教师角色意识。教师角色意识是指教师对自身职业角色的认识与理解，也是教师关于自身职业角色的一种观念。教师角色意识的形成与发展会受到多种主客观因素的影响。一是社会的角色期望是教师角色意识形成的基础与依据。教师是在了解社会的角色期望、实现此期望的过程中逐渐认识自身角色，形成和发展自身角色意识。社会的角色评价促使教师对自身角色意识进行反思与调整。二是教师角色意识还受自身特征与教育经验的影响。教

---

① 鲁洁. 德育社会学 [M]. 福州：福建教育出版社，1998：221-246.

师在应对没有现成理论答案的教育困惑中，对其角色就会产生新的认识与理解，为其角色意识增添新的内容。三是教师角色意识的形成和发展，还受重要的互动对象如学生和同事的影响。学生对教师的情感、态度、行为等反馈信息影响着教师的角色意识。通过同事间的互动与交往，教师可以观察学习其他教师的角色意识和角色行为，从而调整自身的角色意识。[①]

（2）教师角色特征。美国教育协会的教师特征研究，对教师的教学角色提出了九个方面的特征。①理解、友好、敏感或冷淡、自我中心；②负责、有条理、有组织或逃避职责、漫无目的、松懈涣散；③善于激励、富于想象、勇于创造或枯燥无味、墨守成规；④对待行政管理人员和其他人员的态度；⑤对待学生的态度；⑥对待民主的课堂秩序的态度；⑦持有学习中心的传统的教育观或持有儿童中心的开放的教育观；⑧言语理解；⑨情感的稳定性。[②] 瑞安斯提出了三种教师基本行为类型：①温和的、融合的和理解的，还是冷淡的、利己的（自我中心的）和约束的；②负责的、有条理的系统的，还是推脱的、无计划的、潦草马虎的；③激励性的、富于想象力的，还是迟钝呆板的、墨守成规的。[③] 这三种行为类型体现了教师的角色特征。

2. 教师角色冲突对教师的成长有促进作用[④]

教师角色冲突是指教师处于角色丛时，遇到两个不相容的角色期望所带来的心理上的矛盾冲突。适度的角色冲突对教师的成长有促进作用，促进教师反思自己的角色行为，审视自己的角色形象，提高自己角色扮演能力。引起教师角色冲突的原因，一是社会对教师职业的理想化要求。二是课程改革对教师的角色要求。三是教师培训理论与实践的脱节。四是教师知识结构与个人能力的限制，会导致教师对教学角色认识有误、角色体验不良、角色扮演失当。缓解教师角色冲突的措施：一是学校应随时调整教师的角色任务，

---

① 梁玉华，庞丽娟. 教师角色意识的发展阶段与影响因素 [J]. 中国教师，2005（12）：8-10.

② 徐玉珍. 论"好教师"："教师评价"的评价 [J]. 课程·教材·教法，1997（11）：45-51.

③ 陈琦，刘儒德. 当代教育心理学 [M]. 北京：北京师范大学出版社，2007（2）：80.

④ 王俊明. 教师角色冲突的原因及缓解措施 [J]. 中国教师，2005（12）：5-7.

合理安排教师的角色活动，使教师在抉择时减少困扰，以减少和避免角色冲突。同时应尊重教师在选择教学方法和教学手段等方面的自由，减少不必要的限制和规定，提倡教师在课堂教学中形成自己的教学风格。二是教师培训应当帮助教师调整自己的改革心态。注重把外在的教育理论、信息转化为教师内在的教育知识、技能、态度和信心。在教师培训的策略上，注意引导教师进行自我反思，促进教学理念与教师个人知识的有机结合。采用反思教研方式，提高教师的自我发展能力，增强教师的心理适应性，开展有组织的专题研究，增强教师教育的适应性与针对性。三是教师要加强角色学习，通过教育理论学习和教学实践的反思来提高角色知觉水平。教师的角色调适包括自我调适和社会调适两个方面，是一个协调期望角色、领悟角色与实践角色三者之间关系的过程。

3. 教师的个性品质是与学生交往的关键因素

个性品质是人格的体现，是一个人的心理行为模式，包括内在的心理特征和外部行为方式。中国学者概括了七种人格因素的模型，可用于表征教师的个性品质。①外向性。包括三个因素：一是人际情境中活跃、主动、积极的特征，二是人际交往中的合群特点，三是个体积极乐观的特点。②善良。包括利他、诚信、重感情等三个因素。③行事风格。包括严谨、自制和沉稳等三个因素。④才干。包括决断、坚韧和机敏等三个因素。⑤情绪性。包括耐性和爽直两个因素。⑥人际关系。包括宽和与热情两个因素。⑦处世态度。包括自信和淡泊两个因素。[①] 教师工作的对象是人，人更重要的是有理智和情感。教育过程重理智和情感的特点要求教师除了具有相当的认知水平之外，还必须具有与学生进行人际交往的人格品质。于是，好交往、健谈、乐观、热忱等外倾的人格特征就成为教师必备的心理品质之一。稳定的情绪也是教师职业特点的要求。[②]

[①] 郑雪. 人格心理学 [M]. 广州：暨南大学出版社，2007：129 – 130.
[②] 韩向前. 我国中小学校教师人格特征研究 [J]. 心理学探索，1989 (3)：18 – 22.

4. 教师职业倦怠在于缺乏对职业内在价值的认同

教师职业倦怠是教师在长时期压力体验下产生的情感、态度和行为的衰竭状态。有三种典型的心理或行为表现：一是长期的情绪上的倦怠感。常常表现出疲劳感，容忍度低，并且在情绪上缺乏热情与活力。二是减少接触或拒绝接纳学生，常常用标签式语言来描述个体学生。三是较低的成就感。对教学很少投入精力。教师职业倦怠的根源，一是教师承受的社会期望高，工作压力大；二是学校组织方面的原因致使教师角色冲突与角色模糊；三是个人背景因素也与倦怠的水平相关；四是学生与教学情境。[①]

石中英教授从哲学上解释，认为教师职业倦怠的原因有三点：一是从事教师职业不是自己的自愿，而是源自其他的考虑，这样的教师对教师职业缺乏内在的价值和意义认同，有一种心理上的隔膜；二是教育过程中的教师专业自主权没有得到明确的定义、充分的尊重和有效的维护；三是长期自上而下的改革弱化了教师的改革主体意识，教师对于教育改革缺乏内在的专业责任和激情。[②]

本章小结

由于教师概念的综合特性，教师研究的概念也具有综合特性。因此，教师研究的理论基础必然是多元的。教师概念是在关系分析中建构的，教师研究必然离不开关系的分析。作为"人"的教师承担着一定的社会角色，从事着"影响"人身心发展的教育实践，这个基本事实决定了对教师的研究必然要分析教师实践的特性、必然要分析与"教育影响"相关的各种要素。因此，知识论、价值论、主体性哲学、伦理哲学都对教师研究相关主题，进行思想引领和方法论指导。

教师作为社会角色，必然承担一定的社会功能，发生社会行动，处理社会关系，这就决定了教师的研究既可以包含对个体教师的研究，更重要的是对教师作为一个社会职业的研究，对教师作为社会群体行为的研究，对教师

---

① 杨秀玉，杨秀梅．教师职业倦怠解析［J］．外国教育研究，2002（2）：56-60.
② 石中英．教师职业倦怠的一种哲学解释［J］．中国教育学刊，2020（1）：95-98.

"教育影响"事理发生机制的研究。因此，教育社会学、知识社会学、教学社会学、德育社会学在研究教师的教育活动中，给出特定的视角，提供分析框架，使教师研究有规可循。

教师作为教育专业人员，要对学生产生"教育影响"，必然与学生发生互动，此时，就要求教师了解自己角色意识、角色特征，以及自己的个性特征。教师研究必须以教师心理发展规律为依据。因此，教师心理学提供了一定的知识基础，使对教师"教育影响"效能的研究建立在科学的基础上。

教师研究的上述理论基础还具有为教师个人发展提供动力的作用。因而也为教师动力研究提供理论基础。如，教师德性问题、教师主体性问题、教师自我角色认同问题、教师教学效能感问题，都在一定程度上影响着教师的发展。

第三章

教师职业的历史考察

教师职业的历史考察，本质上是对教师"教育影响"的考察，是对"教育影响"的发生学考察。教师的"教育影响"有几个历史节点。一是学校出现以前，是"长者为师"，正如涂尔干所说，"是成年人对最年轻一代的影响"。二是国家产生以后，实行"政教合一""官师一体"的体制，"以吏为师"，从习俗和礼仪方面影响年轻一代，促使他们的"社会化"。三是学校的出现，承载了教育的社会功能，提供一种"简化""纯化"的环境，"教育影响"是有目的和有计划地进行的。教师成为正式职业，除了"文化知识"传授之外，重要的"教育影响"就是价值观念和道德人格方面的影响。四是"教学"作为专业得到社会认可，教师的"教育影响"出现了"专业化"要求。伴随着教师职业经验化的解构和初等义务教育的普及，以及"教育心理学化"的推动，教学开始作为专业被分化出来，追求独特的"专业化""教育影响"。一方面是各国相继出现了师范学校，对教师进行长时间的培训；另一方面是各国对师范教育的立法，呈现出"专业化"的社会认可和入门要求。在这四个历史节点上，由于教师"教育影响"的内容和方式的不同，分别都有不同的教师地位的定位和教师形象的展现。

第一节 历史上的教师和教师职能

一、教师职能的发生

在原始氏族社会，年长一代将自己积累的经验传递给下一代，年轻一代的模仿和年长一代的传递活动就是最原始的教育活动。这种"教"的职能活动就发生了。既有生产劳动、生活习俗的教育,也有原始宗教和原始艺术的教育,还有体格和军事训练。原始社会这种"教育"活动,尚未从生活中分化出来,属于非形式化教育。氏族中的族长、老人和妇女承担着"教"的职能,就成为最原始的"教师"。在中国古代典籍中,记载着神农氏"教民农作",伏羲之世"教民以猎",黄帝教六个氏族部落的军事训练;伏羲、神农、黄帝、尧、舜等都曾承担了"教师"的职能。[1] 教师职能的发生是与学校教育的产生相关的。如,在两河流域苏美尔人和古巴比伦的寺庙学校中,僧侣充当教师,训练书吏。[2] 又如,在古埃及,宫廷学校,"以吏为师"。[3] 再如,在古印度,佛教教育的场所在寺院,"教师均由佛教僧侣担任"。[4] 在东方文明古国的学校中,"以吏为师"或"以僧侣为师","知识常常成为统治阶级的专利,故教师的地位较高"。[5] 教师运用的教学方法主要是"口授法""实行个别施教""体罚"盛行。[6] 可见,"教师的职能活动是'教'学生学。这种职能活动早在官学与私学发生之前即已存在。官学与私学的出现,标志着这种职能从自发的随机的活动到自觉的有目的的活动的转变。"[7] 也标志着大量专门从事"教"的活动的教师职业的形成。

教师职能从原始社会的传承生活经验,逐渐过渡到奴隶社会的传承生活经验和生活习俗,再到封建社会的"传道、授业、解惑",传承文化,塑造人格,并且形成了东西方不同的文化传承方式、传承内容和方法特点,使教师职能逐渐多样化。

二、教师职业的形成

人类进入阶级社会以后,统治阶级需要培养自己的接班人来维护统治,

---

[1] 孙培青. 中国教育史 [M]. 上海:华东师范大学出版社,1992:5-15.
[2] 吴式颖. 外国教育史教程 [M]. 北京:人民教育出版社,1999:10.
[3] 吴式颖. 外国教育史教程 [M]. 北京:人民教育出版社,1999:15.
[4] 吴式颖. 外国教育史教程 [M]. 北京:人民教育出版社,1999:20.
[5] 吴式颖. 外国教育史教程 [M]. 北京:人民教育出版社,1999:25.
[6] 吴式颖. 外国教育史教程 [M]. 北京:人民教育出版社,1999:25.
[7] 陈桂生. 教师职业的形成 [J]. 江西教育科研,2007(7):14-15.

办起了"官学",让特权阶层的子弟接受教育,后来也接受一些平民子弟。中国古代"官学"是"以吏为师""官师合一""学在官府"。西周时期还有设在都城之外的"乡学"。到了春秋末叶,一些流落民间的官员和贵族,代表新兴地主阶级的政治需要而创办"私学",成为"私学教师"。私学的发展,才出现了专门以传授文化知识为职业的教师。"官学""乡学""私学"的授业活动,产生了专职教师,意味着教师作为一种职业拥有了重要的社会基础和发展空间。在中国,"官学与私学之间、私学之间一向缺乏制度性质的联系。在总体上属于'非制度化教育'"。① 私学教师有讲经的经学大师与蒙学教师之分。经师多在精舍、书院中讲学著述。蒙师多私自招收弟子,或被一些家族聘请,教为数不多的学生。古希腊时期的"智者",就是"专指以收费授徒为职业的巡回教师"。② 作为职业教师,智者们"已经较为明确地意识到教育活动的特殊性。"③ 智者的出现,表明教师"已经开始职业化,教育活动的内容和方法逐渐规范化。"④ 古罗马时期,基督教会办的私立或公立学校,"都是世俗学校,教师都是世俗教师。"⑤ 从近代开始,由于基础教育的普及以及各级各类学校的发展,需要大批量统一培养的教师,教师数量得以增加。在中国,1897 年成立的南洋公学师范院,标志着中国师范教育的诞生。在欧洲,1684 年法国人拉萨尔创办了"教师训练机构",1695 年德国人法兰克和哈雷创办了"教员养成所"。由于学校已成为"公共教育机构",催生了教师职业准入标准与执业规范的形成。这种标准和规范的形成,标志着教师职业的真正形成。

三、教师职业的专业化

随着社会职业分化,一些职业需要以特有的知识技能进行专门化的社会

---

① 陈桂生. 教师职业的形成 [J]. 江西教育科研, 2007 (7): 14 - 15.
② 吴式颖. 外国教育史教程 [M]. 北京: 人民教育出版社, 1999: 43.
③ 吴式颖. 外国教育史教程 [M]. 北京: 人民教育出版社, 1999: 45.
④ 吴式颖. 外国教育史教程 [M]. 北京: 人民教育出版社, 1999: 46.
⑤ 吴式颖. 外国教育史教程 [M]. 北京: 人民教育出版社, 1999: [91.

服务活动。教育也在职业分化中逐步获得了某些专业性特点。从18世纪普及教育的推行开始，国家权力掌控了教育。一方面，国家通过教育行政控制课程设置权和教师资格审定权，客观上限制了教师的自主权；另一方面，从教师对学生的知识获取、人格塑造和情感陶冶多方面影响中，国家看到了教师对教育质量的决定性作用，因而重视教师的专业训练，提高教师的社会地位。1904年，美国著名教育家杜威发表了《教育理论与实践的关系》一文，探索了教育专业化的系列问题。他认为，成功有效的专业教育有三个"明显趋势"：①在从事职业工作前，须获得学术造诣方面量的积累，这已成为前提性要求；②以应用科学和技术发展为主线，已成为专业工作的中心；③专业学校在给予学员典型的、集中的而非广泛的具体工作时对学员是最好的……这种安排当然要把专业技术和日常技能训练放在后期，直到学员毕业后从事其职业为止。① 杜威之后，美国教师教育与专业标准委员会提出了教学专业化的标准："长时间的专业培训、严格的入门要求、社会认同"。② 教师专业化进入了国家和国际组织的视野。1966年联合国教科文组织和国际劳工组织发布的《关于教师地位的建议》明确提出了"教师的工作应被视为专业性职业，这种职业要求教师经过严格的、持续地学习，获得并保持专门的知识和特别的技术。它是一种公共的业务。"③ 同时提出了推动教师专业化的若干建议，具体包括规范教师角色、专业标准、专业能力等。在教师专业化的初期，采用的是群体专业化策略，一方面是订立严格的专业规范制度，另一方面是谋求社会对教学工作专业地位的认可。此后，专业化的重点由群体转向个体，转向个体的主动专业化，即教师专业发展。④ 总之，从世界各国的总体经验看，"教师的专业化表现为教育知识和教育能力，职业道德，相应的制度保障

---

① ［美］李・S. 舒尔曼. 理论、实践与教育的专业化［J］. 王幼真，刘捷，译. 比较教育研究，1999（3），36-40.
② 周钧. 美国教师教育认可标准的变革与发展［M］. 北京：北京师范大学出版社，2009：61.
③ 陈永明. 现代教师论［M］. 上海：上海教育出版社，1999：174.
④ 叶澜. 教师角色与教师专业发展［M］. 北京：教育科学出版社，2001：208.

等等。"① 正如联合国教科文组织的"80号建议"所说,"改善教师的地位通常成为加强教师作用的必要条件。""在提高教师地位的整体政策中,专业化是最有前途的中长期策略"。② 教师职业的专业化是一个复杂的过程,既包含着学者对教师专业化理论问题的多元探讨,也包含着政府的政策调整和社会机构的专业支持,还包含着教师个人在专业知识方面的持续进修、在职业道德方面的持续修养、在社会角色方面的自主认同等。

教师职业的历史发展经历了三个标志性阶段,一是从兼职到专职,即从"长者为师"到"以吏为师"或"以僧侣为师";二是从专职到专业,即从"以吏为师"或"以僧侣为师"到确立教师的专业地位;三是从数量到质量,即从普及基础教育、扩大教师规模到教师专业化运动。这三个阶段,教师"教育影响"也有着不同的演变特点,由单一到复杂,由自发性到专业化。

第二节 教师形象与地位的历史演变

一、教师形象的历史演变

1. 教师形象的概念

教师形象是指教师的社会形象,是社会公众对教师职业特征的基本认识和价值判断,是对教师角色的社会期待以及教师角色行为的表征,代表了一个社会对教师的理想要求。教师形象表征教师群体在道德、修养、知识、行为、外表以及个性品质等方面的特征,反映了教师人格主体的基本面貌。教师形象是在一定历史条件和文化背景下,人们对于教师这一职业的职能、特点、行为所形成的一种较为稳固而概括的总体评价与整体印象,既反映出教师职业的固有特征和本性,又具有时代和文化特征。教师形象是教师"教育影响"的前提条件。这种条件在两个方面发挥作用,一是"教育形象"发挥

---

① 宋吉缮. 论教师职业的专业化 [J]. 清华大学教育研究,2003 (1):69 - 75.
② 联合国教科文组织. 全球教育发展的历史轨迹 [M]. 北京:教育科学出版社,1999:534.

着"人师"的作用,"教育形象"依赖于教师的德性修养;一是"职业形象"发挥着"经师"的作用,"职业形象"依赖于外在"权威"赋能发挥着作用。教师形象随着时代变迁,会发生一定的演变。影响教师形象演变的因素,一是社会制度变迁,二是文化传统和社会价值观念的影响,三是教育制度的发展,四是教师的任务和责任不断复杂化,五是教师职业环境的变化和专业特性的增强。

2. 中国教师形象的历史演变

(1) 圣贤形象。由于伏羲、神农、黄帝、尧、舜等人物都承担了教师的职能,中国古代神话对他们的塑造,描绘出了最原始的教师形象。他们教其他人如何战胜自然,生存下去,由此这些人便以教师的身份位居领导地位。这就是教师圣贤形象的源头。到了春秋战国时期,孔子、孟子主张"以德服人""躬身垂范""安贫乐道""学而不厌,诲人不倦","把教师的圣贤形象发挥到极致"。① 孔子树立了一个"为人师表"的圣贤形象,他留给后世的不仅是教师对学生无微不至的关怀,更是"当仁不让于师"的民主与平等的风范。

(2)"权威者"形象。"学在官府"促成"以吏为师","学而优则仕"成为教育目标,"四书五经"成为教育内容。"学高"与"身正"是对教师自我修养的应然要求。因此,教师官僚形象表现为"德行为先""腹有诗书""身正为范",形成了"师道尊严"的"权威"者形象和道德本位的"道"的代言人形象。在古代各地的书院,书院"山长""授以学官",教师以"学者形象"出现。后来,随着书院的"官学化",书院教师呈现了一定的"权威者"形象。②

(3) 公仆形象。"人民教师"是教师公仆形象的经典表达。基本内涵主要就是"甘于清贫,甘于奉献""敬业爱生""为人师表"。教师被形容为"孺子牛",意指那种"吃的是草而挤出的是奶"的奉献精神;被形容为"园丁",意指只问耕耘,不问收获的精神;被形容为"春蚕",是借用唐代诗人

---

① 张宁娟. 中西教师文化的历史演变 [J]. 教师教育研究, 2006 (2): 38-43.
② 邓洪波. 中国书院史 [M]. 上海: 中国出版集团东方出版中心, 2004: 170.

李商隐的诗句"春蚕到死丝方尽"以拟人化的手法意指无畏执着的奉献品质；被形容为"蜡烛"，意指牺牲自己，照亮他人，从而使人联想到教师用智慧与品格之光为学生照亮前程的精神；也被形容为"人梯"，意指教师为了学生的成功而做出的自我牺牲。①

中国历史上有"人师"和"经师"的说法。《学记》指出，"记问之学，不足以为人师"。说明没有真才实学、学识浅陋者，不足以成为人师。西汉扬雄说："师者，人之模范也。"这是明确的人师定位。自从有了科举制度，社会价值观发生转变，随之产生了人师向经师的转变。人师主要表现为道德楷模形象，经师主要表现为经学博士形象。革命教育家徐特立先生主张"经师与人师合一""教师要做园丁，不要做樵夫"。②

（4）专业者形象。国家教师资格制度的建立，对教师作为专业人员做出认定，促进了教师专业化的进程。中国教师在步入专业化发展的阶段之后，教师专业者形象的基本内涵，一方面体现为教学中的民主与尊重，爱护学生、平等对待每一位学生，对学生负有价值引导的责任，具备专业情操；另一方面体现为"教师是研究者"，从期望教师具备的某方面素质的角度来谈教师形象，如智慧型教师、研究型教师、创造型教师形象的提出。③

3. 西方教师形象的历史演变

（1）教仆形象。古希腊时期，奴隶主子弟上学多由教仆陪送。教仆多是有知识的被俘奴隶。④ 随着罗马人的入侵，希腊文明逐渐衰落，希腊人大都沦落为罗马帝国的奴隶，在罗马的初级学校便出现了仆人式教师。教仆，是指因其过人的学识和智慧而被奴隶主雇用教授其子女识字、读书的奴隶。⑤ 教仆既反映了教师在当时极为卑下的社会地位，也表现了教师对学生有限支配力的陪伴和仆从形象。

---

① 袁丽. 中国教师形象及其内涵的历史文化建构[J]. 教师教育研究, 2016（1）: 103-109.
② 黄济. 历史经验与教育改革[M]. 北京: 人民教育出版社, 2004: 146.
③ 王艳玲. 教师形象的内源性考察[J]. 中国教育学刊, 2011（2）: 58-61.
④ 王天一. 外国教育史[M]. 北京: 北京师范大学出版社, 1993: 30.
⑤ 王天一. 外国教育史[M]. 北京: 北京师范大学出版社, 1993: 64.

（2）学者形象。在欧洲中世纪的主教学校、宫廷学校、修道院学校中，教师由僧侣担任，但这些僧侣都是以"宫廷学者"为己任，传播"七艺"，收集文献资料，修正有误的典籍，修订《圣经》文本，解释《圣经》条文。阿尔琴、拉宾纳斯、伊里杰纳等"宫廷学者"采用的教学方法基本上是问答式的对话法。①

（3）权威者形象。教师作为学生个体社会化承担者，"必须成为被学生所认可的权威。教师所施加的影响能够在多大程度上被学生接受，主要取决于教师在多大程度上成为学生所认可的权威，教师的权威是教师对学生所施加的影响的一种载体。② "教师权威的来源，一是教育机构赋予教师的权力；二是教师基于个人的素养与表现在学生中获得的威信。"③ 承认教师在教育过程中权威的合理性，并不等于认可教师对权威的曲解和滥用。"教师要把以个人方式运用权威的机会减少到最低限度。"④ 教师的权威应当与爱结合起来。赫尔巴特在论述儿童管理时，也是"以教育代替管理"，把"权威与爱"放在一起的。⑤

自赫尔巴特强调教师的权威以来，直到进入20世纪，教师"倾向于专制""控制着课堂""一丝不苟地指导学生的活动，为班级制订所有的计划，处理所有的问题"，形成了权威者教师形象。权威型教师"忽视学生的积极性，把学生看作是知识的被动接受者，是教师中心主义的典型代表。"教师权威者的形象，导致"集体中的儿童感觉较为迟钝，独立性差，没有组织集体活动的能力"。⑥

（4）专业者形象。随着新技术陆续地引进学校，社会教育因素的出现，

---

① 吴式颖. 外国教育思想通史（第三卷）[M]. 长沙：湖南教育出版社，2002：378－379.
② 鲁洁，吴康宁. 教育社会学［M］. 北京：人民教育出版社，1990：441.
③ 陈桂生. 略论师生关系问题［J］. 教育科学，1993（3）：5－9.
④ ［美］杜威. 我们怎样思维·经验与教育［M］. 姜文闵，译. 北京：人民教育出版社，2005：269.
⑤ ［德］赫尔巴特. 普通教育学［M］. 李其龙，译. 北京：人民教育出版社，2015：22.
⑥ 王坦. 现代美国教师的作用［J］. 外国教育研究，1987（1）：49－52.

使教师的任务大量增加，教师职业变得更复杂了。教师不仅要做学生的榜样和向导，而且还要担任他们的顾问。① 社会发展需要新型的教师，使教师成为一种"教育的工艺学家"。"那种以为精通某些知识就足以将它们传授给他人的说法已经过时，那种不是把个人全面教育而是把理论知识的简单传授作为目的的内容教育学已经被超越。"② "作为技术熟练者"的教师形象随之普及。"作为反思性实践家的教师"是超越"作为技术熟练者"的教师而形成的教师形象。"技术熟练者"和"反思性实践家"都属于专业者的教师形象。"技术熟练者""显示出掌握科学原理与技术作为技术熟练者的性质"，所寻求的是"标榜实施有效技术的有效教育"的教师专业形象。"作为反思性实践家的教师""把教师工作界定为高度专业化的职业，它不是依据科学知识和技术，而是求之于通过实践情境的省察与反思而形成的实践性见解与学识。"③

二、教师地位的历史演变

1. 教师地位的考察依据

教师社会地位是指教师职业在社会整体职业体系中所处的位置。主要从四个方面来考察：一是以教师的收入，反映教师的经济地位；二是以教师的"法定支配力"和"人为影响力"来考察的教师权力，反映教师的政治地位；三是以社会成员对教师职业的意义、价值、声誉等综合考察教师的职业声望；四是以教师职业的"专业性"考察教师的专业地位。④

2. 中国教师地位的文化特点

（1）中国古代尊师重教的传统。春秋战国时期，私学兴起。"对教育发展

---

① ［法］S. 拉塞克、［法］G. 维迪努. 从现在到2000年教育内容发展的全球展望 [M]. 马胜利，高毅，周南照，等译. 北京：教育科学出版社，1996：104
② ［法］S. 拉塞克、［法］G. 维迪努. 从现在到2000年教育内容发展的全球展望 [M]. 马胜利，高毅，周南照，等译. 北京：教育科学出版社，1996：265-266.
③ ［日］佐藤学. 课程与教师 [M]. 钟启泉，译. 北京：教育科学出版社，2003：263-264.
④ 马和民. 新编教育社会学 [M]. 上海：华东师范大学出版社，2002：95-98.

影响最大的是儒、墨、道、法四家私学。"① 特别是荀况的私学活动十分著名，这就是他长期执教的齐国稷下学宫。稷下学宫是一所由官家操办私家主持的学校，培养了大量的政治人才和学术人才。稷下学宫的办学成就促成了荀况的尊师观念，"将教师视为治国之本"，② 形成了"国将兴，必贵师而重傅"的结论。"荀况的尊师思想对后世中国封建社会的'师道尊严'形成有很大影响。"③ 到了汉代，太学的教师是博学多能者的"博士"，人数较少，能受到社会的尊重和朝廷的礼遇。在唐代，韩愈提倡尊师重道，明确了教师"传道、授业、解惑"的任务，倡导合理的师生关系。清代的黄宗羲对教师职业有特殊感情，肯定教师的作用，主张教师参与议政，提高教师的社会地位。④ 可见，中国古代有政教合一、尊师重教、师道尊严的传统。但这不意味着教师始终处于尊崇的地位。中国古代一直有官学和私学并行的学校制度。总体上来说，官学教师的地位高于私学教师的地位。这是因为，官学教师是"朝廷的官员""受朝廷俸禄"。⑤ 相比之下，私学教师则不具有政治地位和稳定的收入。

（2）中国现当代教师地位的表现特点。虽然尊师重教的传统一直延续，但是，由于多方面的原因，教师地位仍存在反差现象。在旧中国，由于历史的原因，加上长年的战乱，学校秩序难以维持，教师的地位不高，社会上对教师有"教书匠""孩子王"等含有贬义的称呼。新中国成立后，确立了"人民教师"的主体定位，教师的地位比过去有所提高，一方面是职业稳定性较强，另一方面国家的教师政策起到了稳定的作用。改革开放以来，国家加大教师表彰力度，开展尊师活动，营造尊师重教的良好社会风尚。突出教师主体地位，维护教师权益，落实教师知情权、参与权、表达权、监督权。教师地位不断提高，教师待遇得到明显改善，教师业务水平进一步提升，教师职

---

① 孙培青. 中国教育史 [M]. 上海：华东师范大学出版社，1992：94.
② 孙培青. 中国教育史 [M]. 上海：华东师范大学出版社，1992：143.
③ 孙培青. 中国教育史 [M]. 上海：华东师范大学出版社，1992：144.
④ 孙培青. 中国教育史 [M]. 上海：华东师范大学出版社，1992：475.
⑤ 顾明远. 中国教育的文化基础 [M]. 太原：山西教育出版社，2004：102-103.

业理想和职业道德教育得到加强。但是，还存在着教师声望的高评价与低选择问题，形成明显的反差。①

3. 西方历史上教师的地位演变

（1）古希腊时期教师的地位。布鲁巴克认为，在古代社会，教师能"受到尊重在很大程度上依赖于他所教学科领域的重要性"，像"教哲学和修辞学这样高级学科的教师状况，还是相当好的"。② 在雅典，教师大致可以分为两类：教仆和学校里的教师。雅典的小学教师的地位尤其低下，遭到社会的歧视。从事小学教师的人多半是贫穷落魄的外邦人，靠着微薄的酬金谋生。这是由雅典的民主制决定的。这种民主制高度重视公民权，而外邦人是没有公民权的。随着希腊化世界对文学教育的关心，小学教师的地位略有上升，教师的经济待遇得到了改善，中学教师地位较小学教师地位高。纵观整个古希腊时期，教师地位总体不高，但呈现出逐级递升的趋势。③

（2）古罗马时期教师的地位。古罗马共和时期，小学得到比较普遍的发展。一部分贵族不屑于把子女送入小学，而是雇佣家庭教师在家教育子女，故而小学教师的收入微薄，社会地位低下。贵族子女入读的文法学校，教师收入较高，也有较高的社会地位。④ 布鲁巴克指出了古希腊和古罗马教师地位低下的原因，一是"文字符号的教育成为比以前更为普遍的权利"。⑤ 二是"在生活已发生变化而教学仍固守老一套做法"。⑥ 三是"教学方法的发展迟缓"，"教师仍然过分地依赖记忆方法"，"教学技能被认为是一种天赋，阻碍

---

① 马和民. 新编教育社会学［M］. 上海：华东师范大学出版社，2002：98.
② ［美］布鲁巴克. 教育问题史［M］. 单中惠，王强，译. 济南：山东教育出版社，2012：499.
③ 刘应竹. 古代希腊教师问题研究，华中师范大学硕士论文，2007.
④ 吴式颖. 外国教育思想通史（第二卷）［M］. 长沙：湖南教育出版社，2002：35-36.
⑤ ［美］布鲁巴克. 教育问题史［M］. 单中惠，王强，译. 济南：山东教育出版社，2012：498.
⑥ ［美］布鲁巴克. 教育问题史［M］. 单中惠，王强，译. 济南：山东教育出版社，2012：499.

了可以使教学技能得到改进的教学理论和教学经验的总结"。①

（3）欧洲中世纪的教师地位。拜占庭帝国时期，君士坦丁皇帝重视教育，颁布了支付教师薪金、免除教师赋税和劳役、"任何人必须尊重公共教师"的政策。② 加洛林王朝时期，查理曼大帝确立了学校教育体系，主教学校、宫廷学校、修道院学校、歌咏学校和文法学校，教师的地位随着文化复兴而提升，标志就是一批有影响力的教师学者的涌现。③ 中世纪的阿拉伯，"其文化教育政策的开明和尊师重教、鼓励学术研究而使其教育得到迅速发展"。④

（4）西方近现代的教师地位。西方进入资本主义社会后，随着中小学教育的制度化和普及化，教师的任务和责任不断复杂化，教师的社会功能不断扩大，教师不仅要传授知识，还要培养受教育者的智力和能力。那时候，教师的地位仍不是很高。虽然17世纪捷克教育家夸美纽斯给予教师崇高的赞誉，他认为教师的职位是太阳底下再没有比它更优越的、光荣的职位。⑤ 但实际上教师的处境却让第斯多惠感到不公平。他指出：教师仍被称为"教书匠"，仍然"身处逆境""受到不应有的冷遇和轻视""教师的艰难很少有人了解"。⑥ 随着信息技术应用于学校教育，教师的任务和责任不断复杂化，教师地位有所提高。教师"不仅要做学生的榜样和向导，而且还要担任他们的顾问"，还要"更广泛地参与影响学校生活的所有决策"。⑦ 随着教师功能的扩大，"教师的权威将不再建立于学生的被动与无知的基础上，而是建立在教

---

① [美] 布鲁巴克. 教育问题史 [M]. 单中惠, 王强, 译. 济南：山东教育出版社, 2012：500.

② 吴式颖. 外国教育思想通史（第三卷）[M]. 长沙：湖南教育出版社, 2002：146.

③ 吴式颖. 外国教育思想通史（第三卷）[M]. 长沙：湖南教育出版社, 2002：366－373.

④ 吴式颖. 外国教育史教程 [M]. 北京：人民教育出版社, 1999：152.

⑤ 许椿生. 简谈历史上教师的作用和地位 [A]. 瞿葆奎. 教育学论文集：教师 [C]. 北京：人民教育出版社, 1991：3.

⑥ [德] 第斯多惠. 德国教师培养指南 [M]. 袁一安, 译. 北京：人民教育出版社, 2001年版：6－7.

⑦ [法] S. 拉塞克, [法] G. 维迪努. 从现在到2000年教育内容发展的全球展望 [M]. 马胜利, 高毅, 周南照, 等译. 北京：教育科学出版社, 1996：104－105.

师借助学生的积极参与以促进其充分发展的能力之上"。① 教师功能的扩大对教师的能力提出了更高的要求，教师的培训、提高教师的质量成为"所有国家的一项优先任务"，从而促进了教师职业的专业化，教师的社会地位受到国家法律的承认和社会的尊重。另一方面，"近年来教师职业倍遭贬抑"，必须"恢复这一职业威望。"② 另据有关学者关于教师经济待遇的国别比较研究，"就整体而言，各国教师的经济待遇普遍不高。至于教师的社会地位，它基本上与经济收入和学历文凭成正比。"③

教师地位是一个多层面的问题，这个特点由历史上教师地位形成的反差得以佐证。一方面是学者对教师的作用给予很高的肯定和评价，另一方面，则是教师自身的生活状况不佳，工作业绩得不到理解和尊重。一方面是直接服务于统治者阶层的"官学"教师地位较高，收入稳定，另一方面是"私学"的基层学校教师的地位较低、收入微薄、生活状况堪忧。在古希腊和古罗马，教师的地位还与教师所教的学生和内容有关。如果所教学生出身于贫穷阶层，则教师的社会地位必然低下；如果教师所教的不是修辞、文法等"自由教育"的内容，而是教给学生实际生活所需要的最基本的知识，则教师的社会地位同样低下。教师地位的多层面特点还可以由教师专业化程度的不同得以佐证。在当代，教师的地位也因教师掌握专门知识和技能的水平不同而有相当大的差异。教师的专业化程度有很大的层次性。大学教师的专业化程度较高，而小学和幼儿园教师的专业化程度较低，以至于长期以来形成了对教师学历要求不高，表现在社会地位上，就是大学教师的社会地位较高，而小学教师的社会地位较低。这与封建社会教师地位有相似性。

---

① ［法］S. 拉塞克、［法］G. 维迪努. 从现在到 2000 年教育内容发展的全球展望[M]. 马胜利，高毅，周南照，等译. 北京：教育科学出版社，1996：106.
② ［法］S. 拉塞克、［法］G. 维迪努. 从现在到 2000 年教育内容发展的全球展望[M]. 马胜利，高毅，周南照，等译. 北京：教育科学出版社，1996：105.
③ 苏真. 比较师范教育[M]. 北京：北京师范大学出版社，1991：446.

第三节 教师专业化的历史变迁

一、教师专业化发端于"教学专业化"的理论主张

19世纪以来,随着社会进步、科学技术的发展,社会对学校教育水平和质量的提高、对教师的要求也不断提高。社会需要把"官吏为师""僧侣为师"转变成"学者为师"。人们逐渐地认识到,教学是一种专业化的工作,仅有专业知识还不够,还必须进行职业的专业训练。"学者为师"就需要有专门机构进行专门的培养,从而产生了师范教育。19世纪中叶,师范学校在世界范围内产生并发展起来,开设了教育科学和教学艺术方面的课程。教师的入职标准是必须通过师范学校的培训并获取证书。师范教育理论与实践的产生、发展与独立,促使教师职业逐渐成为一种专门职业。

二、教师专业规范的确立促进了教师专业化的发展

在19世纪末期,美国教育行政官员特别是地方的教育行政官员和师范院校形成共识,即教师的专业性即"教育性"必须体现在教师专业规范中。地方政府通过不断提高教师的入职标准,引导和规范教师职业的"专业性"发展。一方面是实行教师证书制度,规定通过考试和学科培训,引导教师加强任教学科知识、教育理论知识的学习和强化教育观察与实践。一方面是以法律的形式制定高等教育机构的认可标准,建立教师教育机构和证书部门。到20世纪中叶,美国各州通过提高证书要求,使师范学校对教师职业的规范作用通过证书的法律手段得以实现。同时,美国还成立了全国性教育协会,鉴定和认可教师培训机构。[①] 教师证书不仅为从事教学工作的人员提供了资格保障,而且对在任教师颁发不同种类的教师专业证书,分为初任教师、专业教师和终身专业教师三种,为教师的专业发展创造机会,激励建设性专业发展

---

① 郭志明. 美国教师专业规范历史研究 [M]. 北京:中国社会科学出版社,2004:75-85.

活动。① 事实上，在各国的教师专业化推动方面，教育协会组织和教师专业组织起了设定教师职业门槛、确保教师专业性、提高教师社会地位和经济地位的作用。

三、"教师教育大学化"促进教师专业化深入发展

教育科学和心理科学的长足发展，并且进入了大学课堂，进入了教师培养课程。时代要求教师不仅要在学科专业方面是"学者"，而且要在教育专业方面成为"专家"，使教师有了"双专业"的追求。人们获得了一种共识，即掌握教育科学理论和教学方法是取得教师资格的必要条件。法国的教师教育模式是"本科教育+2年教师教育课程"。德国的要求是大学后"要进入专门的教师培训机构接受长达两年左右的专门培训，才能获得教师资格"。② 美国综合大学教师培养的模式是"普通教育+所教学科教育+教育实习"，并通过不断选修学分，提高培养年限和学历要求。③ 教师教育大学化成为教师教育专业化新的发展趋势，师范教育与学术教育通过课程体系走向整合。1952年，美国成立了全国教师教育认可委员会，制定全美统一的教师教育认可标准，检查教师教育的课程和教学计划，认可和鉴定教师教育机构。④

四、教师专业化的中国道路

在国际教师专业化浪潮的推动下，在教师教育一体化理念引导下，中国师范教育在20世纪末、21世纪初启动了对传统师范教育体制的改革，由"旧三级"转为"新三级"，中等师范退出历史舞台，中学教师学历实现硕士化。与此相应，国家推行了职前培养与在职培训的一体化，实行教师教育大学化，建立了开放性的教师教育体系，允许综合大学和非师范院校参与教师培养；

---

① 刘捷.专业化：挑战21世纪的教师[M].北京：教育科学出版社，2002：111.
② 祝怀新，潘慧萍.德国教师教育专业化发展探析[J].比较教育研究，2004(10)：11-16.
③ [美]科南特.美国师范教育[M].陈友松，译.北京：人民教育出版社，1988：202.
④ 刘捷.专业化：挑战21世纪的教师[M].北京：教育科学出版社，2002：112.

确立教师教育课程的国家标准，提出了"育人为本、实践取向、终身学习"的教师教育理念，规范了课程目标和学习领域，强调课程功能指向加深专业理解、解决实际问题、提升自身经验；确立师范教育专业的国家标准，分级分类实施师范类专业认证，提出了"学生中心、产出导向、持续改进"的认证理念，明确规定了师范类专业的考察重点，包括培养目标、毕业要求、课程与教学、合作与实践、师资队伍、支持条件、质量保障和学生发展；确立了中小学教师专业标准，是国家对合格中小学教师的基本专业要求，提出了"师德为先、学生为本、能力为重、终身学习"的理念，从12个领域规范了对教师专业理念与师德、专业知识、专业能力的具体要求。教师教育院校实行了教师培养途径多样化，与地方政府和基础教育学校协同培养，重点师范大学实行了学士后分段培养模式，改变了传统的混编养成培养模式，进一步提高了教师培养的专业化水平。师范院校建立高校与地方政府、中小学协同培养新机制，开展"卓越教师"培养体制改革，目的在于培养一大批师德高尚、专业基础扎实、教育教学能力和自我发展能力突出的高素质专业化卓越教师。

五、教师专业化的专业发展模式

教师专业化的专业发展模式主要有三种范式。一是教师专业发展的理智取向。这种模式强调教师的独立学习，以专业标准为本，以专家引领为主途径，认为教师专业学习能够促使教师产生新理解，获得新技能。二是实践—反思取向。实践—反思取向的教师专业发展模式，其突出的特点是把教师的个人生活同专业的教学生涯联系起来，[1] 教师需要从强调学术准备和松散的理论课程转向中小学实践，真正主导教师实践的专业知识需要教师在实践中通过体验、反思的方式在多种知识的基础上综合、生成。三是生态取向。这种取向把教师专业发展的焦点移到了教师所处的文化空间，主要有教师专业学习共同体模式，这种模式的基本理论假设是：其一，教师专业发展的动因是

---

[1] 朱旭东. 中国教育改革30年（教师教育卷）[M]. 北京：北京师范大学出版社，2009：186.

潜在社会情境与工作经验中的专业知识观念与学习活动,这种活动通过教师间的互动、反思、交流而被强化;其二,教师参与"教师专业共同体"这一专业组织能够引发教师教学实践变化与学生学习成绩提高。①

第四节 中国的师道传统

一、"师道"的含义

陈桂生教授辨析了"师道"概念的含义。"师道"概念有广义与狭义之分。广义的"师道"包括"为师之道""尊师之道"与"求师之道"三个问题领域。狭义的"师道"仅指"为师之道",亦即教师的价值追求,以教育为志业。② 陈桂生在《师道实话》一书中指出,"师道"指教师的敬业精神与应有的教育价值追求。石中英教授认为,"师道"的内涵与外延取决于对"道"的认识。他认为"师道"即"为师之道","指称为师者在履行自己职责时所应当秉持的根本价值原则和所应当追求的根本价值使命,是儒家之道在教育领域内的具体化和规范化要求。"③ 丁念金教授认为,"师道""有四重基本含义:一是社会重师之道,即教师身份和职业在社会结构中的定位;二是指为师之道,即对教师职业的根本要求,包括教师对自己的根本要求;三是求师学习之道,即人们注重寻师开展各类学习;四是师学传承之道,即教师的学问在人世间传承的法则"。④ 黄仰栋、吴黛舒认为,"师道"是精神性与实践性的统一,它在指向教师价值观的同时,也观照职业规范。⑤

---

① 龙宝新. 论国外教师专业发展的理念、形态与模式类型 [J]. 外国中小学教育, 2016 (5): 49 – 57.
② 陈桂生. 师道辨析 [J]. 河北师范大学学报(教育科学版), 2008 (5): 86 – 87.
③ 石中英. 师道尊严的历史本意与时代意义 [J]. 当代教师教育, 2017 (2): 18 – 23.
④ 丁念金. 论中国师道文化的重建 [J]. 南京社会科学, 2017 (8): 151 – 156.
⑤ 黄仰栋, 吴黛舒. 师道的传统特质与现代内涵 [J]. 教育探索, 2021 (2): 67 – 71.

二、师道观的历史变迁

师道观,是指对为师之道的总体认识,涉及对教师的地位、作用、职责、任务、资格、要求及师生关系等方面的看法。① 对师道观的这个定义,涵盖了"尊师之道""为师之道""求师之道"。孔子作为"至圣先师",他的师道观内容十分丰富,包含了德、识、才、艺诸多方面。他主张"学而不厌,诲人不倦",强调教师以身作则,以"身正"为学生做榜样,更为重要的是主张"有教无类",充分体现了孔子在教师资格要求方面的观念。孟子主要继承了孔子"启发诱导"的教学方法,主张根据学生的资质灵活运用教学方法,提出"君子之五教:有如时雨化之者,有成德者,有达财者,有答问者,有私淑艾者"。荀子强调了教师的作用,提出了"博习、尊严庄重、经验丰富有威信、讲述有条理、知微"等教师素养的观念。《礼记·学记》把"长善救失"作为教师的责任,阐明了"严师""道尊""敬学"之间的关系,阐明了"善喻"的"君子之教"。韩愈提出了教师"传道、授业、解惑"的职责,并强调教师"闻道在先""术业有专攻"。王夫之强调教师"正言""正行"和"正教"。陶行知将教师比作"雕塑家",以此表明教师的神圣使命,他强调教师要有"科学头脑"和"改造社会的精神"。从以上六位教育家的师道观念的变迁可以看出,从古至今,对教师的要求从内在素质扩展到教师对社会的责任,从教师自身的"身正"发展到对人的"塑造",从"师严"发展到"乐教爱生",从"善喻"发展到对人的心灵的塑造,师道观发生了多维变迁。

习近平总书记对优秀教师的寄语"心有大我、至诚报国的理想信念,言为士则、行为世范的道德情操,启智润心、因材施教的育人智慧,勤学笃行、求是创新的躬耕态度,乐教爱生、甘于奉献的仁爱之心,胸怀天下、以文化人的弘道追求",是当代师道观的集中表达。这六条既传承了中国古代师道观的精髓,又体现了现代社会对教师"理想信念、道德情操、育人智慧、躬耕

---

① 俞启定. 论中国古代的师道观 [J]. 高等师范教育研究, 1995 (3): 68-73.

态度、仁爱之心、弘道追求"的更高要求。

三、中国的师道传统

许多学者都对中国古代师道观、师道传统、师道文化做了研究。还有学者研究了陶行知的师道观，研究了习近平总书记关于教育家精神的思想。依据习近平总书记的教育思想，综合学者们的研究，中国的师道传统既有继承古代师道文化的精髓，又有总结现代师道观念形成的重要价值。概括起来，具有以下六项内容：

一是"弘道"的理想追求。教师不仅要"传道"，还要"弘道"，具有"得天下英才而教育之"的情怀，有"有教无类"的胸怀，有"心有大我、至诚报国"的境界，"以传承优秀的文化传统和进行文化创新为己任。"①

二是"严师重道"的模范教师形象。一方面是教师对自己的严格要求，"凡学之道，严师为难"。教师应"正言正行""有道德情操"，严谨治学，有"温故知新"的学习精神，有"立己达人"的宽阔心胸。教师在对自己严格要求的基础上，对学生严格要求，"为人师表""学为人师，行为世范"；一方面是对教师资格的严格要求，"有扎实的学识"，"有仁爱之心"，"耆艾而信""道之所存，师之所存"。

三是"教学相长"的师生关系准则。"当仁不让于师""弟子不必不如师""学然后知不足，教然后知困，知不足然后能自反也，知困然后能自强也，故曰教学相长也"。

四是做"有活力的教师""承担改造社会的责任"。通过改进教育来改造社会。一方面是"培植生活力，使学生向上生长"，把真知识、真学问传授给学生；一方面是"教人学做主人"，"敢探未发明的新理"，培育学生的主体性精神和能动创造精神。

五是"勤学笃行，求是创新"的躬耕态度。"勤学笃行"就是要善于探索、勇于实践、知行合一、主动作为。"求是创新"，首先是指追求真理、传

---

① 石中英. 中国的师道传统与教育家精神 [J]. 教师发展研究，2024（2）：97–105.

播真知、培育"真人";其次是把握教育规律,遵循学生成长规律,积极参与课程教学改革;再次是用价值理性引领教学改革,杜绝"工具理性"驱动的教学方式和评价方式。

六是"启智润心、因材施教"的育人智慧。一方面是热爱学生、了解学生、尊重学生、"向你的学生虚心请教";一方面是教学要"有如时雨化之者""道而弗牵,强而弗抑,开而弗达""长善救失",教师应以自己崇高的人格和优良的精神风貌去陶冶和影响学生。

本章小结

教师的职能活动有一个从发生、发展到教师职业形成,再到教师专业化的过程。教师职能伴随人类传授生活经验和生活习俗而发生。教师职业是由于学校的出现而形成的,"教"的活动从自发的、随机的活动到自觉的、有目的的活动的转变,教师的"教育影响"也从自发性转为专业性。教师专业化是社会职业分化的结果,一方面是教师入门有了一定的标准和规范,从教人员必须接受长期的专门培训,并且掌握一定的知识和专门技术;另一方面,由于教师专业性而获得社会的认可,教师的形象和地位也随着教师职业的发展而发生演变。中西教师形象演变有不同的轨迹,但演变的趋势却走向了同一。中国教师从古代的圣贤形象经官僚形象、公仆形象到专业者形象;西方教师从教仆形象经学者形象、权威者形象到专业者形象。这是因为西方有一段相当长时期的教会教育,僧侣学校有研究圣经的需要;而中国未曾出现过教会教育。教师的社会地位一般从经济地位、政治地位和专业地位来考察。教师地位问题在中西方都存在多层面性的差异,也存在统治者教师地位的"高宣称"和实际的低地位反差。教师专业化不仅是指教师个人的"高学历"专业追求,而是一种国家的制度规范,更是一种大学教育模式和体制。教师专业化走过了教师职业培养机构的升级、培养内容的丰富、培养体系的完善、培养制度的健全、入职标准的规范和提高等历程。中国政府也积极创造教师专业化的政策环境,出台了一系列专业化的标准。教师专业化的教师发展模式有三种范式。理智取向、实践—反思取向和生态取向。中国的师道传统具有丰富的内容，将教师的职责使命、资格要求与整个儒家思想体系中的"道"逻辑地联结在一起，教师的专业发展离不开"师道"精神的弘扬。教师形象和教师地位制约着教师"教育影响"。教师的"教育形象"是由教师自己的学识修养和道德修养决定的；教师的"职业形象"是由外在"权威"赋能，也就是说，教师的"职业形象"取决于教师的社会地位；教师地位高一些，"教育影响"就大一些。

第四章

教师思想的历史遗产

教师的"教育影响"在历史上存在怎样的形态？历代教育家们如何认识教师的"教育影响"？教师"教育影响"有着怎样的历史发展演变轨迹？任何关于教育实践问题甚至教育理论问题的研究，都离不开"历史的研究方式"，都必须去考察它的"前世今生"。[①] 上述问题可以从梳理历代教育家们的"教师观念"或"教师思想"中获得清晰的认识。"教师观念"是指人们对"教师"的性质、内涵、地位、职能、作用等的认识、看法和期望。在这里，"人们"是指认识主体，这个认识主体是社会主体，包括教育理论研究者、其他知识群体、社会权力掌控者、教师自身、学生、家长等。"看法"是认识的维度和范围，一是对教师职业的认识，包括地位和作用、专业性；二是对教师职能的认识，包括劳动对象、职业本质、道德素养要求；三是教师角色的认识，包括教师形象、角色扮演、角色冲突；四是教师的专业发展，包括教师自我修养，教师培养、评价和管理；五是教师动力，包括教师信念、教师期望、自我效能感。这几方面的看法，都可由对"教育影响"的看法反映出来。

"观念"主要指向于一般意义上的"人"，特别强调受"社会意识"的影响。不同的人具有个体认识差异的特点。那些得到最广泛传播的观念，往往成为思想的原材料的一部分；"思想"则被认为是社会意识的一部分，特别强

---

① 冯向东．教育科学的理论与实践逻辑：关于布迪厄"实践逻辑"的方法论意蕴[J]．高等教育研究，2012（2）：13－19．

调为一种"理性认识"。理性认识作为一种系统化和理论化的认识，必然具有独特性和个体性，这就决定了"思想"会在认识深度和理论系统性上超越"观念"。现代教育实践促使教育家们对教师有了系统化和理论化的认识，因而产生了他们各自的教师思想。因此，笔者对近代以前著名教育家关于教师的认识定名为"教师观念"，而对现代著名教育家关于教师的认识定名为"教师思想"。

第一节 古代的教师观念

一、中国古代的教师观念

1. 孔子的主张表明了成为教师应该具备的基本条件，代表社会对教师提出的期望

孔子的教师观念散布于他的许多具体问答对话和主张中。一是"学而不厌"。教师要终身学习，"发愤忘食，乐以忘忧"。要保持一种"学如不及，犹恐失之"的积极精神。二是"温故知新"。孔子说："温故知新，可以为师矣。"注重新旧知识之间的联系，可以做好教师。那些只会简单地记诵、传习知识的人，是不能够做教师的。三是"诲人不倦"。孔子"循循然善诱人"，对学生的爱和高度负责，是教师的教育情怀的体现。四是"以身作则"。所谓"其身正，不令而行；其身不正，虽令不从"。身教重于言教，言行一致，才能有效提高学生的道德认识。① 五是提倡"因材施教"。孔子对学生施以"四教"，当学生向他问仁、问孝时，他历来都依其不同水平和性格给予不同答复。他说："中人以上，可以语上也；中人以下，不可以语上也。"② 就是说教育要有针对性，根据学生的不同特点、知识基础和理解能力，做到因材施教、知人善教。六是"教学相长"。孔子与学生谈问题总是持互相讨论的态度，而且常常从学生的体会中去寻求对自己的启发。当他问子贡："汝与回也

---

① 孙培青. 中国教育史 [M]. 上海：华东师范大学出版社，1992：82-83.
② 徐志刚. 论语通译 [M]. 北京：人民文学出版社，1997：69.

孰愈？"子贡回答说："赐也，何敢望回！回也闻一以知十，赐也闻一以知二。"孔子不但给予肯定，并补充说："弗如也，吾与女（通汝）弗如也。"这种谦逊的精神，正是《学记》中所说的"学然后知不足，教然后知困"教学相长的典型体现。①

2. 荀子的主张肯定教师的地位和作用

荀况认为，教师是礼义的化身，"师法"是教师参与国家治理的中介。教师的作用就是"化性起伪"，教化修习。教师应该是人格教化的榜样，并担负起传习礼乐、规范礼仪、规制礼法的重任。由此得出结论："国将兴，必贵师而重傅；贵师而重傅，则法度存。"② 可见，荀子将教师的作用与国家的兴衰联系起来。荀子还提出了"可以为师"的四个条件："尊严而惮，可以为师；耆艾而信，可以为师；诵说而不陵不犯，可以为师；知微而论，可以为师"。③第一条是说教师具备了令人敬佩和敬重的基本素质，就有了尊严，就可以令人敬畏和服从。第二条说明教师还要有丰富的阅历和崇高的信仰以及道德素养，才能做一名德高望重的好教师。第三条是指"教师在具备了仪表、年龄、学识、德行及信仰等人格方面的素养之后，还必须在知识的教授过程中具有一定的教学能力，如注重条理性，加强逻辑性等。"④ 第四条是指教师要能够"准确体会礼法的精微道理而又能中理的加以阐发。"⑤

3.《学记》中关于教师的论述首先是肯定了教师的作用

一是"师严"，"师严然后道尊，道尊然后民知敬学"。"师严"既指教师对学生的严格要求，也指教师自身的严谨，以身作则。"师严"是为人师表的重要体现。二是"教学相长"，"虽有至道，弗学不知其善也。是故学然后知不足，教然后知困。知不足，然后能自反也；知困，然后能自强也。故曰教

---

① 黄济. 万世师表：谈孔子的教师观 [J]. 教育科学研究, 2003 (1): 43-46.
② 孙培育. 中国教育史 [M]. 上海：华东师范大学出版社, 1992: 143-144.
③ 章诗同. 荀子简注 [M]. 上海：上海人民出版社, 1974: 147.
④ 赵玉生. 荀子的教师教育思想略论 [J]. 内江师范学院学报, 2014 (7): 122-125.
⑤ 崔耿虎, 任颖柜. 试论荀子对孔子教育思想的继承和发扬 [J]. 泰山学院学报, 2005 (5) 89-90.

学相长也。"强调教师教的过程也是一种学习的过程。① 三是"长善而救其失也"。教师要了解学生的心理状态，既善于发扬学生的优点，又善于矫正学生的缺点。② 其次，提出了做教师的重要条件。一是教师要有丰富的知识和经验。"君子知至学之难易而知其美恶，然后能博喻，能博喻然后能为师。"③ 既指明了教师之"至学"，又指明了"能博喻"。《学记》还指出："记问之学，不足以为人师。"只靠一点现学现教的零碎知识来应付学生的发问，是不能承担起教师的重任的。二是教师要善用教学规律。《学记》提出"豫""时""孙""摩"，即未雨绸缪、及时施教、循序渐进和交互观摩的四大原则，"此四者，教之所由兴也"。④ 还提出要善于运用启发式和问答式教学方法。

4. 韩愈的《师说》明确"师道观"的四个关系

一是学者与师的关系。韩愈说："古之学者必有师。""有师"才能"传道、授业、解惑"，才能成为学者。"师"是成为学者的必要条件。二是"道"与"师"的关系。韩愈说："道之所存，师之所存"。韩愈主张以仁义之道作为求师的原则，不论年长与少和出身贵贱，只要"闻道在先"，都可"从而师之"。"道"是"师"的先决条件。三是"师"与"术业"的关系。韩愈以孔子为例，说明"圣人无常师"。只要"闻道在先""术业有专攻"，就可以为师。于是，"闻道在先""术业有专攻"成为选择教师的标准。四是"师"与"弟子"的关系。韩愈认为："弟子不必不如师，师不必贤于弟子"。"师"与"弟子"在"道"和"术业"上可以平等相待、交互为师、教学相长。⑤ 韩愈的《师说》明确了教师的任务——"传道授业解惑"。"传道"，指的是传承儒家的价值观体系；明确了教师的任职条件——"闻道在先""术业有专攻"。"闻道"，既是指"为师之道"，又是指"儒家之道"；明确了"师

---

① 孙培青. 中国教育史 [M]. 上海：华东师范大学出版社，1992：168.
② 高时良.《学记》研究 [M]. 北京：人民教育出版社，2006：155.
③ 高时良.《学记》研究 [M]. 北京：人民教育出版社，2006：163.
④ 高时良.《学记》研究 [M]. 北京：人民教育出版社，2006：133.
⑤ 孙培青. 中国教育史 [M]. 上海：华东师范大学出版社，1992：319.

道"的重要意义——"道之所存,师之所存"。

二、西方古代的教师观念

1. 苏格拉底是最早运用反问法启发学生思考的教师

虽然苏格拉底不以施教为业,但他有公认的弟子柏拉图、色诺芬等。其教师观念不是从他的著述中总结出来,而是从他的"为学态度""教育理念"和"教学方法"三个方面勾画出来的。苏格拉底的为学态度:一是自我反省与沉思;二是虚心求教,不耻下问;三是求知若渴,殉道也不悔;四是有教无类的态度。苏格拉底的教育理念:一是"知你自己"——无知之知;二是少数人的精英之见,胜过多数人的陈腐言论;三是知其德,知行合一。苏格拉底的教学方法:一是产婆术;二是归纳法以寻求定义。苏格拉底的为师之道:一是教人学会做人,二是一切德行都是智慧,三是自制是德行的基础,四是身教重于言教,五是健康在于锻炼。① 苏格拉底采用的师徒对话充斥着反问诘难法,以达到发掘学生的潜能,启发学生的思维,重视思辨内求,培养学生的抽象逻辑思维能力的目的。② 教师的作用在于像一个助产士,循循善诱,激发学生去思考,提醒他们清晰地思考。苏格拉底借助"反讽"使问题得以自明,借助不断地"追问"使对话者能发现自己的无知,最后使思想、观念达到破伪呈真的境界。雅斯贝尔斯曾经论述了"苏格拉底式教育"和"作为教师的苏格拉底"。他说,苏格拉底是"启发人们探索真理的引领者,而非传递真理的中介人。"③

2. 亚里士多德是最先把研究成果引入教学的教师

亚里士多德的《政治学》集中地反映了他的教育思想,从他创办吕克昂学园中可以看出其为师之道。一是"将教学与研究结合了起来,他的讲稿常

---

① 吴式颖. 外国教育史教程 [M]. 北京:人民教育出版社,1999:55-58.
② 张传燧. 孔子与苏格拉底对话教学法:比较文化视角 [J]. 教师教育研究,2006 (6):62-66.
③ [德] 雅斯贝尔斯. 什么是教育 [M]. 童可依,译. 北京:生活·读书·新知三联书店,2021:9.

常是其研究论文或基于其研究兴趣的谈话。"二是他"运用了非常独特的教学形式,他常与学生在学园小道上一边散步,一边讨论哲学、政治学、伦理学等问题"。① 三是亚里士多德认为教师应该"我爱我师",更有热爱教学的品质。亚里士多德提出教师的条件为两点:一是专精化知识的要求,如阅读、书写、音乐、几何、算术、天文、修辞、辩证法和哲学等;二是热爱教育事业的品质。

3. 昆体良首次提出了教师研究学生的观念

昆体良是古罗马教育家,从事雄辩家的教育,在拉丁语修辞学校工作了20年。昆体良认为,决定学校质量的关键不是物质环境而是教师。他的《雄辩术原理》被认为是"第一部细致讨论教师训练的著作"。② 他在书中描述了他心目中的理想教师:"他对学生要有家长般的慈爱,是一个家长可以信赖的人,他没有任何道德瑕疵也不容忍道德瑕疵,他严格而不严厉,和蔼可亲而不放任……纠正学生错误时,他绝不讽刺也不谩骂,因为令人厌恶的责备会使学生设法逃避学习。"③ 昆体良对教师提出了很高的要求,教育史家对此概括为五点:一是教师应该德才兼备;二是教师对学生要宽严相济,"教师要以父母般的感情对待学生"④;三是教师要研究、了解儿童的天性,要对学生有耐心;四是把良好道德的培养放在首位;五是教师要懂得教学的艺术,通过课堂提问达到教学目标。⑤

古代教师都有哲学家的角色,对教育问题的思考一般都是哲学的思考。如苏格拉底主张,应将"事实上的认知"与"价值上的判断"二者合而为一,要知善而行善。又如,亚里士多德展现的教师形象是一个具有严密逻辑

---

① 王晨,陈雯."善治"中的教育构建:亚里士多德《政治学》解读[J].高校教育管理,2008(5):52-56.

② [英]罗伯特·R. 拉斯克. 伟大教育家的学说[M]. 朱镜人,单中惠,译. 济南:山东教育出版社,2013:51.

③ [英]罗伯特·R. 拉斯克. 伟大教育家的学说[M]. 朱镜人,单中惠,译. 济南:山东教育出版社,2013:50-51.

④ 王天一. 外国教育史[M]. 北京:北京师范大学出版社,1993:73.

⑤ 吴式颖. 外国教育史教程[M]. 北京:人民教育出版社,1999:100.

推理能力的批判性思考者。亚里士多德跟随柏拉图 20 年，既以柏拉图为荣，也毫不留情地批评恩师的错误观点，对此，亚里士多德留下了千古名言："吾爱吾师，吾更爱真理。"追随真理和智慧，不仅需要勇气，而且需要理性，需要执着的精神，需要勤奋好学、追根溯源的品质，需要独立的人格，要有批判性的思维。由以上几位古代圣哲的教师观念可以看出，古代圣哲都非常重视对"师道"的主张和践履，这与教师职业活动的初步形成有关。这种情况表明了教师观念的发生学逻辑与教育的历史逻辑是相符合的。

第二节 近代资产阶级教育家的教师观念

一、夸美纽斯首次提出教师应当具备的德性特点

这可以说是教师特质研究最早的起源。夸美纽斯不仅论述了教育和教学的内容、方法、原则和教学组织形式，而且形成了自己的教师观念，对教师的主导作用估价甚高。一是教师要成为学生美德生活的楷模。把教师比作"高明的雕塑家"。① 教师应是诚实、积极、顽强的德性的活的榜样。② 二是教师必须像父亲一样对待学生，显示"父亲般的慈爱"，促进学生的精神成长。③ 三是教师必须善于掌握儿童的心理，因材施教。四是教师要掌握教育技巧，懂得教学艺术。五是教师的教学行为必须适应学生的需要。如，抓住学生的注意力，激发学生兴趣，教学语言要朴实、准确、流畅，严密掌握学生的动向，让学生有提问的机会。④ 夸美纽斯在他的最后一部专著《泛教论》中，用一章的篇幅讨论教师应当具备的个性特点："虔诚、可敬、严肃、敏

---

① 许椿生．简谈历史上教师的作用和地位［A］．瞿葆奎．教育学论文集：教师［C］．北京：人民教育出版社，1991：3．
② 吴式颖，任钟印．外国教育思想通史（第五卷）［M］．长沙：湖南教育出版社，2002：295．
③ 吴式颖．外国教育史教程［M］．北京：人民教育出版社，1999：215．
④ 吴式颖，任钟印．外国教育思想通史（第五卷）［M］．长沙：湖南教育出版社，2002：295－298．

锐、勤奋和机智"。他认为，教师必须了解他们职业的目标和目的，所有实现目标的手段以及各种方法；教师应当掌握塑造学生的技艺；教师必须对工作满腔热情。①

二、卢梭首次肯定了教师职业是高尚的职业

教师不是为金钱而工作，是"更有教养的人"。② 卢梭在《爱弥儿》中塑造了一个"自然教师"的形象。卢梭认为，儿童自然发展有三重教育：自然的教育、人的教育、事物的教育。所谓自然的教育，就是顺应人的天性的教育。卢梭把教师定义为"自然教师"，就是按照儿童身心发展规律，在自然秩序中培养儿童自然天赋的教师。自然教师应当对儿童有母爱之情；教师能够成为"学生的伙伴"；教师应当是导师，指导儿童怎样做人。③ 卢梭把教师职业看作一种高尚的职业，教师是更有教养的人。他在写到"一个好教师应该具备哪些品质"时说："我所要求的头一个品质是：他绝不做一个可以出卖的人。有些职业是这样的高尚，以致一个人如果为了金钱而从事这些职业的话，就不能不说他是不配这些职业的。""教师所从事的，就是这样的职业。"④ "教师的责任是十分重大的，"⑤ "能够成为学生的伙伴"，促使学生"去发现行为的准绳"。⑥ 教师"必须是一个值得推崇的模范"。⑦ 教师应该"以仁爱之

---

① [英]罗伯特·R. 拉斯克. 伟大教育家的学说 [M]. 朱镜人，单中惠，译. 济南：山东教育出版社，2013：88.

② [法]卢梭. 爱弥儿：论教育（上）[M]. 李平沤，译. 北京：商务印书馆，1978：27.

③ 吴式颖，任钟印. 外国教育思想通史（第六卷）[M]. 长沙：湖南教育出版社，2002：230.

④ [法]卢梭. 爱弥儿：论教育（上）[M]. 李平沤，译. 北京：商务印书馆，1978：27.

⑤ [法]卢梭. 爱弥儿：论教育（上）[M]. 李平沤，译. 北京：商务印书馆，1978：28.

⑥ [法]卢梭. 爱弥儿：论教育（上）[M]. 李平沤，译. 北京：商务印书馆，1978：31.

⑦ [法]卢梭. 爱弥儿：论教育（上）[M]. 李平沤，译. 北京：商务印书馆，1978：99.

心待人",① "要尊重儿童",② 应该"谨言慎行"。③ 教师"为人要公正和善良",把自己的榜样刻画在学生的记忆里,"深入到他们的心"。④ 总之,卢梭根据自然教育的思想赋予了教师新的要求与使命,他倡导的"人的教育"的一系列观点、原则和方法,对教师的观念转变和素质提升具有指导意义。

三、赫尔巴特首次肯定了教师在管理和训育中的作用

赫尔巴特通过"儿童管理的措施"和"训育的措施"论述了教师的作用。赫尔巴特主张严格要求与爱的结合,指出教师的"权威与爱"有利于"给予儿童心灵以帮助",有利于建立"情感一致"的师生关系,有利于教师获得卓越的智慧,获得儿童的尊重,"权威与爱比任何严厉手段更能保证管理"。⑤ 赫尔巴特区分了管理和训育的不同作用,"管理主要着眼于当前的作用,而训育注意儿童的未来"。⑥ 管理着重于维持秩序,训育"直接对儿童心灵发生影响"。⑦ 赫尔巴特既论述了维持秩序的各种方法,也论述了"训育的艺术"。他认为,管理是教育的一个先决条件;纪律在品格形成中起重要作用。⑧ 教师要留心儿童的"性格特征",在"赞许"和"责备"之间做出艺术的权衡,强调"观察"和"提醒"的衔接,强调用温和的感情来陶冶儿童的

---

① [法] 卢梭. 爱弥儿:论教育(上)[M]. 李平沤,译. 北京:商务印书馆,1978:99.
② [法] 卢梭. 爱弥儿:论教育(上)[M]. 李平沤,译. 北京:商务印书馆,1978:118.
③ [法] 卢梭. 爱弥儿:论教育(上)[M]. 李平沤,译. 北京:商务印书馆,1978:101.
④ [法] 卢梭. 爱弥儿:论教育(上)[M]. 李平沤,译. 北京:商务印书馆,1978:113.
⑤ 赵祥麟. 外国教育家评传(2)[M]. 上海:上海教育出版社,1992:102.
⑥ 赵祥麟. 外国教育家评传(2)[M]. 上海:上海教育出版社,1992:109.
⑦ [德] 赫尔巴特. 普通教育学[M]. 李其龙,译. 北京:人民教育出版社,2015:134.
⑧ [英] 罗伯特·R. 拉斯克. 伟大教育家的学说[M]. 朱镜人,单中惠,译. 济南:山东教育出版社,2013:211.

心灵。① 教师要以"审慎的态度与某种创造力相结合"来获得"所需要的力量"。② 赫尔巴特认为，教师最重要的任务，是创造"扩展多方面兴趣的事物与活动"的"富源"。③

四、第斯多惠首次全面地提出了对教师的专业要求

第斯多惠长期担任三所师范学校的校长，著有《德国教师培养指南》一书，被称为"德国教师的教师"。第斯多惠首次肯定了教师的专业属性。"教师的职务是神圣的"，"因为教师致力于教育和培养工作，这不但关系到家庭和个人的幸福，同时也关系到整个国家的兴衰"。④ 要重视教师的地位，教师应当受到学生的尊重，应当受到家长的尊重，应当受到同事的尊重，应当受到上级的尊重，应当受到社会的尊重。⑤ 他在《指南》中对教师提出了一系列要求：第一，教师要无限热爱教师职业，要有崇高的责任感。一是要建立在对儿童的热爱上；二是"对教材永远有一种新鲜感"，以"扩大视野""振奋精神"；三是"教学热情必须建立在对教师职业的热爱上""专心致志教学"；⑥ 四是"把学习本学科和学习一般教育专业作品结合起来"。⑦ 第二，教师要以身作则、身体力行，用人格影响学生。教师的一言一行，"常常影响着

---

① ［德］赫尔巴特. 普通教育学［M］. 李其龙，译. 北京：人民教育出版社，2015：140.

② ［德］赫尔巴特. 普通教育学［M］. 李其龙，译. 北京：人民教育出版社，2015：141.

③ ［德］赫尔巴特. 普通教育学［M］. 李其龙，译. 北京：人民教育出版社，2015：40.

④ ［德］第斯多惠. 德国教师培养指南［M］. 袁一安，译. 北京：人民教育出版社，2001：205.

⑤ 吴式颖，任钟印. 外国教育思想通史（第五卷）［M］. 长沙：湖南教育出版社，2002：159.

⑥ ［德］第斯多惠. 德国教师培养指南［M］. 袁一安，译. 北京：人民教育出版社，2001：59.

⑦ ［德］第斯多惠. 德国教师培养指南［M］. 袁一安，译. 北京：人民教育出版社，2001：60.

学生，都会给学生带来希望和活力"。① 一方面，教师要"先受教育"，"自我教育，自我完善"，特别是"诚心诚意地自我教育"。② 另一方面，教师要"用自己的思想行为来培养教育人。"③ 第三，教师要唤醒学生主动的本能，教会学生学习。第斯多惠认为："人的固有本质就是人的主动性"，"教师的注意力首先是发展人的主动性"。"主动性就是从人的精神中产生真、善、美的思想"。④ 主动认识针对真，主动感情针对美，主动意志针对善。他主张教师"造成生动活泼的课堂教学，积极唤起学生的主动性，因势利导，启发学生主动发现问题"，"启发学生自己去寻求答案，自己主动去掌握知识。"⑤ 第四，教师要进行终身自我教育，加强自我修养。"凡是不能自我发展、自我培养和自我教育的人，同样也不能发展、培养和教育别人。"⑥ "教师应当研究有关培养人的普通学科，还应当研究教师进修的学习材料""要善于独立思考"。⑦ 为此，第斯多惠向教师提出了学习建议，如学习要有重点，集中时间和精力学习一个专业；反复研究，融会贯通；温故知新；共同备课，详细研讨；阅读有关教育方面的文章。

五、乌申斯基首次肯定了教师信念在教育中的作用

乌申斯基是俄国 19 世纪著名教育家，在教育理论和教育实践方面都做出

---

① ［德］第斯多惠. 德国教师培养指南［M］. 袁一安，译. 北京：人民教育出版社，2001：23.

② ［德］第斯多惠. 德国教师培养指南［M］. 袁一安，译. 北京：人民教育出版社，2001：24.

③ ［德］第斯多惠. 德国教师培养指南［M］. 袁一安，译. 北京：人民教育出版社，2001：24.

④ ［德］第斯多惠. 德国教师培养指南［M］. 袁一安，译. 北京：人民教育出版社，2001：22.

⑤ ［德］第斯多惠. 德国教师培养指南［M］. 袁一安，译. 北京：人民教育出版社，2001：127.

⑥ ［德］第斯多惠. 德国教师培养指南［M］. 袁一安，译. 北京：人民教育出版社，2001：24.

⑦ ［德］第斯多惠. 德国教师培养指南［M］. 袁一安，译. 北京：人民教育出版社，2001：39.

了重大贡献，被誉为"俄国教师的教师"。他的名著《人是教育的对象》提出了教学的心理学依据。乌申斯基指出，教师既是人类历史宝贵遗产的继承者，又是人类历史宝贵遗产的保护者和传递者。教师应具有为教育事业而奋斗的坚定信念，教师要起到教育作用，就要"依照这一信念去活动"。[①] 乌申斯基认为，教师是"实践家"，"是学校同生活和科学之间的中介人"。教师要把一代新人从学校引向生活，"使人的最高尚的心灵与精神的需要得到发展"。[②] 教师对学生的影响是不能用任何教科书、教学大纲和任何规章制度来代替的，只能用教师信念来影响，且教师"信念一定会表现为对儿童心灵的影响"。[③] 教师应具有教育专业的修养，"力图尽可能多地获得关于他所从事培养的人的本性的全面的知识"。[④] "从人的本性中吸取教育影响的手段"。[⑤] 教师要热爱儿童、研究儿童、了解儿童，"向儿童传授良好习惯"。[⑥] 乌申斯基指出，"不善于抑制愤怒的人就没有资格做教师"。[⑦]

从五位近代教育家的教师观念中，我们发现，前三位近代教育家还是注重"师道"的阐述，提出"为师之道"的若干主张。需要特别说明的是，教师德性的观念、教师专业性的要求、教师信念的作用都在近代被明确地提出来了。

---

① 王天一. 外国教育史 [M]. 北京：北京师范大学出版社，1993：384.
② [俄] 乌申斯基. 人是教育的对象（上、下）[M]. 郑文樾，译. 北京：人民教育出版社，2007：585–587.
③ [俄] 乌申斯基. 人是教育的对象（上、下）[M]. 郑文樾，译. 北京：人民教育出版社，2007：14.
④ [俄] 乌申斯基. 人是教育的对象（上、下）[M]. 郑文樾，译. 北京：人民教育出版社，2007：24.
⑤ [俄] 乌申斯基. 人是教育的对象（上、下）[M]. 郑文樾，译. 北京：人民教育出版社，2007：26.
⑥ [俄] 乌申斯基. 人是教育的对象（上、下）[M]. 郑文樾，译. 北京：人民教育出版社，2007：193.
⑦ [俄] 乌申斯基. 人是教育的对象（上、下）[M]. 郑文樾，译. 北京：人民教育出版社，2007：801.

第三节 现代教育家的教师观念

一、涂尔干首次提出教师是道德人格上的"社会代言人"

涂尔干是对教育及其性质展开论述的社会学家。涂尔干提出，教师以自己高尚的道德人格成为社会代言人，并强调了教师的权威感。他是从教师的"教育影响"出发来论述这种权威感的。首先，他论证了教师"教育影响"的效能，指出"教师由于自己在经验和文化上的优势，自然地对学生有巨大的影响，而这种影响自然地又使教师的影响具有它所必需的效能。"[①] 其次，他论证了"道德权威是教育者的关键品质"。他认为："教育应当主要是一种权威性活动"。"教师必须具有权威感"。"教师不是从外部而是从自身才能保持其权威的；只有出自内心的信赖才能使教师有权威。""教师必须相信的是自己肩负的任务及其重要性。"[②] 他特别强调："教师的权威和热情则是使儿童有更大的热情和更高尚的精神所不可缺少的。"[③] 再次，他论证了教师的权威出自"教师对自己职责的尊重"。他指出："教师也是一种超越自己的高尚道德人格即社会代言人。""教师是他所处时代和自己国家的高尚道德观念的解释者。""教师权威的形成完全是因为教师对自己职责的尊重，也可以说是因为教师对自己职业的尊重。"其次，他论证了教师权威的限定。在论及教育中自由和权威的关系时，他指出："自由并不意味着随心所欲，而是把握好自己，并且能够理性地行动和履行义务。教师的权威，恰恰就应该被用来使儿童有这种自我约束能力"。他着重指出："教师的权威只是义务的权威和理性的权威的一个方面。"[④]

---

① 张人杰. 国外教育社会学基本文选 [M]. 上海：华东师范大学出版社，2009：17.
② 张人杰. 国外教育社会学基本文选 [M]. 上海：华东师范大学出版社，2009：18.
③ 张人杰. 国外教育社会学基本文选 [M]. 上海：华东师范大学出版社，2009：327.
④ 张人杰. 国外教育社会学基本文选 [M]. 上海：华东师范大学出版社，2009：19.

二、蒙台梭利首次提出教师精神

蒙台梭利认为，新教育改变了传统的教育模式，由原来的儿童被动和教师主动，变为儿童主动和教师"更多地被动，而不是主动"。① 蒙台梭利把教师的角色定位于"指导者"，承担指导、引导、保护和看护的责任；定位于"一个积极的观察者"，认为"指导的关键就在于对儿童的成熟程度进行观察"；② 定位于学校与家庭、社区的联络者与沟通者。③ 她把教师的作用定位于"观察儿童的心理发展和引导儿童的心理活动"。因此，蒙台梭利非常重视教师的训练和教师的"个人艺术"修养。④ 蒙台梭利认为："教师应是美和善的化身"，"教师必须致力于自己的完善"，具有科学的兴趣和科学实验的态度，多学点知识。⑤ 她还指出："教师是在唤醒人的智力生命中研究人"。因此，她注重培养教师研究人性的兴趣。⑥ 她认为"真正的教师不仅仅是一个不断努力使自己变得更好的人，还应该是一个能消除其内心障碍的人。"⑦ 她着重提出："如果我们设法把科学家的自我牺牲精神和基督徒的虔诚和热心都移植到教育者的心灵中来，那么我们就会培养出教师精神。"⑧

三、杜威全面肯定了教师的社会作用

杜威的教师思想建立在"教育是社会的职能"的基础上。其要点有：教育传递社会资源；教育必须通过沟通获得经验；教育通过社会环境塑造青年

---

① 吴式颖，任钟印. 外国教育思想通史（第五卷）[M]. 长沙：湖南教育出版社，2002：194.

② 赵祥麟. 外国教育家评传（2）[M]. 上海：上海教育出版社，1992：581.

③ 吴式颖，任钟印. 外国教育思想通史（第九卷）[M]. 长沙：湖南教育出版社，2002：196.

④ [英]罗伯特·R. 拉斯克. 伟大教育家的学说[M]. 朱镜人，单中惠，译. 济南：山东教育出版社，2013：261.

⑤ 赵祥麟. 外国教育家评传（2）[M]. 上海：上海教育出版社，1992：581.

⑥ [意]玛利亚·蒙台梭利. 蒙台梭利教育法[M]. 霍力岩，李敏，胡文娟，等译. 北京：中国人民大学出版社，2008：13.

⑦ 单中惠，朱镜人. 外国教育经典解读[M]. 上海：上海教育出版社，2005：241.

⑧ 王正平. 中外教育名言新编[M]. 上海：复旦大学出版社，2013：62.

一代；学校是特殊的简化、净化和平衡的环境；教育即指导；教育是一个主动和建设性的过程；生长就是从经验中学习。学校作为雏形的社会，是社会生活的一种形式，作为一种共同体，就需要教师与学生之间的互动沟通，需要教师以服务的精神，发挥在共同体中的领导作用。杜威虽然提倡"儿童中心"，但更重视教师的作用，认为教师应该是"向导""帮助者"和"观察者"。① "教师是一个社会团体的明智的领导者"。② 杜威在《教育中理论与实践的关系》一文中指出：真正的教师是"灵魂的启迪者与导师"。③ 杜威虽然批判了"传统教育"中教师的"监督者或独裁者"地位，谈到了教师权威的运用问题，但他指出："教师要把以个人方式运用权威的机会减少到最低限度。"④

杜威从1919年初到1921年7月来华访问，期间做了8次演讲，对教师的领袖职责、作为领袖的资格、成为领袖的要素和教师的职业精神做了系统论述。杜威认为："教师是学生的领袖"，"有指导的责任"。⑤ 教师作为领袖的资格有三种："教师学问上有资格""教师和学生接触上有资格""教师在社会上有资格"。⑥ 教师的职业精神包括："有感情、有信仰、有热诚""看教育做神圣"⑦"对于教育要有信仰心"⑧"必定要培养一定的兴趣，对于学问上有很大的热忱、有继续研究的精神"⑨ "有彻底的精神去研究学问"⑩ "对于学生

---

① ［美］杜威. 学校与社会·明日之学校［M］. 赵祥麟，任钟印，吴志宏，译. 北京：人民教育出版社，2005：302.
② ［美］杜威. 我们怎样思维·经验与教育［M］. 姜文闵，译. 北京：人民教育出版社，2005：223.
③ ［美］约翰·杜威. 教育中理论与实践的关系［A］. 教师教育研究手册（下）［C］. 范国睿，张琳，译. 上海：华东师范大学出版社，2017：799.
④ ［美］杜威. 我们怎样思维·经验与教育［M］. 姜文闵，译. 北京：人民教育出版社，2005：269.
⑤ 单中惠. 杜威在华教育演讲［M］. 北京：教育科学出版社，2007：425.
⑥ 单中惠. 杜威在华教育演讲［M］. 北京：教育科学出版社，2007：425.
⑦ 单中惠. 杜威在华教育演讲［M］. 北京：教育科学出版社，2007：424.
⑧ 单中惠. 杜威在华教育演讲［M］. 北京：教育科学出版社，2007：446.
⑨ 单中惠. 杜威在华教育演讲［M］. 北京：教育科学出版社，2007：430.
⑩ 单中惠. 杜威在华教育演讲［M］. 北京：教育科学出版社，2007：426.

有同情心"① "引起学生求知心的兴味"② "陶铸学生的人格"③ "有一种牺牲的精神"④ "有同情的、互助的精神"⑤。杜威开创性地提出了教师的任务：一是教师具备"高尚的品格和渊博的学识"，尊重儿童，理解儿童的发展方式，"用知识把儿童的天性武装起来。"⑥ 教师必须具备丰富的知识，"必须触类旁通""有专业的知识""必须对个人所教的学科有特殊的准备"；⑦ 二是教师必须研究学生，"教师应当成为学生心智的研究者"⑧ "了解学生和教材的相互影响"⑨ "注意教材和学生当前的需要和能力之间的相互作用，""使学生的经验不断地向着专家所已知的东西前进"⑩；三是教师必须研究教材，"使教材心理化""引导学生有一种生动的和个人亲身的体验""使教材变成经验的一部分"；⑪ 四是教师必须善于创设教学情境，"担负起提供情境的责任"，为学生的学习"提供适当的条件"；⑫ 五是教师必须承担指导的责任，"指导学生形成良好的学习习惯"⑬；六是帮助学生把知识转化为工具，"找出过去的成就和现时课题二者之间在经验内部的实际存在的联系"，"探索怎样把过去的

---

① 单中惠. 杜威在华教育演讲 [M]. 北京：教育科学出版社，2007：427.
② 单中惠. 杜威在华教育演讲 [M]. 北京：教育科学出版社，2007：435.
③ 单中惠. 杜威在华教育演讲 [M]. 北京：教育科学出版社，2007：439.
④ 单中惠. 杜威在华教育演讲 [M]. 北京：教育科学出版社，2007：428.
⑤ 单中惠. 杜威在华教育演讲 [M]. 北京：教育科学出版社，2007：442.
⑥ [美] 杜威. 民主主义与教育 [M]. 王承绪，译. 北京：人民教育出版社，2001：61.
⑦ [美] 杜威. 我们怎样思维·经验与教育 [M]. 姜文闵，译. 北京：人民教育出版社，2005：224-225.
⑧ [美] 杜威. 我们怎样思维·经验与教育 [M]. 姜文闵，译. 北京：人民教育出版社，2005：224.
⑨ [美] 杜威. 民主主义与教育 [M]. 王承绪，译. 北京：人民教育出版社，2001：199.
⑩ [美] 杜威. 民主主义与教育 [M]. 王承绪，译. 北京：人民教育出版社，2001：200.
⑪ [美] 杜威. 学校与社会·明日之学校 [M]. 赵祥麟，任钟印，吴志宏，译. 北京：人民教育出版社，2005：123.
⑫ [美] 杜威. 我们怎样思维·经验与教育 [M]. 姜文闵，译. 北京：人民教育出版社，2005：263.
⑬ [美] 杜威. 我们怎样思维·经验与教育 [M]. 姜文闵，译. 北京：人民教育出版社，2005：216.

知识转化成为处理未来问题的有力工具"；① 七是发现"一种经验所指引的方向"，"用其较为丰富的识见去帮助未成年者组织经验的各种条件""评断和指导经验"。② 杜威主张教师授课"应激起学生的心灵""唤起学生新的理智兴趣""使学生有探究的渴望，找到本身的动力"。③ 杜威认为，"教师是一个学习者"，"参加到共同的经验中去"。④ 教师的发展就是经验的发展。在这里，教师的经验，一是指使教材心理学化的经验；二是指思维训练的经验，帮助学生经验向专家思维转化的经验；三是指帮助学生将知识转化为处理问题工具的经验；四是指帮助创设学生组织经验的各种条件的经验；五是对已有经验加以反省的经验。

杜威强调学校是社会生活的一种形式，强调教师的社会作用在于"从事于维持正常的社会秩序并谋求正确的社会生长"。他说："教师不是简单地从事训练一个人，而是从事于适当的社会生活的形成。"由此，教师应当认识到自己职业的尊严，作为"社会的公仆"，"教师总是真正上帝的代言人，真正天国的引路人"。⑤

四、赞科夫首次提出了"教师保持专注"的教育情怀问题

赞科夫指出，这种专注"取决于教师对学生的关爱、对职业的热爱和自身知识水平的掌握"，⑥ 取决于教师"是否有坚定的目的，坚持不懈的精神和

---

① ［美］杜威. 我们怎样思维·经验与教育［M］. 姜文闵，译. 北京：人民教育出版社，2005：247.
② ［美］杜威. 我们怎样思维·经验与教育［M］. 姜文闵，译. 北京：人民教育出版社，2005：258.
③ ［美］杜威. 我们怎样思维·经验与教育［M］. 姜文闵，译. 北京：人民教育出版社，2005：215.
④ ［美］杜威. 民主主义与教育［M］. 王承绪，译. 北京：人民教育出版社，2001：175.
⑤ 赵祥麟，王承绪. 杜威教育名篇［M］. 北京：教育科学出版社，2006：11.
⑥ ［苏］赞科夫. 和教师的谈话［M］. 管海霞，译. 武汉：长江文艺出版社，2021：20.

对他自己服务事业的忠诚"。① 教师"对学生的爱,首先应当表现在教师毫无保留地奉献出自己的精力、能力和知识,来教育和教导学生,使他们在精神上茁壮成长。因此,教师对学生的爱应该同严格要求相结合。"② 赞科夫阐述了教师对学生的关爱取决于教师的学生观。他说:"如果教师认为,学生不过是盛装知识和技巧的容器,那么他断然不会对学生充满爱,与此相反,甚至连他从事教师前,心里和其他普通人一样对孩子的喜爱之情也会消失。当教师把每一个学生都当成是一个有特点、有追求、有智慧、有性格的人时,才能做到热爱学生,尊重学生。"③ 他认为:"一个教师如果对这些变化(学生的欢乐、兴奋、惊讶、怀疑、害怕、受窘和其他细微的内心变化)视而不见,他就无法成为学生真正的良师益友,也无法与学生打成一片。"④

赞科夫对教师的角色定位是"教师既是学生年长的同志,也是他们的导师。"⑤ 赞科夫认为教师的职责:一是"教师不应局限于传授知识和技能,还要教育学生做人,这是教师的神圣职责所在"。⑥ "教师应该起引导学生的作用:对于他们的思考方向,有些加以支持和发挥,有些则需要有技巧地规避。"⑦ 二是"教师应该了解每一个学生的特质"。⑧ "了解学生,了解他们的爱好和才能,了解他们的精神世界,了解他们的喜怒哀乐,恐怕没有比这更

---

① [苏]赞科夫. 和教师的谈话[M]. 管海霞,译. 武汉:长江文艺出版社,2021:189.

② [苏]赞科夫. 和教师的谈话[M]. 管海霞,译. 武汉:长江文艺出版社,2021:23.

③ [苏]赞科夫. 和教师的谈话[M]. 管海霞,译. 武汉:长江文艺出版社,2021:23.

④ [苏]赞科夫. 和教师的谈话[M]. 管海霞,译. 武汉:长江文艺出版社,2021:119.

⑤ [苏]赞科夫. 和教师的谈话[M]. 管海霞,译. 武汉:长江文艺出版社,2021:21.

⑥ [苏]赞科夫. 和教师的谈话[M]. 管海霞,译. 武汉:长江文艺出版社,2021:18.

⑦ [苏]赞科夫. 和教师的谈话[M]. 管海霞,译. 武汉:长江文艺出版社,2021:11.

⑧ [苏]赞科夫. 和教师的谈话[M]. 管海霞,译. 武汉:长江文艺出版社,2021:24.

重要的事了。"① 三是"从多方面满足学生的个体发展"。② "教师不仅要指导学生的脑力活动,还要让学生树立起掌握知识的志向,即创造学习的动机。"③ "不仅要使学生掌握知识、技能和技巧,还要使学生得到发展。"④ 四是教师要"指导学生的审美情感"。⑤ "通过艺术形象感染学生",⑥ "审美水平的提升和道德水平的提升是密不可分的。对于美的欣赏可以让人变得更加高尚,美能唤起人的善良的情感,比如同情心、忠诚、爱、温柔等。感情会成为人们行为中的一种积极力量。"⑦ 五是教师在指导学生上,"将道德发展问题与学生的学习、校内校外的生活紧密地联系起来"。⑧

教师的素质:一是"具有理解儿童的能力"。⑨ 二是教师要具备审美的素质,"能够体会和体验到生活和艺术中的美,然后才能培养学生"。⑩ 三是"敏锐的观察力是教师最可贵的品质之一"。⑪ 四是"有一种创造性地对待自

---

① [苏]赞科夫. 和教师的谈话[M]. 管海霞,译. 武汉:长江文艺出版社,2021:23.

② [苏]赞科夫. 和教师的谈话[M]. 管海霞,译. 武汉:长江文艺出版社,2021:24.

③ [苏]赞科夫. 和教师的谈话[M]. 管海霞,译. 武汉:长江文艺出版社,2021:33.

④ [苏]赞科夫. 和教师的谈话[M]. 管海霞,译. 武汉:长江文艺出版社,2021:110.

⑤ [苏]赞科夫. 和教师的谈话[M]. 管海霞,译. 武汉:长江文艺出版社,2021:87.

⑥ [苏]赞科夫. 和教师的谈话[M]. 管海霞,译. 武汉:长江文艺出版社,2021:97.

⑦ [苏]赞科夫. 和教师的谈话[M]. 管海霞,译. 武汉:长江文艺出版社,2021:91.

⑧ [苏]赞科夫. 和教师的谈话[M]. 管海霞,译. 武汉:长江文艺出版社,2021:132.

⑨ [苏]赞科夫. 和教师的谈话[M]. 管海霞,译. 武汉:长江文艺出版社,2021:177.

⑩ [苏]赞科夫. 和教师的谈话[M]. 管海霞,译. 武汉:长江文艺出版社,2021:87.

⑪ [苏]赞科夫. 和教师的谈话[M]. 管海霞,译. 武汉:长江文艺出版社,2021:119.

己工作的思想火花"。①

赞科夫的教师思想是建立在他的教学实验和发展性教学理论基础上的。他继承了乌申斯基、维果斯基等教育家的思想,提出"教学不仅要使学生掌握知识、技能和技巧,还要使学生得到发展"。② 他指出:"一般发展,即不仅发展学生的智力,还要发展情感、意志品质、性格和集体精神等。在教育学和各科教学法的著作文章中,一谈到这个问题,几乎都是只讲智力发展,以及思维和言语等的个别方面。毫无疑问,思维和言语的发展在学生的精神发展方面占据重要的地位,但是学生的精神发展远不局限于此。"③

五、苏霍姆林斯基提出了教师职业的创造性

第一,苏霍姆林斯基对教师职业的认识。"教师的职业是一门研究人的学问",是"造就真正的人的职业",是研究"形成过程中的人"。④ "教师在为社会创造最大的财富——人。"⑤

第二,苏霍姆林斯基论教师劳动的性质。"教师的劳动是精神的劳动,是一种智力的创造。"⑥ "教育劳动的独特之处,就在于我们教师是为未来而工作。"⑦

第三,苏霍姆林斯基论教师的角色。一是学生的榜样。"学生认识人的世界是从教师开始的。显而易见,这意味着,教师就是榜样。为使教师个人日常生活的自我表现成为影响学生自我完善的动力,教师应当拥有巨大的精神

---

① [苏] 赞科夫. 和教师的谈话 [M]. 管海霞,译. 武汉:长江文艺出版社,2021:188.
② [苏] 赞科夫. 和教师的谈话 [M]. 管海霞,译. 武汉:长江文艺出版社,2021:10.
③ [苏] 赞科夫. 和教师的谈话 [M]. 管海霞,译. 武汉:长江文艺出版社,2021:111.
④ [苏] 苏霍姆林斯基选集 [M]. 蔡汀等,译. 北京:教育科学出版社,2001:535.
⑤ [苏] 苏霍姆林斯基选集 [M]. 蔡汀等,译. 北京:教育科学出版社,2001:557.
⑥ [苏] 苏霍姆林斯基选集 [M]. 蔡汀等,译. 北京:教育科学出版社,2001:326.
⑦ [苏] 苏霍姆林斯基选集 [M]. 蔡汀等,译. 北京:教育科学出版社,2001:5.

财富。"① 二是学生的引路人。"教师真正的教养性表现为：学生能从他身上看到一个引导他们攀登道德高峰的引路人。"② 三是创造未来人的雕塑家。苏霍姆林斯基把学生比喻为"大理石块"，把教师比喻为"创造未来人的雕塑家"。③

第四，苏霍姆林斯基论教师的任务。一是教做人。苏霍姆林斯基说，"教师首先应该揭示任何劳动的道德内涵"，让学生懂得"他应该成为怎样的人。"④ 二是教精神成长。苏霍姆林斯基认为，"课堂上最重要的目的，就在于点燃孩子们渴望知识的火花。"⑤ 教师应该让学生"理解并感受到他一生中需要掌握什么样的精神财富"，把学生"领进你自己的智力生活世界中去。"⑥ 三是了解学生。苏霍姆林斯基说："教师应该善于找到通往每个孩子心灵的小路。"⑦ "必须了解你所培养的人，了解孩子们的健康状况，了解他们思维的个性特点，了解他们智力发展的优势和不足。"⑧ "尽可能深入地了解每个孩子的精神世界。"⑨ 四是教思维。苏霍姆林斯基指出："教师必须动脑、好奇，探索和求知的火种就在每个少年的心中，只待教师用思维之火去点燃。"⑩

第五，苏霍姆林斯基论好教师的条件。一是"教师应当拥有巨大的热爱

---

① ［苏］苏霍姆林斯基选集［M］. 蔡汀等，译. 北京：教育科学出版社，2001：476.
② ［苏］苏霍姆林斯基选集［M］. 蔡汀等，译. 北京：教育科学出版社，2001：271.
③ ［苏］苏霍姆林斯基选集［M］. 蔡汀等，译. 北京：教育科学出版社，2001：680.
④ ［苏］苏霍姆林斯基选集［M］. 蔡汀等，译. 北京：教育科学出版社，2001：12.
⑤ ［苏］苏霍姆林斯基选集［M］. 蔡汀等，译. 北京：教育科学出版社，2001：335.
⑥ ［苏］苏霍姆林斯基选集［M］. 蔡汀等，译. 北京：教育科学出版社，2001：211.
⑦ ［苏］苏霍姆林斯基选集［M］. 蔡汀等，译. 北京：教育科学出版社，2001：663.
⑧ ［苏］苏霍姆林斯基选集［M］. 蔡汀等，译. 北京：教育科学出版社，2001：314.
⑨ ［苏］苏霍姆林斯基选集［M］. 蔡汀等，译. 北京：教育科学出版社，2001：45.
⑩ ［苏］苏霍姆林斯基选集［M］. 蔡汀等，译. 北京：教育科学出版社，2001：829.

人和无限热爱自己的劳动的才能,首先是热爱孩子们的才能。"① 在教师的工作中,"最重要的是要把我们的学生看成是活生生的人。"② 二是"做一个好教师的主要条件,就是相信人的力量,善于发现人的积极因素。"③ 三是教师"拥有比大纲的要求多得多的知识。"④ "有扎实的心理学基础","让心理学成为全体教师实际工作中的真正指南。"⑤ 四是"教师上好一堂课要做毕生的准备。""教师要成为学生的知识的源泉,就要永远处在丰富的、有意义的、多方面的精神生活中。"⑥

第六,苏霍姆林斯基论教师成长。苏霍姆林斯基认为,读书是提高"教师的教育素养这个品质所要求的"。"要如饥似渴地读书,把读书作为精神的第一需要。""养成思考的习惯。"⑦ 苏霍姆林斯基说:"如果你想使教育工作给教师带来欢乐,使每天的上课不至于变成单调乏味的苦差,那就请你把每个教师引上进行研究的幸福之路吧。"⑧

六、巴格莱提出教师工作是一种创造性的个性化的情感劳动

巴格莱是美国要素主义教育流派的创始人和主要代表人物,是美国"从事师范教育32年的教授、教育家",是"教师之师"。⑨ 巴格莱对教师的理想

---

① [苏] 苏霍姆林斯基选集 [M]. 蔡汀等,译. 北京:教育科学出版社,2001:326.
② [苏] 苏霍姆林斯基. 给教师的建议 [M]. 杜殿坤编译. 北京:教育科学出版社,2000:407.
③ [苏] 苏霍姆林斯基选集 [M]. 蔡汀等,译. 北京:教育科学出版社,2001:153.
④ [苏] 苏霍姆林斯基选集 [M]. 蔡汀等,译. 北京:教育科学出版社,2001:70.
⑤ [苏] 苏霍姆林斯基选集 [M]. 蔡汀等,译. 北京:教育科学出版社,2001:648.
⑥ [苏] 苏霍姆林斯基选集 [M]. 蔡汀等,译. 北京:教育科学出版社,2001:663.
⑦ [苏] 苏霍姆林斯基选集 [M]. 蔡汀等,译. 北京:教育科学出版社,2001:646.
⑧ [苏] 苏霍姆林斯基选集 [M]. 蔡汀等,译. 北京:教育科学出版社,2001:670.
⑨ 赵祥麟. 外国教育家评传(2)[M]. 上海:上海教育出版社,1992:700.

定位是"教师—学者",即以"师范"为专业学做一名"教师",具备传承"那种能够代表人类遗产中最珍贵要素的思想"的能力,再转向学科领域学做一名"学科教师",养成"学者"在处理"特定学习材料"上的认知专长。①巴格莱批判进步主义教育运动中对教师指导的削弱,认为应当充分强调教师在教育过程中的指导作用,不能使教师成为"课程的旁听者",要赋予"教师中心"以新的意义,即把教师置于对学生的理解、对教育过程的理解和熟练的教学技巧和艺术之上。巴格莱认为教师的作用主要体现在向学生传授人类文化的共同要素,也体现在教育过程中成为学生的榜样。与此同时,教师还必须注意研究教学过程。②巴格莱认为,"教师的教学工作乃是一种创造性的个性化的情感劳动",他特别强调教学工作的情感性,认为"教师和学生在精神上的直接交流是教育过程的大脑和心脏"。他指出:"高效能的教师,必须是一位艺术家,而不是一位工匠"。他认为,那些"不太优秀的教师"身上所存在的"普遍缺点":"对学生缺乏有感染力的热情,在对学生困难的同情性理解方面缺少'敏感性',对自己所教的学科缺乏由衷的喜爱和欣赏,因而也无强烈的欲望去唤起他人对这个学科的学习、热爱和欣赏。"巴格莱主张教师接受精神卫生学方面的训练,以便能够区分"一般的心理损伤、不良的行为与严重的心理障碍之间的差异"。③

七、陶行知提出教师是社会改造的领导者

陶行知教师思想的基础是他的生活教育理论。生活教育的基本原理是"生活教育是运用生活的力量来改造生活。"④"教育就是社会改造,教师就是

---

① 王占魁. 培养"教师—学者":重温威廉·巴格莱的教师教育哲学 [J]. 华东师范大学学报(教育科学版),2022(7):48-57.
② 赵祥麟. 外国教育家评传(2)[M]. 上海:上海教育出版社,1992:714.
③ 王占魁. 培养"教师—学者":重温威廉·巴格莱的教师教育哲学 [J]. 华东师范大学学报(教育科学版),2022(7):48-57.
④ 陶行知. 陶行知教育文集 [M]. 成都:四川教育出版社,2017:234.

社会改造的领导者。"[1] 核心目标是"改造",即"改造学生的经验",[2]"改造学校环境",[3]"改造教育家",[4]"改造乡村教育",[5]"改造国民",[6]"改造社会精神",[7]"改造社会"。[8] 生活教育的方法是"教学做合一","怎样做,就怎样学;怎样学,就怎样教。教的法子,根据学的法子;学的法子根据做的法子。"[9] 生活教育的要求是:"整个的生活要有整个的教育。每个活动都要有目标,有计划,有方法,有工具,有指导,有考核。"[10] 陶行知"改造乡村教育"的基础性任务就是:"造就有农夫身手、科学头脑、改造社会精神的教师。"[11]

陶行知强调,做教师的人,要非常重视教师的自律和道德修养,他认为"教师的手里操着幼年人的命运,便操着民族和人类的命运"。对于教育"要有信仰心,要有责任心,要有共和精神,要有开辟精神,要有试验精神"。[12] 教师要有"改造社会的精神",[13] 要有"对于教师职业的兴味",[14] "一定要看教育是大事业,有大快乐"。[15] "当教师的实在需要园丁的智慧。"[16] 陶行知给教师的角色定位是:"'生活教育'的实验者""辅导者""儿童生活中的游侣","绝不是一个教书匠,也不是一个旁观者"。[17] 他概括了教师的责任:一

---

[1] 陶行知. 陶行知教育文集 [M]. 成都:四川教育出版社,2017:206.
[2] 陶行知. 陶行知教育文集 [M]. 成都:四川教育出版社,2017:49.
[3] 陶行知. 陶行知教育文集 [M]. 成都:四川教育出版社,2017:159.
[4] 陶行知. 陶行知教育文集 [M]. 成都:四川教育出版社,2017:45.
[5] 陶行知. 陶行知教育文集 [M]. 成都:四川教育出版社,2017:185.
[6] 陶行知. 陶行知教育文集 [M]. 成都:四川教育出版社,2017:45.
[7] 陶行知. 陶行知教育文集 [M]. 成都:四川教育出版社,2017:156.
[8] 陶行知. 陶行知教育文集 [M]. 成都:四川教育出版社,2017:128.
[9] 陶行知. 陶行知教育文集 [M]. 成都:四川教育出版社,2017:222.
[10] 陶行知. 陶行知教育文集 [M]. 成都:四川教育出版社,2017:234.
[11] 陶行知. 陶行知教育文集 [M]. 成都:四川教育出版社,2017:156.
[12] 陶行知. 陶行知教育文集 [M]. 成都:四川教育出版社,2017:51-52.
[13] 陶行知. 陶行知教育文集 [M]. 成都:四川教育出版社,2017:150.
[14] 陶行知. 陶行知教育文集 [M]. 成都:四川教育出版社,2017:151.
[15] 陶行知. 陶行知教育文集 [M]. 成都:四川教育出版社,2017:51.
[16] 陶行知. 陶行知教育文集 [M]. 成都:四川教育出版社,2017:237.
[17] 陶行知. 陶行知教育文集 [M]. 成都:四川教育出版社,2017:249.

是"教学生学","一方面要先生负指导的责任,一方面要学生负学习的责任"。[1] 二是"研究学问","应该一面教一面学","必定要学而不厌,然后才能诲人不倦"。[2] 他多次强调教师的"学而不厌"。"我们做教师的人,必须天天学习,天天进行再教育,才能有教学之乐而无教学之苦。"[3] "要不愿做时代的落伍者,必须专攻一门自然科学。"[4] 三是"积极的树立真正的民主作风",[5] "运用民主作风教学生","教育方法要采用自动的方法、启发的方法、手脑并用的方法、教学做合一的方法,""把学习的基本自由还给学生"。[6] 他指出,教师的职务是"千教万教,教人求真"。[7] 四是"教师应当以身作则",[8] "教职员和学生愿意共生活,共甘苦。要学生做的事,教职员躬亲共做;要学生学的知识,教职员躬亲共学;要学生守的规矩,教职员躬亲共守。"[9] 以"共学、共事、共修养的方法",建立"相亲相爱"的师生关系。[10] 他强调"教师以人格影响学生"。[11] 五是教师"要负起科学教育的责任。"[12]

从以上七位现代教育家的教师观念看,对教师的角色定位已构成他们教育思想的一部分,重视从教师的专业性来考察教师的角色,重视从社会需要的视角来考察教师的责任,重视教师劳动特点的考察。涂尔干提出教师以超越自己的高尚道德人格成为社会代言人。蒙台梭利把教师角色定位于学校与家庭、社区的联络者与沟通者。杜威强调"教师是一个社会团体的明智的领导者"。赞科夫首先提出教师的教育情怀问题,教师要保持对自己事业的忠诚。苏霍姆林斯基把教师比喻为"创造未来人的雕塑家"。巴格莱提出"教师

---

[1] 陶行知. 陶行知教育文集 [M]. 成都:四川教育出版社,2017:42.
[2] 陶行知. 陶行知教育文集 [M]. 成都:四川教育出版社,2017:43.
[3] 陶行知. 陶行知教育文集 [M]. 成都:四川教育出版社,2017:554.
[4] 陶行知. 陶行知教育文集 [M]. 成都:四川教育出版社,2017:299.
[5] 陶行知. 陶行知教育文集 [M]. 成都:四川教育出版社,2017:553.
[6] 陶行知. 陶行知教育文集 [M]. 成都:四川教育出版社,2017:555.
[7] 陶行知. 陶行知教育文集 [M]. 成都:四川教育出版社,2017:556.
[8] 陶行知. 陶行知教育文集 [M]. 成都:四川教育出版社,2017:149.
[9] 陶行知. 陶行知教育文集 [M]. 成都:四川教育出版社,2017:109.
[10] 陶行知. 陶行知教育文集 [M]. 成都:四川教育出版社,2017:109.
[11] 陶行知. 陶行知教育文集 [M]. 成都:四川教育出版社,2017:186.
[12] 陶行知. 陶行知教育文集 [M]. 成都:四川教育出版社,2017:304.

的教学工作乃是一种创造性的个性化的情感劳动"。陶行知认为教师就是社会改造的领导者。

第四节 现代各流派学说的教师观

一、建构主义教师观

建构主义教师观主要体现在关于教师角色及其作用的见解和认识方面。建构主义教师观建基于发生认识论、人的心理发展的文化历史理论和认知学习理论之上。因此，建构主义对教师角色及其作用的阐发是以知识观、学习观和教学观为起点的。建构主义强调知识不是对现实的准确表征，而是对客观世界的一种解释或假设。知识是由认知主体主动地建构起来的。知识或个体经验的建构是通过新旧经验的相互作用而实现的。学习不是被动地接受，而是学习者主动建构知识的意义，主动地生成自己的经验、解释、假设。教学就是创设情境，促进学生自己主动建构知识的意义。这就对教师的作用有了新的理解。教师的作用不在于给予"真理"，而是"在确定的经验领域里，在概念建构上给予学生支持和控制"。教师的角色定位不是传授知识的"工程师"，而是像苏格拉底倡导的"助产士"；教师不再是教学活动中唯一的主角，而是学生学习的辅助者、教学环境的设计者、教学气氛的维持者、教材的提供者；教师不再是操纵教学的决定者，也不是支配学生学习的权威者，而是在学习活动中与学生平等的参与者。教师必须从传统的知识权威、知识的提供者和灌输者转变为学生学习和意义建构的帮助者、支持者、促进者，成为学生学习的高级伙伴或合作者。[①] 教师的作用在于，一是从传递知识的权威转变为学生学习的辅导者，成为学生学习的高级伙伴或合作者；二是给学生提供复杂的真实问题情境，提示新旧知识之间联系的线索，帮助学生建构当前所学知识的意义；三是在学生与客观世界之间充当中介者，为学生创设良好

---

① 张桂春. 简论建构主义教师观 [J]. 教育科学，2006 (1)：49–52.

的学习环境,让学生以自主探究、合作学习等方式来展开学习。

二、人本主义心理学派教师观

人本主义教师观中所论述的"人本主义"不是指哲学中的"人本主义",而是指 20 世纪 60 年代在美国兴起的"人本主义心理学"。以马斯洛、罗杰斯和弗洛姆为代表。人本主义心理学之所以称为"人本主义",就是因为它自始至终把人、把人的尊严和自由放在核心位置上,促进人的"自我实现"。

罗杰斯的教师观与他的学习观和学生观相关。他认为,可以把学习分为两类,一类是无意义的认知学习,另一类是意义学习。"意义学习把逻辑与直觉、理智与情感、概念与经验、观念与意义等结合在一起。"实现意义学习的关键是构建真实的问题情境,营造有利于学习的气氛。[①] 罗杰斯提出:"要废除传统意义上的教师角色,以促进者取而代之。""促进者"的任务是:提供各种学习的资源;提供一种学习的气氛;使学生知道如何学习。[②] 罗杰斯认为,"唯有人才能发展人",彰显了教师人格特征的重要作用。他强调教师要无条件地尊重和信任学生,强调移情性理解,从学生的角度,设身处地地去理解学生的思想、情感的态度。[③]

弗洛姆是在关系思维的框架下论述教育中的爱,确立了教师爱的践行者角色。他说:"爱是指热烈地肯定人的本质,积极地建立与他人的关系,是指在双方各自保持独立与完整性基础上的相互结合"。[④] 教师在教育教学过程中运用爱的艺术,必须明确:第一,爱是给而不是得,教师要为学生服务。第二,爱是关心的体现,教师要公平关心每一个学生。第三,爱是责任心,教师要对学生的要求做出积极的回应。第四,爱是尊重,教师要尊重和理解学生的人格特点。第五,教师要掌握爱的艺术,就必须满足纪律、专心、耐心

---

① 施良方. 学习论 [M]. 北京:人民教育出版社 2001:385.
② 施良方. 学习论 [M]. 北京:人民教育出版社 2001:392.
③ 张玲. 卡尔·罗杰斯的教师观:教师即促进者 [J]. 高等师范教育研究,1989 (10):43-49.
④ 王守纪,孙天威,轩颖. 爱的艺术与爱的教育:弗洛姆爱的理论及启示 [J]. 外国中小学教育,2004 (5):43-46.

和全力以赴等四个要求。

三、存在主义教师观

存在主义是高度个人主义的哲学。存在主义非常重视个人的主观性、个人的选择和责任，尊重个人的和他人的自由。存在主义的教育观念是：让教育为个人而存在，让教育教给个人自发地和真实地生活。[①] 因此，"教师要发挥自己的作用，应该有所不为有所为。"有所不为，指教师不能作为学生知识和道德的源泉或输送者，也不能作为他们的监督者。有所为，是指"教师一方面要尊重学生的主观性，把学生当一个人而不是物来对待，同时又维护自己的主观性，使自己作为一个自由的人来行动"。[②] 存在主义认为，作为人的教师和作为教师的人是合而为一的。存在主义者认识到，作为教师应该首先做一个人；作为教师的那个人会因为"教师"这一角色（面具）而失去自己作为人的真实性；作为教师的那个人必须为自己的选择负起责任；教师作为人存在必须要筹划、投入自己的存在。[③] 存在主义认为，教师必须是民主的，教师不能把他个人的目的强加于学生。教师的角色是向导，是学生的智囊，其作用是指导学生。"教师必须促使学生进行反省思考，使学生对问题的本质有透彻的理解。"[④] 作为一种关于个人生存的哲学，存在主义无意于建立一种系统的教育理论。尼采认为，真正的教师，应该是人生哲学家，是人生的解放者。教师应该具有诚实的美德、快活的情绪和坚韧的性格。作为指路人和严师的人，必须是完整的、统一的、意志坚定的、生动活泼的、无拘无束的人。作为人生哲学家的教师应该能够善于运用流行于当时的两条教育原则："一条是要识别学生的长处。另一条是要求教师要培养和保护学生具有的一切力量，

[①] 陈友松. 当代西方教育哲学 [M]. 杨之岭，林冰，蔡振生，等译. 北京：教育科学出版社，1982：235.
[②] 陆有铨. 现代西方教育哲学 [M]. 北京：北京大学出版社，2012：198.
[③] 郭兴举. 论存在主义的教师观 [J]. 教育学报，2006（3）：75–79.
[④] 陈友松. 当代西方教育哲学 [M]. 杨之岭，林冰，蔡振生，等译. 北京：教育科学出版社，1982：229.

使其和谐发展。"①

存在主义关于教师角色和作用的论述，主要体现在雅斯贝尔斯的著述之中。雅斯贝尔斯作为存在主义哲学家，其哲学思想深刻影响着他对教育的理解。雅斯贝尔斯认为，教育不仅仅是知识的获得，更重要的是"人的灵魂的教育"，教育目的是培养"完整精神"的人。他说："教育首先是一个精神成长的过程，其次才是科学获知的过程。"② 他把教育分为经院式、师徒式和苏格拉底式三种基本类型，并论述了三种类型教育中教师的角色。雅斯贝尔斯指出，在经院式教育中，"教师的角色是非个性化的，他只是一个传声筒。"在师徒式教育中，教师的角色是"人格的权威"。在苏格拉底式教育中，教师的角色是"启发人们探索真理的引领者，而非传递真理的中介人。"③ 雅斯贝尔斯认为，教育革新的先决条件是提升教师的地位。④ 教师的义务是"为传承中的世界赋予秩序和形式，使之能引起学生的兴趣，充实他们的精神，塑造他们的人格。"⑤

雅斯贝尔斯在谈到"大学教师的尊严"时指出："大学教师是研究者"，"要为学生树立榜样。"⑥ 当研究"成为大学的根本任务"，"最好的科研人员也是最优秀的教师"。"他能够独立地引导学生接触到真实的求知过程，接触到科学的精神。""只有那些亲身从事科研工作的人，才能够真正地传授知识，而其他人不过是在传递一套教条地组织起来的事实而已。"⑦

---

① 郭兴举. 尼采的教师观[J]. 教师教育研究，2004（6）：34-36.
② ［德］雅斯贝尔斯. 什么是教育[M]. 童可依，译. 北京：生活·读书·新知三联书店，2021：29.
③ ［德］雅斯贝尔斯. 什么是教育[M]. 童可依，译. 北京：生活·读书·新知三联书店，2021：7-9.
④ ［德］雅斯贝尔斯. 什么是教育[M]. 童可依，译. 北京：生活·读书·新知三联书店，2021：50.
⑤ ［德］雅斯贝尔斯. 什么是教育[M]. 童可依，译. 北京：生活·读书·新知三联书店，2021：54.
⑥ ［德］雅斯贝尔斯. 什么是教育[M]. 童可依，译. 北京：生活·读书·新知三联书店，2021：150.
⑦ ［德］雅斯贝尔斯. 什么是教育[M]. 童可依，译. 北京：生活·读书·新知三联书店，2021：158-159.

四、关怀学派的教师观

当代美国教育家内尔·诺丁斯基于西方关怀伦理的思想传统，形成了具有时代特征的以关怀为核心的道德教育理论。这个理论认为，关怀是教师职业的基本特点，并决定了教师的角色和作用，生成了关怀型教师的教师观。诺丁斯认为，每个人在人生的各个时期都需要得到他人的理解、接纳、尊重和认同，因此关怀他人和被他人关怀都是人的基本需要。诺丁斯认为，关怀不仅可以是一种"美德"，更是一种"关系"。[①] 既然关怀是人的普遍需要，我们就可以以关怀为核心来组织整个教育。

诺丁斯的关怀教育理论有四个特点：[②] 一是对学生生命的尊重。教师应该走进千差万别、各个不同的学生的生命世界，不仅要用自己的眼睛，而且要时刻用学生的眼睛去观察，用学生的心灵去感受。即使在知识教学中，教师最关心的也不应该只是冷冰冰的知识或真理，而应该允许学生基于多元智能、各异的兴趣和知识背景对学习材料有不同的感受和不同层次的理解。因此，教师首要的角色是关怀者，其次才是科任教师。二是重视学生的体验和感受。教师要通过发掘学科与生活的关联来激发学生的兴趣，打消其对学科的隔膜感和无用感，促进学生的理解，增强知识的亲和力。三是强调教师的榜样作用。诺丁斯认为，教师的作用不在于监督学生遵守规则，关键在于以身作则。只有关怀的行为才是建立师生间信任关系的基石，只有关怀的行为才能给予学生被关怀的温馨感受。教师用心、用情去理解和讲授的知识是最容易在学生心中扎根的。关怀型教师的榜样作用是年幼者学会关怀的无言向导和动力之源。四是突出道德教育的实践性特征。诺丁斯的关怀主要强调实践的教师关怀。关怀先于、重于做事和职业技能，这是教师与其他职业的最大区别。只有在师生间建立起一种真正的关怀型的教育关系，才能使学生在被关怀的

---

① ［美］内尔·诺丁斯. 学会关心：教育的另一种模式［M］. 于天龙，译. 北京：教育科学出版社，2014：33 - 36.

② 侯晶晶，朱小蔓. 诺丁斯以关怀为核心的道德教育理论及其启示［J］. 教育研究，2004（3）：36 - 43.

感受中学会关怀他人，因而关键在于，教师是通过"行"道德而不是"讲"道德塑造学生的道德品质。

五、批判教育学教师观

批判教育学提出了"改造教育"和"解放教育"的口号。批判教育学反对教育上一切的权力形式，如教材、教师等，反对教育中的普遍性与统一性，要求在教育过程中始终贯穿批判性的思想，以建构教育上的文化新形式。"教师要把权威转换成一种解放实践，为学生的批判提供条件"。[①]

弗莱雷的《被压迫者的教育学》是被压迫者"寻求解放"的教育学，对长期占统治地位的主流教育学进行了尖锐的批判。他指出："解放教育就是批判性教育。"[②] 被压迫者要寻求解放，必须通过"批判性地介入现实""批判性地面对现实"，"通过对世界做出反思和行动来改造这个世界。"[③] 弗莱雷"解放教育学"的特征，一是解放教育的性质是政治的，是塑造个人和改造社会；二是解放教育的目标，就是"培养批判意识"，他批判了传统的"讲授式教学"以及作为其基础的"储蓄教育观"，提倡"对话式教学"，在教学中主张通过提问、对话和讨论的方式培养批判意识；三是解放教育的师生关系是民主平等的关系，在教学中，教师和学生都是主体；四是解放教育中教师的角色就是解放教育者、对话者、合作者，教师要具备自我批判能力、自我评价能力和自我提问能力。弗莱雷论述了"进步教师致胜的必备品质"；[④] 一是谦卑。谦卑"需要勇敢、自信、自尊并尊重他人。"谦卑使教师能听进去他人的意见，包括学生家长的意见。二是爱心。"没有爱心，教师的工作将失去意

---

① 郑金洲. 美国批判教育学之批判：吉鲁的批判教育观述评 [J]. 比较教育学研究，1997（5）：15-18.

② 黄志成. 被压迫者的教育学：弗莱雷解放教育理论与实践 [M]. 北京：人民教育出版社，2003：175.

③ 黄志成. 被压迫者的教育学：弗莱雷解放教育理论与实践 [M]. 北京：人民教育出版社，2003：89.

④ [巴西]保罗·弗莱雷. 十封信：写给胆敢教书的人 [M]. 熊英，等，译. 南京：江苏人民出版社，2006：71-80.

义。"三是勇气。在唤醒学生时,有面对来自权力和意识形态异化对抗的勇气。四是宽容。宽容"教会我们尊重差异并从差异中学习。"第五,"要成为进步的教育工作者,我们还应该培养果断、安全、保持耐心与急躁之间的张力、快乐生活等品质。"

美国批判教育学家吉鲁主张将"学校教育的概念政治化",希望从意识形态和政治的旨趣来理解教师如何作为转化型的知识分子。他主张"将学校定义为民主的公共领域,将教师定义为转化性知识分子。"① 吉鲁所谓的"转化性"就是指教师的工作在于"转化智慧"。他认为,教师要发挥知识分子的功能,"必须把反思和行动结合起来,给学生必要的知识和技能,以使他们面对社会的不公正,并使他们作为批判的行动者,致力于建立一个没有剥削和压迫的世界。"② 他探求意识形态和政治旨趣的关注点就是"如何使学校教育有意义,从而使其具有批判性;怎样使学校教育富于批判性,从而使其获得解放。"③ 尝试学校"把学生培养成积极的、具有批判精神的公民的可能。"④ 吉鲁批判"把教师看作是有成效的教育规律与原理的'执行者'的观点",支持"将教师视作反思性实践者"的观点。教师应该成为课程设计与实施的责任承担者,对于教什么、怎么教、追求什么样的更大目标方面,"承担积极的责任","必须在塑造学校教育的目的与条件方面,承担负责任的角色。"⑤ 吉鲁在为中文版写的序言中指出:"无论是公立学校还是高等教育中的教师,都必须承担他们作为公民和学者的责任,采取批评的立场,使他们的工作与更广泛的社会问题联系起来,给学生提供知识并就紧迫的社会问题进行辩论和

---

① [美] 亨利·吉鲁. 教师作为知识分子:迈向批判教育学 [M]. 朱红文,译. 北京:教育科学出版社,2008:4.
② [美] 亨利·吉鲁. 教师作为知识分子:迈向批判教育学 [M]. 朱红文,译. 北京:教育科学出版社,2008:6.
③ [美] 亨利·吉鲁. 教师作为知识分子:迈向批判教育学 [M]. 朱红文,译. 北京:教育科学出版社,2008:12.
④ [美] 亨利·吉鲁. 教师作为知识分子:迈向批判教育学 [M]. 朱红文,译. 北京:教育科学出版社,2008:17.
⑤ [美] 亨利·吉鲁. 教师作为知识分子:迈向批判教育学 [M]. 朱红文,译. 北京:教育科学出版社,2008:152.

对话,"将学生视为"批判的行动者",让他们学会质疑现成的知识和权威,运用批判的对话为成为"具有批判精神的公民"而反思和行动。

六、后现代主义教师观

后现代主义教师观有几种代表性主张。以利奥塔为代表,将教师的作用与知识的"合法化状态"联系起来,对知识的研究循着一条思路:现代性下的知识合法化状态——后现代状态下的知识非合法化状态——后现代状态下的知识再合法化状态。在现代性下的知识合法化状态,涉及对知识或者信息的理解,教师的作用无人可以替代;在后现代状态下的知识非合法化状态,教师作用应该"终结";在知识再合法化中,教师有举足轻重的作用。[1]

罗蒂从"教化哲学"出发,反对传统教育传播"绝对真理性的知识和观念"的理念,认为教育的作用也不在于传递真理,而在于"教化",它不在于提供教学,而在于形成"教化"。教师的作用,不在于传授真理,而在于激发学生的想象力;教师必须能够使学生产生对话,培养学生的对话能力。[2]

多尔的后现代教师观建基于后现代课程观。而后现代课程观则是建立在建构主义和经验主义认识论基础之上的。后现代课程观以开放性、过程导向为特征,课程不再是跑道,而成为跑的自身,学习成为意义创造的过程。这种特征决定了教师的教育观以学生成长、发展为目的,关注课程在促进人的心灵成长方面的价值;过程导向的课程实施决定了教师的工作方式以反思、互动、对话来进行,教师的作用和角色是"平等者中的首席",是对话者、合作者、创造者、"内在于情境的领导者"。多尔在《后现代课程观》的导言中指出:"后现代主义强调每一个实践者都是课程创造者和开发者,而不仅仅是实施者。如果课程真正成为协作活动和转变的过程,那么'创造者'和'开

---

[1] 陈剑华. "'教授时代'的丧钟"和"教授万岁":对后现代主义教师观的思考 [J]. 比较教育研究,1999 (3):29-35.

[2] 陈剑华. "'教授时代'的丧钟"和"教授万岁":对后现代主义教师观的思考 [J]. 比较教育研究,1999 (3):29-35.

发者'便比'实施者'更适合于讨论后现代教师的作用。"① 多尔说:"'平等者中的首席'界定了转变性后现代课程中教师的作用。作为平等者中的首席,教师的作用没有被抛弃;而是得以重新构建,从外在于学生情境转化为与这一情境共存。"② 教师与学生之间消除了领导与被领导、控制与被控制的关系,所建立的是一种新型的反思性关系。正如多尔所说:"在教师与学生的反思性关系中,教师不要求学生接受教师的权威;相反,教师要求学生延缓对那一权威的不信任,与教师共同参与探究,探究学生所正在体验的一切。教师同意帮助学生,使学生能理解自己所给建议的意义,乐于面对学生的质疑,并与学生一起共同反思彼此所获得的理解。"③

在上述六个现代哲学流派的教师观念中,有一个共同点是把教师角色放在与学生关系中加以考察,强调教师的作用在于对学生的"教育影响",在于通过"理解""爱心""关怀""尊重"来构建新型师生关系以强化对学生的"教育影响"。

本章小结

通过对 19 位教育家和 6 个现代理论流派关于教师观念的梳理,可以清晰地理解教师观念的演变过程,深刻地理解教师研究的发生学逻辑。可以看到,教育家们多从教师的角色定位考察"教育影响"的效能。古代和近代的 10 位教育家,都非常重视"为师之道"的阐述,其中 3 位教育家分别提出了教师德性、教师专业性的要求、教师信念的作用等命题,为人类教育事业提供了"教师研究"的逻辑框架。现代 7 位教育家对教师的角色定位已构成为他们教育思想的重要组成部分,他们非常重视从教师的专业性来考察教师的角色,重视从社会需要的视角来考察教师的责任,重视从社会职业的角度考察教师

---

① [美]小威廉姆·多尔:后现代课程观[M]. 王红宇,译. 北京:教育科学出版社,2000:23.
② [美]小威廉姆·多尔:后现代课程观[M]. 王红宇,译. 北京:教育科学出版社,2000:238.
③ [美]小威廉姆·多尔:后现代课程观[M]. 王红宇,译. 北京:教育科学出版社,2000:227-228.

劳动的特点。他们提出了许多开创性教育命题,一是教师是社会代言人;二是强调教师的社会作用在于"教师是社会的公仆";三是教师要有对自己事业保持专注的教育情怀;四是教师的核心任务是教学生做人和"精神成长";五是教师的劳动是创造性的情感劳动;六是生活教育的主题是"改造"。6个现代理论流派把教师角色放在师生关系中加以考察,通过"理解""爱心""关怀""尊重"来构建新型师生关系以强化对学生的"教育影响"。建构主义强调教师角色的转变,为学生的学习创设条件和环境。人本主义强调教师对学生"移情性理解",重视爱的教育。存在主义强调教师的角色是"人格的权威"。关怀学派认为教师的角色是关怀者,强调教师的榜样作用。批判教育学派强调教师的角色是解放教育者、对话者、合作者。后现代主义强调教师的角色是"平等者中的首席"。

第五章
教师本体研究

在本体论哲学中，主要讨论存在论问题，探究对象的"存在方式"，"着眼于存在方式和关系状态去理解存在的意义。"本体是指对象存在的依据、存在的性质。存在论对本体追问所关心的是在"关系中去把握人的生存状态"，"关心的是具有根本重要性的问题"，是"从人的活动及其方式的动态变化中去探讨人的现实本质。"[①] 佐藤学教授指出："教师的潜意识中充塞着的存在论问题，在教师生涯中多次地浮现出来并造成思想上的混乱。"[②] 教师本体研究旨在讨论这些有关教师的"存在论问题"，包括探究教师职业的本质、教师劳动的创造性、教师的主体性、教师角色、教师的身份认同等问题。这类问题的研究，是以教师职业生活为对象的研究，是以教师的"存在"为对象的研究。这类问题研究的逻辑起点是"劳动"，即教师职业的本质是"服务"，表现了教师劳动的类型。"教师劳动的创造性"则体现了教师劳动的性质。"教师的主体性"表明了教师是"服务""劳动"的主体。教师角色表明教师在劳动实践中扮演的角色。"教师身份认同"表明教师对自己劳动过程中的自我意识的自觉认知。这类问题研究的目的在于，让教师对自身的存在有一个清晰的认识，对教师自己的工作意义有深刻的理解，对自己的生活和专业发展产生一种内在动力。

---

① 李德顺. 马克思哲学与存在论问题 [J]. 当代马克思主义评论, 2004 (4): 53-75.

② [日] 佐藤学. 课程与教师 [M]. 钟启泉, 译. 北京: 教育科学出版社, 2003: 206.

第一节 教师职业的本质

从职业的含义看，职业不仅是一种谋生手段，而且是一种为社会提供的专门服务。从教师职业提供的专门服务看，教师借助传播人类优秀文化成果塑造新一代社会公民，服务于学生的健康成长，服务于社会的改造，教师职业是一种专业性服务性职业，也是一种通过创造性服务促进社会和人的发展的职业。这就是教师职业的本质。一些教育家往往从教师工作性质、对象、任务和作用方面论述教师职业的本质，也有从教师劳动的创造性方面论述教师职业的本质。

一、教师职业的本质体现在教师的社会责任上

杜威在1919年来中国的教育演讲中，有8次是关于教师职责的。他一直强调"教师是一个神圣的职业""教师是新社会的建设者、改造者"，并从四个方面论述了教师职业的本质。一是"教师的领袖责任"。包括对于知识的责任、对于学生的责任和对于社会的责任。对于知识，"应当有彻底的精神去研究学问"；对于学生，"有同情心""负有指导的责任""应当注意个性的培养"；对于社会，推广乡村教育，"普及教育""改良社会""帮助社会训练出人才"。二是教师的资格。一方面是"有丰富的知识和熟练的技能"，在某一学科上有专门的研究。一方面是"要具有品格""无限同情和热爱学生"。三是教师成为社会领袖的要素。第一个是认定目的，第二个是有达到目的的好方法，第三个是有坚韧力。四是教师的职业精神。"有感情、有信仰、有热诚""有研究学问的精神""有同情的、互助的精神"。[①]

二、教师职业的本质体现为"造就真正的人"

苏霍姆林斯基对教师职业做过深刻的阐述。他指出："教师的职业是一门

---

① 单中惠. 杜威在华教育演讲[M]. 北京：教育科学出版社，2007：418-450.

研究人的学问",教师的工作对象是人,是"造就真正的人的职业",是研究"形成过程中的人"。① 在苏霍姆林斯基看来,教师是世界上最人道的职业,因为他是同生活中最复杂、最珍贵的无价之宝——人打交道的。教师在与学生的交往中表现出来的爱心、理解、尊重和鼓励,对学生的成长起着决定性作用;教师在精神和道德方面、在生活目的和生活准则方面的表率作用,是影响和推动学生追求高尚美德的力量。因此,他把教师比喻为"创造未来人的雕塑家","是塑造一代新人的雕塑家"。②

三、教师职业的本质体现在改造社会上

陶行知从另一个视角来考察教师职业的本质,主张教师应该扮演知识人与政治人的双重角色,发挥自己在改造社会中现代知识的传递者和社会批判者与民主启蒙者作用。教师的"知识人"角色,主要是指教师的知识传递和研究方面扮演的角色;教师的"政治人"角色,主要是指教师在"改造社会"方面扮演的角色。陶行知认为"教师的手里操着幼年人的命运,便操着民族和人类的命运。"③ 他提出:"教师就是社会改造的领导者",④ 包括"改造学生的经验",⑤ "改造学校环境",⑥ "改造教育家",⑦ "改造乡村教育",⑧ "改造国民",⑨ "改造社会精神",⑩ "改造社会"。⑪ 陶行知提出的"生活教育

---

① [苏] 苏霍姆林斯基. 苏霍姆林斯基选集 [M]. 蔡汀,王义高,祖晶,译. 北京:教育科学出版社,2001:535.
② [苏] 苏霍姆林斯基. 苏霍姆林斯基选集 [M]. 蔡汀,王义高,祖晶,译. 北京:教育科学出版社,2001:680.
③ 陶行知. 陶行知教育文集 [M]. 成都:四川教育出版社,2017:206.
④ 陶行知. 陶行知教育文集 [M]. 成都:四川教育出版社,2017:206.
⑤ 陶行知. 陶行知教育文集 [M]. 成都:四川教育出版社,2017:49.
⑥ 陶行知. 陶行知教育文集 [M]. 成都:四川教育出版社,2017:159.
⑦ 陶行知. 陶行知教育文集 [M]. 成都:四川教育出版社,2017:45.
⑧ 陶行知. 陶行知教育文集 [M]. 成都:四川教育出版社,2017:185.
⑨ 陶行知. 陶行知教育文集 [M]. 成都:四川教育出版社,2017:45.
⑩ 陶行知. 陶行知教育文集 [M]. 成都:四川教育出版社,2017:156.
⑪ 陶行知. 陶行知教育文集 [M]. 成都:四川教育出版社,2017:128.

理论"就是"运用生活的力量来改造生活"。①

四、教师职业的本质体现为"创造人的精神生命"

叶澜教授认为，教师职业的本质是创造人的精神生命。教师要面向学生生命发展的未来，与学生一起在教育活动中创造学生的精神生命。这种创造，不同于知识的创造与技术的发明，它的结果是以学生的精神世界发展的方式存在，它的过程需要师生互动。为此，教师与每一个具体的学生和学生群体交往时，需要自己去理解、把握、设计和进行由他主持的教育活动，需要发现、选择、利用已有的各种知识去调动学生内在潜力的方法。也只有在这样的时候，教师才不会仅仅是成为规定要求的执行者，而且成为教育活动的自主创造者；教师的职业才会有内在的尊严，给学生也带来尊严；教师的劳动才有可能促使独立、主动地面对生活世界和生命历程的人的形成，而不是塑造被动适应的人。②

五、教师职业的本质是"促人向善"

朱小蔓教授认为，教师职业与很多职业的不同之处在于，教育是长时段的与一个个鲜活生命相处的过程。这就是教师职业生命创造的特殊性；教师职业所有的工作都与教师本人的精神世界、情感状态、道德品质密切相关，它需要教师拥有宽阔的胸怀，有强大的内心世界，有极大的包容心和耐心，只有这样的精神状态，才能在生命创造中发挥作用。这就是教师精神丰盈的意义。"教师职业的本质是促人向善、促人成长，通过教师对孩子的关心、促进、鼓励、期待，使孩子慢慢向善，渐渐成长。"③ 教师要以自己的善促进学生向善。

---

① 陶行知. 陶行知教育文集 [M]. 成都：四川教育出版社，2017：234.
② 叶澜. 把个体精神生命发展的主动权还给学生 [J]. 山东教育，2001（1-2）：5-6.
③ 朱小蔓. 把教师当作生命主体看待 [J]. 江苏教育，2016（9）：1.

六、教师职业的本质是"塑造灵魂、塑造生命、塑造人"

习近平总书记在与北京师范大学师生代表座谈时，对教师工作性质给出了高度的定位。他说："教师重要，就在于教师的工作是塑造灵魂、塑造生命、塑造人的工作。"① 这一重要论述，揭示了教师职业的本质。

塑造灵魂、塑造生命、塑造人的使命对教师提出了高要求。一是要有理想信念。正确的理想信念是教书育人、播种未来的指路明灯。正确的理想信念也是教师发展的强劲动力。因此，教师要"牢固树立中国特色社会主义理想信念，牢固树立终身学习理念，牢固树立改革创新意识"。② 二是要有道德情操。教师的道德情操，彰显出榜样的力量，体现出生命对生命的灌溉、精神对精神的濡染。因此，教师要"以德立身、以德立学、以德施教"。③ 三是要有扎实学识。扎实学识是教师从教需要的知识、能力和教育智慧，是教师教育教学工作的基础、工具和手段。教师的扎实学识要求教师做好专业阅读、专业交往、行动反思和行动改进。四是要有仁爱之心。教师的工作是对"爱与责任"的践行。心中有爱，才能把教育影响有效传递给每一个学生；心中有责任，才能上好每一节课。因此，要求教师"平等对待每一个学生，尊重学生的个性，理解学生的情感，包容学生的缺点和不足，善于发现每一个学生的长处和闪光点，让所有学生都成长为有用之才"。④ 要求教师"做学生锤炼品格的引路人，做学生学习知识的引路人，做学生创新思维的引路人，做学生奉献祖国的引路人"。⑤

---

① 教育部课题组. 深入学习习近平关于教育的重要论述 [M]. 北京：人民出版社，2019：131.
② 教育部课题组. 深入学习习近平关于教育的重要论述 [M]. 北京：人民出版社，2019：135.
③ 教育部课题组. 深入学习习近平关于教育的重要论述 [M]. 北京：人民出版社，2019：135.
④ 教育部课题组. 深入学习习近平关于教育的重要论述 [M]. 北京：人民出版社，2019：137.
⑤ 教育部课题组. 深入学习习近平关于教育的重要论述 [M]. 北京：人民出版社，2019：133.

从上述论述可以看出，关于教师职业本质的定性有两个视角，一是从人的精神塑造来考察，一是从社会的改造来考察。两个视角之间有着紧密的联系，社会改造依赖于人的精神塑造。实际上，杜威和他的学生陶行知都指出了塑造人的精神与社会改造之间的联系。社会是由人组成的，塑造了人的精神就是改造社会，而教师在社会改造的实践中也同时塑造了人的精神。

第二节　教师劳动的创造性

联合国教科文组织在《学会生存——教育世界的今天和明天》报告中指出，教师的职能要适应终身教育的需要而转变，教师应该"越来越多地激励思考""集中更多的时间和精力去从事那些有效果的和带有创造性的活动：互相影响、讨论、激励、了解、鼓舞"。[①] 教师劳动的创造性从一个侧面反映了教师职业的创造性本质。教师的精神劳动是一种智力的创造，是一种完整的人的生命创造，本质上是对高素质公民的塑造。高素质公民的塑造正是社会改造追求的目标。

一、教师劳动的创造性在于精神劳动

苏霍姆林斯基多次谈到教师劳动的独特性和创造性。他指出："教师劳动的独特之处，就在于我们教师是为未来而工作。"[②] 教师的劳动是为未来培养成熟的公民，使之具有公民精神、劳动态度和思想道德品质。因此，"教师的劳动，首先是紧张的精神的劳动，而正由于是精神的劳动，才是一种智力的创造。"[③] 为了培养未来的公民——合格的劳动者，教师首先要揭示任何劳动的道德内涵，从劳动中学会做人、理解劳动的道德意义。其次，教师要把学

---

① 联合国教科文组织. 学会生存：教育世界的今天和明天 [M]. 比较教育研究所，译. 北京：教育科学出版社，1996：108.

② [苏] 苏霍姆林斯基. 苏霍姆林斯基选集（第4卷）[M]. 蔡汀，王义高，祖晶，译. 北京：教育科学出版社，2001：5.

③ [苏] 苏霍姆林斯基. 苏霍姆林斯基选集（第2卷）[M]. 蔡汀，王义高，祖晶，译. 北京：教育科学出版社，2001：326.

生领进自己的智力生活世界中,让学生感受探索的美妙,丰富学生的精神世界。再次,教师必须对社会负责、对学生的父母负责,在与学生的相处中尽量做得准确无误,为学生做出榜样,在精神劳动中展现出点点滴滴的美。在苏霍姆林斯基看来,学生有着不同的思想、情感、气质、性格、兴趣、爱好,有着不同的能力倾向和知识结构。如何把这些具有不同特点的学生都培养成合格的劳动者,如何把教育和儿童心理发展的一般规律同每一个学生的实际特点相结合,取得教育的成果,这就需要教师的创造。教师劳动的创造性就在于,一方面做知识的灯塔、人格的榜样、劳动的能手、教育工作的巧匠;一方面了解学生的个性特点、优势与不足,与学生展开精神交往,找到通往每个孩子心灵的小路,成为学生的朋友。

二、教师劳动的创造性在于向物质财富的转化

赵履宽教授认为,教师的劳动是创造社会财富的、复杂的、繁重的劳动。首先,教师的劳动是创造社会财富的劳动。一方面,教师主要是精神财富的创造者,这种精神财富是可以结合自己的教学和科研活动,转化为物质财富的。另一方面,教师作为精神财富的创造者,其劳动成果,最集中地体现在学生身上。教师通过自己的劳动,把文化科学知识和系统化的生产经验传授给学生,使他们掌握合格的劳动者所必须具备的知识和能力。然后通过学生的劳动能力转化为物质财富。其次,教师的劳动是复杂劳动。一是这种复杂性表现在教师的劳动对象是千差万别的学生。学生有着不同的气质、特长和发展倾向,教师根据不同的对象,因材施教,发现人才,培育人才。二是这种复杂性表现在教师劳动过程的复杂性。教师不仅要传授知识,而且要激发学生探求知识的兴趣和欲望,培养学生观察、分析、判断和解决问题的能力。再次,教师的劳动是繁重的。教师备课、上课、指导实习、答疑解惑、批改作业、课外辅导,以及家庭访问等等,既耗费不少的脑力,也耗费一定的体力。教师的劳动,主要耗费的是脑力。①

---

① 赵履宽. 论教师的劳动 [J]. 人民教育, 1980 (4): 28 - 30.

三、教师劳动创造性的阶段性特点

沙毓英教授从教育既是科学也是艺术的角度,论述了教师的劳动是创造性劳动。他指出:"教师的创造活动,也和任何创造活动一样,包括准备、进行和完成三个阶段。"在准备阶段,教师必须要收集和积累与他所教课程有关的各种资料、了解学生。教师要塑造几十个、几百个不断变化着的儿童的心灵,至少要教一门系统的课,而每一堂课认真来说都是一次创造,都要进行严密细致地构思。如何激发学生积极思维?如何找出新旧知识之间的联系?如何根据学生和教材情况选择教学方法?如何安排教学进程?如何做好对后进生的转化?在进行阶段,在课堂上,教师的教学技巧和教学机智,表现为教师如何既照顾全班,还注意个别学生,表现为教师如何机智地处理课堂偶发事件,表现为教师如何运用提问和评价维持教学活动的正常进行。教育、教学工作的完成阶段和其他创造活动不同。出色地教好一节课,成功地使一个后进生变为先进,作为一项具体的创造任务来说,是完成了,但作为培养人的整个创造任务来说,却又没有完成,还要总结经验,继续前进。[①]

四、教师劳动创造性体现在精神"转化"上

叶澜教授认为,教师是教育事业和人类精神生命的重要创造者。教师工作是具有创造性的工作。一方面体现在教师跟孩子一起创造他和他们的每一天的学校生活,也为学生的未来生活做创造。教师的创造还表现在"转化"上,他把人类的精神财富转化成学生个人成长的精神财富。这个转化也是教育的独特挑战与魅力。教师的创造性还表现在促使学生精神世界不断地丰富和完善,这样培养出来的新生代,就会与他的上一代不一样。这种代际传承与发展,本质上是把人类的知识与技能、精神,转化成个人的能力和精神的内存。这些东西内化在每一个不同的个体之中,而后,又会在社会实践中转

---

① 沙毓英. 教师的劳动是创造性劳动:心理学漫谈之九 [J]. 云南教育,1981 (5):4 - 8.

化为促进人类社会发展的创造力。① 叶澜教授指出，教师职业对于社会而言的外在价值与对于从业者——教师而言的内在生命价值之间的统一基点是创造。这是教师可能从工作中获得外在与内在统一的尊严与欢乐的源泉。她分析了教师创造的若干具体情境。活的情境向教师的智慧与能力提出了一系列挑战，如当学生精神不振时，你能否使他振作？当学生茫无头绪时，你能否给以启迪？当学生没有信心时，你能否唤起他的力量？你能否从学生的眼睛里读出愿望？你能否用不同的语言方式让学生感受到关注？你能否使学生在课堂上学会合作，感受和谐和欢愉、发现的惊喜？当教师在课堂中体会成功与创造，教师的内在积极性就能被激发。②

五、教学活动创造过程的例证式分析

叶澜教授指出，认清教师劳动的创造性质，可以说是当代教育学的重要课题，是当代教师职业生命自觉提升和践行的灵魂。她对教师在教学活动中的创造过程做了例证式分析。教师工作的根本任务决定了其劳动的创造性。教师的根本任务在于"育人"，在于促进儿童与青少年的精神生命成长与精神世界的丰富。它需要教师对多种知识进行多层、多次创造性的开发、转换与复合才能完成。就以教师最经常开展的学科教学活动而言，教师所教的知识自然是前人创造的，它以系统化、相对稳定的符号形态，并经教科书加工后呈现。但教师的相关教学，不可能只是把现成的知识像物件一样传递到每个学生手中。在教学前，教师首先要研究、开发不同的学科知识对于儿童、青少年心灵丰富成长的发展价值，包括这些知识的社会价值。其次，教师要研究自己所教学生的发展状态，他们的潜在发展需要与可能，以及他们在学习这些知识之前已经具备的经验、重要的相关前在知识等一系列方面。只有在两方面都清晰的背景下，教师才可能确定对学生具有发展意义、且可实现的教育目标。这些工作并没有现成的知识提供，也没有人能代替，只能通过教师自己的创造性研究才能完成。再次，为了使学生能更好地理解知识的价值，

---

① 叶澜. 教育的魅力，应从创造中去寻找 [J]. 内蒙古教育，2016 (4)：7-10.
② 叶澜. 学校文化的关键：唤醒教师内在的创造激情 [J]. 教书育人，2008 (3)：15.

以知识的创生过程来激发学生的创造兴趣，培养学生吸收、进行知识自我建构的能力，实际上也是形成学生终身学习和创造兴趣的基础，教师还需要将符号化的知识转换成各种鲜活的、对学生既可能接受又具有挑战性、且不只是游戏式的状态，这同样需要教师创造性的劳动。唯有经过教师如此这般的一番努力，作为人类文明的财富和认识世界成果的知识，才能转化成滋养、浸润学生心灵，激发生命活力的"琼浆玉液"。最后，教师还需要对教学活动如何展开，做出师生互动式的整体设计。在完成设计后，还要直面由成长发展中的个体组成的学生群体，在不同的、时时变化着的复杂教育情境中进行教学，不断处理、重组教学过程中因学生积极参与而不断生成的新资源，做出及时的调整、重组与新的策划……如此复杂的过程，不但需要教师具备教育学的知识，需要经验，更需要理念与智慧、实践与反思、重建与更新。唯有如此，才能使课堂教学的创造过程成为学生的生命成长过程，成为教师职业生命的创生过程，同时，也成为与人类自身发展直接相关的教育学知识的积累、创生过程。①

六、教师劳动的创造性表现为教师"转识成智"

朱小蔓教授拓展了阐释教师劳动创造性的新视野。她认为，教师的创造性是生命对生命的发现与创造，师生关系是生命对生命的相互创造与提升之关系。应当回归到创造完整的教育过程，并以创造（主要是推动学生自己创造）完整的人（生命）上来认识教育的创造性。知识仅是教师使用的媒介。发展人是根本的创造目的。只有具备了个人化教育哲学观的教师，才能把创造的空间和余地拓展开来。她指出，教师的创造性还表现为教师具备"转识成智"的能力。创造性教师在教会学生学习的同时，还致力于教会学生理解知识对于生命的价值和意义，将知识转化为智慧。"转识成智"需要那些具有创造力的教师将知识、方法与价值融为一体。她还分析了教师人格层面对其创造性的影响，情感—人格发展健全的教师才可能有教育意义上的创造。教

---

① 叶澜. 改善发展"生境" 提升教师自觉 [N]. 中国教育报，2007-9-15 (03).

师在教学、教育过程中创造、构筑一个安全、信任、尊重、宽松、和谐和鼓励成长的师生交往环境,正是发展学生、创造学生完美人格的基石所在。①

七、创造性教师的活动范型

朱小蔓教授等人研究了创造性教师的四种活动范型。第一种是发现。教师的发现是生命对生命的发现。一是要发现生命的完整性,发挥生命的整体功能,使学生的认知、情感和德性获得和谐的发展;二是发现优越性潜质对人的发展独特性的影响作用,使学生潜在的生命力量转化为现实存在的生命力量;三是发现生命内在的独特性和能动性,发挥生命的自主创生作用。教师的发现关键在于将自己的发现转化为学生的自主发现,让学生自觉地、主动地、自主发现。第二种是创设。教师想方设法创设各种有利的教育情境或者提供某种获知的条件,期待学生潜能的发展。第三种是播种。教师是人类智慧的启蒙者和播种者,教师除了向学生传递文化知识外,还要在学生的心田里播种成功、自信、信任和希望等生命的种子。这一点对后进学生尤为重要。第四种是化育。教师对学生的教育教学应采取人性化的方式,教师要靠爱心、靠点拨、靠耐心。教师的化育是点点滴滴的,犹如春雨"随风潜入夜,润物细无声",对学生的生命成长产生着不同寻常的影响。②

八、"生存论"教师创造观

朱小蔓教授等人还提出了"生存论"的教师创造观。主要体现为五个"转向":一是从对学生知性的创造转向对学生完整生命的创造。教师不仅把教学看成是一种特殊的认识过程,而且把教学看成是教师与学生的完整的生命的发展过程、创造过程。二是创造一个可持续性发展的自我。教师的创造就是发现学生不断成长的内源性动因,探索生命成长的规律、策略与途径等,帮助学生发现生命的价值与意义,激化学生的生命意识,让学生形成一个持续发展的、不断完善的内部动力机制——"自我",为学生的终身发展提供动

---

① 朱小蔓. 关于教师创造性的再认识 [J]. 中国教育学刊,2001 (3): 57 - 60.
② 吴安春,朱小蔓. 对创造性教师的研究 [J]. 上海教育科研,2002 (5): 4 - 8.

力与保障。三是从知识的教授转向智慧的生成。要教会学生成为知识的主人，学会如何获得有用的知识、如何管理所学的知识并使之转化为智慧，教会学生如何进行自主的、创新性的学习。四是从占有式的师生关系转向相互创造与提升的师生关系。①

九、教师的课程创生

教师课程创生是教师作为课程知识的创生者，在课程实施过程中有意识地对课程知识进行创造性建构，以构建更易于理解的课程知识。教师课程创生的关键在于教师与知识之间的动态生成过程，注重的是教师课程权力的主动实施。知识是教育的逻辑起点，课程必须按照知识本身的状况与逻辑来组织。② 教师课程创生首先要赋予教师选择、组织、创造、开发课程知识的自主权和话语权。其次，要确保教师在知识传递过程中对知识的情境性引入，一方面是公共知识的地方化，另一方面是教师个人知识融入的合法化。再次，"教师要与官方知识形成视域融合，实现课程文本意义再生。"前提在于教师的课程知识理解，使教师"对知识的组织与传递过程有一个清晰的认识"；使教师"将自身知识融入课程思维框架之中，主动对课程进行改造，努力建立知识与生活的联系，从而提升自身素养"。③

第三节 教师主体性研究

教师主体性问题是一个与教师主体意识、主体能力等教师知性相关的问题。但是，教师主体性更突出地体现了教师的存在状态，即主体性存在。因此，把教师主体性放在教师本体研究中来考察。

---

① 吴安春，朱小蔓． "生存论"的教师创造之浅析［J］．现代教育论丛，2002（3）：13-16．

② 吴思颖，李洪修．教师课程创生的知识社会学分析［J］．教育理论与实践，2021（10）：55-60．

③ 吴思颖，李洪修．教师课程创生的知识社会学分析［J］．教育理论与实践，2021（10）：55-60．

主体性实质上指的是人的自我认识、自我理解、自我确信、自我塑造、自我实现、自我超越的生命运动及其表现出来的种种特性，如自主性、选择性和创造性等等；它是人通过实践和反思而达到的存在状态和生命境界，展现了人的生命的深度和广度，是人的生命自觉的一种哲学表达。[①] 经济全球化和科学技术的发展给人类生活带来了很大的变化，"教育必须为变化做好准备，使人民知道如何接受这些变化并从中得到好处，从而培养一种能动的、非顺从的、非保守的精神状态。"[②] 这样的精神状态就体现为人的主体性。联合国教科文组织期待教育培养人的主体性。这就提出了"教育如何培养具有主体意识、主体人格的人"[③] 的问题，同时也提出了教师主体性研究的问题。

教师主体性研究是对为什么教师的劳动具有创造性质的根源性回答。教师主体性是一个教师在教育教学实践中不断生成的发展进程，而创造性是教师主体性的最终体现。没有教师的主体性，就无法体现出教师的创造性。教师主体性包括教师的自主性、能动性和创造性，因而教师主体性是教师创造性的动力支持和能力支撑。教师主体性研究也是对教师身份认同为什么具有必要性问题的解答。教师如何在教育教学中体现主体性，如何在课程改革中实现主体参与，就是要通过对教师"个体自我"的深层理解、赋予教师专业自主权、引导教师展开自我意义的建构，提升教师自我效能感，获得教师的专业身份认同。

一、教师主体性问题的提出

实施主体性教育之后，培养学生的主体性已成为教育界的共识。开展主体性教育活动的教师，其主体性素质如何，成为教育学者直面的问题。如果教师自身不具有主体性，又怎能期望他教育出具有丰富主体性的学生呢？杨

---

① 郭湛，王文兵. 主体性是人的生命自觉的一种哲学表达 [J]. 唐都学刊，2004 (2)：13-15.

② 联合国教科文组织. 学会生存：教育世界的今天和明天 [M]. 比较教育研究所，译. 北京：教育科学出版社，1996：137.

③ 鲁洁. 超越与创新 [M]. 北京：人民教育出版社，2001：34^4.

启亮教授提出："建立主体性教师素质观，培养主体性教师素质"。他从教师作为人的需要的意义上和教师职业限定意义上来考察教师主体性，指出了教师主体性的双重性。一方面是追求精神领域里的自我实现的人的主体性；一方面是建树教师职业的丰碑的职业主体性。① 有学者归纳了当前阻碍教师主体参与的因素主要体现在以下几方面。一是升学压力。为使学生考出好成绩，教师往往按照课程大纲来教学，而不是按照学生的兴趣与特长对教育方案进行调整。二是在教育观念上，将教师的作用理解为教书匠而不是有反思意识与研究能力的教育实践家。三是教师的工作负担和时间限制。工作任务重、时间有限是制约教师主体参与的瓶颈。②

二、主体性教师素质的内涵及培育

教师主体性的双重性从根本上规定了教师主体性的素质要求。一是求真。一方面是教师的学问必须博大精深，既精深所教学科，又懂心理学、懂教学论、懂教育及教学改革。另一方面是善于创新、勤于探索、勇于实践。二是向善。一方面是师表垂范，成为社会群体中的道德楷模。另一方面，教师以其完美人格影响学生人格对教育、对学生、对教师群体的深挚的关爱。三是创美。必须有具体可感受的、积极情感参与的、充满个性特殊性的特征。主体性教师素质的培育必须把以外部约束、规范责任为基本方法的培养论，与以不约束不规范听凭自然成长为基本方法的发展论辩证地结合在一起，构建主体性素质养成的四个阶段。一是依托外部约束和社会规定的教师职业素质的规范和责任的阶段；二是逐步内化规范，形成自觉意识，引导教师自觉地守规范尽责任的阶段；三是策动教师主体的内在动机，帮助其以主人翁的态度热爱并追求教育事业，启迪良心体验道德、启蒙良知思悟学术的阶段；四是充分实现最高的价值目标，把教育事业与主体内在价值、自我实现高度一

---

① 杨启亮. 教师主体性与主体性教师素质 [J]. 现代中小学教育，2000 (7)：46-49.
② 姜勇. 论教师的精神成长：批判教育学视野中的教师专业发展 [J]. 中国教育学刊，2011 (2)：55-57.

致起来的阶段。①

三、主体间意义的教师主体性

如何理解教师的主体性与学生的主体性之间的关系？有学者从哈贝马斯交往行为理论的分析中得出结论：教师的主体性与学生的主体性是一致的，两者体现的是一种主体间性，是两个主体间交往与对话的关系。② 主体间意义的教师主体性不仅体现在教师与学生之间，而且也体现在教师之间的教学研究与合作学习上，还体现在专家与教师的合作研究之中。有学者提出了确证主体间意义教师主体性的两大策略。一是通过参与课程变革，促进专业成长，以确证主体间意义的教师主体性。二是通过进行反思性教学，促进专业成长，以确证主体间意义的教师主体性。③

四、确证教师教学主体性的路径

有学者提出了确证教师教学主体性的三种路径。一是通过主动参与课程开发确证教师教学主体性。具体来说，一方面通过课程选择、课程改编、课程拓展、课程整合，调适、重构与改造国家或地方课程。另一方面充分利用学校和社区课程资源、调查评估学生需要的基础上，自主确立课程目标、课程标准、教材及课程评价指标，进行校本课程开发。二是通过自觉进行反思性教学确证教师教学主体性。反思对教师主体性的提升具有重要价值。反思内容包括五个层面：①技术层面的反思，即反思课堂教学内容、策略、途径等。②观念层面的反思。③解释层面的反思，即反思师生情感沟通、人际理解、自我理解等。④解放层面的反思，即反思教学中师生权利与自由、伦理道德规范等，具体如教学中教师控制与学生参与课堂的程度、师生关系的处理是否符合主体间性原则、教师实践智慧等。⑤宏观背景层面的反思。宏观

---

① 杨启亮. 教师主体性与主体性教师素质 [J]. 现代中小学教育, 2000 (7): 46-49.

② 丁杰, 王守纪. 论教师的主体性：主体性教育的另一视角 [J]. 教学与管理, 2002 (7): 3-5.

③ 李小红, 邓友超. 论教师的主体性 [J]. 江西教育科研, 2002 (5): 3-6.

背景包括教师反思教学赖以存在和进行的社会、组织、文化背景等。三是通过积极开展教学行动研究确证教师教学主体性。教师开展教学行动研究存在三个层次：第一个层次，技术层面的教学行动研究，是由专业教学研究者发起和维持的。目的是验证专业教学研究者的观点和假设，而不是教师在自我反思的基础上发展实践理性。第二个层次，合作性实践性教学行动研究。一方面由专业教学研究者与教师共同提出拟研究的教学问题、制定研究计划、商定研究结果的评价标准，开展合作研究。另一方面，由教师自己提出并选择需要研究的教学问题，自己拟订行动方案，专业教学研究者则作为咨询者帮助教师形成理论假设、计划行动策略、评价行动过程和结果。第三个层次，解放性（批判性）教学行动研究。教师独立进行研究，摆脱了传统的研究理论与实践规范的限制，时刻对自己的教学行动进行批判性思考，并且采取相应的策略对教学实践进行改造。[①]

五、教学活动中教师主体性的结构

有学者认为，教学活动中教师的主体性，应该是一个包括主体意识和主体能力的二维结构。教师的主体意识，集中体现为主体性教育观上，具体涉及师生观、教学价值观、课程观、教学策略观和教学评价观等方面内容；教师的主体意识也体现在教师有和学生一起成为教学主体、发挥主体作用的需要、愿望、热情和意志；教师的主体意识也体现在自尊心、自信心、独立性、竞争意识、参与意识、创新意识、广泛的兴趣和强烈的求知欲等方面。[②]

教师的主体能力具体表现在创新能力、交往能力、监控能力和自我完善能力等几个方面。教师要结合自己的教学实践活动，开展教育科学研究，在研究活动中不断探索教育教学规律，发展自己的创新能力，进行课程创新。教师的交往能力，表现为教师的观察能力、倾听能力、表达能力和组织能力。

---

① 邓友超，李小红. 确证教师教学主体性的三种路径[J]. 人民教育，2003（21）：6-8.

② 冷泽兵. 论教学活动中教师的主体性[J]. 四川师范学院学报（哲学社会科学版），2002（1）：97-101.

教师的教学监控能力具体表现为三大方面：一是教师对自己教学活动的事先计划和安排的能力；二是对自己实际教学活动进行有意识的监察、评价与反馈的能力；三是对自己的教学活动进行调节、校正和有意识的自我控制的能力。①

还有学者提出了"应然"的教师主体性，即教师在对象性活动和交往性活动中通过与客体及其他主体的相互作用，不断发展而表现出来的维持和确证其主体地位的自觉性、自主性、能动性和主体间性。"应然"的教师主体性包含四个方面的内容。教师主体的自觉性是指作为教育教学主体的教师对自身主体地位、主体能力和主体关系的意识。教师主体的自主性具体表现为：在教育过程中，能摆脱对他人意愿的盲从，不唯书、不唯上，具有依据学生的需要、兴趣和自己的能力、思维方式安排、从事教育教学的自主权。教师主体能力的能动性表现为：一是积极主动地吸纳先进的教育理念和总结教改实践经验；二是灵活地处理和驾驭教学材料，适时恰当地选择教学方法、手段与技术，巧妙机智地解决课堂偶发事件；三是时刻反思、改进教育教学行为及支撑行为的深层隐性的教育信念；四是追求创造性教学；五是根据本地区、本学校的实际情况和学生的需要兴趣等主动积极地参与课程、教材、教学的改革与研究；六是批判性地认识宏观教育政策和社会文化观念的导向，做出自己的教育价值选择，形成独特的实践操作和思想体系，如教学风格和教学思想等。主体间性是指教师作为主体在合理发挥自身主体性时，注意照顾其他主体（包括学生、同事、学校领导、上级行政官员及专家、教育理论工作者）的主体性发挥，并与之所达成的理解性、和谐性、一致性。②

六、教师发展中的主体性结构

有学者针对中小学教师专业发展中存在着主体性缺失的问题，在关于教师专业发展的哲学主体性思考中提出了教师主体性的结构问题，集中体现在

---

① 冷泽兵. 论教学活动中教师的主体性 [J]. 四川师范学院学报（哲学社会科学版）2002 (1)：97 – 101.

② 李小红，邓友超. 论教师的主体性 [J]. 江西教育科研，2002 (5)：3 – 6.

独立自主性、自觉能动性、创造超越性和独特性四个方面，同时存在着发展的主体意识、主体能力、主体人格和主体价值四个层次，这四个方面和四个层次纵横交错形成了教师主体性的结构，并因此构成了教师成长与发展的主体性的特点。①独立自主性与主体意识的交错，将会促发教师自我发展有预见性。②自觉能动性与主体意识的结合，表征教师渴望专业的成熟和发展，遵循专业化发展的规律，追求教学的合理性。③创造超越性与主体意识的融通，表征教师强烈的突破意识，锐意教改，精益求精，清晰强烈的创造新方法的意识。④独特性与主体意识的结合，促发教师追求教学风格和人格魅力。⑤独立自主性与主体能力的结合，表明教师决策能力强。⑥自觉能动性与主体能力的结合，表明教师主动研究教学，善于调动自我潜能。⑦创造超越性与主体能力的结合，表明教师具有知识和经验的重构能力。⑧独特性与主体能力的结合，表明教师能够扬长避短地建构个人的知识和能力体系，以独特方式影响学生。⑨独立自主性与主体人格的融通，教师将会形成自尊、自立、自强，严于律己，教育机智、果断，责任感强等个人风格。⑩自觉能动性与主体人格的融通，教师将会形成自信心强，有毅力，执着，教学效能感强的个人风格。⑪创造超越性与主体人格的融通，教师将会积极进取，对教育权威发出合乎理性的怀疑。⑫独特性与主体人格的融通，教师将焕发民主、公正、宽容的人格力量。①

有学者针对工具理性主义的教师专业发展遮蔽了教师发展的内在价值，以专业实践取代意义建构的问题，提出教师发展要从主体性价值视角转向教师作为人的存在。认为教师的生命是一种能动的对象性存在，因而也就是一种主体性的存在。教师发展的价值需要一个主体性转换：从技术性转向生存意义性，从专业发展到生命发展。从幸福哲学的视角看教师发展，是以生命态存在的教师发展，包括身体发展和精神发展。作为"人"与"师"结合的

---

① 李骏骑，李春燕，等. 关于教师专业发展中的主体性思考[J]. 教育理论与实践，2005（9）：33-34.

教师，天然地需要他们以生命主体的自我完善，去引导学生生命的发展。①

第四节 教师的角色

教师角色和身份认同是教师主体性的两个侧面。教师角色的研究在于澄清教师的作用、教师的职责、社会对教师的多重期待、教师对自身身份的认同、教师对职业规范的认知、教师对角色社会化过程的了解、教师对角色转换的理解等问题。但也应注意，这种教师角色是社会赋予教师的期待，而不是教师自己的内心想法。因此，必须转变思维方式，跳出"教师角色"的立场与框架，跳出"应然"式思维取向，从教师主体性的内在维度来思考问题，化解外在的"角色规定"与内在的"身份认同"之间的矛盾与冲突，确立教师积极参与变革的思维和意识，获得"教师身份认同"，使教师对自己、对社会、对职业、对行为规范、对相关教育关系有清晰的理解，对自身存在的意义有深刻的理解，使教师在变革中发挥自己的主体性，有更多的情感投入和责任担当，使教师在面对角色冲突时能正确行使职业角色，使教师能提高职业自觉、释疑解惑，从而产生专业发展的内在动力。

一、角色与身份的概念辨析

社会学理论中的角色指所有的社会角色，包括职业角色以及其他所有社会关系所产生的角色。社会学对角色的定义是"代表个人在社会团体中的地位与身份，同时包含着许多社会上其他人所期望于个人表现的行为模式。"②角色一般被人们认为是社会对某一特定从业人群的一种集体性预期，是社会对某一特定从业人群和处于特定地位的人的行为期待。它规定一个人活动的特定范围和与人的社会地位相适应的一套权利义务与行为规范。社会学对角色概念有行为论、身份论和期望论三种不同的理解。角色行为论认为，角色

---

① 伍叶琴，李森，戴宏才. 教师发展的客体性异化与主体性回归 [J]. 教育研究，2013（1）：119-125.

② 陈奎熹. 教育社会学 [M]. 台北：三民书局，1981：234.

代表行为的动态过程。当个人将地位所赋予的权力和义务付诸行动时,他就是在扮演角色。角色行为论把教育者角色定义为教育过程中教育者的典型性行为。① 角色身份论认为,角色是与人们在社会结构中的身份相关联的。教育者角色就是一定社会身份的特有者。角色的身份可由声望、财富(工资收入)和权威来衡量。② 角色期望论认为,角色的行为遵循各种社会群体的一般性期望。教育者角色被定义为对德育过程中的德育行为所持有的一组期望。期望来源于学校文化氛围、社会习俗、德育理论导向等,可以构成教育者行为的动力源之一。③

身份是某人或群体标示自己的标志或独有的品质。经典的身份理论认为,身份是一种常驻不变的"人格状态",是赖以确定人们权利和行为能力的基准,人们一旦从社会获得了某种身份,也就意味着他获得了与此种身份相适应的种种权利。现代建构主义认为,"身份"是由社会所建构的,必须由互动所产生的结构建构起来。④ "身份"的原有语义首先是指向内在的统一、协调及其持续。就人来说,强调的是人格、心理品质的确定性、统一性和稳定性。"身份就是一个个体所有的关于他这种人是其所是的意识"。身份是一种建构的过程,是在演变中持续和在持续中演变的过程。⑤

"角色"与"身份"密切相关,是"带有交叉意义"的两个概念。身份不仅包含了角色区分的内涵,更重要的是它还反映了包括社会地位高低在内的更为丰富的内涵。⑥ 角色是外在制度的功能性规定。对于"身份"需要从两个方面去把握。一方面是对身份的自我认同。任何一种社会身份都具有独特的功能和价值,这种功能和价值在社会互动过程中通过他者对自身的角色

---

① 鲁洁. 德育社会学 [M]. 福州:福建教育出版社,1998:161.
② 鲁洁. 德育社会学 [M]. 福州:福建教育出版社,1998:162.
③ 鲁洁. 德育社会学 [M]. 福州:福建教育出版社,1998:163.
④ 曲正伟. 教师的"身份"与"身份认同" [J]. 教育发展研究,2007(4A):34-38.
⑤ 钱超英. 身份概念与身份意识 [J]. 深圳大学学报(人文社会科学版),2000(2):89-94.
⑥ 阎光才. 教师"身份"的制度与文化根源及当下危机 [J]. 北京师范大学学报(社会科学版),2006(4):12-17.

期待，实现对自身身份和利益的定位。另一方面，这种身份是自我认同和他人认可的统一。身份必须由互动所产生的结构建构起来，单方面的努力是不可能实现建构的，它必须依赖自我和他者在互动中的共同作用。①

教师身份包含了制度性的"权利"（rights）和心理性的"认同"（identity）两个组成要素，其中"权利"表示着一种法律上的地位。"身份认同"则是对"权利"的一种心理感受，是在法律地位之外的另一种社会感知。教师身份包括法律身份与社会身份。法律身份是国家法律对教师身份的本质性规定，是指向于教师群体的。社会身份是指社会对于"教师"这一社会角色行为的期待，在社会化过程中沉淀下来，形成习惯、服从和认可的秩序，从而转化为教师的社会身份。教师的法律身份背后是权利和义务；教师的社会身份背后是社会的角色期待。②

二、教师角色的概念

教师角色是指教师这一特殊社会群体依据社会的客观期望并凭借自己的主观能力，为适应所处环境所表现出来的特定行为方式。教师角色体现了社会成员对教师所承担的社会角色的期待。根据教师角色的定义，教师角色行为赖以产生的基础是社会期望，它以社会规范的形式为一定社会地位的个体规定了相应的权利和义务。③ 教师角色既代表教师的社会地位，同时也蕴含着社会对教师的角色期望。④ 教师角色既是一种对教师社会地位的定位、对教师职责的定位，也是一种对教师角色扮演的价值定位。

对教师角色的研究始于教师角色品质的研究，如教师的社会地位、教师个性特征、教师教学风格等。继之以教师角色功能研究，如教师行为效率、教师领导方式的研究。后来发展出教师期望的研究。社会学视野下，教师角

---

① 曲正伟. 教师的"身份"与"身份认同"[J]. 教育发展研究，2007（4A）：34-38.

② 曲正伟. 教师的"身份"与"身份认同"[J]. 教育发展研究，2007（4A）：34-38.

③ 巩建华. 国外教师角色研究述评[J]. 上海教育科研，2011（10）：35-39.

④ 靳玉乐. 现代教育学[M]. 成都：四川教育出版社，2005：139.

色是社会角色，承担一定的社会责任。教师要通过自身意义的追求而实现教育社会功能最大化。教师的社会责任是教师作为社会成员承担的责任。① 教师作为学校成员扮演着双重角色，即教育者与同事。对学生来讲，教师是教育者。对学校其他成员来说，教师是同事。② "教师角色"聚焦的是"作为教师"的人，强调的是外部规范控制，关注的是教师所处的社会地位、教师职位担负的责任权利以及相应的社会期待，没有关注到教师的主体性能够在多大程度上实现。③

三、教师角色扮演与"角色丛"

教育社会学把教师职业角色放在学校背景内分析，教师扮演了两种基本角色。一是教育者角色，一是受雇者角色。教师角色扮演的过程通常要经历三个阶段。第一阶段：教师的角色期待，是指社会对教师角色的期望和要求。教师角色期待作为一种社会观念，可以影响教师的角色行为。第二阶段：教师角色领悟，也称为"教师角色认知"，是指教师对其角色规范和角色要求的认识和理解。教师角色领悟作为一种个人观念，是角色扮演的内在力量。第三阶段：教师角色实践，也称为"教师角色行为"，是教师角色扮演的实际活动。教师角色实践是教师角色领悟的发展。④

美国学者格兰布斯将教师扮演的教育者角色分为两大类：一是学习指导者，包括学习成绩评判者、有知识者、维护纪律者、学生所信任者、道德气氛的创造者、学校中的受雇者、教育传统的支持者。二是文化传播者，包括中产阶级文化守护者、青年人楷模、理想主义者、思想界先锋、有文化教养者、社区事务参与者、社区中的陌生人、社会公仆。⑤

教师扮演多重角色，形成了"角色丛"。教师角色丛是指与教师特定社会

---

① 鲁洁，吴康宁. 教育社会学 [M]. 北京：人民教育出版社，1990：422.
② 鲁洁，吴康宁. 教育社会学 [M]. 北京：人民教育出版社，1990：433.
③ 李茂森. 从"角色"到"自我"：教育变革中教师改变的困境与出路 [J]. 教育发展研究，2009（22）：56-59.
④ 马和民. 新编教育社会学 [M]. 上海：华东师范大学出版社，2002：109-110.
⑤ 马和民. 新编教育社会学 [M]. 上海：华东师范大学出版社，2002：102.

职业地位相关而扮演的所有角色的集合。就教师与学生关系而言，教师扮演了多重角色：一是"家长代理人"和"朋友、知己者"的角色，二是"传道、授业、解惑者"的角色，三是"管理者"的角色，四是"心理调节者"的角色，五是"研究者"的角色。[1] 也有学者提出教师角色扮演略有不同的意见，即教师扮演着"示范者"的角色，教师的言行是学生学习和模仿的榜样，教师的言论、行动、为人处世的态度，对学生具有耳濡目染、潜移默化的作用。[2]

四、教师角色冲突

由于教师同时扮演多个角色，必然会产生角色间冲突和角色内冲突。角色间的冲突一是教师的教育者角色与受雇者角色之间的冲突，表现为教育者角色要求的独立性与受雇者角色的被制约性之间的冲突；二是教师的社会代表者角色与同事角色之间的冲突，表现为社会代表者角色处理的是师生关系，奉行的是"不平等原则"，而同事角色处理的是同事间关系，遵循的是"平等原则"。日本教育社会学家新堀通也提出三类冲突：一是教师自身不统一时之间的冲突（教师的劳动者意识与教育者意识的冲突），二是教师自身的规定与社会对教师的角色期待之间的冲突（如"尽可能不让一个学生掉队"与"尽可能使孩子升学"的家长要求之间的冲突），三是社会对教师的不同角色期待之间的冲突（如希望培养什么样的学生之间的观念冲突）。这三条都是角色内冲突。[3]

五、教师角色社会化的内容与过程

1. 教师角色社会化的内容

一是内化教师职业价值。教师要认识教师职业为社会培养与造就未来一代的社会价值，并要逐步内化。教师对职业价值内化程度可以根据教师职业

---

[1] 王道俊，郭文安. 教育学（第七版）[M]. 北京：人民教育出版社，2016：398.
[2] 袁振国. 当代教育学 [M]. 北京：教育科学出版社，1998：79.
[3] 袁振国. 当代教育学 [M]. 北京：教育科学出版社，1998：107.

选择动机的实证调查结果来判断。二是获取教师职业手段。即获取从事教师工作所需掌握的知识技能，达到国家认可标准。三是认同教师职业规范。包括四个方面：（1）对待学生的规范。（2）对待教师集体的规范。（3）对待学生家长的规范。（4）对待自己的规范。四是形成教师职业性格。教师职业对于从教者的性格有特殊的要求。同时，教师通过教育实践，不断加深对教师职业性格的理解，并按照教师职业性格的要求不断改变自己性格中某些不适应的成分。①

2. 教师角色社会化的过程

实现教师角色社会化的内容有一个长期的实践过程，可分为两大阶段。一是预期社会化阶段。即指愿意从教的社会成员通过师范院校的学习和教育实习，通过增加师范生参加教师工作实践的机会，使其内化教师职业价值、获取教师职业手段、认同教师职业规范、形成教师职业性格。二是继续社会化阶段。即指教师在角色实践中内化教师职业价值、获取教师职业手段、认同教师职业规范、形成教师职业性格。实证研究表明，教师从教后的五六年乃是教师继续社会化的关键期。②

六、教师角色的转换

终身教育的要求、网络时代教师权威的消解、知识观的变迁、基础教育课程改革的需要，这些因素对教师角色扮演提出了新的挑战，教师必须重新定位自己的角色，实现角色转换。一是由"教书匠"转变为"教育研究者"，对教师自己的教育教学行为进行反思、研究和改进；二是由"独白者"转变为"对话者"，建构师生在平等关系基础上的自由交流；三是由"课程执行者"转变为"课程开发者"，实现国家课程、地方课程的校本化；四是由"学生学习的评判者"转变为"学生发展的促进者"，引导、帮助学生的学习，调动学生学习的主动性和积极性。③

---

① 鲁洁，吴康宁. 教育社会学 [M]. 北京：人民教育出版社，1990：446－450
② 鲁洁，吴康宁. 教育社会学 [M]. 北京：人民教育出版社，1990：451－453
③ 靳玉乐. 现代教育学 [M]. 成都：四川教育出版社，2005：139－144

七、作为转化型知识分子的教师角色

教师角色转换的关键首先源自教师的"自觉",进而产生"批判",再转化为"自主""自觉"的力量,最后形成一股实践的行动。质言之,转化型知识分子最重要的是强调批判反省的能力和社会行动力。作为转化型知识分子的教师则是运用具有解放性质的教育形式,将学生视为批判的行动者,让他们学会质疑现成的知识和权威,运用批判与肯定的对话为创造理想的世界而努力。[①]

八、教学改革中教师角色的重构

在教学改革中,必须读懂教师。只有读懂教师,才能使教师获得自我更新的动力,才能帮助教师的自我更新。叶澜教师提出了从四个维度考察转型性变革中教师角色的重构问题。一是在教师与变革的关系维度。教师不是"上级制度规定的机械执行者",教师是"有思想的实践者";教师不是"他人改革经验的照搬者",教师是"有发现的研究者";教师不是"教育变革实践的操作者",教师是"有创生能力的变革者"。二是在教师与学生关系的维度。教师不是"为学生燃尽生命的'蜡烛'",教师是"点亮学生心灯的'启蒙者'";教师不是"放任学生自发生长的'牧羊人'",教师是"用人类文明使学生成人的'养正者'";教师不是"学生成长路线与模式的'规定者'",教师是"学生才情、智慧、人格发展不可替代的'助成者'"。三是在教师与学科关系的维度。教师不是"学科知识的简单传递者",教师是"学科知识的重要激活者";教师不是"学科技能的机械训练者",教师是"学科育人价值的开发者";教师不是"学科能力的反复宣讲者",教师是"教育教学实践个性化的创造者"。四是在教师与自我关系的维度。教师不是"听任外部环境摆布的被动生存者",教师是"自主选择职业的责任人";教师不是"只需专业发展的局域人",教师是"不断自觉提升德行才智的发展者";教师不是"群

---

① 胡春光. 教师角色:从吉鲁的批判教育学中反思 [J]. 华中师范大学学报(人文社会科学版), 2008 (6): 121 - 126.

体中的依附者",教师是"善在群体合作中发挥、发展个性的主动者"。①

第五节 教师身份认同

一、身份认同的概念

认同是一种过程,是一种内在化的过程,也是一个辨识的过程,其目的在于确立自己的"身份",找到自己的"归属",从而达到对"我是谁"的确认。身份认同涉及对自我的确认。身份认同的概念被理解为个体对所属群体身份的认可。哲学研究者认为身份认同是一种对价值和意义的承诺和确认。社会学领域中的身份认同意味着主体对其身份或角色的合法性的确认,对身份或角色的共识及这种共识对社会关系的影响。心理学则称身份认同的本质是心灵意义上的归属,更关注的是人心理上的健康和心理层面的身份认同归属。埃里克森认为,自我认同作为人格的本质,包含对意识形态、角色和价值观的承诺。②

与身份认同相关的是社会认同。社会认同是指个人的行为思想与社会规范或社会期待趋于一致,表现为三个层面,即价值认同、职业认同和角色认同。三者的关系是:价值认同是职业认同及角色认同的基础,职业认同及角色认同是价值认同的表现形式。③

身份认同具有层次性。一是对身份认同的认知,这是形成身份认同的基础。它包含两个部分,主体对自我身份的确认和对归属群体的认知。二是主体对自我归属于某一角色身份或群体的情感,可以是积极的,也可以是消极

---

① 叶澜."新基础教育"内生力的深度解读[J].人民教育,2016(3-4):33-42.
② 张淑华,李海莹,刘芳.身份认同研究综述[J].心理研究,2012(5):21-27.
③ 张淑华,李海莹,刘芳.身份认同研究综述[J].心理研究,2012(5):21-27.

的。三是主体在这些认知和情感基础上形成的一定的行为模式。①

身份认同具有多重属性。一是身份认同的环境属性。身份认同依赖并形成于多重环境中,且上述环境能促使社会、文化、政治、历史力量对认同的形成产生影响。二是身份认同的关系及情感属性。身份认同是一种关系现象,发生于主体间领域。教师、学生、同事、导师和学校、社区之间形成了错综复杂的关系,由此导致了情感性身份认同。三是身份认同的变化及多样化属性。教师认同如果被环境、关系等所塑造,至少是部分塑造,教师的身份认同必然是多样的、变化的、过程性的和易变的。四是身份认同的故事属性。康奈利和克兰迪宁将教师身份认同理解为教师赖以为生的故事的独特呈现,而这些故事是由过去或当下的生活、工作图景所塑造的。②

二、教师身份认同的意义

"教师身份"聚焦的是"作为'人'的教师",在面对课堂实践提出的问题、面对教育教学活动中的各种关系的处理,需要对自我做深层次的分析,"评估自己在学生、同事、领导心目中自己是谁"。③"教师身份认同"不同于简单的意识形态灌输或角色安排,它是经由教师的个别化过程,强调教师的自主选择,强调个体的自我积极建构,及其内在的主体性。教师的身份认同,就是作为"人"的教师和作为"教师"的人的统一,也就是社会自我与个体自我的有机结合体。唯有得到教师内在的身份认同,教师个体的生命发展才能得到强调,个体的专业自主性才能得到提高。④ 教师身份认同是整个教师发展得以实现的逻辑基础。教师身份认同促使教师在多重角色扮演中对"可以"与"应该"、"能够"与"必须"做出自主选择,对落实教师主体性具有释放

---

① 张淑华,李海莹,刘芳. 身份认同研究综述 [J]. 心理研究,2012(5):21-27.

② [美] 卡罗尔·R. 罗杰、[美] 凯瑟琳·H. 斯科特. 学习教学过程中自我意识与专业认同的发展 [A]. 教师教育研究手册(下)[C]. 佘林茂,译. 上海:华东师范大学出版社,2017:745-748.

③ 于泽元:课程变革与学校课程领导 [M]. 重庆:重庆大学出版社,2006:284.

④ 李茂森. 教师专业身份认同的理性思考 [J]. 教育学术月刊,2008(7):64-66.

潜能的意义，对提高教师生命价值具有建构性意义。

三、教师身份认同的分析框架

在社会学中，对于身份认同研究主要从两个路径进行分析：一是较为稳定的制度结构方面，旨在考察社会对其成员身份的期望、配置和安排；二是较为变动的个体能动方面，旨在考察人们如何进行自我身份的选择、建构与认同。因此，对于教师身份认同的研究，就可以将其置于社会结构与个人互动之间关系的分析框架之中，制度变迁和自我重构就成为分析教师身份认同的两条基本路径。[①]

由于身份认同同时具备了个体性与社会性两种属性，因而在社会性层面上，体现了他人或社会对主体的期望、规定与认可，体现了身份认同中制度期望的维度。[②] 因此，在社会结构和制度变迁路径上，既要考察教师的法律身份与社会身份交叉重叠的现象，也要考察国家教育政策、学校质量评估、学校组织文化等对教师身份认同带来的影响。这种影响"侵蚀了教师的自主，挑战了教师个体的/集体的、专业的/个人的身份认同"，"挑战教师已有的教学实践，产生不稳定感"，"增加教师工作负荷"，"没有关注到教师的身份认同，诸如动机、效能感、工作满意感和有效性"等方面。[③]

罗吉斯和斯考特认为，教师个人认同涉及教师的内在生活，包括教师的态度、信念、价值观、自我个性特点、个人生活史等自我认识的方方面面；教师职业认同的获得既需要内在的动力也需要外在因素的推动。[④] 在教师身份认同的个体层面上，体现了教师对自身的反思、认定和追寻，强调的是个体

---

① 李茂森. 教师的身份认同研究及其启示 [J]. 全球教育展望, 2009 (3)：86-90.
② 尹弘飚, 操太圣. 课程改革中教师的身份认同：制度变迁与自我重构 [J]. 教育发展研究, 2008 (2)：35-40.
③ 李茂森. 教师的身份认同研究及其启示 [J]. 全球教育展望, 2009 (3)：86-90.
④ 张华军, 朱旭东. 论教师专业精神的内涵 [J]. 教师教育研究, 2012 (3)：1-9.

对其身份的主动"认同",关注的是教师的期望和价值观。[①] 因此,在个人互动和自我构建的路径上,当面对充满模糊性和不确定性的教育变革时,教师的情绪反应就会影响到他们的风险担当、学习与发展、以及身份认同的形成过程。因此,必须倾听教师自我"内在的声音",依据个体自身的生命轨迹或经验来理解自我,建构其内在的主体性;关注教师个体内在的教育价值观念所起的作用,强调教师存在的生命价值和对教学生活意义的关注,不断突出教师个体自我的重要地位。[②]

四、课程变革中的教师身份认同

在课程变革的历史过程中,从教师的"缺席"到"参与",再到对教师"抵制"或"惰性"的批评与指责,背后都一直潜藏着一个重要的理论假设,即外界的控制性行政力量要求教师"怎样做",他们就应该"怎样做",其主旨在于用一种新的角色要求教师发生变化,顺应课程变革的需要。有学者的研究的分析表明,课程改革中存在着"领头羊""适应者""小卒子"与"演员"四类教师,并且"适应者"为数最多而"领头羊"十分罕见。当教师在改革中发挥积极的能动作用,且其程度足以使结构的制约相形见绌时,教师会出现积极而稳定的身份认同,成为改革的"领头羊";当教师试图发挥积极的能动作用,但限于自身能力、经验等因素,而难以应付强大的结构制约时,教师会出现积极但不稳定的身份认同,成为改革的"适应者";当教师消极地应对改革,受制于结构的强大压力随遇而安时,教师就会形成消极而不稳定的身份认同,成为改革的"小卒子";当教师根本不愿按照结构要求做出改变,其能动作用表现为一种反方向的强烈抗拒时,教师就会形成消极而稳定的身份认同,成为改革中的"演员"。要解释教师在课程改革中表现出的与时俱进、折中妥协、无动于衷、阳奉阴违等各种调适行动,就必须理解教师赋予课程改革的主观意义,就应该发挥"领头羊"在教师群体中的专业示范与

---

① 尹弘飚,操太圣. 课程改革中教师的身份认同:制度变迁与自我重构[J]. 教育发展研究,2008(2):35-40.
② 李茂森. 教师的身份认同研究及其启示[J]. 全球教育展望,2009(3):86-90.

领导作用；针对"适应者"的知识、能力与经验上的需要，提供相应的专业发展支持；为"小卒子"在改革中获得个人成长提供机会，使其逐渐投入课程改革；加强改革的促进者与"演员"之间的交流和沟通，转化他们对课程改革的观念和态度，弱化课程改革的阻力。[①]

五、教师专业发展与教师身份认同

身份认同与专业身份认同、自我认同、社会认同、职业认同等概念相关。身份认同不仅是一种心理现象，也是一种社会现象。教师的身份认同即教师的职业认同。

1. 自我认同与专业发展间联系的概念框架

米德把"认同"的概念与"自我"的概念联系起来，他详细描述了"自我"是如何通过与环境的作用而发展起来的。奈斯认为，自我在职业认同中是基本的要素。教师认同是教师的自我概念或意象。自我和反思在教师职业认同中起促进作用。教师个体经验、实践知识和他所处的环境，极大地影响着教师的自我认同。学者的研究构成了"自我—认同""自我—反思""反思—专业发展"的相互联系的基本概念框架。

2. 教师的自我认同与专业发展的关系

教师的职业认同是其专业化发展的心理基础，良好的教师职业认同是教师获得专业化发展的内在心理条件，对教师专业发展起着多方面的影响：一是职业认同影响教师工作的满意感，二是职业认同影响教师的效能感，三是职业认同的程度影响教师职业倦怠水平，四是职业认同影响工作压力。[②]

罗杰等人的研究表明，教师职业认同不仅直接影响情感承诺，而且部分地通过工作满意度影响情感承诺，即职业认同感强的教师，对自己工作是满意的，相应地对组织或单位的情感也越好。教师的职业认同不仅能够直接提

[①] 尹弘飚，操太圣. 课程改革中教师的身份认同：制度变迁与自我重构[J]. 教育发展研究，2008（2）：35-40.

[②] 张敏. 国外教师职业认同与专业发展研究述评[J]. 比较教育研究，2006（2）：77-80.

升其情感承诺水平，而且还能通过提高工作满意度来间接地提升其情感承诺水平。① 教师的情感承诺水平，正是教师专业发展的动力之一。

3. 教师自我认同的基点

一是教师专业发展中的自我认同是教师依据个人专业经历所形成的作为反思性理解的自我，主要集中于教师专业发展的主体性方面，强调教师对专业发展内涵的合理辨识与主动建构，强调教师对专业价值、身份与角色等的合理辨识与主动建构，强调教师对专业经历与专业经验进行深度叙述与反思性理解。二是教师专业发展是教师自我实现的价值追求，它不能回避外部的身份规约与角色期待，教师需要对其专业价值、身份与角色等进行合理辨识与主动建构，这一过程影响着教师专业发展的主体性问题、目标问题、动力问题以及发展路径问题。三是教师自我的意义感、归属感、效能感，是教师自我认同的结果，从根本上决定着教师发展的内在动力。教师自我认同的结果能够影响和调控自身的需要、兴趣、动机、价值观等个性特征，而且自我的合理认同还能够帮助教师在境遇不佳的状态下，激发自我内在的发展动力。②

4. 教师专业发展中的认同危机

教师专业发展中的认同危机表现为教师价值认同危机与自我意义感的丧失，表现为教师自我身份感的困惑与归属感的缺失，表现为教师专业角色的冲突与困惑。教师愈来愈缺乏对自我的审视与反思，处于"失语"状态的教师往往更容易产生焦虑的心态，往往更容易产生对教学本身的倦怠，从而影响到教学的热情与教学的效果。学校教育中难解的问题时刻影响着教师的专业实践与专业经历，教师在"问题情境"中面临着外部社会性因素与内在自我的双重困境，遭遇专业价值、身份与角色认同的多重危机。在专业发展处于不同阶段的教师，其自我认同的内涵与特性有所不同，故他们遭遇的认同

---

① 罗杰, 周媛, 陈维, 等. 教师职业认同与情感承诺的关系：工作满意度的中介作用 [J]. 心理发展与教育, 2014 (3): 322-328.
② 孙二军. 教师专业发展中的自我认同 [D]. 陕西师范大学 2009 年博士论文.

危机也有差异。①

5. 教师身份认同是教师专业发展的一种特殊动力

之所以特殊，是因为教师个人认同是以消解教师专业发展中的阻力来体现动力作用的。其中教师的反思成为把教师专业发展与教师身份认同相联系的桥梁，体现在八个方面：② 一是教师自我概念的建构需要教师结合专业经验的反思来生成，二是教师对职业专业性的反思性理解，三是教师对专业实践中各类问题情境的反思性理解，四是教师在专业实践中意义感、归属感、效能感的反思性积累，五是教师的专业能力和专业水平依靠"行动中反思"和"行动后反思"来提升，六是教师对专业发展过程中职业倦怠的反思性化解，七是教师自我专业发展中反思意识与反思能力的强化，八是教师的自我专业发展意识是依靠反思专业价值、专业身份和专业角色而逐渐强化。这种特殊动力还体现在基础性方面。有学者通过对教师专业成长的影响因素的分析，得出结论：教师身份认同"成为教师专业成长中的核心问题"。"教师作为一个人，他的经验、知识、价值、情感、信念、哲学观等是其专业成长的基石，教师如何看待自己作为教师的身份、如何审辨自己成为一名专业教师，这些都对教师的专业成长起着基础性的作用。"③

本章小结

教师本体研究是对教师的"存在"展开的研究。教师的"存在"是一种主体性存在、创造性存在、精神生长性存在。教师本体研究的逻辑起点是"劳动"。围绕"劳动"，论述教师劳动的类型和性质。通过"教师职业的本质体现在教师的社会责任上""教师职业的本质体现为'造就真正的人'""教师职业的本质体现在改造社会上""教师职业的本质体现为'创造人的精神生命'""教师职业的本质是'塑造灵魂、塑造生命、塑造人'"等命题的论证，确证了教师职业的本质是具有道德实践性服务性劳动，是创造性劳动。

---

① 孙二军. 教师专业发展中的自我认同 [D]. 陕西师范大学2009年博士论文。
② 孙二军. 教师专业发展中的自我认同 [D]. 陕西师范大学2009年博士论文。
③ 张军凤. 教师的专业身份认同 [J]. 教育发展研究，2007 (4A)：39-41.

这就为教师的职业幸福奠定了基础。通过"主体性教师素质的内涵及培育""主体间意义的教师主体性""确证教师教学主体性的路径""教学活动中教师主体性的结构""教师发展中的主体性结构"等命题的论证，阐发了教师是服务性劳动和创造性劳动中的主体，以及主体性的结构和确证路径。在服务性和创造性劳动中，教师自我认识、自我理解、自我确信、自我塑造、自我实现、自我超越，承担了社会责任，扮演了社会角色，实现了身份认同，获得了专业发展的动力。

第六章

教师德性研究

教师德性是教师实现"教育影响"的重要范畴。教育的伦理特性规定了教师德性在"教育影响"上的丰富内涵。一是文化共享的"教育影响",提升学生文化理解能力和文化选择能力,帮助学生确立开放性文化观念,确立主体性意识;二是学生成长中所受的"教育影响",让学生获得良好的知识技能基础和德性基础,有健全的身心素养,在教师关怀、教师友善的环境中健康成长。无数实践证明,教师德性提升了"教育影响"的效能。一方面,教师以德性的榜样作用实现自己的"教育影响",以德性的教化作用扩展自己的"教育影响",以德性的感染作用提高"教育影响"的效能;另一方面,教师德性也是教师过好职业生活,持续强化"教育影响"的重要动力。教师德性促使教师注重构建良好师生关系,在与学生的交往中获得良好的情感体验;教师德性促使教师在专业发展中注重善的追求,时刻铭记自己身份中的道德维度,通过教学活动中的道德实践促使教师精神升华;教师的创造性德性使教师追求理智德性,从创造性地育人实践中获得成就感和幸福感。

为什么要研究教师德性?一是因为"教育的目的具有道德性",并且"教学是一种显著的道德行动",在教学过程中,教师持有的目的包括道德目的和认识论目的。道德目的指向学生的社会化发展,认识论目的指向学生的理智性美德。不仅在课堂情境中,而且在内容选择、教师态度、教学方法的有效性、教师的实践智慧、教师对学生的期望等方面，都是"与道德相关的"。① 二是因为教师要做学生"人生的示范和向导"，教师的行为范式常常与一定的道德要求和原则联系在一起，教师要通过自己的人格、品质和道德力量，以及具体行为去影响和感染学生。② 三是因为德性是如何"让人生活得更好"的人自身的道德品质。德性既规定着人精神的发展方向，又影响着人行为的选择。德性的培养就成为教师的重要职责。然而，德性的培养既需要对具有向善的内在潜能的转化，又需要通过社会化过程对普遍社会规范的接受。四是因为教师的德性对学生的成长起着决定性的作用。教师的作用就在于引导学生把向善的潜能转化为道德意识、道德信念、道德意志和道德行为，在于教师指导学生在社会化过程中接受社会道德规范，在于教师给学生提供德性模仿的理想人格样例，在于教师把日常生活中的德行素材引入教育过程，在于教师对学生进行德行示范。教师要发挥好这些作用，一方面教师自身的德性修养至关重要，另一方面，教师自身在德性的知、情、意、行方面展开理性的教化，包括"伦理关系的把握、对普遍规范的理解、对自由及其实现方式的认识、对道德理想的反思、对道德秩序合理性的判断"。③

将人的道德特征和道德理想移植到教师职业的普遍性和整体性之中，用于规范教师的职业道德，就是教师伦理。教师德性关切作为个体教师内在德性品质的提升和卓越，是教师职业道德的内在根据。教师伦理更多的是提出教师职业的底线伦理。教师德性关注教师个体的德性提升和内在自觉。教师伦理规范则是由教育的各相关利益方共同参与制定的"集体法则"，是以"戒律"表达的规范。因此，教师德性的研究与教师伦理的研究就必然联系在一起。教师德性研究和教师伦理研究是对教师作为"道德人"存在的两个必要研究维度和范畴。

---

① [美] 索科特. 教师教育道德的目的与认识论目的 [A]. 教师教育研究手册（上）[C]. 张斌, 译. 上海: 华东师范大学出版社, 2017: 47.

② 谢维和. 教育活动的社会学分析 [M]. 北京: 教育科学出版社, 2000: 198 – 200.

③ 杨国荣. 道德系统中的德性 [J]. 中国社会科学, 2000 (3): 85 – 97.

第一节 教师德性的概念

在中西思想文化史上，都有重视德性伦理的传统。孔子首倡"仁、义、礼、智、信、勇"等德性，中国古代经典《易经》中倡导"诚"，《中庸》有"君子尊德性而道问学"的观念，北宋大儒程颐提出"德性之知"的概念，明末大儒王夫子将德性界定为"好善恶恶"的品质。在古希腊，亚里士多德认为，人的德性就是一种"使人成为善良，并获得其优秀成果的品质"。现代西方德性伦理学认为，"德性是人类为了幸福、欣欣向荣、生活美好所需要的特性品质"。德性伦理关注的是人的内在品质。德性伦理不仅关心人的现实性存在，强调德性的教化和养成，在历史、传统、习俗、叙事的场域中表现为整体性的叙述，更关怀人的精神、心灵，关心人存在和发展的意义，确立人生的终极价值，高扬人存在和发展的理想性和超越性。① 德性伦理的意义，还在于德性是道德实践中一种主体存在的精神根据。杨国荣教授分析了德性与道德实践的关系。他指出："德性首先表现为一种为善的意向，这种为善的意向不同于偶然的意念，而是一种稳定的精神定势。"具有真实德性的人，不管处于何种境遇，都将追求自己认定的善；在面临各种选择之际，总是择善而弃恶。即使自我独处，各种外在的约束暂时不存在，也无苟且之意。以德性为本源，行善（道德实践）成为人的现实定势。②

一、德性的概念

亚里士多德认为，从一般性而言，"德性是使得一个事物状态好并使得其实现活动完成得好的品质"。将此定义用在人身上，是指一个人的"那些被称赞的或可贵的品质就是德性"。③ 麦金太尔提出了德性的三重含义，即德性是

---

① 李兰芬，王国银. 德性伦理：人类的自我关怀[J]. 哲学动态，2005 (12)：40-45.
② 杨国荣. 道德系统中的德性[J]. 中国社会科学，2000 (3)：85-97.
③ [古希腊]亚里士多德. 尼各马可伦理学[M]. 廖申白，译. 北京：商务印书馆，2016：24.

人们实现其内在利益的唯一方式,是人们实践的产物并只有通过实践才能实现,它不是个人的单独行为而是个人的生活整体。以麦金太尔为代表的社群主义者认为,贯穿德性的主线是公共的善或社群的公共利益,他们尤为推崇爱国主义和正义等美德。① 美国学者贝格丽认为,德性即卓越的品质,是由习惯化的练习所获得的,而不是命令生成的。② 杨国荣教授认为,德性可以理解为道德意义上的品格。③德性是一种个人内在的、在外界环境与内在体验中所形成的心理品性。④ 德性展示了人的不同道德特征,也体现了人的道德理想。把这些道德特征和道德理想按照社会的需要加以抽象,作为普遍的行为准则,应用于道德实践或职业生活,就出现了规范伦理,对一般的社会成员起着定向与范导的作用。

归纳起来,第一,在亚里士多德的意义上,德性是人的本质功能的体现。德性是行为者的优秀品质,是一种行为者的道德情感和道德理性,准确地说,德性在行为者那里是品质,而在行动中则是恰当(道德)情感的体现,往往以人格为其整体的存在形态。⑤ 第二,亚里士多德认为德性是一种习惯。人们通过实践而接受了某种德性,然后通过习惯而真正具有了德性。⑥第三,德性表现为人的内在精神结构,在意向、情感等方面展现为善的定势,既表征着人性发展的状况,又在广义上制约着人的发展。⑦第四,"德性是一种获得性人类品质",⑧ 有一个"涵厚其德"的习惯养成和教化过程,是一种人性的自我完善过程,构成了人的多方面发展所以可能的条件之一。第五,德性有其

---

① 寇东亮. "德性伦理"研究述评 [J]. 哲学动态,2003 (6):17-19.
② 张磊. 西方教师德性研究的肇始、发展与问题 [J]. 教师教育研究,2016 (3):108-114.
③ 杨国荣. 道德系统中的德性 [J]. 中国社会科学,2000 (3):85-97.
④ 石峰. 论教师德性 [J]. 教育探索,2007 (5):89-90.
⑤ 龚群. 德性伦理学的基本特征及其与道义论、功利论伦理学的根本区别 [J]. 中国人民大学学报,2019 (4):45-54.
⑥ 龚群. 德性伦理学的基本特征及其与道义论、功利论伦理学的根本区别 [J]. 中国人民大学学报,2019 (4):45-54.
⑦ 杨国荣. 道德系统中的德性 [J]. 中国社会科学,2000 (3):85-97.
⑧ [美] 阿·麦金太尔. 德性之后 [M]. 龚群,戴扬毅,译. 北京:中国社会科学出版社,2020:243.

自身的结构。首先表现为一种为善的意向，还蕴含着知善的能力，包含着情感之维。① 第六，德性确立了精神生活的向度，德性教会人们如何合理恰当地处理自己的激情、欲望、意志和行为，是作为德行的内在根据，对人的行为有制约作用。② 第七，维持个人整体性的善是德性的基本特性。麦金太尔指出："一种德性不是一种使人只在某种特定类型的场合中获得成功的品质。"③ 第八，德性是与人的好生活相关的，"把德性不仅置于与实践相关的情形中，而且置于与人的好生活相关的情形中。"④ 第九，德性所内含的情感、欲望、意志，总是表现出向善的趋向：情感的正当性、欲望的合理性、意志的健全性三者在德性之中得到融合统一。⑤ 第十，德性是实践的产物，德性凭借实践得以表现，"德性维持实践，使我们获得实践的内在利益"⑥ "德性的践行导向人的目的的实现。"⑦ 第十一，德性是传统的承载者。⑧

无论是在古希腊，抑或是中国的先秦，德性或"德"都既有本体论的内涵，又具有伦理学的意义。德性的这种原始含义，从一个方面折射了德性与广义存在之间的联系。这种广义存在就在于把德性理解为主体精神的整体结构。⑨

二、德性的特征

一是德性的内在性。德性内在于个体自身。正如亚里士多德所言，一个

---

① 杨国荣. 道德系统中的德性 [J]. 中国社会科学，2000 (3)：85-97.
② 李兰芬，王国银. 德性伦理：人类的自我关怀 [J]. 哲学动态，2005 (12)：40-45.
③ [美] 阿·麦金太尔. 德性之后 [M]. 龚群，戴扬毅，译. 北京：中国社会科学出版社，2020：260.
④ [美] 阿·麦金太尔. 德性之后 [M]. 龚群，戴扬毅，译. 北京：中国社会科学出版社，2020：279.
⑤ 李兰芬，王国银. 德性伦理：人类的自我关怀 [J]. 哲学动态，2005 (12)：40-45.
⑥ [美] 阿·麦金太尔. 德性之后 [M]. 龚群，戴扬毅，译. 北京：中国社会科学出版社，2020：279.
⑦ [美] 阿·麦金太尔. 德性之后 [M]. 龚群，戴扬毅，译. 北京：中国社会科学出版社，2020：234.
⑧ [美] 阿·麦金太尔. 德性之后 [M]. 龚群，戴扬毅，译. 北京：中国社会科学出版社，2020：284.
⑨ 杨国荣. 道德系统中的德性 [J]. 中国社会科学，2000 (3)：85-97.

人的"那些被称赞的或可贵的品质就是德性"。作为个体自身的品质，德性内在地要求个体做或不做某种行为。道德的实践品格，使得德性注定要通过个体的行为外化出来，即所谓"得于心则形于外"。德性在实践、行为中的外化，不仅确证了个体的德性，而且体现出德性的社会功能。二是德性的自律性。有德性的个体的外在行为，是个体的自我约束行为，即自律行为。出自德性的自律行为，内蕴着个体从事这种行为的自觉与自愿。三是德性的超越性。德性是个体的能动品质，这种品质使得个体能够自主地选择或做出正确的行为。即使在没有外在的具体规范、制度约束的情况之下，在既有的规范、制度已经不适应、不够用之时，基本的德性也可能引导个体自主地寻求和实现应有的道德价值。这就是说，德性能够超越既有的规范、制度的局限，在规范、制度不能起作用的时间和场合发挥独特的作用。[①] 四是德性的整体性。德性往往以人格为其整体的存在形态。德性的整体性既表现为实践精神的综合统一，也体现在德性与人的整个存在的融合。五是德性的实践性。德性的向善定势的结构是道德实践的精神本体，它从主体存在的精神之维上，为道德实践提供了内在的根据。道德实践不仅要求以善为定向，而且涉及何者为善以及如何行善等问题，后者已超越了价值意义上的目的王国而指向了认识与评价的过程。德性作为主体内在的精神结构，在普遍规范的引用、情景分析、道德权衡、道德选择等道德实践过程中具有统摄作用。六是德性的主体性。在道德实践中，主体的活动以德性为其内在本体，从情景的分析、规范的引用，到理性的权衡、意志的决断等等，都包含着德性的作用。当主体面临具体的道德问题时，行善的定势往往规定了权衡、选择的导向（善的意向），实践理性和认知理性则将规范的引用和情景的分析结合起来，使应当行善的意向进而化为如何行善的具体结论。[②]

三、教师德性的概念

教师德性以德性伦理学为理论基础。在德性伦理学中，德性必然同人的

---

① 吕耀怀，刘爱龙. 制度伦理与德性伦理 [J]. 道德与文明，1999（2）：34-36.
② 杨国荣. 道德系统中的德性 [J]. 中国社会科学，2000（3）：85-97.

功能相关。因此，教师德性是一个功能性概念。西方学者认为，教师德性是指教师在教育教学实践中逐渐养成的美好品质，这些品质可以帮助教师出色地完成角色任务，达到卓越。如苏格拉底把"知识"作为教师应具备的德性，亚里士多德则把"理智"看作教师的德性，而《雄辩术原理》阐述了"因材施教""为人师表""关爱学生"等教师德性。索科特在《教师职业的道德基础》一书中指出了教师的道德核心品质应包括诚实、勇敢、关怀、公正和实践智慧。学者们对德性目录的研究，把多种品质集合起来。有学者认为，耐心、尽责、尊重、坦诚是教师最重要的品质；也有学者认为开明、公正、关怀是核心品质；还有学者认为谦虚、勇敢、公正、思想开明、具有同情心、热心、有判断力和想象力都应列入德性目录；还有学者认为好教师既要有一组道德品德，还要有实用的品德，例如诚恳、合情合理、热爱专业和学生、公平、正义、热情等。①

中国学者的定义是，教师德性是指一种能使教师个人担负起教师角色的品质，是在教育教学过程中不断修养而形成的一种获得性的内在精神品质，是教师教育实践性凝聚而成的品质，是一种后天获得性职业角色品质。② 教师德性是指教师个人道德，是教师不断完善自身的内在道德标尺，具有高标准和理想的成分。③

薛晓阳教授在分析道德哲学的发展方向时指出，有两种不同发展方向的德性观："一是指向于'善良'为本真意义的圣洁德性观，二是指向于'生成'为本真意义的创造性德性观。"在教师德性思考的现实中，人们往往把"无私"和"奉献"为核心内容的善良道德指向于一种"圣洁化"的道德理想，致使圣洁道德成为教师道德立法的最高权威。但是，人们忽略了"德性的本质是以知识和智慧为核心的创造"的内涵。苏格拉底的"知识德性论"，

---

① 张磊. 西方教师德性研究的肇始、发展与问题 [J]. 教师教育研究，2016（3）：108－114.

② 陶志琼. 关于教师德性的研究 [J]. 华东师范大学学报（教育科学版），1999（1）：38－44.

③ 宋晔. 教师德性的理性思考 [J]. 教育研究，2005（8）：48－52.

实现了知识与智慧体现了德性与善的统一。"知识即美德"实际意味着"创造即美德",即创造就是最高的善。因此,我们需要"在超越中获得教师德性的'完整'意义",即"把教师德性的善良品质与创造品质统一起来。一是发现教师德性的创造意义,二是解决两者的对立状态,从而发掘教师德性的全部道德价值。"教师德性更多的是一种"人性的力量"。① 这种道德哲学的分析拓展了品质的内涵,也丰富了教师德性的内涵。

教师德性的结构,按照杨国荣教授对德性结构的分析,教师德性相应地具有三种成分:一是意向成分。教师总是"表现为一种为善的意向",有自己的道德理想,"不断地追求自身多方面的完善"。② 二是能力成分,也即品质成分。是指教师德性反映在教师理性能力的运用上,体现为教师的道德判断、行为选择和道德实践的能力。这是教师德性外化的条件。三是情感成分,是指教师的情感认同和情感体验。亚里士多德认为,德性同快乐和痛苦相关。教师对学生的积极情感,对职业的积极情感,内生对生命的情感认知,会让教师真正理解教育是幸福的职业,体验到教师职业为自我生命和他者生命增值的幸福,领会到教师职业富有绽放人性光辉的诗意,从而在职业中完成个体生命的超越和个体精神的丰盈,实现内心的职业快乐和职业幸福。

教师德性,具有如下特征:一是指向教师个人,以人格为存在形式,关注的是教师品质修养和教师个人道德的完善与提高。二是指向教师个人的能动品质,教师通过自觉地修养和自律,塑造成的个人品质,为实现善的教育生活的内在目的而培植自我的内在品格和德性。三是指向教师个人更高的道德追求和道德境界,有一个不断追求和完善的意向。这种意向因人而异。四是指向教师角色功能,教师德性内在于教育活动之中,内在于教师的角色扮演之中,因而教师应承担社会赋予他的相应的角色责任,履行传道、授业、解惑的功能。五是指向师生关系,有"教育影响"的社会功能。由于教师德性是一种获得性品质,这就使得教师个人品质既可以在教育教学实践中反思

---

① 薛晓阳. 超越"圣洁":教师德性的哲学审视 [J]. 教育研究与实验,2001 (2): 19-25.

② 杨国荣. 道德系统中的德性 [J]. 中国社会科学,2000 (3): 85-97.

内化而获得，也可以在教育教学实践中外化，对学生产生潜移默化的影响。

第二节 教师德性的价值

教师德性的价值有不同的分类。有学者提出，教师德性的价值可分为利他和利己两种价值。利他价值有两类，一是提高教学质量，二是促进学生道德发展。师生交往过程是体现教师道德最基本的方式，在这一过程中教师表现出来的品德以及所使用的教育方法会给学生带来潜在的积极影响。利己方面，德性能够成为教师在伦理困境中的航向，帮助他们做出正确的选择，获得义务感和高尚感。[1]也有学者将其划分为内在价值和外在价值。这两种分类有区别，也有相近之处，即内在价值不只是利己的，外在价值也有利他性。

一、教师德性的内在价值

教师德性既表征着教师人格发展的状况，同时又制约着教师的发展，规定教师精神发展的方向，影响教师行为的选择。教师德性体现在教师的精神生活中，表现为在其职业生活里产生的充实而丰富的意义和价值。如责任感、高尚感、成功感。也体现在教师敬业乐教的内在动力，引导教师达到职业理想状态。"教师对为师之道有着深刻的体验和理解并且能够对其运用自如，内化为教师实践中的精神力量。"[2] "教师在教学实践中践履德性，就能成为一股巨大的教育力量，这种力量推动着教师将满腔的热情投入到学生身上，以学生的成长为生活的乐趣，以学生的进步为生命的追求。"[3]教师德性可以为教师职业生活把航。有德性的教师，一方面能够确立专业发展的方向，规划职业生涯；另一方面，有德性的教师一般很难产生倦怠，即使偶有倦怠，也会

---

[1] 张磊. 西方教师德性研究的肇始、发展与问题 [J]. 教师教育研究, 2016 (3): 108-114.

[2] 陶志琼. 关于教师德性的研究 [J]. 华东师范大学学报（教育科学版），1999 (1): 38-44.

[3] 宋晔. 教师德性的理性思考 [J]. 教育研究, 2005 (8): 48-52.

尽快消解角色冲突,从而缩短其倦怠期。

教师德性的三种内在价值:

1. 教师德性唤醒教师良心

良心是一种道德意识,是向善的定势。教师良心就是教师善,是"指教师在教育实践中对社会向教师提出的道德义务的高度自觉意识和情感体认、自觉履行各种教育职责的使命感、责任感和对自己的教育行为进行道德调控和评价的能力等"。[①] 教师善就是个体自身道德意识的内在呼唤,内凝于心,外化于行。教师良心本质上是教师自己内心所发出的声音,是教师自己对自己内省的反应,不会受到外界制裁和奖赏的影响。教师良心表示教师本人在教育责任和义务之间表现的遵循教育道德原则的愿望,也表示教师内心的价值评判准则,对不符合内心需要的行为加以抵制,并排除各种干扰,对符合内心需要的行为,通过良心满足的快乐而自觉行事。"教师德性确保教师的良心常在。有助于教师整个人格充分发挥其作用的行为、思想及其情感,会产生一种内心赞成、公正无私的道德情感。"[②]

2. 教师德性促使教师自由

教师自由是教师可以选择的值得追求的或好的教师职业生活的可能性。自由包含内在自由和外在自由。教师内在自由表示教师对教育的本真意义有深刻的理解和洞察,对课程改革的本质和意义有深刻的理解,它指向教师个体的自我实现,凸显了教师个人的理性和能力,并促使教师享有一定的专业自主权。"教师自由是一切有意义的、有价值的教师职业生活得以成为现实的必要前提。教师自由表现为拒绝权、选择权和创造权:即教师有不接受坏的或恶的教师职业生活的自由,有选择过好的职业生活的自由,亦有创造好的或善的职业生活的自由。"[③]

[①] 檀传宝. 论教师的良心 [J]. 教育理论与实践, 2000 (10): 29-32.

[②] 陶志琼. 关于教师德性的研究 [J]. 华东师范大学学报(教育科学版), 1999 (1): 38-44.

[③] 陶志琼. 关于教师德性的研究 [J]. 华东师范大学学报(教育科学版), 1999 (1): 38-44.

3. 教师德性保障教师责任

教师责任是对学生的成长和发展所肩负的责任，是在教师良心的基础上所产生的较高的道德要求。[①]教师责任是由德性成就自我与成就他人的统一所决定的。教师责任体现了教师善和教师公正，是教师出于自身的信念，对学生、对学校、对社会所承担的一种道义责任，体现了教师乐于为学生服务的态度，是教师基于伦理责任，对学生成长过程负责的态度，是教师指导、帮助学生学习科学文化知识及其包含其中的价值、规范等，促进学生全面发展的责任行为。教师的教育责任是检验教师德性素质水平的试金石。

二、教师德性的外在价值

教师德性具有教育手段和资源的作用。在教学过程中教师表现出来的品德以及所使用的教育方法会给学生带来潜在的积极影响。一是体现在师生关系之中，表现为一种与正直同源的德性以及乐于为学生服务的态度，指教师工作带来的利他价值。教师与学生的事际关系，要求教师善；教师与学生的人际关系，要求教师公正。"教师善即指教师过上了合情的职业生活，教师公正即指教师过上了合理的职业生活。"[②]二是教师成为学生的人生榜样。由德性而形成的教师人格魅力和学识魅力对学生的影响力是无穷的。"教师以身作则，以自己的道德行动来感染学生，让学生从教师身上看到诸如诚实、公平竞争、替他人着想、宽容和共享等品质。学生从教师身上不仅学到了知识，更重要的是学到了做人。"[③] "教师用自己的高尚思想品德熏陶感染学生的思想品德，用自己的智慧启迪学生的智慧，用自己的情感激发学生的情感，用自己的意志调节学生的意志，用自己的个性影响学生的个性，用自己的心灵呼应学生的心灵，用自己的灵魂塑造学生的灵魂，用自己的人格塑造学生的

---

① 宋晔. 教师德性的理性思考 [J]. 教育研究，2005（8）：48-52.
② 陶志琼. 关于教师德性的研究 [J]. 华东师范大学学报（教育科学版），1999（1）：38-44.
③ 宋晔. 教师德性的理性思考 [J]. 教育研究，2005（8）：48-52.

人格。"①三是教师德性在教育教学活动中的调控价值。教师德性对教师行为提供普遍准则或者起约束限制作用，能杜绝不道德行为的发生，也能减少不宜行为的发生，如克服"喜优厌差"行为。

第三节 教师德性的主要内容

教师德性是教师道德实践的根据，是教师道德实践的精神本体。教师德性是教师形成对学生"教育学理解"的前提性条件。"教育学理解"需要教师关怀、教师公正、教师宽容和爱心，需要教师的责任感、真诚和敬业精神。作为人的共识性德性诚实、正直、善良，是教师德性的重要内容。而作为专门职业的工作性德性，应当特别强调如下九项内容。

一、教师关怀

关怀是教师的基本品质之一。教师关怀表现为教师是学生的精神关怀者和守望者。教学中有六种因素有利于学生的学习，这就是"关怀、理解、认同、尊重、友情和信任"。②教师的关怀建立在教师理解的基础上。教师必须深入理解学生，理解学生丰富多彩、生动活泼的实际生活，理解学生特有的身心发展特点，理解学生的知识经验基础、认知水平和学习能力以及发展潜力。于漪老师提倡教师"处处做有心人"，"让学生思想、品德、知识、能力、兴趣、爱好、性格特征、生理特征等各种信息进入自己的脑中，分别储存起来"。她采用观看、倾听、询问、调查等多种方法，探索学生的知识世界、生活世界、心灵世界，做学生的知心朋友。她善于发现学生们的长处与潜力，善于"长善救失"，把蕴藏的种种潜力变为发展的现实。教师关怀还表现为教师"信任的同情心"。范梅南指出："对于教育学理解的实践来说，再也没有

---

① 陶志琼. 关于教师德性的研究［J］. 华东师范大学学报（教育科学版），1999（1）：38－44.
② 宋晔. 教师德性的理性思考［J］. 教育研究，2005（8）：48－52.

比我们的信任的同情心这种品质更重要的了。"①"信任的同情心"要求教师能够"分辨孩子的声音、眼神、动作和神态的细微差异表征",能够"感受到孩子的体验是什么样的"。②

二、教师公正

教师公正是指教师在教育过程中对待学生以及不同利益关系所表现出来的公平与正义,其实质和核心在于充分尊重作为教育主体的学生的"理性自由"。教师公正表现为要尊重学生,对他们能够一视同仁,不能"喜优厌差"。教师的公正表现为对学生要客观公正,实事求是,主持正义,赏罚分明。偏私与不公则是教师最不能原谅的品质缺陷。霍懋征老师针对每个学生的特点,进行耐心细致的正面教育,做到因材施教,因势利导,善于发现每个学生的特点,为学生们创造成功的机会,使每个学生都能有所前进,都能品尝到成功的喜悦,喜欢多变,喜欢新奇,喜欢参加各种活动。

三、教师宽容

宽容是对个体生命平等的尊重。教师以一种理性和豁达的态度来对待学生间的差异和不同,反映了教师对学生所表现出的"差异化"的理性认可,对学生的浮躁、稚嫩、迟钝、调皮、犯错的理解和期待。宽容需要教师和学生之间情感的交流,需要教师对学生的深度理解,对学生人格的尊重。教师的宽容,并不意味着屈从学生或放弃自我,而是要表达出对学生及自身真正的尊重。霍懋征老师认为,处在成长期的学生的自尊心更是敏感与脆弱,更需要老师的悉心呵护。她说:"淘气的学生的行为之所以常令家长和老师生气,就是因为他们不成熟的小脑袋里的想法与大人们的想法发生着矛盾,'不可救药'这四个字是不该出自教师之口的。老师对于他的学生是永远不能下

---

① [加] 马克斯·范梅南. 教学机智:教育智慧的意蕴 [M]. 李树英,译. 北京:教育科学出版社,2001:129.
② [加] 马克斯·范梅南. 教学机智:教育智慧的意蕴 [M]. 李树英,译. 北京:教育科学出版社,2001:129.

'不可救药'的断语的。"斯霞老师"站在儿童的立场上看待儿童的错误",于是课堂就成了尊重的课堂,平等的课堂。

四、教师爱心

教师爱心是指教师在教育教学活动中个体内心所产生的一种心理倾向。习近平强调教师要有"仁爱之心"。许多"教育家型"教师都强调教师的"师爱"。林崇德把"师爱"作为师德的重要内容,"称为师德之魂",并指出"师爱表现在两个方面,一是爱在细微中,二是爱在生死时。"① 对学生的"爱"促使教师不断地进行道德的内省,不断催生出教师德性的新质,从而不断提升教师德性的品性。教师的爱心首先应当是一种广博之爱,它使每一个学生都能沐浴到教师爱心的阳光雨露;教师的爱心应当是一种社会之爱、同情之爱,它超越了父母对孩子的亲子之情,深深地打上了社会伦理道德的烙印;教师的爱心应当是一种理性之爱,它不是对学生的偏爱或溺爱,也不是一味地迎合、迁就和放纵,而是要爱严结合。斯霞老师的"童心母爱"闻名于教育界。斯霞老师的爱首先意味着尊重,蕴涵着平等,包含着宽容的情怀。李镇西老师认为,爱学生,不单单是欣赏优秀的学生,而是"怀着一种责任把欣赏与期待投向每一个学生"。

五、教师耐心

教师耐心是指教师对后进生和认知水平落后学生的一种特别心理倾向。孔子的"诲人不倦""循循善诱"就是指教师耐心的德性。范梅南也说:"耐心一直被描述为每一个教师和父母应该具有的美德。耐心能够让教育者将孩子与其成长和学习所需的时间协调起来。"② 学生的思维有其特殊性,不仅思维水平有差异,而且思维风格也有差异,教师要理解、接纳、宽容这种差异。

---

① 林崇德. 教师大计师德为本 [J]. 北京师范大学学报(社会科学版),2015(1):9-12.

② [加]马克斯·范梅南. 教学机智:教育智慧的意蕴 [M]. 李树英,译. 北京:教育科学出版社,2001:198.

教师耐心既是教师爱心的一种表现，又是教师公正的一种表现，也是教师宽容的一种表现。教师耐心也表现为教师对学生转化难度的认识、理解、期待和自信。对学习有困难的学生，耐心帮助。霍懋征老师认为："在老师面前，没有不可教育的或教育不好的学生。"她的教育方法是"激励，赏识，参与，期待"。她的至理名言是："没有教育不好的学生"。

六、教师敬业

教师敬业是指教师有献身于教育工作的职业理想，对教育事业、教育岗位及其社会地位的认同、情感和行动。表现出奉献和做贡献的工作态度和工作作风，呈现一种辛勤耕耘、无私奉献的高尚品德。教师的敬业源于对职业的敬畏、认同、热情和投入。于漪老师说："感人的教学境界的出现是要教师倾心投入、努力攀登的。而敬畏专业、以心相许的攀登更是基础。"窦桂梅老师表示："永远将不敬业视为失职"。她带领的教师团队"追求卓越、甘心奉献、摒弃平庸、杜绝低劣"。

七、教师真诚

"教师在道德上应该成为真诚的人。"[①] 真诚表现为对知识和真理的真诚，也表现为对学生的真诚。前者需要教师的严谨、准确和客观，在知识面前始终抱有一种谦虚和认真的态度，来不得半点的虚伪和骄傲。后者需要教师对学生的真诚，"对学生不粗暴，也不说谎"，[②] 建立信任关系，也为学生追求真理做出榜样。教师真诚的德性与教师的理智德性相关，也与尊重证据、反省思考和有思虑的怀疑有关联，还与教师的责任心有关联。

八、教师创造

教师创造是指教师要善于发现教师德性的创造意义。教师职业生活的真

[①] [美] 索科特. 教师教育道德的目的与认识论目的 [A]. 教师教育研究手册（上）[C]. 张斌, 译. 上海: 华东师范大学出版社, 2017: 64.
[②] [美] 索尔蒂斯. 论教学的品德和实践 [J]. 吴棠, 译. 华东师范大学学报（教育科学版）, 1986 (3): 1-8.

正意义是"人的创造",使自己的无私与奉献成为创造的道德源泉,在自己的创造性的教育生活中,把"忘我"的德性与创造的潜能统一起来。①教师要把"自强不息"的德性保持下来,并传递给学生,这就是"教师创造"。林崇德在《基于中华民族文化的师德观》中提出了"由创造型的教师进行创造型的教育教学"的命题。②叶澜深刻地指出:"教师是一种独特的创造性工作,教师的魅力在于创造。教师的创造是一种为了人的生命发展的创造。"③窦桂梅老师认为:"一名教师,可以有自己的个性甚至缺点,但不能墨守成规,更要杜绝'不学无术'与轻慢课堂。要从'课堂操作者'变为'课程创生者',努力形成自己的教学风格。"

九、教师的基本价值品质

教师的基本价值品质是指教师个体在从事各种具体的教育教学和管理工作中所应该具备的最基础性的价值品质。教师的基本价值品质构成了教师专业态度和伦理发展的基础。④教师的基本价值品质包括如下几个方面:一是与学生有关的基本价值品质,如"平等""信任""希望""爱""公正""宽容""同情""民主"等;二是与同事有关的基本价值品质,如"关怀""赞美""信任""团结""谦逊""尊重"等;三是与实际工作有关的价值品质,如"投入""敏锐""理性""自主""反思""创造""信仰"等。⑤形成和提升教师基本价值品质的途径:一是通过案例研究的方式,帮助教师理解和分析特定的价值品质的意义;二是通过学生、同事、家长等"他者"的视角,帮助教师认识价值品质的意义;三是通过促进教师的自我反思来帮助他们真

---

① 薛晓阳. 超越"圣洁":教师德性的哲学审视 [J]. 教育研究与实验,2001 (2):19-25.

② 林崇德. 基于中华民族文化的师德观 [J]. 西南大学学报(社会科学版),2014 (1):43-51.

③ 叶澜. 教师的魅力在于创造 [J]. 上海教育,2013 (6):32-36.

④ 石中英. 教师的价值品质及其提升:教师的基本价值品质及其形成 [J]. 中国教师,2009 (1):4-6.

⑤ 石中英. 教师的价值品质及其提升:教师的基本价值品质及其形成 [J]. 中国教师,2009 (1):4-6.

切地体会基本价值品质与教育教学和管理工作以及自身成长之间的内在关系;四是通过营造崇尚这些基本价值品质的学校文化氛围促进广大教师对这些基本价值品质的认同。①

第四节 教师德性的养成

一、教师德性的理性构建

1. 对教师德性深层道德内涵的重新认识

在内容方面,既包含着关心学生学习,又包含着"诚实、方正、公平、公正待人这些道德品德和合理、虚心、尊重证据、反省思考和有思虑的怀疑这些理智品德。"②在实践方面,教师要认识到,教学的各个环节都是与道德相关联的,教学的道德目的和认识论目的是一致的。教学中包含理智德性,也包含创造德性。理智德性是创造德性的基础。超越圣洁就是要使教师从圣洁的阴影中走出来,成为创造的主体,使自己的无私与奉献成为创造的道德源泉,在自己的创造性的教育生活中,把"忘我"的德性与创造的潜能统一起来。③

2. 教师德性的三种不同价值选择

一是忘我德性是圣洁道德的核心,以无私、奉献为内涵。这是一种理想人格的德性,是诉诸行为者内在品质或感情的德性,体现以"特定的人的整个生活"为中心的伦理精神。这种精神充分表现在有理想追求的教育家型教师的教育实践活动中;二是关爱德性是具有"外张力"的德性,通过师生关系表现出来,它体现着教育的重要特征,也就是在教育中赋予对象以人性,

---

① 石中英. 教师的价值品质及其提升:教师的基本价值品质及其形成 [J]. 中国教师, 2009 (1): 4-6.
② [美] 索尔蒂斯. 论教学的品德和实践 [J]. 吴棠, 译. 华东师范大学学报(教育科学版), 1986 (3): 1-8.
③ 薛晓阳. 超越"圣洁":教师德性的哲学审视 [J]. 教育研究与实验, 2001 (2): 19-25.

以达到促进学生生命成长的目的;三是升华德性是以教师个人内在本质为基础的创造性或"生成性"的德性,是以展现个人内在价值与创造潜能为目的的德性。①升华德性表示的不是道德意义上的"好",而是生存论意义上的"好"。升华德性的本质是内在性的追求卓越,总是以超越当下向更好的状态迸发为指向,为着更好的生活状态而努力。

3. 寻求德性的教育影响力或价值实现力

"寻求德性的教育张力是教师德性实现其教育价值的重要体现,具有生产性的教师德性正是这种教育张力的重要基础。"作为教师德性的"善",其最高意义是生命的力量、精神的升华、人生的信仰、卓越的成就等这些看似抽象而实际决定人生价值的东西。教师要通过形成教育的内在精神信念,"帮助教育对象建构超越人生的精神境界",使他们有"对生命创造力的理解和追求",寻求创造性德性的教育影响力或价值实现力。②

二、教师德性养成的路径

1. 社会学习

教师通过与外部世界进行信息交换和互动涵养德性。这种信息交换和互动,促使教师产生对教育的信念、对职业的敬畏和对教师善的追求。教师需要对外界信息的充分理解、加工、体验和认同,通过读书、榜样学习、经验总结、意义探索和自我修行来养成教师德性。经由教师个体的主观能动性,对外界信息进行选择、加工和认同后,在教师身份规定性的框架内部得以确认建构而成。这些外部信息包括制度的信息、社会规范信息、传统风俗习惯的信息、职业身份规定的信息。由于"德性是构成身份的价值基础",教师的身份认同"主要基于对个体所具有的价值观的承诺",③ 教师身份认同就是一种信息互动的德性涵养过程。

---

① 薛晓阳. 超越"圣洁":教师德性的哲学审视 [J]. 教育研究与实验,2001 (2): 19-25.

② 薛晓阳. 超越"圣洁":教师德性的哲学审视 [J]. 教育研究与实验,2001 (2): 19-25.

③ [美] 索科特. 教师教育道德的目的与认识论目的 [A]. 教师教育研究手册(上) [C]. 张斌,译. 上海:华东师范大学出版社,2017:63-64.

2. 情感体验

道德体验是以情感为载体的内心体验。而这种体验多伴随着角色扮演和角色冲突化解，而角色扮演和角色冲突化解过程必然充溢着"情感之流"。因此，教师是在解决角色冲突中养成德性的。教师的角色冲突是教师接触外界信息中和角色扮演中形成的。角色冲突可能表现为心理困惑和情感挣扎，这种情境往往需要展现德性的力量，即把内在的向善潜能挖掘出来。教师角色冲突伴随着道德冲突，通过道德体验所获得的道德认知和道德情感，在不同的道德情景中形成正当的情感反应和情感认同。通过对自身行为的合理性以及支配行为的观念价值系统进行反观审视，化解内心的道德冲突，整合成新的道德体验，推动教师德性提升。

3. 理性反思

理性反思是教师德性养成的内在性评价。教师个体经由按规范塑造自我的过程和身份认同的机制，通过自身与职业生命和职业生活的对话，在教师个体身上自主建构起来的职业道德品性。教师将自身德性作为评价对象，依据教师职业的价值取向和职业规范对自身的职业目标、从教过程、教育教学方法以及工作结果进行评价和判断，"重新审视自身职业观念与行为是否符合教师身份规定性，以及重新审视自己行为的职业合理性。"[①]

4. 实践历练

教师德性是在教育实践过程中不断修养而形成的。如果不触及教学实践问题，不触及教师灵魂深处，单纯致力于某些不合时宜的教师行为改变，并不能让教师发生真正的改变。只有在教学实践中产生了角色冲突和观念冲突，才能通过反思和探究，使教师的观念和行为发生改变。索尔蒂斯认为，在教学场合，教师必定有责任感，必有德性，德性来自实现教学内在利益的过程之中。缺乏德性，教师不能获得教学实践的成就感。"移情、关心、支持、帮助和指导，这些品德对于这种教学实践是非常重要的。"[②] 教师可以在实践中

---

① 李清雁. 教师德性：结构、动因与养成 [J]. 社会科学战线，2018 (10)：234-242.
② [美] 索尔蒂斯. 论教学的品德和实践 [J]. 吴棠，译. 华东师范大学学报（教育科学版），1986 (3)：1-8.

形成自身教学实践的内在道德标准，教师也要依据实践本身来衡量教学规范的合理性和向善性，努力养成与教学任务密切相关的德性品质。

总而言之，教师德性的养成，一方面是承认个体"德性具有排除非道德因素干扰的力量"，促使教师德性为"规范在道德实践中的有效性"提供现实的担保,[①]一方面是承认道德实践中既包含着规范对教师行为的范导，也包含着教师对规范的认同，有一个"德性与规范的统一过程"。由此可见，教师德性养成具有长期性、复杂性和渐进性的特点。

第五节 教师的师德修养

道德在生活中有两种存在状态。一是它表现为道德主体的品质，可以称之为"德性"（品德），二是表现为道德主体的行为，可称之为道德生活、道德实践或者"德性生活"。[②] 教师德性的养成与教师师德修养本质上是一回事，路径是相同的，只是提出问题的角度不同。教师德性指向教师的精神状态，而师德修养则指向教师的道德生活，指向教师的教育教学实践；教师德性是内在的精神定力，德性是师德修养的内在根据，师德修养在这种精神定力的支撑下付诸实践。由此，教师德性养成是从教师个性品质方面提出问题，而教师道德修养是从职业伦理方面提出问题。并且教师师德修养还侧重于如下三个方面：

一、师德修养的知识储备

师德修养的目的在于提高德育实践中"教育影响"的效能。因此，"了解不同年龄段学生作为道德生活主体的生动特性乃是因材施教",[③]是教师的重

---

① 杨国荣. 道德系统中的德性［J］. 中国社会科学, 2000 (3)：85—97.
② 檀传宝. 德性、德性生活的实存与历史：对于道德生活和道德教育本质的思考［J］. 江苏高教, 2001 (1)：36—40.
③ 檀传宝. 德性、德性生活的实存与历史：对于道德生活和道德教育本质的思考［J］. 江苏高教, 2001 (1)：36—40.

要任务之一。教师开展道德教育,应有必要的道德知识储备。第一是"教师必须对德育对象的道德发展有一个正确的了解。将德育对象道德发展的认知、情感、行为等等方面作为一个活生生的整体,从不同侧面去解释。"① 德育对象的知识包括其道德认知水平、道德情感的特点,以及道德意志的特点等方面的知识。第二是对教师职业伦理、职业道德的知识的储备,对道德价值的掌握,包括对职业道德规范的理解和内化。道德知识的储备是教师师德修养的基础。第三是教师还需有道德教育的知识储备,包括道德认知、道德情感转化的知识、价值引导情境创设的知识、隐性课程的知识,如课堂组织形式、师生关系、交往方式等对学生的人格影响。

二、教师师德修养对职业生活的意义

教师的师德修养是与公正和关怀、爱心和责任等德性养成连在一起的,而这些德性使教师进入有意义有价值的生活,也使师生关系更加和谐融洽,使教师的情感体验得以升华,故德性生活是教育幸福的基础。"自觉将师德修养看成自己配享教育幸福的'为己之学'",教师要有幸福的职业生命,就必须有自己的"教育梦"和事业心,就必须具有实现教育梦的业务能力和道德修养。"教育梦"就是教育情怀的升华。"不能设想,一个不爱岗敬业的人却可以在自己的职业生活中获得真正的职业生活的意义;更不能设想,一个不能与同事团结协作,不能建立和谐家校关系,不能平等对待学生,没有较高教育效能的教师,却可以获得真正意义的教育幸福!"②

三、追求师表美的价值

"师"本身即意味着作为教师必须有供人效法的品质,"师"绝不是一个职业符号,谁佩戴它谁就是"师"。"表"原指外衣、外貌,后引申为表率、标准意。为师的人必须注重仪表、言行,这是"师"足以供人效法的外在前提。所以"师表"合一即指在道德与学问上为人榜样。

---

① 檀传宝. 对道德发展理论的三点理解 [J]. 教育发展研究, 1999 (12):28-33.
② 檀传宝. 当前师德建设的三大命题 [J]. 中小学德育, 2019 (9):1.

从德育的角度看，师表之美的价值有三：一是充分发挥德育主体的德育潜能。教师或德育工作者"不是使用物质工具去作用于劳动对象，而主要是自己的思想、学识和言行，以自身道德的、人格的、形象的力量，通过示范的方式直接影响着劳动对象"。二是充分促成学生的榜样学习。榜样学习已成为社会学习理论的核心概念。对学生而言，教师和成人是具体的道德概念的化身，教师的一言一行不管有无进行德育的自觉都会成为德育的显隐课程。确立师表之美实际上是建构学生道德学习的内容或榜样，德育的榜样学习需要立师表之美。三是改善道德教育的效能。师表美具有魅力的源泉之一当是师表形象的情感性。立师表之美就是要让教师成为学生积极情感指向的对象，即使当他面临较为复杂的道德情境时，也能按照老师提出过的要求或以老师为榜样去践行道德规范。师表之美乃是学生道德学习动机的动力源和放大器。因此，提高德育实效的出路之一在乎师表美的建设。[1]

第六节 教师专业伦理

一、教师专业伦理的概念

1. 教师专业伦理的概念

通过考察教师专业化运动中教师职业道德要求的演变历程，综合教师专业组织和学者对教师伦理的论述。教师专业伦理是指教师在从事专业活动中应该遵守的伦理规范，包括教师专业道德和教师与同事、学生、家长及其他相关主体在进行专业交往时的伦理规范。教师专业伦理从教师专业实践中孕育和发展出来，是教师专业团体在分析和解决一系列与教育实践相关的伦理问题过程中逐渐形成的专业伦理规范。同时专业伦理规范旨在指导和规范教师的专业实践，最终保障教师的专业地位和专业自主权。教师专业伦理不仅在于规范教师的行为，而且是判定教师行为是否具有专业性的准则，也是判

---

[1] 檀传宝. 对德育主体自身的改造：论"师表美"[J]. 教育研究，1998（2）：36–41.

定教师行为是否适当的准则。因此,教师专业伦理本质上是一种规范伦理。

2. 教师专业伦理的实践层面

教师专业伦理可以分为两个层面:伦理价值层面与伦理实践层面。[①] 如,美国全国教育协会《教育专业伦理规范》中,既有指向伦理价值的表述,如典章1前边的表述:"教师应努力帮助每一位学生,挖掘其潜力,实现其理想,成长为有价值的公民";典章2前边的表述:"要求教师具有最高的专业服务理想""教师应尽力提升专业标准"。也有指向伦理实践的具体规范,如典章1中"对学生的义务"规定了八个"不应":不应限制学生的独立学习和探索;不应阻止学生获得不同的观点;不应歪曲或压制学科知识,影响学生的进步;不应对学生的学习、健康和安全产生不利影响;不应故意羞辱或贬低学生;不应歧视不同社会和文化背景的学生;不应利用专业关系之便谋取私利;不应泄露任何学生的信息。典章2中"对教育专业的义务"规定了八个"不应该":不应该在申请教师职位时故意做出虚假陈述或者故意隐藏与其能力和资格相关的事实;不应该谎报其职业资格;不应该让明知其在性格、教育背景或者其他相关品质方面不适合做教师的人进入教师队伍;不应该故意对教师职位的候选人资格发表错误评判;不应该帮助不合格教师从事未经授权的教学活动;不应该利用工作之便泄露同事信息;不应该故意对同事发表错误的或者恶意的言论;不应该利用工作之便公开学生信息。[②]

国外一项基于5所中学的案例研究运用调查方法描述了教师伦理的形态与维度,该研究主要关心了以下问题:教师能意识到的核心伦理维度有哪些?教师对这些伦理的认同达到何种程度?不同学校的伦理形态是否有差异,导致差异的原因是什么?研究发现,学校领导者、教育培训、学校文化、教师伙伴等对教师伦理的发展具有重要意义。[③] 由此可见,教师专业伦理研究就是要从

---

① 宋萑. 教师专业伦理实践困境与解困路径[J]. 福建师范大学学报(哲学社会科学版),2009(4):143-148.
② 陈桂生. 教师伦理价值:规范体系刍议[J]. 中国教师,2008(11):12-16.
③ 朱水萍,高德胜. 教师伦理角色的缺位与回归[J]. 全球教育展望,2013(10):35-41.

教师的专业实践中出现的"涉德"事件总结提取出"戒律性"的道德规范。

3. 教师专业伦理的意义

教师专业伦理的意义在于：一是从社会分工的历史进程来看，学校部门作为日益专业化的社会功能性单位，它对其消费者（学生、家长、政府）提供专业服务必然需要相应的专业伦理加以规范；二是从伦理学科的发展来看，教师专业伦理的建设是对一般伦理的具体化的创造，是在教育情境中去思考这些道德伦理的理念、原则和规范；三是教育活动的道德属性和教师专业的道德性质都要求对教师的专业行动进行道德规范，需要教师专业伦理来保障教育不会变成"教唆"；四是从教师专业权力及其权力关系来看，需要教师专业伦理来证明专业权力的正当性，平衡和限定这种专业权力，既保障教师的专业自主，也在规限着教师的专业自主。①

二、向教师伦理规范转变的原因分析

檀传宝提出"由一般性的教师职业道德向教师专业道德的方向观念转移"。② 徐廷福提出"引导传统师德向教师专业化时代的专业伦理过渡"。③ 教师道德规范从一般的职业道德规范向教师专业伦理规范的转变主要原因有以下三个方面：第一，教师专业化的本质要求，是经验型教师向专业型教师转变的内在要求。教师专业化需要达到专门职业的一般标准，教师专业伦理必须建立在专业能力的基础上，同时用专业伦理规范专业能力，并确保教师专业自主权的落实，因此，教师专业伦理建设也是时代发展的必然要求。第二，教师专业组织的推动。陈桂生教授论述了教师专业组织推动的意义："教师组织旨在维护教师的合法权益，建立教师道德规约，规范教师的职业行为，并把履行这种规约，作为自愿参加教师组织的教师对该组织承担的义务，以保

---

① 宋萑. 教师专业伦理之辩证 [J]. 湖南师范大学教育科学学报，2009 (6)：9 - 12.
② 檀传宝. 论教师"职业道德"向"专业道德"的观念转移 [J]. 教育研究，2005 (1)：48 - 51.
③ 徐廷福. 论我国教师专业伦理的建构 [J]. 教育研究，2006 (7)：48 - 51.

证教师职业的声望。"[①]第三，对教师专业特性理解的深入。教师专业组织所建立的伦理标准都有较为充足的专业和理论依据，充分考虑了教师专业工作和专业发展的特点与实际。美国全国教育协会《教育专业伦理规范》指出："教育工作者承担了维护最高伦理标准的责任"，"教师应该尽力提升专业标准"，"将不合格的人阻挡在教育专业门外"。提出了教师对教育专业的8条义务，从最初的一般性的德行要求到具有道德法典意义的许多专业伦理规范，从重视知识、技能教育的技术性培养逐步过渡到专业精神与专业知识、技能水平提升的兼顾过渡。[②]

三、教师专业伦理的建构

一是接受专业理论的指导，从经验方式向理论方式转换。按照专业的标准，强调服务的理念，注重专业伦理，享有高效的专业自治和形成坚强的专业团体，并接受团体的他律。因此，在教师专业伦理建构上，一方面，在教师的专业服务中强调专业自律；另一方面，发挥专业团体的作用，对其成员的资格认定、技术监督和道德评判等，确保专业活动的规范性、道德性。二是以教育专业工作的特点为主要依据，从身份伦理向专业伦理转换。教师专业伦理的建构，需要摆脱"身份"伦理的思维定式，转而以专业工作的特点为基本出发点，思考有关的伦理规范，按照社会赋予教师的基本角色和教师在整个社会分工中担负的主要职责来确定其基本的伦理规范。教师在提供专业服务时，一方面必须坚持正确的价值导向，不断完善自己的专业素养；另一方面，不断提升服务品质的专业态度，具有活泼开朗、耐心细致、善良正直的专业人格，在专业工作中表现出始终将受教育者的发展利益放在第一位的良好专业精神。三是教师专业伦理的建构应注意系统性与可操作性。教师专业伦理的建构应当从教师道德的实际出发，尤其从广大教师的道德修养水平出发，在充分尊重教师的道德权利，同时注重提升教师职业生活的道德水

---

① 陈桂生. 教师伦理价值：规范体系刍议 [J]. 中国教师，2008 (11)：12-16.
② 安方琪. 国外教师专业伦理规范建设及启示：基于教师专业伦理教育的视角 [J]. 北京教育（高教），2014 (10)：77-79.

准的基础上，制订切实可行、要求适中的、新的教师专业伦理规范。要按照教师专业伦理规范应当涉及四种关系范畴和三个层面来系统考虑：四种关系范畴，包括教师与教育事业的关系、教师与受教育者（学生）的关系、教师与其他教师及教师集体的关系、教师与家长及其他相关人员的关系等，是教师专业伦理需要调节的四种基本关系；并要从师德理想、师德原则、师德规则的三个层面来体现教师专业伦理规范的层次要求。[①]

四、教师专业伦理的实践困境

由于不同伦理价值间存在差异，必然导致教师在专业伦理实践中遭遇两难困境。一是伦理价值间的矛盾。如关怀伦理与正义伦理的矛盾。正义伦理主张一种普遍主义，而关怀伦理主张关怀弱势个体的特殊困难和特殊需求。又如，公正伦理与能力伦理，前者强调公正对待每一位学生，并给予弱势学生更多倾斜和支持；后者则关注个体间的能力差异，激励学生追求学业成就，以便彰显教师的教学效果。二是权力互动的复杂。教师在专业伦理实践中不得不遭受来自政府、市场、家长以及其他社会单位等方面的影响力，及其之间权力互动的影响。政府、市场、家庭及其他社会单位所持伦理价值的差异，及其他们对教育活动施加影响时力量的此消彼长。如家长期望教师多练多考，提高升学率，而媒体则反对应试教育，倡导学生的全面发展，两者之间的矛盾也会给教师形成专业伦理的实践困境。三是学校内部的力量对比。教师的专业伦理实践遭遇到来自学校内部的三种影响力量：校方、同事和学生。索科特指出，并非所有学校内部的制度惯例都符合道德要求。学校要面对来自家长、市场和政府等方面的要求，特别是在关注学业成绩的竞争氛围下，学校唯有将"分数"摆在首位方能立足，学校管理层则通过教师评价与奖励等机制，将这种压力传递或者转嫁给教师，影响其专业伦理实践。同事间的伦理价值取向不同，也会使教师处于伦理实践的困境中。[②]台湾学者范炽文撰文

---

① 徐廷福. 论我国教师专业伦理的建构 [J]. 教育研究, 2006 (7): 48-51.
② 宋萑. 教师专业伦理实践困境与解困路径 [J]. 福建师范大学学报（哲学社会科学版），2009 (4): 143-148.

概述了教师专业伦理的理论观点，指出"非专业力量的干涉""欠缺法制观念""行政裁量""组织官僚化、技术理性盛行"等方面构成了当前教师专业伦理实践的困境，并指出了学校教师伦理实践途径。①

五、教师的责任伦理

韦伯区分了信念伦理和责任伦理，并极力强调在行动领域里，责任伦理优先于信念伦理。信念伦理强调，只要行动者意图、动机和信念是崇高的，就有理由拒绝对行动的后果负责。责任伦理强调，伦理价值的根据在于个人行动的后果，要求行动者为自己的行动后果义无反顾地承担责任。教师的责任伦理对教师德性养成和师德修养有更高的要求，一方面是对学生的生命成长尽到呵护、关怀和启蒙的责任。另一方面是对自己的教育行为后果有前瞻性反思和行动中情境变化的即时性反思。

在社会道德价值观渐趋复杂多样的场域中，教师面临的道德冲突更加激烈，道德焦虑日益严重。教师面对的道德冲突，一是学校利益与学生发展的冲突，体现了官僚体制对学生利益的宰制。学校为了应付上级检查，要求教师和学生一起造假，违背了学生道德发展的利益。二是"好"的教育意图与"坏"的教育后果之间的冲突，体现了教师在信念伦理和责任伦理之间的综合考量，既考虑信念之"好"，也考虑责任之"正当"。三是价值冲突导致的道德冲突，体现了尊重多数学生公平诉求与关爱特殊个体的协调性。在价值冲突和道德冲突的情境下，教师的责任伦理对教师提出新的要求。

责任伦理要求教师伦理角色的回归，要求教师始终保持清醒的反思意识，反思良好动机下的教育行为，反思学生立场是否到位，减少乃至消除那些以"教育"的名义出现的对受教育者的压制、贬抑或强迫。教师通过反思，意识到对自己行为后果的责任，真正发自内心地感受这一责任。

价值启蒙成为当代教师义不容辞的责任。教师利用自身文化和生活经验上的优势，引导和辅助学生获得对于人生与社会的基本道德价值判断的意识

---

① 朱水萍，高德胜. 教师伦理角色的缺位与回归 [J]. 全球教育展望，2013（10）：35–41.

与能力。

体现生命关怀是教师在塑造学生人格中应尽的责任。"教育以提升人的生命价值、创造人的精神生命为追求,要求教师必须全身心投入,具有比一般人更高的尊重生命差异、欣赏生命的独特性的思想觉悟和境界。"①

教师的责任伦理与专业伦理指向不同维度的教师道德规范。专业伦理指向教师的专业性和专业自主权;责任伦理指向教师的价值立场和献身精神。不能否认,教师的责任伦理同样体现教师伦理的专业性。一是责任伦理不排斥教师的专业自主,体现教师专业权力的正当性。二是责任伦理更能体现教师提升服务品质的专业态度和专业精神。

六、教师教学行为中的伦理缺失现象

有学者对杭州市 5 所中学进行抽样调查、课堂观察和深度访谈,对教师教学行为伦理缺失的状况进行分析,并提出了消解策略。② 一是教学沟通上比较专断,缺乏师生之间的平等交流。在课堂上,当学生表达自己的想法时,教师并没有给予充分的包容和接纳,或者把自己的意愿和价值观强加于学生。有些教师在与学生的沟通中区别对待,以一种"期待"的心态与优秀生互动,以一种"迁就"的心态对待中等生,以一种"挑剔"的心态对待成绩落后学生。二是教学方法的选择以追求效率为主要目标,忽视了学生学习的主体意识;教学方法的运用存在着简单化倾向,阻碍了学生自主学习与独立思考能力的培养。三是教学评价主体单一,缺失学生的主体参与,教学评价方法简单,仍以考试成绩作为评判学生的依据,漠视学生对于评价结果的认可度。四是把追求升学率视为教学管理的终极目标,存在过度控制的倾向,管理实施缺乏民主性。"大量明细化的管理规章在保持稳定性和延续性的同时,成为

---

① 杨跃. 论教师的责任伦理 [J]. 当代教育论坛,2006 (9):80 – 83.
② 蔡亚平,钟振国. 教师教学行为中的伦理缺失现象分析 [J]. 教育发展研究,2009 (12):77 – 80.

教师忽略具体情境和具体个人的行动指南和活动框架。"① 从上述教师伦理缺失的现象可以看出，行为中伦理缺失的原因，关键是教师伦理角色意识还不强，未能从"专业性"视角考察教学中的伦理问题。更深层的原因在于，一方面受市场经济冲击，功利主义横行，教育权威不复存在；另一方面，教师面临诸多伦理困境，让教师在复杂的伦理现象中丧失了伦理价值判断的能力。

第七节 教师德育专业化

一、命题提出的合理性

檀传宝教授提出"教师德育专业化"的命题。② 一是教育的本然：没有德育就没有教育。没有"德育专业化"就没有完整、健康、科学的"教学专业化""班主任专业化""校长专业化"和"教育专业化"概念。二是时代的呼唤：教师专业品质的建构需要德育维度。教师必须从一个经验型的"教学"工作者逐步发展成为具备德育等更全面的专业能力的专家型"教育"家。三是概念的缺损：一方面，"教师专业化"的范围只限于教师，而没有扩展到与教师工作有关的全部教育领域，这不利于根除现实存在的教育病态；另一方面，迄今为止的"教学专业（化）"或"教师专业（化）"等概念因为德育这一必要内容的缺损而成为一个未完成的残缺概念。

二、"教师德育专业化"的内涵③

一是教师德育专业化的类型包括："教师的德育专业化"与"德育教师的专业化"。"教师的德育专业化"指承担一般文化课程教学或其他学校教育工作的教师的德育专业化，他们的主要工作首先是某些非直接德育课程的教学

---

① 翟莉. 效率主义：一种基于师生关系的教师文化分析 [J]. 现代中小学教育，2008（3）：59-61.
② 檀传宝. 再论"教师德育专业化"[J]. 教育研究，2012（10）：39-46.
③ 檀传宝. 再论"教师德育专业化"[J]. 教育研究，2012（10）：39-46.

和服务等,不仅要自觉遵守教师的专业伦理,还必须责无旁贷得像了解、掌握本学科教学一样去了解、掌握必要的品德心理及现代德育的基本理论,具备对学生进行合适的间接德育(含利用隐性课程开展德育),甚或适时开展某些必要的直接德育的专业能力。"德育教师的专业化"指专门德育工作者的德育专业化。所有专门或者直接从事德育课程教学、活动的教师,承担思想品德课程教学的教师以及班主任、德育主任等,德育是他们的专职或主要工作之一,他们的德育专业素养的标准或者专业要求显然应当大大高于对一般教师(非专门德育工作者)的要求。

二是教师德育专业化内涵包括:专业伦理和专业知能。专业伦理实际上又存在两个维度:一个是在经验型教育阶段就已经存在的教师职业道德;另外一个是在德育专业化阶段有更高要求的教师专业伦理。到现代社会,教师的专业伦理取代职业道德概念不仅意味着对教师的伦理要求更加科学(师德规范建立在伦理学、教育学、心理学、法学等现代学科知识的基础之上),而且意味着这些伦理要求更加规范、具体,具有可操作性。专业知能包括德育原理、品德心理学、德育哲学、德育社会学、德育美学等理论课程,以及班主任工作、德育课程与教学、德育活动的组织与设计、师生关系与德育等实践性知识的学习。

三、教师德育专业化过程[①]

教师专业化不仅意味着静态的教师专业伦理、学科与教育专业素养、教育实务能力的建设等,而且意味着以上教师专业内涵的建构应当与教师的专业发展阶段(与教龄相关的发展实际)建立内在的联系。有效的教师专业伦理建设、德育专业能力建设的课程设计与学习安排都应该与教师的专业生涯特点相适应并促进其发展。不同教师个体则应当努力自觉寻找与自己专业发展阶段实际相一致的德育专业化的自主学习的内容与形式。

---

① 檀传宝. 再论"教师德育专业化"[J]. 教育研究, 2012 (10): 39-46.

本章小结

教师德性是从教师对人的道德发展方面施加"教育影响"所需要的品质。教师德性研究是对教师在道德发展"教育影响"效能方面的研究。教师德性从根本上奠定了教师"教育影响"的基础，是教师提高"教育影响"效能的支撑力量。教师要提高"教育影响"的效能，必须强化对学生的"教育学理解"。教师德性包括品质德性、理智德性和创造德性三个方面的概念内涵。教师德性的内在价值在于提升教师的职业生活，确立教师精神发展方向，追求教师善和教师自由。教师德性的外在价值在于教师的榜样作用，教师本身作为教育的资源使学生受益。教师德性有八个方面的内容，即教师关怀、教师公正、教师宽容、教师爱心、教师耐心、教师敬业、教师真诚、教师创造。教师德性的养成与教师的师德修养具有内容的同构性和路径的一致性。教师德性是师德修养的内在根据。教师通过社会学习、情感体验、理性反思、实践历练提升道德认识、形成道德信念、强化道德意志，自觉按教师专业伦理形成自己的身份认同。教师专业伦理是规范伦理，是与教师专业化相呼应的对教师职业道德规范的转型和升级。教师专业伦理既具有强化人际关系中道德的功能，又具有确保教师专业自主权落实的功能。教师德性是教师专业伦理的内在依据。如果说教师德性是面向个体的自律性品格要求，那么，教师专业伦理是面向教师群体的他律性专业道德规范。从教师的德性伦理过渡到教师专业伦理既遵循教师发展的历史逻辑，又有教师专业化发展的理论逻辑和教师提供专业服务的实践逻辑。教师教学行为中专业伦理的缺失，其根源在于教师专业伦理建设不到位，致使教师缺乏教师专业伦理的自觉意识和伦理价值判断的能力。要促进教师形成与教学任务密切相关的美德，就必须推进教师专业伦理建设和德育专业能力建设，实现"教师德育专业化"。

第七章

教师行为研究

　　教师行为研究是对教师在教育教学活动中特别是课堂教学活动中的行为进行的研究，是一种基于教师有效性的研究，本质上是教师"教育影响"的效能的研究，即怎样的教师行为对学生的影响是有效的。这是把教师课堂行为作为对象的研究，是一种有目的地强化教师"教育影响"效能的研究。其目的一是探究教师行为与学生的成长的关系，二是探寻教师良好行为的养成方法。教师课堂行为既包括教师的显性有意识行为，也包括隐性无意识行为。教师的某些个性特征就是一种潜在的"教育影响"因素。显性有意识行为包括教学行为、管理行为、互动行为和评价行为。教师个性特征是教师职业品质中的核心部分，在教育过程中发挥着关键的作用。由教师的人格特征支配教师的行为，进而影响学生的成长，把教师人格研究也列入教师行为研究是顺理成章的。教师的互动行为是影响教学效果的关键性因素，因而把教师的互动行为和学生的学业成绩的关系，把教师互动行为和学生的社会性发展等方面联系起来的研究是十分必要的。教师期望既有显性有意识的性质，也有隐性无意识的成分，也可以看作是一种特殊的互动行为，对学生的"教育影响"较为显著。另外，从教师的行为有效性研究引入教师效能的概念，催生了教师效能感的研究。由于这些研究目的都指向教师的有效性，指向教师对学生影响的效果，因而也有学者称其为教师效果研究。

　　美国学界对教师教学行为的定义比较宽泛。既包括"教师人格特征的调查研究"和"教师行为与教学效果的关系研究"，也包括教师认知研究，即关注教学行为背后教师的思维过程和反省思维活动，还包括教师知识研究，以及运用综合视角对教师的心理和行为与其所处环境的关系进行刻画和深描。从国内学者的教师行为研究来看，主要集中在对教师的课堂行为相关问题的研究上。由此，本章只涉及探讨教师人格特征和学生心理能力发展及学生学习成绩之间的关系，梳理教师的课堂行为相关问题的研究，而把教师认知研究相关问题的讨论放在下一章。

第一节 教师行为的特征、类别与标准

一、教师行为的八个维度

美国波士顿学校委员会提出了教师教学行为的 8 个维度：（1）公平和高期望；（2）职业主义：主要指模式化的职业行为，包括工作职能、区域政策的理解、工作程序以及在多样性的社区里的工作目标；（3）安全、尊重、文化敏感性和负责任的学习共同体；（4）学校、家庭与社区的伙伴关系；（5）指导学生学习的计划和策略；（6）实质性知识：具有广泛前沿性知识，关键概念、事实、相关的研究、质疑的方法，具体到各自学科的交流风格等；（7）发展性过程的监控与评估；（8）反思、合作和个体成长。这八个维度表征教师教学行为有效性的专业表现。[①] 教育部在中小学教师专业标准中将教师的教学行为分为教学设计、教学实施、班级管理与教育活动、教育教学评价、沟通与合作、反思与发展等六种类型。[②]

二、教师课堂行为的特征

1971 年心理学家勒温的《美国教师的心理学描述》，是 20 世纪 70 年代关

---

① 唐松林. 国外教师教学行为有效性研究综述 [J]. 大学教育科学，2007（4）：72-76.

② 中华人民共和国教育部. 小学教师专业标准（试行）、中学教师专业标准（试行）[EB/OL]. (2011-12-12) http://www.moe.gov.cn/publicfiles/bus-iness/html-files/moe/s6127/201112/127836.html.

于教师个性特征研究的重要著作。勒温提出，教师课堂行为有三种类型：专制型、民主型、放任型。专制型教师的行为特征是：教师独自提出教学目标，制定工作计划步骤，要求学生无条件地接受和完成，对学生严加管教，恩威并施，学生没有发言权和自由，但自己又不参与集体所从事的活动；民主型教师的行为特征是：由师生共同讨论决定集体目标，分配工作。教师尽可能参加集体活动，并能给学生以必要的帮助和客观评价；放任型教师的行为特征是：教师笼统说明活动目的，然后提供各种材料，就由学生自己决定，自由活动，教师没有任何帮助也不做任何评价。① 勒温的研究表明，教师作风民主，态度热忱，关心帮助学生，期待学生进步，这些良好的人格特征对学生的学习、成长确实有积极作用。

苏联学者 H. E. 舒尔科夫认为，教师应当尊重学生的人格，对学生从善意出发，循循善诱，切不可简单粗暴。这是有关学生个性健康发展的大事，千万大意不得。他概括了几种违背教师行为道德的常见现象：一是当教师有过失时，不向学生表示歉意；二是吩咐事情带着命令的、发号施令的口吻，不在指令句之前加一个"请"字；三是打断学生的话，对学生的回答漫不经心，或在他回答时与别人交谈。舒尔科夫指出："教师的行为道德，是人与人之间相互关系道德的表现。"如果教师能恰到好处地体察并顺应周围人们的情感，那么，他在课堂上的行为将自然而然地符合于道德要求。"如果教师能把自己的行为与周围人的自我感觉紧密联系起来，并遵循这一不难办到的规则，在课堂上就永远不会出现使学生尴尬、难堪、有时甚或伤害其自尊心的情况。"②

三、教师教学行为的类别

施良方、崔允漷等按照教师在课堂教学中的行为方式及其发挥的功能，将教学行为分为主要教学行为、辅助教学行为和课堂管理行为。主要教学行

---

① 钱家荣. 教师的课堂行为浅探 [J]. 现代中小学教育, 1999 (4)：58 - 60.
② [苏] H. E. 舒尔科夫. 教师的课堂行为 [J]. 刘伦振, 译. 外国教育动态, 1983 (3)：53 - 58.

为以课堂教学目标与内容为定向，需要教师具备必要的专业知识与技能；辅助教学行为以课堂教学中的学生和情境为定向，需要教师具备一定的课堂经验和个性素养；课堂管理行为主要是为课堂教学的顺利进行创造条件，对课堂中的学生尤其是年龄较小的学生进行必需的但是合理的管理，它需要教师具有一定的课堂经验与技能。主要教学行为可以分为三类：一是着眼于教师呈现知识与演示技能为主的行为，称之为呈示行为；二是着眼于师生之间的相互作用的行为，称之为对话行为；三是着眼于学生自主的学习活动，教师采取辅导或指导的行为，称之为指导行为。[①] 在这个分类中，应该重视的是对话行为和指导行为的细分。如对话行为中应该包含教师对学生的期望、教师影响学生因果关系知觉的行为。同样，在指导行为中，也包含这两种行为。总的来说，不能忽视教师的行为对学生心理的影响。

四、教师教学行为的标准

教师的教学行为在促进学生的发展中起着关键的作用。因此，教师对教学行为的选择必须有一定的依据和标准。

林崇德教授指出："教师的教学行为可以从以下六个方面来衡量：一是教学行为的明确性，即教师的教学行为是否明确；二是多样性，即教师的教学方法是否灵活、多样，调动学生积极性的手段是否有效；三是任务取向，即教师在课堂上的所有活动是否是围绕教学的任务而进行的；四是富有启发性，即教师的课堂教学对学生能否启而得法；五是参与性，即在课堂教学中，学生是否都积极地参与到教学活动中去；六是及时评估教学效果，即教师能否及时掌握学生的学习状况和课堂上出现的问题，并能据此调整自己的教学节奏和教学行为。"[②] 林崇德教授的六条标准应该是针对成熟教师的行为标准，这可以从高成效教师行为特征的研究中得到证实。

---

① 施良方，崔允漷. 教学理论：课堂教学的原理、策略与研究 [M]. 上海：华东师范大学出版社，1999：149.
② 林崇德. 教育的智慧：写给中小学教师 [M]. 北京：开明出版社，1999：50-51.

白益民教授的高成效教师行为特征的研究表明，高成效教师的最典型特征，一是"积极的师生互动"：课堂上师生之间"对话"时，教师总是给予某种形式的评价，而不是急于继续教学、转问他人或开始新的提问，从而在一定程度上鼓励了与之对话的学生以及全班学生参与教学的积极性；二是"让学生明确教学目标与课堂常规"：在教师明确告诉学生教学目标的情况下，学生对教师明确告知的应掌握部分引起注意的程度更高，可以在一定程度上提高学生成绩；三是"课堂管理行为"：教师通过建立课堂常规使学生行为有章可循和在即时管理中建立规则两个途径来达此目标，同时在处理学生的课堂即时违规行为时又以避免与学生直接对抗，保证课堂教学的正常进行为原则；四是"课前和课后思维"：主要表现在备课时依照教学目标的不同选择适宜于学生认知特点"事实—引导—原理"的归纳模式或"规则—例证—应用"的演绎模式，对教学过程作详尽的思考，在课后以学生进步与否为着眼点，反思教案和课堂行为的恰当性，并把反思结果应用于新的教案设计和教学活动中；五是"创造更适于教与学的教学模式"：即教师不拘泥于现有的教学程序安排，而是创造更适于教师自己特点和便于学生将新旧知识相联系的教学模式；六是维持"学生的专注"：教师给学生提供一定信息或线索，通过师生之间的相互协调，学生关注的焦点随着教师的教学活动重点的转移也发生相应的改变；七是教师"提供实质性反馈"：把学生引向了解问题所涉及的知识内容本身以及思维过程，总是倾向于提供有关知识的完整反馈，而不是不只是简单地说"对"或"错"；八是"复习方式和内容"：注重结构式复习即提供以前所学知识的结构框架，教师所采用的复习方式和复习的内容，在客观上提高了学生认知结构中有关观念的可利用程度、新旧知识之间的可辨别程度和原有观念的稳定性、清晰性，为新知识学习打下良好基础。[①]

---

① 白益民. 高成效教师行为特征研究 [J]. 教育研究与实验，2000（4）：31-37.

第二节 国外学者的教师行为研究

一、教师个性特征研究

乌申斯基最早指出了教师的人格特征的重要意义。他说："在教育工作中，一切都应以教师的人格为依据，因为，教育力量只能从人格的活的源泉中产生出来，任何规章制度，任何人为的机关，无论设想得如何巧妙，都不能代替教育事业中教师人格的作用。"[①]

教师行为研究是从早期的课堂研究开始的。教育心理学开始注重研究教师特质、学生特点、课程问题和教学方法有效性，揭示教师个性特征和人格品质与教学效果之间的联系。克瑞兹通过对各类人员关于优良教师品质的意见调查，制定出有关教师特征的量表，作为培育师资的参考和改进教师行为的依据。在这种研究中，教师行为是作为探讨教师的人格与特性的一个潜在的客观结果而存在于研究中的。这种研究还只是对教师教学行为的一种间接研究。[②] 瑞安斯邀请各类教育人士及学生，对课堂特定情境中教师行为的成败进行鉴定，然后再对这些鉴定结果进行分析综合，提出了"教师有效/无效行为分辨表"，建立了"教师个性的等级量表"，能够测出优秀教师应具备的一般个性品质。瑞安斯认为："教师的热情和学生的成绩呈正相关。那些活跃的、富有刺激性和想象力的、对所教学科满怀激情的教师，在校长们和有经验的观察者眼里往往是比较成功的"。[③]瑞安斯的教师特征研究是一种"预备—结果"研究模式。研究关注教师的个人品质和特征（预备变量）与学生成绩（效果变量）的关系，并假设教师的个人品质与特征决定了教学效果的不同。预备变量包括像面貌、认知能力、态度、价值、经验、个性、期望等方

---

① ［俄］乌申斯基. 乌申斯基教育全集（2）［M］. 北京：人民教育出版社，1991：307.

② 张建琼. 国内外课堂教学行为研究之比较［J］. 外国教育研究，2005，（3）：40-43.

③ 兰英. 当代国外教师教学思想研究［J］. 比较教育研究，2000（4）：32-37.

面的教师个体因素；"结果"变量分为主观的变量与客观的变量两种。主观结果变量是指由评论教师、指导者、校长、管理者、学生、实验者本人等几乎任何被认为有理由表达自己看法的人给教师鉴定的等级。客观结果变量是指用学生成绩作为教师成功的标准。教师特征研究产生了一些对教师品性的共识，如，热心和理解对冷漠和不近人情，有组织的有条理的对无计划的和随便的，鼓舞人心的和富有想象力对乏味的和常规的，等等。

奥苏贝尔和鲁宾逊梳理了"与教学效果有关的教师性格特征"方面的研究。一是西尔斯提出一些证据表明，当教师表现得热情和富于鼓励性时，学生的成就更富"创造性。"二是斯波尔丁发现教师的条理性和学生学习成绩之间呈正相关。三是海尔等曾把三种教师类型和学习结果联系起来：第一种类型的教师以烦躁、冲动、自发性为特征，第二种类型或高度统一型的教师以自我控制、条理性、目的明确为特征，第三种类型的教师则以胆怯、焦虑、和过于坚守规则为特征。四是哈维等指出，处于高度抽象水平的教师往往更为灵活应变（如在改进教材方面足智多谋），较少专制和惩罚。五是亨特和乔伊斯在研究各种不同水平的抽象（观念层次测验）时发现，抽象水平高的教师往往更爱思考，他们更能利用学生的参照系来鼓励提问和假设。①

对教师特征研究的评价，启示是：教师的人格特征对学生有一定的影响。产生了一些教师特征和行为知识，产生了一个联系教师行为与学生成绩的有序知识基础。不足之处是：这种研究没有关注课堂中所发生的师生活动，特别是教师在课堂上的教学行为。

二、教师行为研究

教师行为研究通过观察一些课堂中自然发生的教学行为，从这些观察记录中抽取出教师行为的变量，再通过实验研究，以测试在相关阶段中确定出来的变量是否与学生成绩有因果关系。这种研究被定义为"过程—结果"研究模式，把过程变量视为研究的重点。"所谓过程变量是指课堂教学情境中可

---

① ［美］奥苏贝尔，［美］鲁宾逊. 教师的个性特征［A］. 瞿葆奎. 教育学文集：教师［C］. 马立平，译. 北京：人民教育出版社，1991：230－235

观测的教师与学生的行为,以及教师与学生之间的互动。"①

1. 教师行为与课堂管理之间的关系

柯尼在1970年所做的研究以生态学观点考察教师行为与课堂管理之间的关系,探讨学生在课堂中的参与程度和异常行为与各种教学策略之间的关系。强调教师行为如何在教学环境中有效制止学生的离心倾向,使教学按正常轨道运行。柯尼发现其中有四个概念对提高学生参与程度和消除课堂中的异常行为十分重要。一是行为控制性。教师应该具有"赶超气质",能够与起点不同的各种学生保持信息沟通,在总体上处于对全体学生居高临下的位置,这样可以产生一种班级向心气氛,并且极易暴露学生的异常行为,以便及时采取措施维持班级纪律。二是行为重叠性。教师有高度的注意分配能力,能够同时主持和控制两个以上活动,并且达到活而不乱、秩序井然,控制自如。三是情绪镇静性。主要是当班级活动出现意外情况和被打断时保持镇静,随机应变,发挥教育机智加以控制。四是集体警觉性。教师有能力使所有学生保持最高的参与程度,处于最佳竞技状态,教师随时可能提问每一位学生,使全班集中精力,全神贯注于学习任务。柯尼的研究解决了为何一些教师行为比另一些教师行为在课堂中更有效的问题,总结出高度结构化、系统化的行为模式。②

2. 教师教学行为特征变量

罗森山和弗斯特详细研究了大量用"过程—结果"模式研究教学行为的文献,找出了与学生成果具有强相关的教师教学行为特征变量:清晰明了、有变化性、热心、任务取向与认真的行为、学生有机会去学习标准材料、运用学生的意念、批评、结构和评语的运用、问题形式、调查、教导的难度。③其中最主要的变量有下列5种:①表达清晰性。教师讲解明白易懂,概念清楚,在组织教学过程中有条不紊。②教学灵活性。教师能够运用多种多样的

---

① 钟启泉. 国外的"教师研究"及其启示[J]. 网络科技时代,2007(1):6-10.
② 刘全波. 现代西方关于教师个性特征的研究[J]. 外国教育动态,1991(4):42-45.
③ 林静. 教师教学行为研究进展及启示[J]. 中国教师,2009(6):12-13.

教学用具，采取灵活多变的、富有弹性的教学步骤，提出高水平的问题。③高度情绪性。表现为教师对所教学科有极大的兴趣，能够使学生兴奋激动，积极参与到教学中来。④任务取向。表现为教师有能力布置学习任务，使学生专心致志，努力进取并富有创造精神。⑤材料典型性。日常学习与学业评价之间联系密切，有成效的教师总是为学生提供机会，练习那类以后会测验到的题目。① 罗森山和弗斯特为了提高这类研究的效度，曾提出了一个描述当时在自然情境下或课堂中进行教师或教学研究的比较完整的模型。这个模型至少包括下列元素：（1）发展一个以定量方式描述教学的程序；（2）将描述变量与学生成长相联系的相关研究；（3）在一个控制更加严格的情境下检验在相关研究获得的重要变量的实验研究。

邓肯和彼德尔在其影响久远的《教学研究》中，建构了一个教学研究的模型，他们指出了四类变量：预备变量（教师特征、经验、训练和其他影响教师行为的特征）、情境变量（学生的性质、学校、社区及课堂的特征），过程变量（教师和学生在课堂中可观察的行为）和结果变量（教学对学生的智力、社会性、情感等短期的和长期的效果）。其中，过程变量包括教师的课堂教学行为和学生的课堂学习行为。过程变量是决定结果变量（教学效果）进而反映教师教学有效性的重要变量。

3. 课堂中的交往行为

贝拉克认为，课堂中的交往行为主要有四种，即组织、诱导、应答和反应。在这四种交往行为中，教师的交往行为占了三种：包括发动课堂活动的组织行为，启发学生回答问题的诱导行为，对学生的回答做出评价的反应行为。古德等人在研究课堂交往行为时发现，教师对待学生的态度与学生的成绩好坏有关。由于成绩好的学生比成绩差的学生更积极地参与课堂活动，更多地回答问题和提出问题，因而常常受到教师的关注。与成绩差的学生相比，教师给成绩好的学生更多的交往机会，更经常地提问他们，时常对他们的回

---

① 刘全波. 现代西方关于教师个性特征的研究[J]. 外国教育动态，1991（4）：42-45.

答做出反应。①

对教师课堂教学行为的研究发现了一些与学生学习成绩紧密相关的教学行为，这些与学生学习成绩相关的教学行为，就是有效教师的特色性教学行为，是衡量教师教学有效性的重要指标。

4. 教师行为对学生归因的影响

英国学者丹尼尔·巴塔尔用韦纳的成就行为归因模型探讨了教师的行为对学生归因的影响。

一是言语评价。戴克及其同事所做的研究明了言语评价对学生归因的影响。戴克等人在研究中观察记录了教师对学生的反应，这些观察揭示：①对学生的非智力行为，教师对男生的否定评价比女生多，对女生的肯定评价比男生多；②对学生的智力行为，教师对男生的肯定评价比女生多，对女生的否定评价比男生多；③在论及失败原因时，教师将动机缺乏的归因更多用于男生，较少用于女生。这些不同的反应决定了男女生成败因果关系知觉的差异：女生比男生更少将失败归于努力不够，更多归于能力缺乏。男生将教师对其非智力行为的否定评价归于教师对他们的态度，而不视为对其学业能力的客观评价。而教师对男女的肯定评价，主要集中在智力行为上。

二是指导语。指导语是教师在布置任务时对该任务所做的解释，包括任务难度、所需技能和动机。在库可勒做的一个实验中，在指导语中强调能力和努力时，成就需要高的学生完成任务的情况显然比成就需要低的学生要好。成就需要高的学生认识到努力的重要性，当他们得知结果也取决于努力时，就以更大努力去争取成功。相反，成就需要低的学生看不到努力的重要性，因而他们不受强调努力的这种指导语的影响。

三是强化。强化指教师对成就行为所进行的奖励或惩罚。埃末斯等人的实验表明，在竞赛奖励情境下，学生完成成就任务后，要求学生就能力、努力、任务难度和运气四个因素对其成败进行归因。失败的学生特别倾向于使用运气归因。竞赛奖励情境可能导致自我贬低的归因，强化社会比较，提高

---

① 程晓樵，吴康宁. 教师课堂交往行为的对象差异研究[J]. 教育评论，1995(2)：11-13.

了把失败归于能力缺乏的可能性。

　　四是对因果关系的直接论及。戴克用实验说明了教师对因果关系的直接论及影响学生的因果关系知觉及其成就行为。先交给被试一项任务，然后让他们对成败结果进行归因。如果他们不使用努力归因，教师就引导他们使用这个原因。在对失败进行归因时，教师甚至会明确地对学生说，其失败通常是因为他们努力不够。如果学生使用这个原因来解释结果，教师就给予强化。通过这种训练，学生们便能经常进行努力归因，并不断改进其成就行为。①

5. 教师行为研究的不足

　　关注稳定性的可重复的行为，忽视了不确定、情境性的行为；关注可观察、可量化的行为，而忽视了不易观察的、或隐性的思考及情感的作用，从而割裂了教师行为与教师思考和情感的关系，或假设同样的行为是由同样的思考产生的；它将教师的行为与一定的教育意义与价值割裂，认为教师课堂教学行为是价值中立的技术过程。只关注教师外显的、可观察的行为，而忽视了教师观念背后的思考和理念，这是一种功能效率主义的思考路线。"教师教学行为研究把部分现象与情境抽离出来成为变量，忽略其脉络，无法完全理解教学的整体现象，无法全盘把握教学过程中教师与学生的意图。"②

三、师生课堂互动行为类型的研究

　　自20世纪70年代以来，师生课堂互动行为成为一个专门的研究领域。师生课堂互动行为研究是一种基于将课堂教学视为一种特殊的"社会活动"。弗兰德斯用"社会相互作用模式"分析教师教学行为对学生学习态度和学习效果的影响。他提出了"弗兰德斯互动分析系统"（简称FIAC），用以分析课堂中师生的言语互动行为。通过大量的研究，他指出，教师的直接影响较多时，会导致学生参与的不足；教师的间接影响较多时，学生的参与就更多。他还发现教师行为的变化与学生成效的关系是非线性的，认为教师在不同情境中

---

① [英] 丹尼尔·巴塔尔. 教师的行为对学生归因的影响 [J]. 王新玲，译. 心理发展与教育，1987 (10)：38-41.
② 钟启泉. 国外的"教师研究"及其启示 [J]. 网络科技时代，2007 (1)：6-10.

的最理想行为是：较低水平的间接影响更适合于事实类和技能类的学习任务，较高水平的间接影响则更适合于抽象推理类和创造类的学习任务。①

从课堂教学的社会行为出发，学者们提出了师生课堂互动行为的多种类型。第一种类型是英国学者艾雪黎等人根据社会学家帕森斯的社会体系的观点，把师生课堂互动行为分为教师中心式、学生中心式、知识中心式三种。一是教师中心式。教师在课堂互动过程中的角色被认为是社会文化的代表，在教学活动中起着主导作用，学生仅仅作为教师备课时想象的对象、上课时灌输的对象而存在。二是学生中心式。教学过程主要依据学生身心发展的需要进行，强调学生主动学习。教师扮演咨询者、辅导者和学习动机激发者的角色。教学采取民主参与方式，在教学目标设计、教学组织、教学方法选择等环节上寻求学生的反馈信息，并据此做出相应调整。三是知识中心式。师生课堂互动行为是建立在强调系统知识重要性的基础上，以有效地传授和获得知识、为学生升入高一级学校或取得更高资格、将来从事理想工作而做准备为目标，师生课堂互动行为仅仅是实现目标的手段。② 第二种类型是利比特与怀特等人把教师在课堂上的领导行为分成三类：权威式、民主式和放任式。权威式是指教师常以命令控制行为与学生的顺从顺应行为进行互动。民主式是指教师用较多的时间与课堂里的成员联系沟通，建立起班级成员之间（学生—学生、教师—学生）良好的互动模式。放任式是指课堂上教师根据事先的讲稿、教案对教学内容进行讲解说明，不对学生提出明确的学习目标和要求，不参与指导他们的学习行为，采取听之任之的态度，学习与否与怎样学习完全由学生自己决定。③教师的行为类型问题首先是一个教师角色扮演问题，受到教师的教育观念、教师道德责任感、以及教师对教育对象的认知等因素的制约。

---

① 林静. 教师教学行为研究进展及启示 [J]. 中国教师，2009（6）：12-13.
② 亢晓梅. 师生课堂互动行为类型理论比较研究 [J]. 比较教育研究，2001（4）：42-46.
③ 亢晓梅. 师生课堂互动行为类型理论比较研究 [J]. 比较教育研究，2001（4）：42-46.

四、教师之互动风格与学生心理发展的关系

西方学者在对教师和学生进行了大规模的研究后得出：教师使用有效的交流策略与学生成绩的提高、参与性的增强、纪律问题的减少、创造力的获得、自我概念的提高、自主性的增强、思维能力的提高等存在着正相关。一是教师之互动风格与学生学习成绩的关系。韦斯特的研究表明，积极的交流经验（帮助、认可）与学生的学习正相关，消极的交流经验（令人难堪、不公平的规定、不应该的攻击、不适宜的情绪及不切实际的期望）与学生的学习负相关。也有学者研究指出，教师越具支配性，学生的成绩越好。二是教师之互动风格与学生情绪特征的关系。教师之互动风格影响学生对学校、课程及教师的态度。学者们的研究表明：学生对教师之互动风格的知觉与学生对课程的欣赏、对所学科目的动机之间存在着正相关。有许多研究表明师生之间的交互作用与学生对相应学科和课程的态度有关，教师表现的合作行为越多，学生的态度越积极。即教师理解、帮助的行为特质与学生的态度正相关；而不满、训诫的行为特质与学生的态度负相关。有学者认为教师的非言语行为能使学生更愿意听讲、更愿意学习并对学习有更积极的态度。三是教师之互动风格与学生社会性发展的关系。学者们讨论了教师之互动风格在提高学生自我概念上的作用，指出教师发展有效的人际交流技巧对学生形成健康的自我概念是必要的。①

五、教师效能研究

巴菲尔德认为，教师效能是指教师个人对环境的控制感，有效能者对环境的控制感较高，缺乏控制感者效能低。阿莫尔认为，教师效能是指教师自己能够在多大程度上影响学生完成学习任务的信念。古德认为，教师效能即教学效能，是指教师指导学生在标准化成就测验中得到比预期高的结果。埃默指出，有效的教师擅长检测单元目标，系统地呈现内容、避免模糊不清、

---

① 韩立敏. 班主任之互动风格对小学生自我概念的关系研究 [D]. 华中师范大学硕士论文，2002.

检查学生的理解、提供练习和反馈。布罗菲则提出，一位有效能的教师的学生有较好的学习能力，教师有出色的教学能力。黑格和凯特恩斯认为，有效能的教师必须了解没有一种最佳的教学方式可适用于所有学生，因此要想有效地控制整个教学情境，必须随时自我进修和研究，并提供给学生最佳学习内容和机会。瑞安斯认为，教师效能即教学效能，是指教师能使学生达到一些特定教育目标或取得明显进步。马什认为，教师效能主要指教学效能，是多维评价，包括学习价值、教学热忱、表达清晰、团体互动、和谐师生关系、课程内容、评价方式、课外指定作业、学习难度 9 个维度。莫尼斯提出良好的教师效能包括以下 6 个因素：有效地教授教材的知识、有效地进行师生沟通、良好的教材组织能力、激励学生学习动机的能力、和蔼可亲的态度、教室管理的技巧。唐指出，教师效能主要体现在教学效能上，教学效能的预测因素包括清晰讲述教材、回答学生所提的问题、和蔼可亲与专业化地对待学生、教学准备要充分等。缪杰认为，教师效能是课堂因素（教学手段、教师期望、班级组织、班级资源利用等）对学生行为的影响。[1] 上述各学者对教学效能的看法不尽一致。六位学者把教师效能指向了教学效能。一位学者指向了对学生的影响。两位学者从主观上界定教师效能，即控制感和自我信念。两位学者描述了有效能教师的特征。综合地看，教师效能是教师特质、教学能力和行为的综合体。

大量运用 RAND 测量项目和教师效能量表展开的实证研究的结果表明，教师效能与教师的教学改革意愿、教师的紧张水平以及职业意愿是相关的。具有高的教师效能的教师表现出更积极的教学革新意愿，具有低的人际紧张，喜欢自己的教师职业；而具有低的教师效能的教师，教学革新意愿消极，具有高的人际紧张，不喜欢教师职业。同时，由于教师效能会影响教师的教学态度、教学策略等，因此教师效能自然会影响学生的学习，影响学生的学业成就。运用吉布森、班杜拉等的教师效能量表展开的实证研究表明，教师效能会影响教师教学的努力程度和坚持性，影响教师的教学策略及其教学方法

---

[1] 王晶莹，李新璐，等. 国外教师效能研究概览 [J]. 世界教育信息，2016（8）：37-41.

的改革，影响教师的教学态度。具有高的教师效能的教师，愿意在教学上付出更多的努力，积极改革教学方法，注意运用灵活多样的教学策略。同时具有高的教师效能的教师表现出积极的教学态度和积极的情感，热爱教育教学工作，对学生宽容、接纳、公平、民主，很少批评学生，也表现出很强的管理能力；教师效能也会影响学生学习的积极性，影响学生的学习兴趣、学习态度、期望价值、自我效能和情绪情感活动，从而影响学生的学业成就。[①]

如前所述，对教师效能存在着"信念""能力"和"测量结果"等多种理解。在这里，教师效能可以用"影响"的效应量来表达。哈蒂教授揭示了教师的反馈对学生学业成就影响的效应量为 0.73，在 138 个因素中排到第 10 位[②]。哈蒂教授指出："反馈是对学业成就影响最大的因素之一。"[③] 并提出了三大反馈问题（聚焦维度）和四个反馈水平（效应维度）。三大反馈问题分别是："我要去哪里？"的核心要素是学习意图、目的和目标，挑战和投入；"我如何到达那里？"，澄清和分享学习目的和成功标准，策划有效的课堂讨论、提问和学习任务，提供促进学生进步的反馈；"下一步去哪里？"，选择下一步最合适的挑战，引导学生针对学习进程的自我调节。四个反馈水平分别是指：一是任务和成果水平的反馈，是指"纠正性反馈"；二是进程水平的反馈，是指发展学习策略和检查错误；三是自我调节或条件水平的反馈，聚焦于学生对自身学习进程的监控；四是自我水平的反馈，以示对学生提供表扬。哈蒂教授不仅主张教师对学生的即时性反馈，认为即时反馈对学生的情感学习影响非常大，还主张学生之间同伴关系的反馈，以促进学生的学习；主张学生从错误中学习，是由于反馈纠正了错误的想法或假设。总之，在哈蒂教授看来，"反馈"是提升教师效能的最有效的途径。

---

① 王振宏. 国外教师效能研究述评 [J]. 心理学动态，2001（2）：146-150.
② [新西兰] 约翰·哈蒂. 可见的学习：对 800 多项关于学业成就的元分析的综合报告 [M]. 彭正梅、邓莉、高原、方补课，译. 北京：教育科学出版社，2015，347.
③ [新西兰] 约翰·哈蒂. 可见的学习：最大程度地促进学习（教师版）[M]. 金莺莲、洪超、裴新宁，译. 北京：教育科学出版社，2015，153.

第三节 教师期望研究

一、教师期望研究的概况

教师期望,是指教师根据他们对学生目前的了解,所做出的学生未来行为或学业成就的预测。20世纪60年代,罗森塔尔和雅各布森在奥克学校的教育实验表明,教师对学生成绩的期望与学生的成绩密切相关。库珀和古德认为,这是一种自我实现预言效应。[1] 罗森塔尔和雅各布森认为,教师期望效应主要在低年级起作用。对这一研究结果可以有许多可能的解释,如:①低年级儿童还没有明确确立起声望,所以对他们的操作水平寄予的某些期望是比较可信的。②低年级儿童比较容易感受他们教师的期望所施加的无意的社会影响。③低年级儿童入学时间不长,在年龄特征方面不同于高年级儿童。④低年级教师在许多方面可能与高年级教师不同,而这些方面是与无意传递期望的效用相关的。[2] 罗森塔尔对13项有关期望效应的实验研究结果进行概括:"教师期望的改变能够导致智力操作水平的提高和有关行为的改善。"[3]

20世纪70年代末到80年代末,该领域的研究开始扩展到教师期望过程研究和理论构建上。教师期望过程研究主要集中于教师是如何形成期望、如何传递期望这两大主题。教师期望形成研究主要关注的是学生先前的学业表现以及人口学变量(如种族、家庭地位等)在期望形成中的作用;而教师期望传递过程的研究主要集中于影响期望过程的调节变量和中介变量(如教师的人格特征与信念、教师行为等)。[4] 古德和布罗菲对低期望的研究结果表明,

---

[1] [瑞典]胡森. 教育大百科全书(教育社会学)[Z]. 刘慧珍,译. 重庆:西南师范大学出版社,2011,155.

[2] [美]罗森塔尔,[美]雅各布森. 教师的期望:学生智商增高的决定因素[A]. 瞿葆奎. 教育学文集:教师[C]. 施良方,译. 北京:人民教育出版社,1991:242.

[3] [美]罗森塔尔. 教师期望及其对儿童的效应,[A]. 瞿葆奎. 教育学文集:教师[C]. 张云高,译. 北京:人民教育出版社,1991:252.

[4] 范丽恒. 国外教师期望研究综述[J]. 心理科学,2006(3):646-648.

回答正确时教师对高期望学生的表扬是低期望学生的 2 倍,相反回答错误时,教师对低期望学生的批评是高期望学生的 3 倍。不管回答正确与错误,低期望学生被忽略次数是高期望学生的 4 倍。回答错误时高期望学生再次回答机会是低期望学生的 2—3 倍。总之,教师对高期望学生的成功给予更多表扬,对低期望学生的失败给予更多批评。[①]

国内学者刘丽红研究了教师期望对学生学习能力感、学业成就动机及学业成绩产生影响的原因。一是教师期望会通过学生个人的认知活动影响和改变他们的自我观念,从而影响学习能力感,即学习自信心。二是教师期望通过影响学生的认知而对学业成就动机产生影响,这种影响较之对学业成绩的影响更为直接和显著。三是教师期望通过不同期望值学生的不同对待形式,使他们分别产生不同心理效应,从而形成对学业成绩的极为显著的影响。刘丽红指出,教师期望效应的强度如何,最终取决于学生如何对待。[②]

二、教师期望的本质

教师期望本质上是一种教师的心理映射,通过这种心理映射产生期望效应,从而对学生的学习成绩和行为产生影响。教师期望效应是指在教学活动中,教师期望能引起"实现预言效应",即教师根据对某个学生的认知而形成一定的期望,促使该学生朝着期望的方向发展,而最终使预言成为现实。大量的教育实践表明,中小学生最看重教师对自己的态度,最怕教师的冷漠,大学生也有这种情况。如果教师对学生的关怀和期望能"多看一眼""多问几句""走得近一点""交流多一点"或者"点点头""拍拍肩""微笑多一点""语气温和点",那么,学生就会产生不一样的力量感、鼓舞感和欣慰感,这样,久而久之,学生就会有大的改变。罗森塔尔把这些行为称之为"强化

---

① 左金娣. "教师期望效应"的理论和应用 [J]. 沈阳教育学院学报,2005 (4): 82 – 84.

② 刘丽红. 教师期望效应产生的心理原因及对策 [J]. 北方论丛,1998 (2): 107 – 109.

物"。① 由此可见，教师期望是教师通过各种态度、表情和行为表达出来并传达给学生的。教师真实的爱将导致学生的智力、情感、个性的顺利成长。正如古德和布罗菲揭示的："大多数关于教师自然形成的期望的研究，是把期望与师生互动相联系。"他们指出："如果教师的对待方式长时间保持一致，而学生又没有主动抵抗或改变，它将可能影响学生的自我概念、成就动机、期望水平、课堂行为以及与教师的互动。"② 因此，教师期望是一种教师与学生"长时间保持一致"的互动行为。教师期望也是一种教师关怀德性的体现。

三、教师期望效应的功能

教师期望效应产生的心理原因，一是教师期望会通过学生个人的认知活动影响和改变他们的自我观念，从而影响学习能力感，即学习自信心。二是教师期望通过影响学生的认知而对学业成就动机产生影响，这种影响较之对学业成绩的影响更为直接和显著。三是教师期望对学业成绩有着极为显著的影响，其原因在于学习能力感水平高的人，对自己能力的评价较高，这会提高其对未来成就的期望与追求，因而学习效率高，会使自身的智力潜能得到良好的发挥。③ 这种心理原因构成了期望效应功能的基础。

靳玉乐等人论述了教师期望效应的功能：一是激励功能。教师对学生寄予的期望，会对学生产生极大的激励作用，促使学生朝着教师所期望的目标发展，形成一种良性循环。事实证明，只有高期望才会产生激励功能。如果教师对后进生总是给予低期望，就绝不会产生激励功能。二是调整功能。教师期望转化为学生的内在需要也是一个情感活动过程，因而具有调整师生关系的功能。教师要与学生在相互交往中产生认识、情感、思维等方面的"共振"或"共鸣"。这种调整功能依赖于教师和学生之间的情感反馈，有赖于教

---

① [美] 罗森塔尔. 教师期望及其对儿童的效应，[A]. 瞿葆奎. 教育学文集：教师 [C]. 张云高，译. 北京：人民教育出版社，1991.

② [瑞典] 胡森. 教育大百科全书（教育社会学）[Z]. 刘慧珍，译. 重庆：西南师范大学出版社，2011，156.

③ 刘丽红. 教师期望效应产生的心理原因及对策 [J]. 北方论丛，1998（2）：107－109.

师激励的持久强化与具体的指导。三是转化功能。教师期望会使学生的内在潜能得以转化为现实能力。教师关注每一个学生，尊重学生的自主性，相信他们的潜能，并通过持续的激励效应使这种潜能发生转化。可见，转化功能必以激励功能为支撑。四是支援性功能。教师期望会给学生以心理支援，使学生克服心理障碍，走出情绪低谷。教师要理解学生的心理需求。支援性功能必以高期望为前提。如果教师对低期望和无期望学生表现出冷淡、偏心、歧视、不闻不问的态度行为，从而使这些学生心理不平衡，对教师失望，那么，就不会有任何心理支援性可言。[①]

四、影响教师期望形成的因素

一些研究表明，一是教师的人格特点会影响教师期望的形成。有偏见的教师在所有的教学中都与无偏见的教师存在着实质性的差别。而且教师期望效应，特别是教师负性期望效应总是发生在有偏见教师而非无偏见教师身上；二是高自我效能感的教师形成的期望更积极；三是教师的期望更多的是受到学生先前成绩的影响；四是情境因素也会影响教师期望的形成。当学生进入一个新情境时，会更倾向于验证教师的期望。[②]上述这四点因素是从心理学实验中概括的。但是从教师专业伦理的角度看，教师期望的形成还与教师对学生的关怀和了解有很大的关系。一线教师刘超就提出"走进学生，多跟学生交流沟通"，才能"了解学生的心理，走进学生的心灵"，才能形成教师的期望。

五、教师期望的区别对待

教师不可能把期望传达给每一个学生，也有可能采取不一样的传达行为。古德和布罗菲认为，教师不是对每个学生都有明确的期望，或者那些期望可能是不断变化的。即使期望是一致的，教师可能没有通过一致的行为来传达。

---

① 靳玉乐，王桂林. 教师期望效应的功能与运用原则 [J]. 教育实践与研究，2003 (1)：3-4.

② 范丽恒. 国外教师期望研究综述 [J]. 心理科学，2006 (3)：646-648.

古德和布罗菲列出了教师对待高成就者和低成就者有所不同的 20 种行为，如让低成就者回答问题时，总是给他们留下较少的时间；或者向低成就者提问一些简单的问题，并不予以反馈。又如，经常批评低成就者的失败，或者很少表扬他们的成功。再如，以不友好的方式与低成就者互动，或者很少与他们互动。还有，很少接受和采纳低成就者的想法。古德和布罗菲提醒，考虑这些不同的对待形式时应注意三点：一是教师的这些行为不是在所有的教室都会发生。有些教师不传达低期望；有些教师给所有学生或多数学生提供适当的期望。二是有些教师的不同对待是由于学生的原因而造成的。如低成就者不自告奋勇，会使教师面对两难处境。三是有些不同的对待形式是因材施教所需要的。① 古德的被动性模型表明，教师某些形式的对待导致了低成就学生的被动性，降低他们的努力和导致他们被动的学习方式。②

六、教师传达成就期望的路径扩展

古德介绍了卡尔森等人的干涉计划实验，目的在于"防止和纠正低期望"，主张"把积极期望传达给低成就者"。古德指出，期望研究可以在"课程内容选择"和"教师的学科知识"方面加以扩展；"教师的学科知识，可能是影响他们把成就期望传达给学生的一个重要因素。"③ 卡尔森关于"教师学科知识对其所教学科课堂讲授的影响"的研究证明，教师对学科的看法以及如何把它们呈现给学生可能影响到他们是否对学生形成了合适的成就期望；当教师对学科主题很熟悉时，教学活动的选择会影响学生参与班级讨论。④

---

① [瑞典] 胡森. 教育大百科全书（教育社会学）[Z]. 刘慧珍，译. 重庆：西南师范大学出版社，2011，157.
② [瑞典] 胡森. 教育大百科全书（教育社会学）[Z]. 刘慧珍，译. 重庆：西南师范大学出版社，2011，158.
③ [瑞典] 胡森. 教育大百科全书（教育社会学）[Z]. 刘慧珍，译. 重庆：西南师范大学出版社，2011，159-160.
④ [瑞典] 胡森. 教育大百科全书（教育社会学）[Z]. 刘慧珍，译. 重庆：西南师范大学出版社，2011，160.

七、教师期望研究得出的启示

一是古德和布罗菲的研究，使我们看到：教师期望需要教师德性的支持。不论是教师期望的区别对待，还是教师期望路径的选择，都是与教师的德性密切相关的。特别是对学习困难学生，教师怎样形成期望、怎样传达期望，需要教师关怀、教师宽容、教师忍耐，需要教师公正和师爱的加持。教师期望的运用需要教师专业伦理的规范。二是卡尔森的研究，使我们看到：当教师对学科知识熟悉时，比较容易形成期望，并且会以娴熟的课堂讨论传达成就期望。这就足以说明，"教师教育大学化"塑造"学者型"学科专家和"研究型"教育专家的必要性和教师教育中学科知识课程的重要性。

第四节　国内学者的教师行为研究

国内关于教师行为研究的文献很多，接近2000条。既有教育学者、心理学者的专题性研究，也有大中小学教师立足于教学实践的研究；既有对教师人格特征的研究，又有对教师课堂行为的研究。在关于教师课堂行为的研究中，既有以学科课程如语文、英语、数学、物理课堂教学为对象的研究，也有以学校层级的教师课堂教学行为的研究；既有课堂教学语言行为研究，也有课堂非语言行为的研究；既有教师提问行为的研究，也有课堂教学管理行为的研究；既有对教师问题行为的研究，也有对教师行为有效性的研究。在这里，仅对专业学者的专题性研究文献做综合述评。

一、教师人格特征研究

自从改革开放以来，国内学者在引进国外研究成果的同时，也自主开展了教师个性特征的研究。从研究方式上看，有的从理论上进行阐述，有的对优秀教师的书面经验、事迹材料进行分析归纳；有的通过对学生的调查而确定教师的某些心理品质；有的结合自己的实际经历和体验进行总结概括；有的验证国外的某些实验结论（比如勒温的领导作风实验以及罗森塔尔等人的实验);有的对在职教师进行问卷调查和心理测验,等等。许多研究成果具有很大的理论意义和实践意义。刘兆吉、黄培松的《对 120 名优秀教师和模范班主任心理特点的初步分析》(《心理学报》1980.3);韩向前《我国中小学校、教师人格特征研究》(《心理学探索》1989.3);万云英《教师的优良心理品质》(《心理科学通讯》1990.3),是国内教师人格研究的代表作。

刘兆吉等人通过对 120 名优秀教师、模范班主任的优秀事迹材料进行分析,归纳出优秀教师的一些典型的、有代表性的心理品质:一是忠诚党的教育事业,二是对学生有浓厚的情感,三是有克服困难的坚强意志,四是善于了解学生个性的观察力,五是有进行思想政治教育的能力,六是有组织能力,七是师生关系好、有威信,八是有坚强的责任感,九是有教育后进生与改造乱班的能力,十是有全面掌握教材和运用教材的能力,十一是有因材施教的能力,十二是有引起学生学习兴趣积极性的能力,十三是有启发学生思维和解决问题的能力,十四是有思维的创造性和独立性。从中可以看出,教师的个性特征包括智力特征、意志特征、情感特征。与国外学者研究的认真、热情、条理性、情绪稳定等结论一致。①

韩向前以艾森克人格问卷为研究工具,对国内中小学、幼儿园 1697 名教师进行测试,结果表明:一是好交往、健谈、乐观、热忱等外倾的人格特征成为教师所必备的心理品质,二是稳定的情绪是教师职业特点的要求,三是教师一般很少具有倔强的典型特点,四是优秀教师的人格品质优于一般教师。②

韩进之于 1989 年在总结国内外研究的基础上提出,一个优秀教师应具有以下优良的个性品质:①热忱关怀;②真诚坦率;③胸怀宽阔;④作风民主;⑤客观公正;⑥自信自强;⑦耐心自制;⑧坚韧果断;热爱教育事业。这是

---

① 刘兆吉,黄培松. 对 120 名优秀教师和模范班主任心理特点的初步分析 [J]. 心理学报,1980 (3):287 – 297.
② 韩向前. 我国中小学校教师人格特征研究 [J]. 心理学新探,1989 (3):18 – 22.

对我国教师个性特征研究的一个总结。①

吴光勇、黄希庭等学者整合采用理论分析方法与调查法、形容词检核法、文献分析法和访谈法等研究方法,对1000余名中学师生和社会公众理想中的当代中学生喜爱的教师人格特征进行实证研究。吴光勇从理论上推论,素质教育中教师有魅力的人格品质,应包括三个层次:一是心理健康的人格品质,如情绪稳定、轻松兴奋、自信、心平气和等;二是从事教师职业的人格品质,如自律谨严、有恒负责、精明能干等;三是有创造力的人格品质,如聪慧、富有才识、严肃审慎、当机立断等。实证研究的结果表明,学生总体喜爱的教师人格特征是:

1. 具有崇高的品德和价值,敬业爱生,教书育人,具有高度有恒的责任感和求实精神、奉献精神和人梯精神的思想政治品质。

2. 具有强烈的责任感,对学生有深厚的情感,具有坚强的意志和适应教师工作的良好性格,兴趣广泛,富有理性、创新和成熟的自我意识等心理品质。

3. 遵循教育教学规律,具有深厚广博的才识和熟练的教学艺术、严谨的治学态度、高度的教育教学效能感,具有创造性地进行教育教学的能力品质。

4. 具有真诚、公正、善良、独立、文明等道德品质。②

刘丽红运用卡特尔16项人格量表对161名教师进行问卷调查和统计分析,得出结论:教师职业的总体人格特征表现为幻想性、恃强性、兴奋性、世故性与乐群性,男教师更具敢为性、自律性,女教师更具幻想性、世故性。提出了职业敏感性的概念。教师的职业敏感性首先表现在他们能在学生的心理活动(如需要、情感、冲突与困惑)发生变化时,对其产生原因与发展趋势做出准确的判断与预测,进而帮助学生做出有效反应。其次表现在教师能够时刻清醒地意识到自己的态度与行为对学生所产生的心理影响,因而经常

---

① 辛涛,林崇德. 教师心理研究的回顾与前瞻 [J]. 心理发展与教育, 1996 (4): 45-51.

② 吴光勇,黄希庭. 当代中学生喜爱的教师人格特征研究 [J]. 教育研究与实验, 2003 (4): 43-47.

以温暖的、理解的、支持的、尊重的、信任的、接纳的、鼓励的、耐心的态度对待每一个学生,以实现积极的期望效应。研究表明:优秀教师比一般教师具有更高的职业敏感性,更善于在与学生的沟通中有效地运用非言语线索对学生的行为进行有效的预测与引导,帮助学生获得更多的成功体验。教师的敏感性,通常与他们个人的个性特征有关。外向—直觉—感情—认知型教师对学生的需要高度敏感,并且对学生和他们自己的成长高度敏感。这种类型的教师能够更好地理解学生,善于激发学生理解未知世界,促进想象力和创造力的提高,并帮助学生处理个人问题。①

二、课堂互动行为研究

吴康宁教授等人根据贝尔斯、弗兰德斯的社会交互作用理论模式、兰克尔的信息反馈模式分析了课堂中的师生交互行为。教师与学生之间的互动可以分为:一是教师个体与学生群体之间的互动,二是教师个体与学生个体之间的互动。课堂教学的大部分时间和大部分内容都表现为教师个体与学生群体之间的互动,包括组织教学、课堂讲述、课堂提问、课堂评价、课堂练习等。但是,这种互动行为多半是单向的。教师个体与学生个体之间的互动是最能对学生产生影响的互动,主要形式是:提问与应答、要求与反应、评价与反馈,以及个别辅导、眼神交流、直接接触等。②

吴康宁教授分析了课堂教学中教师的课堂控制风格,指出教师与学生互动类型主要取决于教师的课堂控制风格。一是教师采取专制式控制,基本上是教师与全班学生的互动;二是教师采取民主式控制,就会有教师与全班学生的互动和教师与个别学生的互动两种类型;三是当课堂中存在专门的学习小组时,教师采取专制式控制,还有教师与学习小组的互动的情况下,学生并不主动积极地与教师互动;四是当课堂中存在专门的学习小组时,教师采取民主式控制,除了教师与全班学生、学生个体的互动之外,还有教师与学

---

① 刘丽红. 教师人格特质及其对职业成就的影响 [J]. 心理科学,2009 (6): 1462 – 1464.

② 吴康宁. 课堂教学社会学 [M]. 南京:南京师范大学出版社,1999:200

习小组的互动，这种情况下课堂会呈现为和谐状态。①

吴康宁教授分析教师与学生互动的几种情况后指出，教师与学生之间的互动是一种差异性互动。一方面是教师与学生个体互动同教师与学生群体互动的比例差异，一方面是教师与学生个体互动的对象差异。如，性别上的男生多于女生，或者女生多于男生。又如，从对象的职务上，与学生干部的互动多于非学生干部。再如，从互动对象的成绩看，教师与成绩好的学生互动多于成绩差的学生。教师与学生的互动差异还体现在互动的具体内容与方式上。一方面是教师与成就水平比较高的学生互动时，教师倾向于采取民主的、肯定的、充分考虑学生个性的方式，并且表现出很大的耐心；另一方面是教师与成就水平比较低的学生互动时，教师更倾向于采取专制的、否定的、控制的方式，并且较少给予这些学生充分的思考时间和充分的表达机会。②

吴康宁教授指出：教师的积极、肯定、民主、富有启发性的互动行为，无疑会促进课堂教学效果和学生学业成绩的提高，而教师的消极、否定、专制、带有注入式的互动行为，将会影响教学效果和阻碍学生学业成绩的提高。③

三、教师互动风格的研究

江光荣教授将师生互动风格定义为"教师在跟学生互动时，所表现出来的人际行为特点和态度特点"。江光荣于 2000 年的实证研究通过采用观察表或者结构化教师风格问卷的方法，试图找到教师互动行为中的若干维度，并把这些维度作为评价师生关系、表征教师互动风格的指标。这些维度包括影响维度（支配—顺从）和支配维度（合作—敌对）、合作—支配维度。将师生互动风格分为 8 类：领导的、帮助/友善的、理解的、学生负责自由的、缺乏主见的、不满的、训诫的、严格的。研究发现，班级环境对于学生发展具有直接和重要的影响，同时班级环境又受到班主任师生互动风格的极大制约；

---

① 吴康宁. 课堂教学社会学 [M]. 南京：南京师范大学出版社，1999：200-201
② 吴康宁. 课堂教学社会学 [M]. 南京：南京师范大学出版社，1999：201.
③ 吴康宁. 课堂教学社会学 [M]. 南京：南京师范大学出版社，1999：202.

教师对师生互动中自我的评价越积极则其师生互动风格的特点在"支配—顺从"维度上越倾向于"支配"的一端，反之则倾向于"顺从"的一端。[1]

韩立敏于 2002 年采用多层线性模型（HLM）的分析方法，考察了在个体水平和班级水平上班主任之互动风格的两个维度与小学生自我概念的 8 个方面的关系。班主任互动风格的两个维度对小学生自我概念的一般学校表现、阅读、亲子关系和一般自我四个维度的效应很强，对数学、同伴关系、生理等维度的效应稍弱，而对运动能力维度没有什么效应。班主任风格对小学生自我概念的最大影响在一般学校自我、阅读自我、亲子关系三个方面。研究发现，班主任的互动风格对小学生的自我概念有重要的影响，班主任如果倾向于以严格、领导以及帮助、理解的态度与学生交往，对小学生自我概念的发展就会有积极的作用。[2]

四、课堂教学中的角色行为研究

教师的角色是指教师依据社会客观期望、在学校网络中凭借自己的主观能力，为适应所处环境、完成特定教学任务所表现出来的特定行为方式。吴康宁教授指出，在课堂情境中，教师的正式角色包括学习动机的激发者、学习资源的指导者、教学过程的组织者、课堂行为与学习效果的评价者等；教师非正式的角色包括教育知识的分配者、学生交往的控制者、课堂气氛的营造者、社会标签的张贴者等。[3] 教师在课堂中的行为要受到教师角色期望结构的制约。吴康宁教授以案例分析说明教师角色的期望结构，分析教师角色行为的选择。课堂中教师角色的期望结构表现为四种文化：一是教学大纲、课程标准所代表的体制文化，二是其他角色表现出来的世俗文化，三是表征学生期望的年轻人文化，四是表征教师自己期望的"精英文化"。教师的角色行

---

[1] 柳珺珺，江光荣. 师生互动风格的影响因素研究 [J]. 教育研究与实验，2016（3）：81 – 86.

[2] 韩立敏. 班主任之互动风格对小学生自我概念的关系研究 [D]. 华中师范大学硕士论文，2002.

[3] 吴康宁. 课堂教学社会学 [M]. 南京：南京师范大学出版社，1999：65.

为在四种文化要素之间存在着"紧张和契合",如体制文化与年轻人文化之间存在着控制与疏远的紧张,体制文化与世俗文化也存在着控制与疏远的紧张。教师的角色行为在四种文化的紧张中企求得到整合。①

王伟杰教授分析了课堂教学中教师的角色行为构成,他用"接近"(Proximity)和"影响"(Influence)两个维度来表明课堂教学中教师的角色行为。"接近"维度表明教师在课堂教学当中与学生交往的合作性、亲密性或交流热忱;"影响"维度表明教师期望在课堂教学中谁来引导或控制交往,以及交往的频率。用坐标表示两个维度的关系,X 轴表示"接近"维度,Y 轴表示"影响"维度,接近期望有两个极端:敌对(Opposition)和合作(Co-operation);同样,影响期望也可分为两个极点:统治(Dominance)与屈从(Submission)。教师总是在四个极端之间摆动的,于是四个因素的组合就产生了 8 种课堂教学情境下教师的角色行为:一是"统治—合作"构成领导的角色行为,二是"合作—统治"构成帮助/友好的角色行为,三是"合作—屈从"构成的理解角色行为,四是"屈从—合作"构成的负责/自由角色行为,五是"屈从—敌对"构成的失范角色行为,六是"敌对—屈从"构成的多疑角色行为,七是"敌对—统治"构成的训诫角色行为,八是"统治—敌对"构成的严厉角色行为。诸多的角色行为是由教师多样的期望网络所决定的,教师会根据不同的课堂情境选择不同的角色行为。②

王伟杰还分析了课堂教学中的教师角色紧张。③角色紧张指在满足一个角色的要求时所感受到的任何困难。教师在课堂教学过程中的这种角色紧张表现为两种基本类型:一是角色冲突,指教师角色期望中的不同角色期望含有不相容的要素;二是角色超载,指教师面对来自自身的期望以及来自自身角色之外不断变化增加的附加期望时,因缺少时间、精力或资源,无力满足某

---

① 吴康宁. 课堂教学社会学 [M]. 南京:南京师范大学出版社,1999:72.
② 王伟杰. 课堂教学中的教师角色行为分析 [J]. 外国中小学教育,2003 (9):35-38.
③ 王伟杰. 课堂教学中的教师角色行为分析 [J]. 外国中小学教育,2003 (9):35-38.

些角色的期望。

第一种教师角色冲突（训诫与理解）

在课堂中，当学生身心发展遇到障碍时，教师就面临着自己是扮演一个领导者还是一个顺应者的角色冲突。对于很多老师来说，很难同时扮演好两种角色，常常处于两难境地，从而带来角色的困惑与不安。

第二种教师角色冲突（领导与失范）

教师领导者的角色行为，一旦遭到来自学生的攻击，就随时可能使教师处于角色失范的状态。所谓失范，是指教师在课堂教学中发现自己对于这些身份的角色知识不够全面，无所适从。这种冲突现象在刚走上工作岗位的教师中最为常见。

第三种教师角色冲突（严厉与负责/自由）

教师在与学生的交往中面临着一个难以抉择的问题：做学生的朋友与做严厉的师长之间如何把握适度。

第四种教师角色冲突（多疑与帮助/友好）

多疑的角色行为是指教师典型地表现为单纯地扮演一个教书匠的角色。帮助/友好则表示教师扮演父母代理人的角色。这一点，类似于第三种角色冲突，在班主任工作中有突出表现。

董泽芳分析了教师角色冲突的类型和表现。他认为，教师的角色冲突可分为两种基本类型：一是角色内冲突，即个体在扮演某一社会角色时，角色自身产生的冲突。教师角色期望的多重性是导致教师角色内冲突的主要原因。首先教师作为学生社会化的承担者，不仅是教育者、引导者、管理者，而且还要充当严父慈母、心理医生或者顾问、体育教练、艺术指导，甚至"公安人员"等角色。其次作为社会代言人，教师还应该是道德行为的典范、文化知识的拥有者、青年行为的楷模等等。其三，作为学校组织成员的教师，相对于学校领导是服从、执行与配合的角色；相对于同事是竞争与合作的角色；相对于学生又是组织、管理与协调的角色。二是角色间冲突。角色间冲突是指个体同时承担多种角色而引起的冲突。在现代社会里，教师不仅在学校里承担多种职责，如教学与科研、教学与管理、教学与服务等之间就有着不同的规范,在社会舞台上也扮演着多种角色,而这些角色在很多情况下不具备时空统一性;当要求一个承担多重社会角色的教师,同时履行几种具有时空分离性的角色义务时,或当教师在执行其中一种角色规范时又认识到这一规范与另一角色规范之间存在不相容时,就会产生角色间冲突。①

傅道春教授分析了新课程中教师角色行为的变化。他认为,教师要在新课程的实施中从传授知识的角色向学生发展的促进者、学生发展的引导者转变。教师作为学生发展的促进者,其角色行为表现为:一是帮助学生确定适当的学习目标,并确认和协调达到目标的最佳途径;二是指导学生形成良好的学习习惯、掌握学习策略和发展能力;三是创设丰富的教学情境,激发学生的学习动机和学习兴趣,充分调动学生的学习积极性;四是为学生提供各种便利,为学生服务;五是建立一个接纳的、支持性的、宽容的课堂气氛;六是与学生一起分享他们的情感体验和成功喜悦;七是和学生一道寻找真理,能够承认过失和错误。教师作为学生发展的引导者,教师要具有如下角色行为:一是教师要记住自己的职责是教育所有的学生,因而要坚信每个学生都有学习的潜力;二是教师要慎重地运用学生原有的鉴定和介绍材料,对来自周围人对某一学生的评价小心地采纳,对学生不能形成先入为主的成见;三是在课堂教学中,要尽量给每位学生同等的参与讨论的机会,要经常仔细地检查、反省自己是否在对待不同学生上有差别;四是要尽量公开地评价学生的学习过程和结果;五是在实施奖励时,要做到公平、公正、公开,不可有不同的对待;六是要常常了解学生的意见,看看他们是否察觉到了教师在期望上的偏差,随时审视,随时修正。②

五、专家—新手型教师的教学行为比较研究

俞国良教授采用定量和定性分析相结合的研究方法,对专家—新手型教师的教学行为进行研究。专家教师和新手教师在教学行为的课堂规则、集中注意力、教材呈现、课堂练习、教学策略等五个方面表现出明显的差异,专

---

① 董泽芳. 论教师的角色冲突与调适 [J]. 湖北社会科学, 2010 (1): 167-171.
② 傅道春. 新课程与教师行为的变化 [J]. 人民教育, 2001 (12): 32-33.

家型教师的教学行为明显优于新手型教师。研究表明，个人教学效能感是影响教师教学行为的一个重要因素。高教学效能感的教师，在课堂教学过程中表现出较高水平的教学行为。专家型教师对自己的教学能力充满信心，在教学过程中能不断地调整自己的教学行为。对新手型教师来说，由于他们对教育在学生成长中的作用估计过高，其一般教学效能感过高，而这种高的一般教学效能对其教学行为的提高并没有作用，因此，新手教师的一般教学效能感和教学行为及其各维度的相关并不明显。新手教师具有较低的个人教学效能感，对教学常常感到沮丧、挫折，他们认为学生应负起自身的学习责任，当学生学习失败时，他们往往会从学生的能力、家庭背景、动机或态度等方面来找原因，而不是从改进自己的教学行为着手。在选择教学策略和决定教学目标时，新手型教师则不让学生参与，因而，在教学中，他们常会有不良的教学行为出现。由此可见，教学效能的高低会影响教师对教学目标的设定、教学策略的选择、班级管理的方法、教学评价、课后检查的方式、对学生成就的期望、教师对教学的责任与付出，以及在面对困难、挫折时能坚持的程度等。高教学效能的教师具有内控性格，他们愿意为学生付出更多的精力，能够勇于面对外在环境对学生的不良影响，对学生的学业成就较有影响力；低教学效能的教师在面对挫折时则比较倾向于采取逃避策略，而且容易将教学结果的成败归因于外在环境的影响，因而可能降低对学生奉献教育的精力与意愿。[①]

六、反思型教师教学行为特点研究

田杰教授研究和揭示了反思型教师的教学行为特点。

一是在教学过程中强调与教材、与学生对话，特别强调与自己对话。教师作为反思性实践者的角色行为是：（1）用批判者的眼光审视自己的教学行为，把思考的注意力由外显的教学行为转到教学行为背后隐含的教育目的、课程原理和教学观念上。（2）比较分析各种教育理论的特点，善于对各种观

---

① 俞国良. 专家—新手型教师教学效能感和教学行为的研究［J］. 心理学新探，1999（2）：32-39.

念提出疑问，并在权衡各种对立或非对立的主张的基础上，选择正确的观念来指导教学行为。（3）对教学中出现的问题能从多重角度出发进行清晰而透彻的分析，并提出具有独创性的、恰当的解决方案，而不是人云亦云，盲目跟进。（4）决策时不把自己的思想拘泥于某一点，而应想到还有哪些可供选择的行为和方法，并在情境变化时及时调整和改进原有的决策和行为。（5）不仅要思考教学行为本身和行为背后隐含的教育理念，而且要认真思考教学行为可能带来的社会和个人后果，以及教学行为的伦理价值。

二是既重视教学的科学层面，更关注教学的艺术层面。反思型教师反对用固定的模式和划一的方法进行教学，反对离开对具体情境的分析，抽象地谈论教学的方法和法则，而要求教师更多地关注教学的不确定性和个性化特点，像艺术家用心灵感受自己的作品那样，认真地研究每一个具体的教育对象，每一个特定的教学情境，采用灵活变通的教学方法，审时度势地处理课堂上发生的新情况、新变化，真正做到因材施教，因情（境）施教，使教学变得更加丰富多彩、更加个性化，真正成为一门艺术。

三是在教学过程中自觉将隐性知识显性化，使其成为一种明确的知识。反思型教师注意到了隐性知识对教师教学行为和显性教育理论知识学习的影响，所以特别注重分析和研究自己的隐性知识，区分哪些隐性知识与教学活动的发展相一致，能对教学活动起积极影响的作用，使教师对教学问题的处理达到某种自动化的程度，能有效地节约时间和精力，而哪些隐性知识与先进的教育理念或教学目的不一致或不完全一致，对教学发展会产生消极影响，导致对复杂问题的简单化、划一化处理。

四是反思型教师立足于自己非常熟悉的教育教学实践展开行动研究。通过对自身教育实践活动的分析和思考，以自己在教学实践中经常碰到和亟待解决的问题为突破口，在学习、借鉴已有教育理论和教学经验的基础上，对这些问题进行反复观察、审慎思考和深入分析，力求提出创造性的解决方案，以提高教学实践活动的有效性和合理性，引导学生更好地发展。反思起源于问题，没有问题自然也就不会有反思。教师要善于发现问题，特别是要善于以深邃的洞察力，从纷繁复杂的信息中发现和鉴别出有助于解决问题的信息，并找出解决问题的办法。①

七、教师教学观念与教学行为关系研究

教学观念和教学行为之间存在怎样的关系，有一致性和差异性两种观点。

多数研究者认为，教师教育观念和教育行为之间存在一致性，教育行为受教育观念的影响和支配，两者之间存在极大的相关。教师往往是根据其观念做出一定的判断和决策，并进而落实到行为上，通过行为来影响教育效果和儿童发展的；而教师实际表现的教育行为也在相当大的程度上与其观念一致。

一些研究者提出教育观念和教育行为差异性的观点。这一观点认为，教师的教育观念和教育行为之间并不存在显著相关，教育观念在教师做出判断、决策和采取一定的教育行为中所起的作用是微弱的。教师在很多时候是依据个人的经验、直觉甚至冲动而非教育理念、认识等来做出相应的教育行为。针对这一问题进行的不少研究表明，影响教师教育行为的因素是多方面的，包括教师个性、观念、能力和经验等主观因素，也包括学生特征、师生关系状况及课堂情境等客观因素。教师在决定其所要采取的行为时，更多时候是受主客观多种因素的综合影响，教育观念只是其中起主要作用的因素之一。

庞丽娟教授认为，宜从以下几方面来把握教育观念和教育行为之间的关系。一是教育观念和教育行为不是两个孤立的存在，应该也必须是相互联系和结合的。教育观念和教育行为之间存在一致的可能和基础。二是教师的教育观念和教育行为之间是彼此联系、相互影响的，而非简单的此决定彼的关系。教育观念对教育行为有指导作用，是教育行为的基础和内在依据；反过来，教育行为不仅是对教育观念的反映与应用，同时也有助于促进教育观念的理解与内化。三是教育观念向教育行为的转变具有必然性。教育观念和教育行为在很多方面是有区别的：第一个方面是在素质提高的不同阶段，教师所形成的教育观念水平和层次不同，其对教育行为的影响程度也不同；第二

---

① 田杰. 反思型教师教学行为特点研究［J］. 高等教育研究，2003（1）：76-79.

个方面是教师教育行为的转变，更多表现在行为层次上，其转变途径、机制与观念转变有所不同，除理论学习之外，教育行为转变更需要通过行为实践、现场观摩、案例分析、专题研讨等方式来实现；第三个方面是影响教师教育观念和教育行为转变的因素不同，教师教育行为是否能发生实质性的变化和提高，则受到教师自身知识、经验、个性、能力等主观因素和课堂环境、学生行为、家长观念、社会舆论等多方面客观因素的影响；第四个方面是教育观念的表层转变相对容易一些，而教育观念的深层转变、观念向行为的转变和教育行为的切实改善则难度较高。①

庞丽娟教授以教师对儿童学习的观点及其课堂活动中的教育行为为切入点，综合运用访谈、观察、问卷、资料分析等多种方法，探讨了教师的儿童学习观与其指导儿童学习的教育行为之间的关系。一是教师的儿童学习观表现为不同的内容，是由教师对儿童学习各个方面的观念所构成的一个系统。二是在教师对儿童学习的认识中，存在一些冲突性的观念，例如，传统观念和现代观念并存，教师的儿童学习观与其他各种观念如教学观、儿童观、教师角色观等之间也可能存在冲突和矛盾。三是教师儿童学习观与其行为的关系上存在个体差异，即不同的教师在其观念与行为的关系上表现出的关系有所差别。四是教师成长和发展的阶段对教师儿童学习观与行为的关系有一定的影响。初任教师往往处于"生存关注"阶段，其行为常常受到有经验教师的影响和教学情境的影响，对儿童学习的观念也常常无法落实。"任务关注"阶段的教师对儿童学习进行指导的目的也往往是为了更好地完成教学任务，因此在其教育行为表现上，对儿童学习过程本身可能缺乏关注。"学生关注"阶段的教师则能够关注课堂中儿童学习的实效，关注儿童是否真正在学习，也在教学中关注师生互动促进儿童多方面发展。②

---

① 庞丽娟，叶子. 论教师教育观念与教育行为的关系 [J]. 教育研究, 2000 (7): 47–50.

② 高潇怡，庞丽娟. 教师的儿童学习观与其教育行为的关系研究 [J]. 教师教育研究, 2007 (3): 41–45.

本章小结

以教师行为研究的逻辑展开，运用分析、比较、实证等方法，对教师行为产生"教育影响"的一系列研究活动加以梳理，展现了一些特征性、比较性、结构性的事理研究性知识。如：有效能教师的特色性教学行为、有效能教师的特征、优秀教师的个性品质、师生课堂互动行为类型、教师课堂控制风格、教师互动风格、课堂教学中的角色行为、反思型教师教学行为特点、专家—新手型教师教学效能感特点等，揭示了教师角色行为、教师个性特征、教师课堂控制风格、教师与学生互动行为、教师期望、教师效能感等方面"教育影响的效能"和一系列教育关系，如教师人格特征和学生心理能力发展及学生学习成绩之间的关系，教师教学行为与学生学习态度和学习效果的关系，教师之互动风格与学生心理发展的关系，教学效能感与教师教学行为的关系，教师行为与课堂管理之间的关系，教师教育观念与教师教育行为的关系。特别是教师期望对学生的"教育影响"有其特殊性；一方面，教师期望的形成和传达需要教师德性的支持，也需要教师专业伦理的规范。教师对学业困难的学生持怎样的期望，是考验教师德性的试金石。另一方面，教师的学科知识是教师期望形成的一个重要因素。教师对学科知识的娴熟，有利于教师以合适的形式把期望传达给学生。总之，教师的个性品质、教师的互动行为、教师期望、教师的效能感、教师的观念都是与"教育影响"的效能相关的因素。在这些因素中，有些是无意识的"教育影响"效能的因素，有些则是有意识有目的的"教育影响"效能的因素。

第八章

教师知性研究

"知性"是一个哲学概念，有多义性。一是指理智，理解力，"指取得知识的能力，也指认识、辨别、判断和解释的能力"；二是指"认识的发展阶段"，是"思维的必要阶段"。① 为了论述方便，笔者借用这一概念的多重含义，从人类认知现象的角度，用"知性"来概括信念（观念）、知识、思维、能力、智慧这一类认知现象。与之相应，教师知性是一个笔者创设的比较宽泛的概念，抽象概括教师信念（观念）、教师知识、教师思维、教师能力、教师智慧等这一类有关教师"知能"品性的教育现象，作为一个范畴来研究。关于这一范畴教师研究的成果表明，这些有关教师"知能"品性的教育现象都与教师"教育影响"的效能有逻辑联系。提升教师"教育影响"效能的逻辑前提是"教师需要知道什么？""教师需要做什么？""教师怎么做？""哪些因素促成了教师的行动？""教师何以知道怎样的行动是合理的？""哪些知能品性影响着教师的行动？"围绕这几个问题，学者们提出了合理性的见解。一是有学者指出，以往关于教师行为转变的研究缺失了对构成教师行为的知识和信念的研究，是不合理的。"教师知识和信念应成为判断教学的知识基础的重要依据"。② 二是"教师知道什么"将影响教师的教学活动以及师生关系。三是教师关于自己教育能力的观念，就是教师对于自己"教育影响"效能的看法，构成教师素养的基本要素。四是"教师的知识水平是其从事教育工作

---

① 冯契：哲学大辞典［Z］．上海：上海辞书出版社，1992：1011．
② ［荷］尼克·温鲁普简·范德瑞尔，［荷］鲍琳·梅尔．教师知识和教学的知识基础［J］．北京大学教育评论，2008（1）：21-38．

的前提条件"。① 五是"教师教育观念是教师素质的重要组成部分",②"教师的教育观念是其从事教育工作的心理背景"。③ 六是教师信念"是教师成长的重要保证"。④ 七是"教师的教学监控能力是其从事教育教学活动的核心要素"。⑤ 它们提供了教师"教育影响"的基础性因素和动力性因素,对提升教师"教育影响"的效能起着支撑的作用。

第一节 教师信念

一、信念的概念

1. 信念的基本内涵

信念是一个与知识相关的基本概念。《哲学大辞典》对信念的解释是:"对理论的真理性和实践行为的正确性的内在确信。"⑥ 有学者认为:"信念可以从两种不同类型来考察:一类是知识论类型的信念,一类是价值伦理类型的信念。"⑦ 在知识论看来,知识与信念的关系,一是信念构成知识的第一个条件,是构成知识的主体因素;二是确证它必须是真的;第三是必须有充分的证据来证实我们所拥有的信念是真的。可以说,信念是知识的初级形态。在价值论看来,信念表达的是一种价值观,是一种态度。信念需要在自由意志的支配下获得认同。在这种情况下,信念是一种综合的精神状态,是认知、

---

① 申继亮,辛涛. 关于教师教学监控能力的培养研究 [J]. 北京师范大学学报(社会科学版),1996(1):37-45.
② 高潇怡,庞丽娟. 论教师教育观念的作用 [J]. 教育科学,2003(2):23-26.
③ 申继亮,辛涛. 关于教师教学监控能力的培养研究 [J]. 北京师范大学学报(社会科学版),1996(1):37-45.
④ 赵昌木. 教师持续成长:信念的转变与适应 [J]. 全球教育展望,2002(8):22-24.
⑤ 申继亮,辛涛. 关于教师教学监控能力的培养研究 [J]. 北京师范大学学报(社会科学版),1996(1):37-45.
⑥ 冯契. 哲学大辞典 [Z]. 上海:上海辞书出版社,1992:1215.
⑦ 郑召利. 信念的本性:从知识论谈起 [J]. 中国德育,2015(12):42-45.

情感和意志的融合和统一。"在这个意义上，信念就是指人按照自己所确信的观点、原则和理论去行动的个性倾向。""在更加广泛的意义上，信念是我们的生活的态度，是一种道德的感召、政治的热情、伦理的责任或宗教的情怀和信仰。"①

心理学家罗卡奇关于信念的界定是：信念就是"简单的，有意识或下意识的主张。信念通过个人的喜恶和言行表达出来。人们可以通过下面这个办法来识别信念：在个人表述信念前一般都加上'我相信'"。这个定义，把信念与意识、情感和意动联系起来。基于这个定义，罗卡奇划分了三种信念：描述性信念、评价性信念、先验性信念。②

2. 信念的特征

麦克劳德认为，信念位于认知和情感领域的交叉部位。因而，信念可能在性质上属于认知领域，但是却在情感领域中发挥着重要的作用。③ 格林认为，信念具有三个特征，（1）近似逻辑性：信念并不是按照逻辑法则的前提和结论组成，而是按照主体的看法来排列的。正是因为信念系统缺乏逻辑，因此一个人可以同时持有互相矛盾的信念。（2）心理重要性：信念可以按照心理上的重要性来组织，因此信念系统存在中心信念与边缘信念的层级关系。（3）组合结构：信念是以一组组（clusters）的形式聚合在一起的，由于信念具有评价和情感的成分，因此个体会把好的判断与坏的判断分成不同的组别加以组织。④

国内有学者概括了信念的七种特征：一是信念是人的心理特征之一，它与人的其他心理特征如情感、意志、性格、意识、动机、智力等同处于人的心理系统之中，但表示的心理内容完全不同；二是信念是人的思想的一部分，

---

① 郑召利. 信念的本性：从知识论谈起 [J]. 中国德育，2015（12）：42 – 45.
② 金爱冬，马云鹏. 国内外教师信念问题研究综述 [J]. 延边大学学报（社会科学版），2013（1）：75 – 83.
③ 林一钢. 教师信念研究述评 [J]. 浙江师范大学学报（社会科学版），2008（3）：79 – 84.
④ 林一钢. 教师信念研究述评 [J]. 浙江师范大学学报（社会科学版），2008（3）：79 – 84.

反映了人的思想倾向，但不等同于一般思想，在方向程度、目的程度、信仰程度、理想程度、价值取向程度上比一般的思想更强烈、更坚定；三是信念作为一种包含有多层次、多维度因素的心理特征，反映了人的认知因素，智能因素，情感因素，人格因素，道德因素，价值观因素，社会政治、文化、经济、历史及环境因素等；四是信念包含了对目标的向往和肯定，但不同于理想和信仰，与理想和信仰相比，思想基础更坚实，距离现实更贴近；五是信念内含有丰富的感情因素，但不同于心理意义上的情感；六是信念是人生态度的"正向"状态，外化在个体行为上，表现为具有强烈的社会责任感和高尚的人格、情操、品质，以及对真、善、美的追求等；七是信念的产生途径是环境影响和主体的价值观追求所形成的价值内化过程。[1]

俞国良认为，在心理学意义上，信念可理解为个体对于有关自然和社会的某种理论观点、思想见解坚信不疑的看法。[2] 郭晓娜认为，信念和观念是一对相关联的术语，但是二者之间又有一定的区别。信念在情感方面含有较多的主观色彩，比观念具有更强的感情成分。信念是个体基于已有的经验所建构出来的一种思想及行动指标，含有认知、情感和行为等成分。信念是一种对事物或命题坚定不移和完全接纳的心理状态，持赞成或肯定的态度，同时也是行为的激励力量。[3]

二、教师信念的概念

波特和弗里曼认为教师信念是教师对教学的取向，是教师对学生、学习过程、学校在社会中的角色、教师自身、课程和教学的信念。威廉姆斯和博登指出，教师信念主要包括关于学生、关于学习和关于教师自身的信念三种。泰勒拓展了教师信念的内容，除了教学目的、教学行为等方面的信念之外，

---

[1] 王长乐. 论信念形成的机制及其教育学意义 [J]. 固原师专学报, 1997 (2): 79 – 83.

[2] 俞国良, 辛自强. 教师信念及其对教师培养的意义 [J]. 教育研究, 2000 (5): 16 – 20.

[3] 郭晓娜. 教师教学信念研究的现状、意义及趋势 [J]. 外国教育研究, 2008 (10): 92 – 96.

还包括了有效学习、如何改进教学以及教师关于自我等方面的信念。卡尔德海德认为,教师信念通常用来指教师的教学法信念,或者那些与个体教学相关的信念,主要基于学科教学,提出了教师信念的五大领域,并指出各个领域是相互关联的:①关于学习者和学习的信念;②关于教学活动的信念;③关于学科的信念;④关于怎样教学的信念;⑤关于自我和教师角色的信念。[①]帕杰斯认为,教师信念是指教师在教学情境与教学历程中,对教学工作、教师角色、课程、学生、学习等相关因素所持有且信以为真的观点。教师的教学信念从属于教育信念。教育信念本身的意义十分广泛,其内涵包括教师本身是否有自信能影响学生、对知识本质的理解、对自我的观点、对教师和学生的行为表现以及能否完成特定任务的观念,甚至包括某些特殊的命题和原则。珀特和弗里曼是从教学取向来定义教师的教育信念的,教师信念指教师对于教育实践、学生、学习、教学、课程、教学环境、教师角色等的看法。彼得森认为,教学信念是教师在课堂上所有思想和言行的内在基础,包括学科内容的呈现、呈现的方式以及学生对学习内容掌握的难易程度等,教师经过有目的的教学,传递一些对于课程以及师生关系的看法。[②]

朱旭东教授把西方关于教师信念的实证研究概括为两种理论视角:特质理论和生态文化理论。特质理论的教师信念研究框架把教师信念(以及相关概念,如态度、期望和知识)作为恒定不变的个性化因素,认为教师信念是一个稳定的结构,既定的教师信念导致特定的教学实践行为。这种理论视角的实证研究,总结出教师关于教学的信念包括四个维度:一是关于传授知识的信念。是教学内容和学科教学知识重要,还是课堂组织管理更重要?二是关于教学能力的信念。教学能力是天生的,还是后天培养的?三是关于教师认知技能的信念。认为教师应该具备与人沟通的技能。四是关于教师情感素质的信念。认为教师应该富有爱心,满怀激情,有责任感。生态文化理论的

---

① 朱旭东. 教师专业发展理论研究 [M]. 北京:北京师范大学出版社,2011:9-10.

② 郭晓娜. 教师教学信念研究的现状、意义及趋势 [J]. 外国教育研究,2008 (10):92-96.

教师信念研究框架把教师信念置于教师所在地即时社会环境中（课堂、学校、家庭、国家、社会），认为教师信念与教师行为并非因果联动关系，而是互动关系，即教师的信念产生于教师实践和教师的生存环境，受制于其所处环境中的价值观和文化，同时影响、指导教师的实践活动，而教师在教学实践活动中进行的反思和积累的经验，又可以改变教师已有的信念。[①] 俞国良，辛自强把教师信念界定为"教师对有关教与学现象的某种理论、观点和见解的判断"，它影响着教育实践和学生的身心发展。教师从自己的经验、课堂实践、个性、教育理论、阅读以及教研活动中形成信念。[②] 赵昌木认为，教师信念是教师自己确认并信奉的有关人、自然、社会和教育教学等方面的思想、观点和假设。[③] 吕国光认为，教师信念是指教师在对自己所从事的职业有了一定认识的基础上在教师劳动价值方面所产生的坚信不疑的态度，是指教师在教学情境与教学历程中，对教学工作、教师角色、课程、学生、学习等相关因素所持有且信以为真的观点。[④] 金爱冬等人通过分析国内外学者对信念的研究，认为教师信念是其在一定的历史文化背景下，教师对教学过程中相关因素所持的信以为真的观点、态度、心理倾向，它以情节方式一簇簇储存起来作为个人信息库，这些信息包括了个人经验或事件、教师对教育所持的确信程度不同、没有共识的假设和确认程度，而且同时具备了认知、情感、评价和行动的成分。[⑤] 郭晓娜在分析了国内外学者关于教师教学信念概念的基础上，提出教师的教学信念是教师对教学过程中相关因素所持的信以为真的观点、态

[①] 朱旭东. 教师专业发展理论研究 [M]. 北京：北京师范大学出版社，2011：5-6.

[②] 俞国良，辛自强. 教师信念及其对教师培养的意义 [J]. 教育研究，2000（5）：16-20.

[③] 赵昌木. 论教师信念 [J]. 当代教育科学，2004（9）：11-14.

[④] 吕国光. 教师信念研究的进展与走向分析 [J]. 黄冈师范学院学报，2007（1）：67-72.

[⑤] 金爱冬，马云鹏. 国内外教师信念问题研究综述 [J]. 延边大学学报（社会科学版），2013（1）：75-83.

度和心理倾向。①

三、教师信念的特征和信念系统

1. 教师信念的特征

教师信念有四个特征：（1）教师信念本身也是一个系统，并处于教师个体信念系统中的某一个层次；（2）教师信念也是以"中心—边缘"的方式组织，越中心的教师信念越难改变；（3）中心的教师信念发生改变会导致整个教师信念的变化。边缘的教师信念日积月累的变化也能导致中心信念的变化，进而转变整个教师信念系统；（4）有些教师信念能意识到，且能用语言有效表达，而有些则相反。②朱旭东认为，教师信念不是一个固定不变的先验体系，而是在教师的生活和教学工作情境中逐渐形成，影响教师的教学实践，并且通过在教学情境中反思而发生改变的多种观念的综合。③

2. 教师信念系统

教师信念是一个包含多种成分的体系，学者们从知识、课程设置、教学目标、教学内容、师生地位、课堂形式、课堂控制、成绩评定、惩罚与考试的作用等方面考察教师信念。考尔德海德认为，教师的"信念系统"包括对教与学过程的信念、教师角色的信念、学科与自我学习的信念、学习环境与教学模式的信念，也直接影响教师的教学决策与信心。在教师的信念系统中，个体拥有的信念分为不同的层次水平，有些与自我观念联系紧密，而有些则远离自我观念，并有着不同的信奉程度。④ 每位教师对自己的工作、学生、课程、角色和责任等都会有不同的信念。研究者所遵循的教师信念结构主要包括教师效能（影响学生的自信心）、知识的本质（本体论信念）、激发教师产

---

① 郭晓娜. 教师教学信念研究的现状、意义及趋势 [J]. 外国教育研究，2008（10）：92-96.

② 林一钢. 教师信念研究述评 [J]. 浙江师范大学学报（社会科学版），2008（3）：79-84.

③ 朱旭东. 教师专业发展理论研究 [M]. 北京：北京师范大学出版社，2011：7.

④ 赵昌木. 教师持续成长：信念的转变与适应 [J]. 全球教育展望，2002（8）：22-24.

生某一行为的原因（归因、控制点、动机等）、自我觉知和自我价值感（自我概念和自我尊重）、自我效能（个体完成任务的自信心）以及一些具体科目的信念（如阅读指导、阅读本质等）。它们相互接纳、紧密相连，形成一个协调统一、具有"个人意义"的信念系统。①

朱旭东根据生态文化理论，将教师信念系统从外层的文化、价值观情境、国家和社会情境，到里层的即时情境和自我，分别综述了教师信念系统的国外研究成果。一是文化、价值观情境，是指教师关于青少年发展及其文化背景的信念。教师持有的关于青少年学习和发展的信念根植于他们所处的文化。教师对于学生的一些信念往往基于主流社会的文化价值观。教学信念可能有碍教师与弱势群体的青少年形成良好的师生互动。重视学生文化差异并且认为这些文化差异能为学生提供发展机会的教师，能够更有效地协调来自不同文化背景的学生之间的关系。② 二是国家和社会情境，是指教师关于教育政策、标准和问责制的信念。教师的实用主义信念阻碍了建构主义教学改革的实施。教师的已有教学信念在教师的课堂教学和国家质量标准之间起着中介和诠释的作用。教师的信念在政策和教学实践之间形成的张力或许能使教育政策的实施更加适合当地情况和教学需要。③ 三是即时情境，是指教师关于学生、课堂互动和教学内容的信念。教师对于学生、课堂互动和教学内容的信念受制于他们所处的即时情境：学生、课堂和师生互动。教师关于学生智力和学习能力的信念往往决定了他们对学生学习进度和师生互动方式的理解。教师对差生和弱势群体学生的信念和态度深刻影响着学生的学习积极性和学习成绩。教师关于"何谓课堂行为规范"的信念也影响到教师对具备不同行为特点的学生的印象和师生互动。教师关于教学内容的信念会影响他们对课程的安排、课堂教学进度的调整和教学活动的设计。教师对不同学科的理解

---

① 李家黎. 教师信念的现实反思与建构发展 [J]. 中国教育学刊, 2010 (8): 60-63.
② 朱旭东. 教师专业发展理论研究 [M]. 北京：北京师范大学出版社, 2011: 11-13.
③ 朱旭东. 教师专业发展理论研究 [M]. 北京：北京师范大学出版社, 2011: 13-15.

也会影响到师生互动的方式。① 四是自我，是指教师的身份认同和教学效能感。教师关于自我的信念包括教师的身份认同和教学效能感。教师身份认同的关键问题在于教师面对来自不同文化背景的学生时，如何反思自己的文化背景并与学生形成良性互动。教师对于身份认同的反思有益于教师灵活实施教育教学政策。教学效能感通常产生于两个方面：一方面是分析教学任务，即教师个人对影响实施一项教学任务的因素的评估；一方面是分析教学能力，即针对某项具体教学任务对个人教学能力和局限性的自我评价。这两方面影响到教师对教学目标的设定、努力程度和实施教学目标过程中克服困难的决心，从而形成他们对自己教学效能的判断。教师效能感包括三个方面：关于调动学生积极性的效能感；关于教学技能的效能感；关于课堂管理的效能感。有实证研究指出，教师对某项教学任务的教学效能感较低时，有助于他们反思教学、积极学习和与同事合作。②

四、教师教学效能感

1. 教师教学效能感的概念

教师效能感研究是教师效能研究的延伸。教师效能感是指教师如何看待自己的教学效果、以及这种看法与学生学业成绩之间的关系等问题。教师教学效能感是指教师对自己影响学生学习行为和学习成绩能力的主观判断。俞国良、辛自强认为，教师教学效能感属于教师信念的范畴。教师的教学效能感在教育信念中处于核心地位。③

教师教学效能感概念在理论上来源于班杜拉的自我效能概念。班杜拉认为，所谓自我效能，是指个人对自己在特定情境中是否有能力去完成某个行为的期望，它包括结果预期和效能预期。其中，结果预期是指个体对自己某

---

① 朱旭东. 教师专业发展理论研究 [M]. 北京：北京师范大学出版社，2011：16-19.
② 朱旭东. 教师专业发展理论研究 [M]. 北京：北京师范大学出版社，2011：19-21.
③ 俞国良，辛自强. 教师信念及其对教师培养的意义 [J]. 教育研究，2000 (5)：16-20.

种行为可能导致什么样结果的推测；效能预期是指个体对自己实施某种行为能力的主观判断。阿莫尔等人认为："教师效能感是指教师在多大程度上影响学生学业任务完成的信念，或者是指教师对自己如何很好地影响学生的能力信念。"可分为一般教学效能感和个人教学效能感。在班杜拉自我效能感理论的影响下，吉布森等认为，两种不同的教师效能感正好反映了两种不同的预期，一般教学效能感反映了结果预期，而个人教学效能感反映了效能预期。阿斯顿认为，教师效能感是教师对完成所有教学任务的信心，教师相信他们有能力影响学生的成就。胡佛等认为，教师效能感是教师的一种信念，即自己的教学能力和专业知识能影响和帮助学生的信念，这种信念表明了教师对本身教学能力的自信程度。纽曼等认为教师效能感是教师对自己的教学是否能够引起学生成功学习和个人满足的一种知觉，当教师知觉到其教学工作是值得努力的工作，且其教学工作可促成学生的成功，教师本人也会得到一种满足。辛普森则认为，教师效能感包括两个方面，一是教师对宿命论的排斥，相信学生的学习成果不完全受制于智商和家庭环境；二是肯定自己的能力，认为在特定情境中，教师有能力去影响学生的学习。沃尔夫克和霍伊进一步指出，在确定教师效能感的概念时，重要的是明确测量的方式，为此在他们的研究中，把教师效能感界定为教师对学校的教育力量、学生学习成败的责任、学习的功用、一般的教育哲学及教师对学生的影响程度等各方面的信念。霍尔明确地表示，教师效能感是教师对自己影响学生学习能力的信念。[1] 教师的教学效能感与学生的成绩、学生的动机、教师教改的欲望、校长对教师能力的评价以及教师的课堂管理等之间存在显著相关，教学效能感是影响教师教学行为的一个重要因素。[2]

俞国良等人综合国内外有关教学效能感的研究，认为对教师教学效能感的理解应包含三层意思：第一，教师教学效能感是一个多层面的整体性概念，

---

[1] 俞国良，罗晓璐. 教师效能感及其相关因素研究 [J]. 北京师范大学学报（人文社会科学版），2001（1）：72-78.

[2] 俞国良，罗晓璐. 教师效能感及其相关因素研究 [J]. 北京师范大学学报（人文社会科学版），2001（1）：72-78.

它既包括认知成分,同时也包含情意成分;第二,教师教学效能感既是一种能力,又是一种信念,表征了教师对自己能够完成所有教学任务的信心;第三,教师教学效能感反映了教师在教学活动中的主体性、积极性和创造性,即使在某种特殊情境下,教师也能帮助学生进行有效的学习。[①]

2. 教师效能感的结构

辛涛对教师效能感的结构分析认为,教师的教学效能感包括两个维度。一个维度是个人教学效能感。这个维度反映了教师对自己是否有能力完成教学任务、教好学生的信念。另一个维度是一般教育效能感。这个维度反映了教师对教与学的关系、对教育在学生发展中的作用等问题的一般看法和判断。教师的教学效能感的作用在于它是衡量教师工作动机的一个敏感指标,是影响教师工作动机的重要因素。它通过影响教师的行为来间接影响学生的学习质量。辛涛还从教师特征变量和学校因素两方面分析了教师教学效能感的影响因素。教师特征变量主要有学历、性别、教龄、学校类型。学校因素包括学校工作为教师提供的发展条件、制度的完整性、学校的支持系统、学校风气、教师关系、师生关系。研究表明,学历、学校风气、师生关系和教育工作提供的发展条件等四因素对教师的个人教学效能感具有独立的、显著的影响。只有学校的支持系统、学历和教育工作提供的发展条件等三因素对教师的一般教育效能感具有独立的、显著的影响。[②]

3. 教师自我效能感的作用

庞丽娟认为,教师自我效能感作为一种内在的心理体验与感受,对于教育工作、儿童发展以及教师自身发展都具有极其重要的意义,是促进教师自主发展的重要内在动力机制。其作用在于:一是教师自我效能感是教师增强专业承诺的重要内驱力。教师自我效能感较强,即教师对自身教育能力与影响力的信念具有积极的倾向,就会产生较高的专业承诺。二是教师自我效能感是教师产生自主工作动机的内在原动力。教师自我效能感作为一种内在的

---

① 俞国良,罗晓璐. 教师效能感及其相关因素研究 [J]. 北京师范大学学报(人文社会科学版),2001(1):72-78.

② 辛涛:论教师的教学效能感 [J]. 应用心理学,1996(2):42-48.

自我信念，是教师专业行为和从事教育工作的深层的内在动机，也是教师产生并增强自主工作动机的基础与原动力。三是教师自我效能感是影响教师教育行为和教育有效性的重要中介。教师自我效能感会相当大程度地影响到他们的具体行为系统，如对教育目标、任务情境和自身教育行为的选择与反应，同时也会影响教师工作的开展与面对问题的坚持性，更会影响教师对他人及情境的思考与情绪的反应，是引导教师知觉与理解其自身外在行为的重要中介变量。四是教师自我效能感是教师身心健康、个人幸福的重要影响源。教师自我效能感能更好地调整教师自己的心境和行为，具有对教师焦虑反应和抑郁程度等身心反应过程的影响作用。①

五、教师信念改变

1. "信念"与"观念"概念辨析

"教师信念是教师素质的一个重要组成部分。"②教师信念的改变，关系着教师的专业发展，引发学者们的广泛而深入地研究。然而，一些学者是从教师观念转变的角度讨论问题，这就涉及"信念"与"观念"这两个概念的辨析问题。一是西方教师教育研究者把"信念"概念与"观念"概念互换使用；③二是中国学者把英语的"belief"一词译作"观念"；④三是中国学者认为，"教师信念虽然与教师观念有许多相同的成分，但它在教师素质结构中应位于更高的层次，处于更高的水平"。⑤四是一些学者认为"观念"是隶属于"信念"的下位概念。⑥五是"信念"与"观念"都有个人化的主体性认识，都有共同的构成，如学生观、学习观、教育观、教师的自我效能感、归因观

---

① 庞丽娟，洪秀敏. 教师自我效能感：教师自主发展的重要内在动力机制 [J]. 教师教育研究，2005（4）：43-46.

② 俞国良，辛自强. 教师信念及其对教师培养的意义 [J]. 教育研究，2000（5）：16-20.

③ 朱旭东. 教师专业发展理论研究 [M]. 北京：北京师范大学出版社，2011：9.

④ 高潇怡，庞丽娟. 论教师教育观念的作用 [J]. 教育科学，2003（2）：23-26.

⑤ 俞国良，辛自强. 教师信念及其对教师培养的意义 [J]. 教育研究，2000（5）：16-20.

⑥ 谢翌. 教师信念：学校教育中的"幽灵" [D]. 东北师大博士论文，2006，23.

念和控制点、对特定学科的观念。"信念"偏重"确信",属于隐性主观认知;"观念"偏重整体性"判断",既包括宏观层面,也包括个体层面。

2. 影响教师信念改变的因素

古斯基认为,教师信念能否改变,很大程度上取决于教师教学实践的结果。当教师尝试新的教学行为,并取得实效后,就可能转变已有的一些信念。教师信念改变的研究,可以分为两个方面:一是职前教师的信念形成与改变。对教师信念改变的研究发现,改革既有的教师教育课程和培训项目,或者加强某些培训活动,精心设计的教育实习,能深刻影响职前教师各方面信念的变化情况。国外学者研究发现,影响职前教师信念转变有两大因素,一个是职前教师在教学实习过程中获得的经验,另一个则是学生的反思能力。"带着反思取向的学生,在反思性的教师教育课程中表现出信念的转变,而没有反思取向的学生,课程结束后没有发生变化。"[1] 二是在职教师的信念改变。设计良好的教师专业发展计划能帮助教师反思自己的教学,将丰富的实践知识导向对教学信念的认真省察。在职教师可以"通过自身反思现有的教学信念适应教学环境的具体要求,通过参与行动研究,掌控教学主动权,解决教学中遇到的问题"。"帮助教师发现自己的教学信念对教学行为的影响,从而改变教师的教学信念。"[2] 谢翌等人综合总结了各项教师信念改变研究,认为影响教师信念改变因素有五个方面:一是先前的信念与认知冲突。二是情感是信念的重要基础。情感决定了信念的保持或改变。三是信念强度的影响。个人实践嵌入程度越深,信念越强,越难改变。四是学校文化。学校文化是教师效能感的主要影响因素。五是学校同事。合作、团队、项目等倡导的思想和行为的模仿都是信念改变的手段。[3] 王慧霞概括了教师信念改变所需要的条件:一是已有信念使个体不满,这种不满要达到一定程度。二是取代它的新

---

[1] 林一钢. 教师信念研究述评 [J]. 浙江师范大学学报(社会科学版), 2008 (3): 79-84.

[2] 朱旭东. 教师专业发展理论研究 [M]. 北京:北京师范大学出版社, 2011: 22-23.

[3] 谢翌, 马云鹏. 教师信念的形成与变革 [J]. 比较教育研究, 2007 (6): 31-35.

的信念要很有吸引力，同时还要能够与原有的信念体系相协调，当新的信念取代旧的信念时，新的信念还要被证明是有效的，才可能真正站住脚，否则还会被放弃。三是对有关事物的认识以及这种认识的深度和发展水平都影响信念的形成和变化。四是情感体验在信念形成和改变中起重大作用，没有包含情感的内心体验，认识是不会转化为信念的，而且消极的情感还会阻碍个体形成正确认识。①

六、教师教育观念

1. 教师教育观念的内涵

高潇怡、庞丽娟认为，教师教育观念是教师在教育教学过程中，基于自身经验、专业背景、教学能力和教学情境等对教学工作、课程、学生、学习、教师角色等相关因素所持有并信以为真的个人化观点。② 辛涛、申继亮认为，教育观念是教师在教育教学中形成的对相关教育现象，特别是对自己的教学能力和所教学生的主体性认识。教师教育观念有四种特征。一是主体性的、个人化的认识，是一种微观的教育观念，不同于"转变教育观念"中的宏观的"教育观念"；二是对特定的教师而言，个体的教育观念是一种真理性的存在；三是教师的教育观念具有明显的情感性和评价性；四是教师的教育观念是情境性的。③ 陈建华认为，教育观念是一个中性词，并非所有的教育观念都能够对教育教学活动起促进作用，它有先进和落后之分，落后的教育观念对教育活动具有非常大的负面影响。人们着力追求的是先进的教育观念。④

2. 教师教育观念的来源

一是自我建构论。持这种观点的学者认为，教师的教育观念是教师自我

---

① 王慧霞. 国外关于教师信念问题的研究综述 [J]. 宁波大学学报（教育科学版），2008（5）：61-65.

② 高潇怡，庞丽娟. 论教师教育观念的本质与结构 [J]. 社会科学战线，2009（3）：250-253.

③ 辛涛，申继亮. 论教师的教育观念 [J]. 北京师范大学学报（社会科学版），1999（1）：14-19.

④ 陈建华. 教师教育观念转变的动态性 [J]. 教育科学研究，2009（10）：70-73.

建构的过程，它产生于个人的直接经验，每个人都有不同的"个人建构过程"，是在个人经验影响下的心理加工过程。二是文化建构论。持这种观点的学者认为，教师教育观念是其在接受文化观念的过程中形成的。

莱斯利认为："当个体将他人的思想整合到自己的思想中时，信念便产生了。"辛涛、申继亮融合上述两种理论，提出教师教育观念的形成是一个全方位的过程，既要考虑社会因素，又要考虑个体因素，且社会因素作为外因是通过个体因素这个内因发挥作用的。① 易凌云、庞丽娟认为，教师浅层的教育观念主要来源于社会倡导教育理论、教师直接教育经验、他人间接教育经验以及教师的已有个人教育观念四个方面。② 通过对这四个方面在教师个人教育观念形成机制的分析，可以看出，教师浅层的教育观念形成遵循了"教师个人理论学习—理解—内化—经验体悟和总结—对他人经验的观察学习—教师个人反思与重构"的逻辑，本质上还是来源于自我建构与文化建构的结合。自我建构包括了自我的直接经验和自我的理解、内化、体悟和反思；文化建构包括了教师的理论学习和社会学习。

3. 教师教育观念的分类

第一，从形态上看，帕杰斯认为，存在三种教育观念：一是理论形态的教育观念，一般是教育理论者、学者等所持有的，并以学说和主张在著作中表现出来；二是制度形态的教育观念，主要是一定时期内国家、政府对教育的要求与规定，一般体现在教育方针、政策等法定文件中；三是社会心理形态的教育观念，主要体现在社会大众的教育实践中。第二，从内容上看，主要有教师关于学习者和学习、关于教学、关于学科、关于如何学习教学、关于自我和教师角色的观念，还有关于学生学习过程、学校在社会中所扮演的角色、课程、教法的观念。第三，根据教师持有观念的确信程度或者教师教育观念的心理强度，可以认为教师教育观念是一个由核心观念与边缘观念组

---

① 辛涛，申继亮. 论教师的教育观念 [J]. 北京师范大学学报（社会科学版），1999（1）：14-19.

② 易凌云，庞丽娟. 论教师个人教育观念的形成机制 [J]. 教育理论与实践，2006（9）：42-46.

成的系统。根据教师教育观念的形成和来源,将教师的教育观念明确地分为两类:一类是"倡导的理论",即独立于真实的教育情境之外的教师观念,这类观念往往是教师受外界影响所形成的观念;另一类是"运用的理论",即教师通过亲身的教学实践所产生的观念。[①]第四,从要素上看,辛涛、申继亮重点讨论了教师的学生发展观。认为教师的学生发展观是教师对学生心理发展问题的一般性的认识,这里包括教师对学生认知发展的看法,对学生社会性发展的看法,对学生心理发展的动力的看法等。[②]叶澜教授论述了新基础教育需要更新的教育观念。一是新基础教育的价值观。基础教育应为社会发展和学生的终身发展服务;学校应把每个学生的潜能开发、健康个性发展、自我教育、终身学习的意识和能力之初步形成,以及为祖国为人民奉献、创造的志向之确立作为最根本的任务。二是新的学生观。把学生看作虽有不足和幼稚,但却是具有旺盛的生命力、具有多方面发展需要和发展可能的人,是具有主观能动性,有可能积极、主动参与教育活动的人,是学习活动中不可替代的主体。三是新的课堂教学价值观。把形成学生主动、健康发展的意识与能力作为核心价值,培养学生主动发展的能力,发挥学科独特的育人的价值。四是新的课堂教学过程观。把教学过程看作是师生为实现教学任务和目的,围绕教学内容,共同参与,通过对话、沟通和合作活动,产生"多向互动"的交互影响,以动态生成的方式推进教学活动的过程。五是学校教育活动观。教育者的全部智慧与艺术,最终要落实和体现在对教育活动的设计和创造性的开展上,落实和体现在使每个学生积极投入,使活动充满生命力并充分发挥促进学生发展的综合功能上。[③]

4. 教育观念的结构

教师教育观念总是以"观念群"的形式出现。从单个观念的构成来看,

[①] 高潇怡,庞丽娟. 论教师教育观念的本质与结构 [J]. 社会科学战线,2009 (3):250-253.

[②] 辛涛,申继亮. 论教师的教育观念 [J]. 北京师范大学学报(社会科学版),1999 (1):14-19.

[③] 叶澜. 更新教育观念,创建面向 21 世纪的新基础教育 [J]. 中国教育学刊,1998 (4):6-11.

教师教育观念包含认知成分、情感成分和行为成分。认知成分在于呈现知识，是教师教育观念的组成基础；情感成分在于激发调动感情的投入和做出评价取向，是教师教育观念的维持动力；行为成分在于需要行为时采取行动，是教师教育观念的具体表征。对于某个具体的教师教育观念而言，它是由核心部分、中间部分和边缘部分组成。对于教师的教育观念系统来说，包括核心观念、中间观念和边缘观念。教师的教育本质观、教育价值观和教育功能观是教师教育观念系统中的核心观念，课程观、学生观、教师观和师生观等属于中间观念，而教师的知识观、教学观和方法观等属于操作性边缘观念。核心观念在一定程度上决定操作性边缘观念的内容和方向。根据理解、内化水平和运用程度的不同，可以把教师教育观念划分为不同的层次：一是听说与简单重复水平的教育观念，这种水平的教育观念对教师而言还只是"外在的理论和概念"，对教师的教育行为不会产生很大影响。二是初步理解、内化水平的教育观念，偶尔还能够在自己的教育实践中有意识地运用这种教育观念。三是深入理解、内化水平的教育观念，在初步理解与内化的基础上，将其内化为自己的内在行为准则，能够在教育实践中结合自己的实际教育情境经常性、自觉性和创造性地加以运用，此时的教育观念才成为教师"自我的概念"和"个人的理论"。①

5. 教师个人教育观念

易凌云、庞丽娟提出了教师个人教育观念的概念。她们认为，教师个人教育观念是指教师在一定的历史文化背景下，在日常生活、教育教学实践与专业理论学习中，基于对学生发展特征和教育活动规律的主观性认识而形成的有关教育的个体性看法。②从她们的论述中看，教师个人教育观念本质上是教师的教育信念。一是从她们提出浅层教育观念的形成过程和机制看，"教师在决定是否接受和学习、理解与实施某种社会倡导教育理论之前都会对其现

---

① 易凌云，庞丽娟. 教师教育观念：内涵、结构与特征的思考[J]. 教师教育研究，2004（3）：6-11.
② 易凌云，庞丽娟. 教师教育观念：内涵、结构与特征的思考[J]. 教师教育研究，2004（3）：6-11.

实操作的可能性进行权衡",这就是一个教师对社会倡导教育理论的评价和确信的过程。一方面是"教师的学习动机对其是否愿意接受某种倡导的教育理论有决定性的影响",另一方面是"教师已有的理论水平与修养决定着教师对倡导教育理论的可理解程度"。二是从教师关注自己间接教育经验的过程看,"这种教育经验的实施环境和教师所身处的教育情境有很多相似之处,能够引起教师的共鸣;或者这种教育经验具有普遍而明显的先进科学之处,能够促使教师产生敬佩之情和效仿之意;或者这种教育经验正好契合教师本人的教育旨趣,能够激发教师情感上的积极回应;或者这种教育经验的实践效果非常显著,能够让教师直接感受到它的有效性和运用价值。"这个过程体现了教师浅层教育观念的情感性和情境性。三是从教师对已有个人教育观念的反思与重构过程看,反思是"对任何信念或假定的知识形式,根据支持它的基础和它趋于达到的进一步结论而进行的积极的、坚持不懈的和仔细的考虑,它包括这样一种有意识和自愿的努力,即在证据和理性的坚实基础上建立信念"。①

6. 教师教育观念的转变

教师教育观念的转变,其内涵是要消除落后的、陈旧的教育观念,确立先进的、适时的教育观念。其本质在于确立科学的、实事求是的、知行统一的思维方式。影响教师教育观念转变的因素与影响教师教育观念形成的因素是一致的。教师教育观念的转变关键在于教师个人的主体性发挥。一是需要教师通过学习培训或对他人经验的观察学习,"在不断地观察学习—模仿操作—效果反馈—反思调整的过程中,教师对他人教育经验中的行为和思想方面的精髓给予了提升,并且做了针对自己所面临的教育实践的情境化处理"。二是需要教师对自己的教育经验进行总结与不断的反思,从而使自己的教育观念不断得到提升。"教师将其感性的、具体而纷繁的教育经验上升为理性的、相对抽象与简明的个人教育观念是一个包含有认知变化、情感投入和行为反馈的复杂过程。"三是需要教师通过自己的亲身实践,经常对自己"习以为

---

① 易凌云,庞丽娟. 论教师个人教育观念的形成机制[J]. 教育理论与实践,2006(9):42-46.

常"甚至"日用而不知"的教育观念进行有意识的重新审视,使自己学习、体悟到的理论知识下沉到教育实践中并接受实践的检验,从而提升"教师对教育现象与教育事实的领悟能力"。①

教师教育观念的转变核心在于学校文化营造的氛围。一是学校领导的支持。在学校里营造一种有利于教师专业发展的新型学校文化。学校应为教师职后的学习培训积极创造条件,并建立能够促进教师自我发展、自我提高的奖惩机制。二是教师之间的合作与互动。教师和同事在理论上的互相探讨,在实践中的互相帮助,在反思中的互相启发,在情感上的感染共鸣有利于教师教育观念的转变。年轻教师可以获得老教师的具体指导;老教师可以通过对年轻教师的指导反观自己的观念和行为,从而改变自己的原有观念。三是专业性的指导。"教师在形成个人教育观念的过程中需要专家、学者和同事较为专业的评价和有效的建议。"②

教师教育观念形成或转变的基础是教师的教育理论知识和教育实践知识。这涉及知识与观念的关系问题。"知识是观念的基础和组成部分,而观念是知识的进一步概括和升华。"③可见,教师要形成自己的教育观念,必须先有一个习得的过程,获得一定的经验知识,或者特定的教育理论知识,才能通过"对话—理解—内化—体验—反思"和实践经验的进一步整合,从浅层教育观念升华为"理论形态的个人教育观念"。这个"基础"可以理解为"经验依据"或"理论依据",也可以理解为"信息加工框架",还可以理解为"前见解"。这个"升华"可以理解为"反省性思维",也可以理解为"精神建构",也可以理解为"情境性理解",还可以理解为"教育意义的生成"。

---

① 易凌云,庞丽娟. 论教师个人教育观念的形成机制 [J]. 教育理论与实践,2006 (9):42-46.

② 易凌云. 教师个人教育观念 [M]. 北京:教育科学出版社,2010:147.

③ 易凌云,庞丽娟. 论教师个人教育观念的形成机制 [J]. 教育理论与实践,2006 (9):42-46.

第二节 教师知识

一、教师知识的性质和结构

对教师知识的研究必须要理解哲学对知识性质所作的界定。英国哲学家赖尔明确提出要区别"知道是什么"和"知道怎样做",认为这是两种不同的知识。波兰尼指出,"我们知道的比我们能够表述的要多",缄默知识是所有知识中不可或缺的部分。舍恩提出专业知识具有四个基本属性:专门化、界限严格、科学化和标准化。专业知识可分为三个层次:最高层次是内在原理或基础科学知识;紧接着是应用科学知识,从中可以推导出诊断程序和解决问题的方法;最下层是技能,是内在原理和应用科学在实际行为中的应用。舍恩认为,那些对复杂困难但重要的问题进行研究的人,常常把他们的探究方法描绘为"体验,试误,直觉,经历多次失败才能够成功",在此过程中获得的知识是"在行动中获得的知识"。他把专业知识定性为实践的、缄默的和知觉的,认为专家在面临疑难情形时存在着两种反思方式,即"对行动的反思"和"在行动中反思"。[①]

林崇德认为,教师的教学活动是一种认知活动,教师知识作为教师认知活动的基础,基于这样的推论,教师知识的研究就显得十分必要。林崇德教授提出了教师的知识结构:一是本体性知识,是指教师所具有的特定的学科知识。教师扎实的本体性知识是取得良好教学效果的基本保证。[②] 教师期望的研究表明,教师的本体性知识确保教师对教学的理解和对学生在学科知识上的理解,对于教师期望的生成具有促进作用。二是文化知识。教师广博的文化知识,有利于扩展学生的精神世界,有效激发学生的求知欲。[③] 教师的知识

---

① 徐碧美. 追求卓越:教师专业发展案例研究 [M]. 北京:人民教育出版社,2003:48-50.
② 林崇德. 教育的智慧:写给中小学教师 [M]. 北京:开明出版社,1999:38.
③ 林崇德. 教育的智慧:写给中小学教师 [M]. 北京:开明出版社,1999:39.

越广博，越有利于增强自己对学生的"教育影响"，越有利于引导学生的全面发展。三是实践知识，是指教师在面临实现有目的的行为时所具有的课堂情境知识以及与之相关的知识。教师的实践知识是教师形成教学机智的基本条件。① 四是条件性知识，是指教师所具有的教育学与心理学知识。条件性知识是一个教师成功教学的重要保障。林崇德教授在研究中，把教师的条件性知识具体化为三个方面，即学生身心发展的知识、教与学的知识和学生评价的知识。② 林崇德、申继亮和辛涛的研究中，把教师的知识分为3个方面，即教师的本体性知识、实践性知识和条件性知识。③

二、教学的知识基础

教学的知识基础就是描述教师的知识结构。舒尔曼批判了教学研究中的"过程－结果"范式。他指出："教学的许多重要特征，如所教学科的属性、课堂情境、学生的心理和心理特征以及那些在标准化测验中不易测量的教学目标，在探索有效教学一般原则的过程中都被忽视了。"也就是说，"过程－结果"范式缺失了学科内容知识、课堂情境知识和学生认知的知识。他认为"教学始于一个教师知道要学什么和怎么教的问题。"于是，他提出了"教学的专业化"必须建立在"存在一种教学的知识基础的信念之上。"指出"教学的知识基础是教师理解教学的基础。"④ 舒尔曼提出了知识基础的七种类型：一是内容知识；二是一般教学法知识，超越具体学科的课堂管理和组织一般原理和策略；三是课程知识，特别要掌握的作为教师谋生工具的课程材料和计划；四是学科教学知识，教师所特有的关于学科内容和教学法的结合物，是教师自己的有关专业理解的特定形式；五是有关学习者及其特性的知识；

---

① 林崇德. 教育的智慧：写给中小学教师 [M]. 北京：开明出版社，1999：39－40.

② 林崇德. 教育的智慧：写给中小学教师 [M]. 北京：开明出版社，1999：40.

③ 林崇德，申继亮，辛涛. 教师素质的构成及其培养途径 [J]. 中国教育学刊，2009（6）：16－22.

④ ［美］舒尔曼. 实践智慧：论教学、学习与学会教学 [M]. 王艳玲，王凯，毛齐明，等译. 上海：华东师范大学出版社，2014：153－155.

六是教育情境知识，从群体或课堂的情境，到学区的管理和资金筹措，到社区和文化的特征等相关的知识；七是有关教育目的、目标、价值和其哲学和历史基础的知识。① 舒尔曼分析了知识基础的四个来源：一是有关学科内容的学术知识、是指学生在学校里需要学习的知识、理解、技能和情感。这种知识有赖于两种基础，即在学科领域不断累积的文献和研究，以及在学科领域内关于知识本质的历史和哲学的研究。舒尔曼着重指出："教师必须理解所教学科的知识结构、概念组织的原理以及知识探究的原理"，"教师不仅要对所教的特定学科有深刻的理解，还需要拥有广博的通识教育基础为建构旧知和理解新知提供框架。"② 二是教育的材料和组织，包括这个领域中的课程、测验和测验材料、机构、组织及其机制，包括教师用来教学的工具和促进或阻碍教学工作的环境和条件。三是正式的教育学术知识，是指不断发展的用于理解学校教育、教与学过程的重要的学术文献，包括在教学、学习和人类发展领域实证研究和发现，也包括关于教育的、规范的、哲学的和伦理的基础的研究。四是实践智慧，是指指导优秀教师实践的准则，或是为教师实践提供经过反思的合理化解释。③ 荷兰莱顿大学教育学院的三位学者提出"把教学的知识基础看作一切与专业有关的洞察力"，认为教学的知识基础不应当是"给教师的知识"而是属于用来"指导教师在具体或特定情境中的行动"的"教师的知识"。他们主张"把一切与专业有关的洞察力都看作教学的知识基础""要把教师知识或教师的实践性知识和正式的命题知识纳入教学的知识基础之中。"④

---

① ［美］舒尔曼. 实践智慧：论教学、学习与学会教学［M］. 王艳玲，王凯，毛齐明，等译. 上海：华东师范大学出版社，2014：155.
② ［美］舒尔曼. 实践智慧：论教学、学习与学会教学［M］. 王艳玲，王凯，毛齐明，等译. 上海：华东师范大学出版社，2014：156.
③ ［美］舒尔曼. 实践智慧：论教学、学习与学会教学［M］. 王艳玲，王凯，毛齐明，等译. 上海：华东师范大学出版社，2014：156-158.
④ ［荷］尼克·温鲁普简·范德瑞尔，［荷］鲍琳·梅尔. 教师知识和教学的知识基础［J］. 北京大学教育评论，2008（1）：21-38.

三、教学中的知识增长

舒尔曼关心的是教师在教学中学科知识与内容知识之间的关系，即教师如何把学科知识转化为教学内容的？教师如何把自己理解的内容知识用学生能够理解的方式表述出来？教师知识如何在教学中发展？为此，舒尔曼一方面探查教师理解和转化内容知识的复杂性，一方面探查知识的呈现形式。

1. 内容知识的三种类别

一是学科知识的结构。舒尔曼介绍了施瓦布的观点，即学科知识结构包括实质结构和句法结构。"实质结构是一门学科基本概念和原则被组织起来、用以体现具体的事实的不同组织方式。""学科的句法结构是一组用于区别真实与谬误、有效与无效的方式。"学科知识结构要求教师不仅必须能够告诉学生某一领域中被普遍接受的事实，还要能够解释为什么某一个特定的命题被认为是合理的，为什么有必要了解它，以及它与其他命题是怎样关联起来的。要求教师不仅需要懂得"是什么"，还必须进一步理解"为什么"，在什么条件下能够证明它的合理性。[①]

二是学科教学法知识。"学科教学法知识超越了学科知识本身，而关注学科知识的教学维度。"舒尔曼归纳了学科教学法知识的分类。包括某一学科领域中最常被教的主题、那些观念的最有用的表述形式，最有力的类比、图解、例证、解释和演示。还包括学生在学习中的错误理解及教师基于纠错而运用的策略知识。这些学科教学法知识是教师通过教学研究得出的知识。[②]

三是课程知识。有三个方面的内容：第一方面是一个特定学科和主题的可供选择的课程材料，如可供选择的文本、软件、程序、可视材料、单一概念的胶片、实验室演示材料；第二方面是在特定情境中使用特定材料的提示；

[①] [美]舒尔曼. 实践智慧：论教学、学习与学会教学 [M]. 王艳玲，王凯，毛齐明，等译. 上海：华东师范大学出版社，2014：137

[②] [美]舒尔曼. 实践智慧：论教学、学习与学会教学 [M]. 王艳玲，王凯，毛齐明，等译. 上海：华东师范大学出版社，2014：138

第三方面是教师采取一些教学工具来呈现和说明特定内容的材料。①

2. 知识的呈现形式

一是命题知识。教师的教学内容知识大多是命题形态的知识。教学中有三种基本的命题知识的类型，对应于教学知识的三种主要来源：严谨的实证或哲学的探究，称作原理；实践经验，称作格言；道德及伦理推理，是规范、价值、意识形态或哲学上的关于正义、公平、平等的承诺，称作原则。原理常常来源于实证研究。格言表征了实践中积累的智慧。命题知识是去情境化的。②

二是案例知识。案例知识是对事件进行具体的恰当组织并详细描述的知识，是命题知识的补充。案例不是简单地对事件的报道和对事件发生进行的详细描述，而是伴随着特定的情境、思想和感受，是原理的范例，例证一个较为抽象的命题或提出一个理论主张。舒尔曼提出三种类型的案例知识：原型，它例证理论原理；先例，它捕捉并传递实践或格言的原理；寓言，它传达规范与价值。舒尔曼认为，案例知识的提出意味着教学研究范式的转向。③

三是策略性知识。这是指超越原理或具体经验的实践智慧。舒尔曼指出："当教师面对理论的、实践的或道德的特殊情境或问题时——其中，原理相互冲突，没有一种单独的解决办法是可行的——策略性知识开始发挥作用。"舒尔曼认为，在开发和形成策略性的教学法知识的过程中，要将原理性技能和经过充分研究的案例融合起来。④

从舒尔曼对内容知识的类别和知识的呈现形式的论述中，可以看出，教师知识在教学中得到发展的来源路径和反思方法已经得以明确地揭示出来。一是"教师能够通过反思形成个人知识"，二是案例文本所表征的教学情境

---

① [美] 舒尔曼. 实践智慧：论教学、学习与学会教学 [M]. 王艳玲，王凯，毛齐明，等译. 上海：华东师范大学出版社，2014：138.

② [美] 舒尔曼. 实践智慧：论教学、学习与学会教学 [M]. 王艳玲，王凯，毛齐明，等译. 上海：华东师范大学出版社，2014：139-141.

③ [美] 舒尔曼. 实践智慧：论教学、学习与学会教学 [M]. 王艳玲，王凯，毛齐明，等译. 上海：华东师范大学出版社，2014：141-143.

④ [美] 舒尔曼. 实践智慧：论教学、学习与学会教学 [M]. 王艳玲，王凯，毛齐明，等译. 上海：华东师范大学出版社，2014：144.

"为教师提供丰富的原型、先例和寓言",三是鼓励教师"开展规范的教学案例研究"。①

四、教师的学科教学知识

1. 学科教学知识的定位

按照舒尔曼的研究,学科教学知识是由学科知识衍生而出、并包含在学科知识中的一种属于教学的知识,也是教师在教学研究中发展起来的知识。正如舒尔曼所说:"学科教学知识是最能够将学科专家对学科知识的理解同教师对学科内容的理解区分开来的一类知识。"② "这种基于研究得出的知识,是学科知识的教学法理解的重要元素,应该成为我们定义必须的教学法知识的核心。"③ 1987年,舒尔曼对学科教学知识的概念做了修正,认为它是"把教学的内容和教学法整合起来,帮助我们理解特定的主题、问题或者问题在教学中是如何被组织和呈现的,以适应不同学习者的多样的需求和能力。"④ 舒尔曼认为,学科教学知识的生成,"始于一种推理的行为""强调教学中的理解和推理、转化和反思的过程。"⑤ 他指出:"通过教学行为来进行推理就是思考如何把教师所理解的学科内容转化为学习者的智慧和动机。"⑥ 由此可知,教学过程是从理解开始,经过转化、教学、评价、反思,而达到新的理解,是由"这些活动组成的循环的过程"。⑦

---

① [美]舒尔曼. 实践智慧:论教学、学习与学会教学[M]. 王艳玲,王凯,毛齐明,等译. 上海:华东师范大学出版社,2014:145-146
② [美]舒尔曼. 实践智慧:论教学、学习与学会教学[M]. 王艳玲,王凯,毛齐明,等译. 上海:华东师范大学出版社,2014:155.
③ [美]舒尔曼. 实践智慧:论教学、学习与学会教学[M]. 王艳玲,王凯,毛齐明,等译. 上海:华东师范大学出版社,2014:138.
④ [美]舒尔曼. 实践智慧:论教学、学习与学会教学[M]. 王艳玲,王凯,毛齐明,等译. 上海:华东师范大学出版社,2014:155.
⑤ [美]舒尔曼. 实践智慧:论教学、学习与学会教学[M]. 王艳玲,王凯,毛齐明,等译. 上海:华东师范大学出版社,2014:161-162.
⑥ [美]舒尔曼. 实践智慧:论教学、学习与学会教学[M]. 王艳玲,王凯,毛齐明,等译. 上海:华东师范大学出版社,2014:162.
⑦ [美]舒尔曼. 实践智慧:论教学、学习与学会教学[M]. 王艳玲,王凯,毛齐明,等译. 上海:华东师范大学出版社,2014:161

2. 学科教学知识的本质

杨彩霞梳理了格罗斯曼、科克伦、德路特和金等学者对于学科教学知识的观点，概括了学科教学知识本质的如下共识：一是学科教学知识的核心是向特定学生有效呈现和阐释特定内容的知识，它是教师独有的知识类型，是教学专家与学科专家的最大区别；二是学科教学知识是与特定主题相联系的知识，所以它不同于一般教学法知识以及一般意义上的关于教育目的、学生特征方面的知识；三是学科教学知识也是关于某一主题的教学知识，因此，本质上它也不同于学科知识；四是学科教学知识的发展是一个不断建构的过程，它并不是随着学科知识和一般教学知识的获得而自然获得，而是在很大程度上是教师个人在自己所任学科和所在班级的特定范围内，不断将诸方面知识综合、创新的探究过程。①

3. 学科教学知识的特征

杨彩霞根据对教师学科教学知识本质的理解，认为教师学科教学知识具有四个特征：一是与内容相关。教师学科教学知识虽不同于学科内容，但其指向于特定学科及其内容的加工、转化、表达与传授，与特定主题（如水的溶解、电路等）紧密联系，所以，它与学科内容息息相关。二是基于经验的反思，具有实践性。教师学科教学知识离不开教师在实际的教学实践环境中所获得的经验及其基于经验的有目的、有重点的反思。三是个体性。教师通过自身对社会所倡导的学科教学论这种理论形态的"公共知识"的理解、概括与系统化，并通过与教育实践行为之间的不断互动，才能逐步内化为自己所拥有的、真正信奉并在实践中实际应用的知识，即教师的"个体知识"。四是情境性。教师学科教学知识的核心是向特定学生有效呈现和阐释特定的学科内容，离不开教师与学生互动的教育教学情境。教师学科教学知识正是这样一种反映教师所处教学现场的特点、与学科内容紧密相关的"视情形而定"

---

① 杨彩霞. 教师学科教学知识：本质、特征与结构 [J]. 教育科学, 2006 (1)：60-63.

的知识。① 从舒尔曼的观点出发，看杨彩霞关于学科教学知识性质的论述，"基于经验的反思"可以表述为"生成性"，即学科教学知识是由学科知识、学生知识、课程知识、评价知识、一般教学法知识等各构成要素之间相互作用动态生成的一种教师专业知识。

4. 学科教学知识的核心因素

李伟胜梳理了国内外学者三个方面关于学科教学知识的研究，从"突出学生立场"到"突出对学生的理解"，再到"从学生立场解释知识、表征知识"，启发思考学科教学知识的核心因素，即"立足学生立场，实现知识转化"。李伟胜认为，PCK 的提出，有助于人们超越传统的知识观，这涉及知识的情境性、实践性、个体性等性质，还涉及静态知识和动态知识、陈述性知识和程序性知识等知识形态……其中，尤其需要关注的是知识与人的关系问题。PCK 揭示的不仅是教师专业知识问题，更揭示了知识、尤其是教师掌握和运用的知识的最终服务对象是谁的问题。在定义 PCK 时，无论采用的是"转化""呈现""翻译""专业化"还是"心理学化"，其实质在于知识的"教育学化"。②

5. 小学数学教师的学科教学知识

李琼等人采用问卷测查法，考察了 32 名小学数学专家与非专家教师的学科教学知识。研究结果表明，一是专家教师在了解学生的思维特点、诊断学生的错误概念、突破难点的策略以及在各维度的总分上显著高于非专家教师；二是教师的学科知识与学科教学知识存在显著的相关，对此关系各自贡献最大的是，学科知识中的知识组织与学科教学知识中的对学生思维的了解；三是在学科知识向作为教学的内容知识的转化中，教师对学科知识的深刻理解是学科教学知识生成的一个重要基础。反过来，教师对学科教学知识的理解

---

① 杨彩霞. 教师学科教学知识：本质、特征与结构 [J]. 教育科学，2006（1）：60–63.

② 李伟胜. 学科教学知识（PCK）的核心因素及其对教师教育的启示 [J]. 教师教育研究，2009（2）：33–38.

越深刻，也会加深教师对学科知识的理解。[①]

上海青浦实验研究所采用课例研究方法，将文本分析、录像带分析、参与式观察、深度访谈、测试与问卷调查相结合，对小学数学新手和专家教师学科教学知识进行多方面多因素比较研究。一是在教学设计中目标、内容（任务）、对象、策略四要素的比较；二是课堂教学过程、教学方法、教学效果三要素的比较；三是课后反思内容、特征的比较；四是对PCK的认知比较；五是对PCK生成和发展的体认比较。通过比较研究得出结论，一是认为PCK的实质是一种"转化"的智能。即教师根据课程理念、目标，进行系统思考，把学科知识有效地"转化"成教学任务，又由教学任务有效地"转化"为学生实际的获得。专家教师具有良好的二次"转化"能力，并且二次"转化"是以交互的形式呈现于教学过程之中。二次"转化"能力依赖于专家型教师拥有更丰富、更系统的操作性与实践形态的知识，对学生能力、学习策略、年龄与发展水平、态度、动机、学科知识的前概念等方面有更多的了解，能以适宜的方法与策略引起学生兴趣，培养学生的各种学科能力，加深学生对学科内容的理解。二是认为学科教学知识具有六个特征：①综合性：是教学内容知识、一般教学法知识、学生知识、情境知识等的统整与合金。②情境性：这种知识往往与具体的行动联系在一起，受特定的情境、问题驱动，透过教师的教学机智反映出来。③个体性：包含着教师的信念、理想和态度，根植于生动、具体的教学场景，存在于教师的个人叙事之中。④实践性：是一种能够指导教师实践、教学决策和完善教学行为的知识。⑤默会性：是通过教师身体感官或理性直觉获得，在行动中展现、被意会，边界模糊，又不能以正规形式加以传递的知识。⑥开放性：这种知识的获得和增长不是随着教师的学科内容知识、一般教学法知识的获得而自然获得和增长，而是教师在个体实践中，不断将诸方面知识整合的过程。三是教师PCK的生成和发展受到关键事件和人物的影响，课例研究、课堂历练、反思实践是教师PCK生成和发展的重要阶梯；观摩、研修、向同行学习、专业指引、一定的环境压力是教师

[①] 李琼，倪玉菁，萧宁波. 小学数学教师的学科教学知识：表现特点及其关系的研究[J]. 教育学报，2006（4）：58-64.

PCK 获得的重要途径。反思是促进教师 PCK 获得和增长的重要因素,专家教师之所以优秀,在于他们反思更深刻,更有方法,能把握住教学的关键点,有正确的措施跟进。①

五、教师实践性知识

1. 实践性知识的含义

"为什么教师学了教育学、心理学,还是不会教书?"范梅南说过一句类似的话:"学会了教学的所有技术却仍然不适合做教师,这是有可能的。"这是因为,教师还需要"那些不能被正式传授的东西","具有个性色彩的""教育智慧",② 也就是学者们着重研究的实践性知识。

最早对教师实践性知识展开研究的是艾尔贝兹。她通过对一位有丰富经验的中学教师的研究得出结论:教师以独特的方式拥有一种特别的知识,称之为"实践知识"。她认为,教师实践知识是高度经验化和个人化的"以实践为媒介的知识",是直觉的和缄默的,基于实际情境的知识。③ 加拿大学者康纳利和克兰迪宁认为,教师实践性知识是"教师通过教学经验所获得的实际的东西,它表达了一种从经验中获得的、在工作和生活环境中学到的、并在实际情境中展示的个人实践知识"。④ 辛涛、申继亮、林崇德等人给教师实践知识的定义是:"教师的实践知识指教师在面临实现有目的的行为中所具有的课堂情景知识以及与之相关的知识,或者更具体地说,这种知识是教师教学经验的积累。"⑤ 钟启泉认为,教师实践性知识是"教师系统地反思自身的实

---

① 上海市青浦实验研究所. 小学数学新手和专家教师 PCK 比较的个案研究 [J]. 上海教育科研, 2007 (10): 47-50.

② [加] 马克斯·范梅南. 教学机智: 教育智慧的意蕴 [M]. 李树英, 译. 北京: 教育科学出版社, 2001: 14.

③ 徐碧美. 追求卓越: 教师专业发展案例研究 [M]. 北京: 人民教育出版社, 2003: 51-52.

④ 魏戈, 陈向明. 教师实践性知识研究的创生和发展 [J]. 华东师范大学学报(教育科学版), 2018 (6): 107-117.

⑤ 辛涛, 申继亮, 林崇德. 从教师的知识结构看师范教育的改革 [J]. 高等师范教育研究, 1996 (6): 12-17.

践并从自身的经验中学到的知识"。① 陈向明给教师实践性知识的定义是："教师的实践性知识是教师真正信奉的，并在其教育教学实践中实际使用和（或）表现出来的对教育教学的认识"。② 艾尔贝兹从"实践媒介"的视角下定义，康内利和克兰迪宁是从"经验来源"的视角下定义，辛涛和钟启泉主要从"经验中学习"的视角下定义，陈向明是从"信念"的视角下定义。

2. 个人实践知识

康内利和柯兰迪宁强调教师知识的个人特点，把其称为"教师个人实践知识"。他们认为，"个人实践知识存在于教师以往的经验中，存在于教师现时的身心中，存在于未来的计划和行动中。个人实践知识贯穿于教师的实践过程，也即，对任何一位教师来说，个人实践知识有助于教师重构过去与未来，以至于把握现在。"③ 他们力图通过对教师的"叙事"来理解教师个人实践知识。"我们对教师知识的最好理解是对他的叙述。从这个角度看教师的知识，教师是以故事的方式来认识自己的生活。他们生活在故事中，讲述他们的故事，复述经过改编的故事，并且重新体验这些被改编了的故事。把他们在教室中的自处也作为故事来叙述。作为教师，他们是教学故事的作者，也是故事中的角色。"柯兰迪宁概述了"个人实践知识"的特征："它反映了个体的先前知识并认同了教师知识的情境性。这是一种由情境形成的知识，是当我们在经历自己的故事、复述和通过反思再经历那故事时而去建构和再建构的知识。"④

3. 教师实践知识的结构和特征

艾尔贝兹指出教师实践性知识应包括 5 个范畴：（1）学科内容的知识。既包括教师所教学科的知识，又包括与学习相关的理论。（2）课程知识。是

---

① 钟启泉．"实践性知识"问答录 [J]．全球教育展望，2004（4）：3-6．

② 陈向明．实践性知识：教师专业发展的知识基础 [J]．北京大学教育评论，2003（1）：104-112．

③ [加] 迈克尔·康内利，[加] 琼·柯兰迪宁．专业知识场景中的教师个人实践知识 [J]．何敏芳，译．华东师范大学学报（教育科学版），1996（2）：5-16．

④ 徐碧美．追求卓越：教师专业发展案例研究 [M]．北京：人民教育出版社，2003：53-54．

指如何组织学习经验和课程内容等方面的知识。(3) 教学法知识。包含了课堂常规、课堂管理以及学生需要等方面的知识。(4) 关于自我的知识，包括对个体特征的了解，如性格、年龄、态度、价值观和信念以及个人目标。(5) 关于学校的背景知识，包括学校的社会结构和它的周边社群。①

陈向明认为，教师实践性知识的构成有六个方面的内容：一是教师的教育信念。"教师的信念是积淀于教师个人心智中的价值观念，通常作为一种无意识的经验假设支配着教师的行为。"二是教师的自我知识，包括自我概念、自我评估、自我教学效能感、对自我调节的认识等。三是教师的人际知识，包括对学生的感知和了解，热情和激情。四是教师的情境知识，主要通过教师的教学机智反映出来。教学机智是教师直觉、灵感、顿悟和想象力的即兴发挥。五是教师的策略性知识，主要指教师在教学活动中表现出来的对理论性知识的理解和把握，主要基于教师个人的经验和思考。包括教师对学科内容、学科教学法、教育学理论的理解，对整合了上述领域的教学学科知识的把握，将原理知识运用到教学中的具体策略（如比喻和类推），对所教科目及其目标的了解和理解，对课程内容和教学方式的选择和安排，对教学活动的规划和实施，对教学方法和技术的采用，对特殊案例的处理，选择学生评估的标准和手段等。六是教师的批判反思知识。②

佐藤学概括了教师实践性知识的五个特征：一是同个别的具体经验结合的案例知识，二是整合了多种立场与解释的"熟思性知识"，三是同不确定性占主流的情境相对峙的"情境性知识"，四是无意识地运用默会知识的"潜在知识"，五是以每个教师的个人体验为基础的"个人知识"。③

何晓芳、张贵新从辩证的观点出发，认为教师实践知识的特征，一是个体性与公共性的统一，二是情境性与普适性的统一，三是不精确性与可实证

---

① 徐碧美. 追求卓越：教师专业发展案例研究 [M]. 北京：人民教育出版社，2003：51－52
② 陈向明. 实践性知识：教师专业发展的知识基础 [J]. 北京大学教育评论，2003（1）:104－112.
③ [日] 佐藤学. 课程与教师 [M]. 钟启泉，译. 北京：教育科学出版社，2003：302

性的统一。① 总的来说，教师实践性知识具有功能性、综合性、缄默性、情境性、个人性。

4. 教师实践性知识的形成和发展

对于教师实践性知识的来源，舒尔曼做了系统的梳理。舒尔曼认为，教师实践性知识或他称之为"实践的智慧""是指导优秀教师实践的准则（或是为教师实践提供经过反思的合理化解释）"。其来源在于"把优秀教师的实践教学法智慧系统地整理并呈现出来"。②

国内学者也做了大量的探索。可以分为两种情况、三种表述：一是对新教师来说，是"实践性知识的获取"；二是对有一定经验的教师来说，是"实践性知识的发展"。三是总的概括的说法，是教师实践性知识的生成或形成。辛涛、申继亮、林崇德等人认为，"实践知识受一个人经历的影响，这些经历包括个人的打算与目的以及人生经验的累积效应。"他们主张，"对专家型教师从实践中获得的经验加以结构化、系统性总结所形成的理论是可以为新手习得的。"③ 陈向明探讨了教师实践性知识的生成机制，认为教师实践性知识最初来源于自己的以往的经验，但大多数是缄默知识，需要一个显性化过程，即行动中的反思，"教师通过在行动中反思，与情境（包括学生、研究者、问题本身、环境等）对话，对问题情境进行重构"，形成一个新形态的实践性知识。④ 姜美玲、王赛凤分析了影响教师实践性知识形成的因素：一是教师个人生活史。个人生活史不仅是教师建构实践性知识的基本素材，更是教师重构其自身知识的动力来源。二是学生时代的经验，也就是教师在接受学校教育时作为学习者的经验。学生时代的经历强烈影响着他们教学认识的形成。三是教师的教学经验。教师是在他们的课堂教学活动中常规地建构教与学的理

---

① 何晓芳，张贵新. 解析教师实践知识：内涵及其特性的考察 [J]. 教师教育研究，2006（3）：38－42.

② [美] 舒尔曼. 实践智慧：论教学、学习与学会教学 [M]. 王艳玲，王凯，毛齐明等，译. 上海：华东师范大学出版社，2014：158.

③ 辛涛，申继亮，林崇德. 从教师的知识结构看师范教育的改革 [J]. 高等师范教育研究，1996（6）：12－17.

④ 陈向明. 对教师实践性知识构成要素的探讨 [J]. 教育研究，2009（10）：66－73.

论，逐步构成实践性知识。教师对于教学经验的"自我反思"也影响着实践性知识的形成。四是职前培训和在职培训经验。① 刘东敏、田小杭等人认为："教师实践性知识主要不是通过有经验教师的传授直接获得，而是由学习者——新教师或未来教师根据特定情境、借助他人帮助、利用必要知识、通过意义建构的方式而获得。"②

林一钢等人根据艾尔贝兹的实践性知识的结构，阐述了教师实践性知识生成的内在机制。认为教师实践性知识的生成是通过教师个人在亲自的实践尝试和确证之下，或通过替代性经验的观摩，经由对教育教学经验的反思，在实践中持续建构与修正而生成的。生成方式是："教师面临教育困境——建构或调用已有实践性知识——以行动应对困境（试误）——强化实践性知识模块或重新建构实践性知识模块以至成功解决问题"。③ 邓晶晶、张辉蓉等人认为，教师实践性知识的生成是基于实践的经验建构，是教师在教育教学实践过程中根据教育情境的需要对已有信息的加工创造，是教师主体与环境相互作用的结果。教师个人生活经历和先前知识经验影响着实践性知识的形成，已有的实践性知识也必然影响着新实践性知识的生成与发展。"优秀教师在其教育教学实践中的认知、加工、选择建构与反思，及对教育理论的解读活动正是其实践性知识的主要来源。"他们主张，教师要注重日常积累和实践反思，开展叙事研究。④

5. 教师实践性知识的行动逻辑

"行动逻辑指的是行动的原因机制。"⑤ 吴刚平认为，教师实践性知识的

---

① 姜美玲，王赛凤. 理解教师实践性知识［J］. 全球教育展望，2004（11）：47-51.

② 刘东敏，田小杭. 教师实践性知识获取路径的思考与探究［J］. 教师教育研究，2008（4）：16-20.

③ 林一钢，潘国文. 探析教师实践性知识及其生成机制［J］. 全球教育展望，2013（10）：42-48.

④ 邓晶晶，张辉蓉. 教师实践性知识：内涵解读与发展之道［J］. 当代教育科学，2013（19）：29-31.

⑤ 吴刚平. 教师实践性知识的行动逻辑与理解转向［J］. 全球教育展望，2017（7）：76-87.

行动逻辑，核心是教师自我认识与自身行动之间的关系问题；基于对教师行动原因的不同理解，对教师实践性知识的研究隐含着三种不同的行动逻辑，即结果性逻辑、适当性逻辑和体验性逻辑。在理性主义的指导下，教师实践性知识研究遵循的行动逻辑是结果性逻辑。结果性逻辑的基本内涵是：教师采取行动的基本动因是可预见的结果。在结果性逻辑支配下，教师需要采取什么行动的知识是实践性知识。基于结果性逻辑，实践性知识的研究强调教师行动的"秩序"。也就是说，教育教学活动本身是一个由诸多部件构成的客观整体。教师的行动就是将这些部件按照时间的顺序，遵循学科的特点，运用一定的方法加以安排。

在建构主义指导下，教师实践性知识的行动逻辑是适当性逻辑。适当性逻辑的基本内涵是：教师采取行动的基本动因是教师行动本身的适切性。这种适切性不是以结果达成为评判标准，而是注重对教师行动与行动对象之间的恰当"中介物"的建构。建构主义对"中介物"的分析为教师的实践性知识提供了三个重要的认识维度。第一个维度是有关学科内容的组织和转化；第二个维度是有关学生学习的途径和方法；第三个维度是有关合作学习的互动效应和机制。基于适当性逻辑，实践性知识的研究强调教师行动的"关联"。也就是说，教师的教育教学活动其实是一个不断发现问题、解决问题的行动过程。教师应该发现事物之间发生相互关联的中介物，并通过适当的行动改变以建立新的关联。其直接表征就是将教师当下的经验与先前的经验建立起关联。

在存在主义指导下，教师实践性知识的行动逻辑是体验性逻辑。体验性逻辑的基本内涵是：教师采取行动的基本动因是教师对自身行动的意向性。这种意向性不仅包括教师在教育教学活动中对外在于自身的行为对象的感知和判断，而且包括教师对自己在实践活动中存在方式和存在关系的领会。教师的实践性知识其实是教师对自身在实践中存在的理解与表达。基于体验性逻辑，实践性知识的研究强调教师行动的"意义"。教师行动的意义指向那个使人成为人、使人成为自己的存在意义。教师的教育教学实践不仅是教师创造意义的过程，更是教师寻求意义的过程。这种超越知识传递的意义探寻是以人的存在意义为旨归的，将教师定位于一个真实的、真正与学生打交道的人。

6. 教师的实践智慧

实践智慧这个概念最早是亚里士多德在《尼各马可伦理学》中提出的，是指一种"真实的、伴随着理性的能力状态"。① 金生鈜借鉴实践哲学的释义给出实践智慧的定义，实践智慧是在实践上知道怎样做的知识类型和推理形式，它不等同于任何脱离主体的存在的"客观知识"，它是人在生活实践中知道怎样做的知识和经验。② 舒尔曼将教师的"实践智慧"看作教学知识基础的一个重要来源，是从优秀教师的实践教学法智慧中系统地整理并呈现出来，是一种教师个人的实践知识。③ 舒尔曼认为，实践智慧是一种对策略性知识的理解，是面对复杂性情境时能够超越特定原理的专业判断和决策。④ 叶澜在论述21世纪新型教师专业修养时指出，"教师的专业智慧是教师教育经验积累升华的结晶。"这种"专业智慧"本质上是实践智慧，因为它不仅是从教师实践经验中积累起来的，而且它与教师所处实践情境密切相关。正如叶澜所述："专业智慧集中表现在教育、教学进行的具体情境中，教师感受、判断处于生成和变动过程中随时可能出现的新状态、新问题的能力；准确把握教育时机和转化教育矛盾、冲突的机智；迅速做出教育决策和选择，根据实际对象、情境和问题，改变、调节教育行为的魄力。"⑤ 邓友超、李小红从哲学上对"实践智慧"的三种理解，推论出教师的实践智慧"是指教师对教育合理性的

---

① ［古希腊］亚里士多德. 尼各马可伦理学［M］. 廖申白, 译. 北京：商务印书馆, 2016：173.
② 金生鈜. 教育哲学是实践哲学［J］. 教育研究, 1995（1）：17-22.
③ ［美］舒尔曼. 实践智慧：论教学、学习与学会教学［M］. 王艳玲, 王凯, 毛齐明, 等译. 上海：华东师范大学出版社, 2014：158.
④ ［美］舒尔曼. 实践智慧：论教学、学习与学会教学［M］. 王艳玲, 王凯, 毛齐明, 等译. 上海：华东师范大学出版社, 2014：144-145.
⑤ 叶澜. 创建上海中小学新型师资队伍决策性研究总报告［J］. 华东师范大学学报（教育科学版）, 1997（1）：1-9.

追求,对当下教育情景的感知、辨别与顿悟以及对教育道德品性的彰显。"[①]

范梅南从现象学方法入手,对"实践智慧"进行深入的讨论。他在《教学机智》一书中所讨论的"教学机智",就是"实践智慧"。有时他把"机智"和"实践智慧"等同使用。范梅南认为,"机智是一种实践性知识"。[②]教师的"机智"具有情境性、实践性、关系性、规范性和自我反思性。他把"实践智慧"定义为"教育情境中的智慧性行动"。[③] "机智的行动需要感知力、理解力和洞察力以及正确行动的直觉。"[④]范梅南所说的情境性,是指教师的实践智慧对情境的特殊敏感性。如下列表述:"机智被理解为一种对情境的特殊敏感性并知道在其中如何表现。"[⑤] "机智行动是充满智慧的,因为教育者对情境所要求的和什么样的行动才是好的这两方面表现了恰当的敏感性。"[⑥] "机智的行动是一种对情境的即刻投入。"[⑦]范梅南所说的实践性,是指教师的实践智慧具有如下表述的意义。一是"教学的交互性过程本质上是一个反思性实践。"[⑧] 二是"机智有一系列的品质和能力构成。"[⑨] 三是"机智与其说是一种知识的形式,还不如说是一种行动。它是全身心投入的敏感的

---

① 邓友超,李小红. 论教师实践智慧[J]. 教育研究,2003(9):32-36.
② [加]马克斯·范梅南. 教育敏感性和教师行动中的实践性知识[J]. 北京大学教育评论,2008(1):2-20.
③ [加]马克斯·范梅南. 教学机智:教育智慧的意蕴[M]. 李树英,译. 北京:教育科学出版社,2001:144.
④ [加]马克斯·范梅南. 教学机智:教育智慧的意蕴[M]. 李树英,译. 北京:教育科学出版社,2001:194.
⑤ [加]马克斯·范梅南. 教学机智:教育智慧的意蕴[M]. 李树英,译. 北京:教育科学出版社,2001:173.
⑥ [加]马克斯·范梅南. 教学机智:教育智慧的意蕴[M]. 李树英,译. 北京:教育科学出版社,2001:156.
⑦ [加]马克斯·范梅南. 教学机智:教育智慧的意蕴[M]. 李树英,译. 北京:教育科学出版社,2001:162.
⑧ [加]马克斯·范梅南. 教学机智:教育智慧的意蕴[M]. 李树英,译. 北京:教育科学出版社,2001:140.
⑨ [加]马克斯·范梅南. 教学机智:教育智慧的意蕴[M]. 李树英,译. 北京:教育科学出版社,2001:166.

实践。"① 范梅南所说的关系性，是指教师的实践智慧表达了一种教育关系。如他所说，"机智始终是为机智所指向的对象服务的。"② "机智是具有'他者性'的实践。"③ 范梅南所说的规范性，是指"机智是一种实践中的规范性智慧，它受见解的支配同时又依赖于情感。"④ 他还说："机智在实际的情境中是以一种积极的、规范的方式表露出来的。"⑤ 范梅南所说的自我反思性，是指实践智慧需要教师的自我反思。如他所说，"未经反思的行动是'缺乏智慧的'、没有机智的。"⑥ "反思含有对行动方案进行深思熟虑、选择和做出抉择的意味。"⑦ 范梅南对教师反思做了分类。一是"行动前的反思"，"预测性反思"或"期望性反思"。二是"行动中的反思"，"情境中的当时反思"或"行动时刻的反思"。三是"对行动的反思"，"追溯型的反思"或"回顾性反思"。⑧

---

① ［加］马克斯·范梅南. 教学机智：教育智慧的意蕴［M］. 李树英，译. 北京：教育科学出版社，2001：168.
② ［加］马克斯·范梅南. 教学机智：教育智慧的意蕴［M］. 李树英，译. 北京：教育科学出版社，2001：183.
③ ［加］马克斯·范梅南. 教学机智：教育智慧的意蕴［M］. 李树英，译. 北京：教育科学出版社，2001：184.
④ ［加］马克斯·范梅南. 教学机智：教育智慧的意蕴［M］. 李树英，译. 北京：教育科学出版社，2001：193.
⑤ ［加］马克斯·范梅南. 教学机智：教育智慧的意蕴［M］. 李树英，译. 北京：教育科学出版社，2001：194.
⑥ ［加］马克斯·范梅南. 教学机智：教育智慧的意蕴［M］. 李树英，译. 北京：教育科学出版社，2001：269.
⑦ ［加］马克斯·范梅南. 教学机智：教育智慧的意蕴［M］. 李树英，译. 北京：教育科学出版社，2001：131.
⑧ ［加］马克斯·范梅南. 教育敏感性和教师行动中的实践性知识［J］. 北京大学教育评论，2008（1）：2-20.

第三节 教师哲学

一、教师哲学的概念

教师的哲学,是指教师个人的教育哲学,而不是指关于教师的哲学;教师的哲学,作为一种教师的个人知识,"是一种基于经验与理论双向互动的建构"。① 教师"在'哲学地思考',像哲学家般地反思、抽象、批判教育教学中的各种关系,思考教育的目的、内容、方式方法抑或自己和学生的思维方式。""教师的哲学是教师个体在教育实践(实验)中所形成的个体的、反思的、实践的哲学,是教师以一定的哲学思想和哲学方法为基础,在个人的教育实践过程中,通过批判反思教育理论、研究教育问题、感悟教育真相而形成的属于个人的教育智慧、信念与信仰。"② 每一位教师只要从事教学实践,就必然要解决学生的认识如何发生这样的问题,这就是说,教师必须进行认识论的思考。当教师的思考有结果时,这个结果就是教师的哲学。同时,这个思考中包含着教师对学生的同情性理解、对教学专业的理解以及师生关系的理解。随之,当每一位教师在从事教育活动时,他必然要处理师生关系问题,这就涉及教师德性问题,那么教师对德性问题的主张就是教师的哲学。

索尔蒂斯首先提出教育者"自己的个人的教育哲学"问题。他认为这就是指"一套个人的信念,认为在教育领域内什么是好的、正确的和值得做的"。"个人的教育哲学"用以"指导个人的教育实践活动",使其"能从事思想深刻和目的明确的教育活动"。③ 奈勒也指出了教师个人哲学的意义,"个人的哲学信念是认清自己的生活方向的唯一有效手段"。④ 一方面,教师

---

① 李润洲. 教师个人教育哲学的迷失与重构 [J]. 课程·教材·教法, 2015 (8): 105-111.
② 戚万学. 论教师的哲学 [J]. 教育研究, 2014 (12): 85-93.
③ [美] J. 索尔蒂斯. 论教育哲学的前景 [J]. 闵家胤, 译. 国外社会科学, 1984 (3): 6-10.
④ 陈友松. 当代西方教育哲学 [M]. 杨之岭, 林冰, 蔡振生, 等译. 北京: 教育科学出版社, 1982: 135.

要"培养学生清楚而正确地进行思维的能力",能够帮助学生理解与区分意见和事实,以及信仰和知识;[1] 另一方面,教师也要研究价值论,以便做出正确的评价,也要"研究教育中的价值"。[2] 另外,"如果我们不去考虑普通哲学的问题,我们就不能批判现行的教育理想和政策,或者提出新的理想和政策。"[3]

二、教师哲学的特点

戚万学提出了教师个人哲学的三个特点:一是个人性。教师哲学是教师个人对公众教育哲学、专业教育哲学的通过教育实践的转化。在这个转化过程中,形成了个人主观感受、理解和体验以及教师从其他渠道获得的客观的、规律性的教育知识,也内在地包含着教师个人的经验、习惯、思想、情感、态度、价值观等。二是实践性。教师的哲学是通过教育实践表现出来的,并首先表现为一种实践方式。一方面是通过实践对公众教育哲学、专业教育哲学的转化,这个转化过程就是教师学习、理解、思考、体验、内化的过程;一方面是运用知识、经验、能力、技巧等解决实践问题的本领。三是内在性。教师的哲学由教师自悟、自得、内在生成,而非外铄。[4]

唐松林认为,教师哲学同时具有普遍性与个体性。就普遍性来说,"教师只有具备哲学思想,才能有明确的教育信念,才能有效地选择教育信息,确定教学方法,唤醒个体的天赋潜能,并使他们能够进入幸福与意义的生活状态。"教师必须随时从哲学的观点来审视自身教育生活,判断当前教育实践的合理性与正当性,使自己的教育行为适合于人性、时代和社会生活,从而在学生全面发展的过程中,实现自身的人生幸福与社会理想。哲学家的理性和思辨结论,能给教师以启迪和思考,使教师具有教育教学的思想方法,能够对教育

---

[1] 陈友松. 当代西方教育哲学 [M]. 杨之岭,林冰,蔡振生,等译. 北京:教育科学出版社,1982:24.
[2] 陈友松. 当代西方教育哲学 [M]. 杨之岭,林冰,蔡振生,等译. 北京:教育科学出版社,1982:33.
[3] 陈友松. 当代西方教育哲学 [M]. 杨之岭,林冰,蔡振生,等译. 北京:教育科学出版社,1982:28.
[4] 戚万学. 论教师的哲学 [J]. 教育研究,2014 (12):85-93.

生活进行合规律性与合目的性的改造和设计，使教育生活理性化。就个体性来说，教师哲学是"教师个体在实践生活中通过自由思想与自我意识形成自己独特的哲学智慧"，强调教师的个体经验、内在体验与知识建构，其主旨在于教师如何认识自我、完善自我、追求自由的个性。从这个意义上说，"教师哲学是一种平民的、个体的、实践的、反思的哲学。"①

三、教师哲学的构成

索尔蒂斯认为个人的教育哲学"是一套个人的信念"。从这个角度说，教师哲学首先是教师的教育信念。从奈勒所说"哲理的思考"来说，教师哲学就是教师对"各种教育问题的哲理思考"。② 哲理的思考就需要教师有哲学的修养，掌握哲学思维方法。戚万学指出，教师的哲学以原初的状态隐藏于日常的教育活动中，是行动的前提和基础。每位教师无时无刻不在进行选择、判断、反思等哲学思考。③ 从石中英提出教师的价值品质问题来说，教师的价值品质体现了教师的个人哲学。教师的价值品质是"教师的灵魂"，也是"唤醒教育的灵魂的一个必要条件"。教师的价值品质包括与学生有关、与同事有关、与教育工作有关的价值品质。如"民主""平等""信任""宽容""公正""关怀""团结""合作""理性""反思""创造"等。④ 从余文森提出"教师提炼教学主张"的角度来说，教师的哲学包含着教师的"教学主张"。这是因为，"教学主张"是教师"专业的眼睛""智慧的眼睛"，是教师教学思想的体现，"是专业影响力的核心"。⑤ 陈向明通过对北京市若干中小学教师进行追踪调查发现，优秀教师表现出一种对教与学的整体性理解以及知行

---

① 唐松林. 从哲学家的哲学到我的哲学：教师哲学内涵理解 [J]. 湖南师范大学教育科学学报，2008（5）：5-7.

② 陈友松. 当代西方教育哲学 [M]. 杨之岭，林冰，蔡振生，等译. 北京：教育科学出版社，1982：135.

③ 戚万学. 论教师的哲学 [J]. 教育研究，2014（12）：85-93.

④ 石中英. 教师的基本价值品质及其形成 [J]. 中国教师，2009（1）：4-6.

⑤ 余文森. 教学主张：打开专业成长的"天眼" [J]. 人民教育，2015（3）：17-21.

合一的行动样态，这些思维和行动特征组成了他们安身立命的个人哲学。①

李润洲认为，从内容上看，教师个人教育哲学可分为相互联系的几个要素：一是关于教师自我的看法，主要有教师个体的世界观、人生观以及自己的教学效能感。二是关于教育的理解，主要包括对教育价值的认识与看法，是对培养什么样的人的主张。三是关于学科的信念，可分为三个层次，第一层是知识系统，第二层是人的思维的创造，第三层是人类精神的营养等。四是关于学生及其学习的认识，主要有两种针锋相对的观念，第一种是工具论的学生观及白板说的学习观，第二种是目的论的学生观及建构的学习观。②

四、教师哲学的作用

杜威在论述哲学的作用时指出，"哲学对过去经验的审查和哲学作为价值纲领，就必然要影响行为"。③ 哲学有助于人们应对许多不确定的事情，对"冲突的兴趣"做出判断，"界说困难，并暗示应付困难的方法"。④ "哲学是要造成影响人生行为的智慧。"⑤ 教育哲学帮助人们认识"教学和德行、知识和德行的关系"，"理性和行动的关系、理论和实践的关系的问题"。⑥ 乔治·奈勒指出："哲学解放了教师的想象力，同时又指导着他的理智。教师追溯各种教育问题的哲学根源，从而以比较广阔的眼界来看待这些问题。教师通过哲理的思考，致力于系统地解决人们已经认识清楚并提炼出来的各种重大问

---

① 陈向明. 优秀教师在教学中的思维和行动特征探究 [J]. 教育研究，2014（5）：128 – 138.
② 李润洲. 教师个人教育哲学的迷失与重构 [J]. 课程·教材·教法，2015（8）：105 – 111.
③ [美] 杜威. 民主主义与教育 [M]. 王承绪，译. 北京：人民教育出版社，2001：347.
④ [美] 杜威. 民主主义与教育 [M]. 王承绪，译. 北京：人民教育出版社，2001：345.
⑤ [美] 杜威. 民主主义与教育 [M]. 王承绪，译. 北京：人民教育出版社，2001：343.
⑥ [美] 杜威. 民主主义与教育 [M]. 王承绪，译. 北京：人民教育出版社，2001：349.

题。"① 因此，教师对教育上的问题做哲学的思考，就可以转识成智。一方面是帮助教师总结整理"过去经验"，一方面是对教师教育教学行为提供"价值纲领"。教师的"哲学对教学的目的、内容和方法有最终的规范和指导作用。"② "教育哲学对教师来说，是教育者的个人哲学，是教育者自我生成的教育哲学，是教育者的教育信念和教育追求，它对教师从事思想深刻和目标明确的教育活动至关重要。"③ 教育哲学作为一种规范，就是要为教师的行为提供指导和帮助，但这种指导不是操作性的技术和方法，而是一种发展方向和原则。在现实的教育实践中，经常会看到一些教师的教学反思比较肤浅。为什么这些教师不会反思？原因就在于他们缺少个人哲学的修养，"追求工具理性，失去了价值关怀"，不会对教育问题做价值分析和追问。

五、教师哲学的生成

关于教师哲学的生成，学者们都有着相似的看法：学习教育哲学、体验教育生活、学会反思和批判、由知识向智慧的转化。戚万学指出，教师哲学的生成路径必然隐含在教育问题的研究之中、哲学史的发展之中、哲学智慧的形成之中。一是沿着教育问题的研究路向展开，二是复演哲学发展的过程，三是由知识向智慧的转化。教师哲学的生成方式，一是"由理入道"，通过理论学习形成自己的哲学；二是"由技进道"，通过技术的熟练运用进入哲学之境；三是"顿悟成道"，通过反思、顿悟形成教师自己的哲学。④ 唐松林提出，教师哲学的重要途径就是学习哲学家的哲学，即通过学习哲学史了解哲学家的哲学思想。⑤ 冯建军认为，教师要形成自己的个人哲学，就要善于分析经验背后所折射出来的观念，分析这些实践活动和经验背后隐含的理论，检验其合

---

① 陈友松. 当代西方教育哲学 [M]. 杨之岭，林冰，蔡振生，等译. 北京：教育科学出版社，1982：135.
② 戚万学. 决定教育的最后根据是哲学 [J]. 江苏教育学院学报（哲学社会科学版），1995 (1)：53 – 55.
③ 冯建军. 教师与教育哲学 [J]. 当代教师教育，2011 (1)：1 – 5.
④ 戚万学. 论教师的哲学 [J]. 教育研究，2014 (12)：85 – 93.
⑤ 唐松林. 从哲学家的哲学到我的哲学：教师哲学内涵理解 [J]. 湖南师范大学教育科学学报，2008 (5)：5 – 7.

法性、正当性以及与教育实践之间的适切性。"教育哲学的反思，一是反思教育经验、教育惯习、教育常识。二是反思教育实践背后的理念。三是反思教育的基本理论和教育思想。"①李润洲主张，教师要运用理性，对教育问题进行独立思考与审慎判断；直面问题，做个研究者，并在问题的研究中生成自己的教育观点、主张，建构自己的个人教育哲学。②深圳明德实验学校校长、语文特级教师程红兵说："在教育领域中即使看上去只是一个操作性问题，如果不断追问，最后都将成为一个哲学问题。"③哲学式追问是教师体验教育生活的过程，是教师哲学生成的具体过程，必须以教师自己的哲学修养为基础。

第四节 教师思维

一、教师思维的意义

杜威在《民主主义与教育》一书中，论述了"教育情境中的思维""从知识中获得思维的方法""教学反省的思维""解决问题的思维""检验观念的思维"等等主题。④这些主题实际上是指教师思维。如杜威所说："持久地改进教学方法和学习方法的唯一直接途径，在于把注意集中在严格要求思维、促进思维和检验思维的种种条件上。"⑤杜威的《教育中理论与实践的关系》一文，重在从理论联系实践的视角讨论对"教师进行的专业教育"，强调训练教师的目的在于"为良好教学技能的形成提供思维方法""关注实践所引起的思维反应"。论及教师的教学习惯时，指出教师教学习惯建立在这两个基础之上，一是"思维的启发和不断的批判"，二是把学科知识和教育哲学"纳入思

---

① 冯建军. 教师与教育哲学 [J]. 当代教师教育，2011 (1)：1 - 5.
② 李润洲. 教师个人教育哲学的迷失与重构 [J]. 课程·教材·教法，2015 (8)：105 - 111.
③ 程红兵. 课堂教学的哲学式追问 [J]. 上海教育，2014 (11A)：71.
④ [美] 杜威. 民主主义与教育 [M]. 王承绪，译. 北京：人民教育出版社，2001：167 - 179.
⑤ [美] 杜威. 民主主义与教育 [M]. 王承绪，译. 北京：人民教育出版社，2001：167.

维习惯"。他强调培养师范生首先应当考虑的是"善于思考、思维敏捷",培养"思维主动性"的品质。他关注"课堂中的思维活动与其他经历中的思维活动之间的连贯性。"他认为"教师只有获得关于更高级的思维方法的全面训练,并且因此彻底明了充分和真实的思维活动意味着什么,才可能真正尊重儿童心灵的完整和力量。"他批评"将师范学校中的教学理解为特定技巧或信息的获得"的倾向,会"或多或少地脱离了它们激发和引导思维能力的价值。"①

舒尔曼和他的同事从1975年起开始教师思维研究,即"关于教师计划、决策、诊断、反思和问题解决的研究",在"教师决策的中介作用"研究的同时,批判"过程—结果"研究范式,确立"教师工作中思维的中心地位"。② 舒尔曼认为,理解教学,"始于一种推理的行动",因而"强调教学中的理解和推理、转化和反思的过程。"③ 在《理论、实践与专业人员的教育》一文中,舒尔曼讨论了"不确定下的判断"问题,指出"判断在理论的普遍形式与实践的特殊性之间搭建了桥梁。"由判断的中介作用,生成了理论到实践的路径,可以看出"从经验中学习"并"通过反思来学习"的重要意义。④ 舒尔曼主张从专家和优秀教师理解他们如何应对大量复杂和不确定性的问题情境出发,理解他们如何判断、如何推理、如何决策、如何解决问题。比杰斯泰德认为,"教师每天的大部分工作就是在经常性的社会互动中承担决策者的角色,决策的低能或失败会影响教学的协调和有效,不仅对现在,对将来的教学都会产生负面的效果。"谢弗尔森指出:"教师的基本教学技巧是决策,优秀教师和一般教师的区别不在于提问和讲述的能力,而在于知道何时去问

---

① [美] 杜威. 教育中理论与实践的关系 [A]. 教师教育研究手册(下) [C]. 范国睿,张琳,译. 上海:华东师范大学出版社,2017:795-805.
② [美] 舒尔曼. 实践智慧:论教学、学习与学会教学 [M]. 王艳玲,王凯,毛齐明,等译. 上海:华东师范大学出版社,2014:256.
③ [美] 舒尔曼. 实践智慧:论教学、学习与学会教学 [M]. 王艳玲,王凯,毛齐明,等译. 上海:华东师范大学出版社,2014:159-163.
④ [美] 舒尔曼. 实践智慧:论教学、学习与学会教学 [M]. 王艳玲,王凯,毛齐明,等译. 上海:华东师范大学出版社,2014:384.

一个问题的决策能力。"① 费曼－尼姆塞尔认为，教师培养项目应以"概念的形成""目的—手段思维""关注学生学习""决策制定能力"为规划重点，培养、提升教师的教育思维能力。② 这些论述和观点指明了教师思维就是教师在教学过程中的思维活动和思维形式；揭示了教师思维研究超越"过程—结果"研究范式的意义，也从一个侧面体现了教师的思维方式和思维品质；同时指出了教师思维在"有效教学"中的关键作用。综合诸多国外学者的研究，可以看出，他们理解的教师思维就是教师在教学过程中的思维形式、思维活动、思维过程和判断、决策的思维方式。

在国内，一些学者论述了教师思维特性、教师思维品质、教师思维能力、教师思维方式转变等，对教师思维下定义者甚少。顾明远认为，"教师思维是属于教师高层次的能力"。③ 张学民、林崇德、申继亮等认为："教师思维是在教师对课堂信息知觉加工的基础上，对课堂信息与学科教学内容进行计划、组织、决策、实施及反馈调节的过程，是教师解决课堂教学问题的重要认知能力。"④ 王建龙、白益民在研究教师思维与教学成效的关系时指出，教师的思维活动可以分解为两个层面：一层是内部活动过程，从信息加工角度看，包括互动决策思维、认知风格、反思性思维；另一层是外部活动过程，从表征形式上讲，包括语言表达和组织教学。⑤ 汪欣月、赵明洁给教师思维的定义是："教师思维是指教师在面对各类教育问题时，动用自身的相应知识，运用一定的方法，采取一定的策略，最终根据实际情况推理、论证并解决问题，进而做到反省和提升的一种高阶思维。"⑥

---

① 张朝珍. 国外教师临床教学决策思想研究 [J]. 比较教育研究，2008（11）：68－72.

② 毛菊. 当代西方教师学习理论研究 [M]. 北京：北京师范大学出版社，2019：65.

③ 顾明远. 教师思维是属于教师高层次的能力：《教师思维论》序 [J]. 连云港教育学院学报，1994（4）：3－4.

④ 张学民，林崇德、申继亮. 论教师教学专长的发展与教师教育 [J]. 中国教育学刊，2007（5）：69－74.

⑤ 王建龙，白益民. 浅谈教师思维与教学成效的关系 [J]. 天津教育，1998（2）：16－18.

⑥ 汪欣月，赵明洁. 教师思维的科学品质及其提升策略 [J]. 教育探索，2020（9）：71－74.

二、教师思维的问题域

褚宏启认为，教师思维包括五个方面的问题：一是问题大致是什么，指教师在真实的教学情境中发现的"真问题"；二是问题到底是什么，指教师对初步锁定的问题予以明确化和具体化，做出准确的问题描述；三是到底为什么，即教师要找到事物之间的联系，尤其是找到因果关系；四是应该怎么办，教师根据问题产生的原因，设想各种可能的解决问题的策略、办法和措施；五是到底怎么样，教师对提出的解决问题的措施，需要通过实践进行检验和评价。从问题是什么、问题到底是什么、到底为什么、应该怎么办，到对解决办法的检验和评价，构成分析问题、解决问题的一个完整流程。这种思维的过程包括了观察、比较、分析、抽象、概括等多种能力的运用，是对教师综合素质的考验。[①]

三、教师思维品质

1. 教师思维品质的概念

朱智贤对思维品质的定义是："在个体的思维活动中智力特征的表现。也就是说，思维发生和发展中所表现出来的个性差异就是思维品质。"[②] 林崇德给思维品质的定义是："思维品质，又叫思维的智力品质，它是人的思维的个性特征。"他认为"思维品质体现了每个个体思维的水平和能力、智力的差异。"

2. 教师思维品质的特点

林崇德概括教师思维品质的五个特点：一是深刻性。集中体现出思维的概括特点。二是灵活性。特点为多开端、灵活、精细和新颖。三是独创性。显示出新颖、独特而有意义的特点。四是批判性。具有分析性、策略性、全

[①] 褚宏启. 改善教师的思维方式与工作方式 [J]. 中小学管理，2021（9）：60-61.

[②] 朱智贤. 朱智贤全集（第五卷）：思维发展心理学 [M]. 北京：北京师范大学出版社，2002：515.

面性、独创性和正确性等特点。五是敏捷性。指思维过程的速度或迅速程度。①

王建龙、白益民等指出了教师思维品质的重要意义，认为"教师思维的条理性、逻辑性、系统性、创造性在教师的能力素质中最为重要，是影响教学成效的最重要因素"。②

李政涛"将思维品质作为探究教师发展的切入点"，他认为教师在发展到成熟阶段之后，会出现"瓶颈"制约教师的进一步发展。因此，他对教师真实、具体和日常的教育教学生活的提炼概括，将"判断教师思维品质高低的标准"概括为八个维度：一是清晰度。即教师要"清晰学生""清晰教学内容""清晰教学目标""清晰教学方法""清晰教学环节"和"清晰教学指令"。二是提炼度。是指教师具有将碎片化的感想与经验加以抽象提炼的兴趣和能力，从实践经验中提炼出其最关键最核心的问题、观点与主张。三是开阔度。指教师打破已有的视角依赖和方式依赖，从封闭走向开放，从单一走向多元，用多元、多维、多向的视角和思维方式来思考探究教育教学，提炼和表达自身的经验，从而拓展已有视野的边界。四是精细度。指教师感知和把握细节的能力，指对教育教学细节的敏感、揣摩、设计、实施、反思与重建。五是合理度。指的是合理的思维方式，包括关联式思维、整体融通式思维、综合渗透式思维、双向互动式思维等。六是创新度。即教师产生了新颖独特且不可替代的教育思想、观念与策略、方法等。七是融通度。即教师的融会贯通的能力。八是生长度。指教师在思维能力上具有绵绵不绝、生生不息的持续生长的力量。③

3. 教师思维品质的提升

教师思维品质提升的路径多样，功夫在平时，功夫在积累。一是从经典著作中学习。加强哲学和逻辑学方面的知识修养，孕育辩证思维方法，强化教师思维的深刻性基础。知识和思维之间是密切联系的，知识是既思维的基

---

① 林崇德. 我的思维三维观 [J]. 思想政治课教学, 1996 (2): 27-28.
② 王建龙, 白益民. 浅谈教师思维与教学成效的关系 [J]. 天津教育, 1998 (2): 16-18.
③ 李政涛. 判断教师思维品质的八个基本维度 [J]. 中小学管理, 2021 (9): 10-11.

质材料，同时又蕴含着思维的方法。知识的积累促进教师思维视野的开阔、思维方法的丰富和思维品质的提升；方法的丰富反过来又促进教师思维的发展，思维发展后将会更有效地促进教师吸取知识。杜威指出："学习就是要学会思维"，①"思维乃是一个探究的过程"，②"思维就是探究、调查、深思、探索和钻研，以求发现新事物或对已知事物有新的理解。"③ 杜威对"思维五步""思维训练"和"反省思维"做了重点论述，对教师提升思维品质会有很大帮助。因此，杜威的《民主主义与教育》《我们怎样思维》应该成为教师的必读书籍。

二是从经验中学习。舒尔曼对"经验"做了宽泛的理解和梳理："经验是阅读和学习材料以及学科资源。经验是向学生学习。经验是观看录像，听取录音，观察同伴和导师。经验是学习研究资料，阅读和撰写案例，积极准备并参与案例回忆，与同事和专家一同进行合作性备课和教学。"④ 通过真实的案例激发教师的思维。案例例证理论原理、蕴含理论主张、传达价值规范，是教师的思维工具。通过案例分析法培养教师分析问题、解决问题的思维能力。教师案例撰写、案例研讨都是现实的思维活动，都是提升教师思维品质的良好路径。更为重要的是，案例研讨是学习共同体的组织活动，在共同体中学习，互相启发、分享经验、分享智慧，共同成长。

三是通过教育叙事自我学习。教师"叙述"自己的教育故事，实质是"反思"自己的教育实践。在叙事的反思中让教师反观自己的实践情境，在自我对话中展开教育性理解，提出"有意义的问题"，增强教师对教学实践的观察力和敏感性，在反思中获得问题意识的生发和思维品质的提升。正如杜威所说："反省是指通过事实和意义这两个方面彼此间不断的交互作用而引出的

---

① ［美］杜威. 我们怎样思维·经验与教育［M］. 姜文闵，译. 北京：人民教育出版社，2005：71.

② ［美］杜威. 民主主义与教育［M］. 王承绪，译. 北京：人民教育出版社，2001：162.

③ ［美］杜威. 我们怎样思维·经验与教育［M］. 姜文闵，译. 北京：人民教育出版社，2005：216.

④ ［美］舒尔曼. 实践智慧：论教学、学习与学会教学［M］. 王艳玲，王凯，毛齐明，等译. 上海：华东师范大学出版社，2014：228.

思维活动。"① 叙事中既有问题研究，又有情感体验，也有情境分析，还有意义生发，更有实践智慧生成，是全方位的思维训练。

四、教师思维方式

1. 关于思维方式的概念

袁贵仁认为，思维方式是人的思维活动诸要素的相互连接和相互作用的方式，是思维活动的样式。思维活动的要素包括思维主体、思维客体和思维工具。思维方式问题主要是一个哲学问题，它同世界观、方法论居于同一层次。② 范玉林认为，思维方式由知识、观念、方法和习惯四个要素组成。"知识"是指思维主体具有的知识结构和知识水平；"观念"是指同思维主体相适应的观念；"方法"是指思维主体知识因素和观念因素中凝结的特定方法；"习惯"是指思维主体反复使用思维方法而形成的思维惯性。③ 范晓骏认为，思维方式是指社会发展的一定阶段上，实践主体按照自身的需要、目的和可能，创造和使用思维工具，去反映、理解、把握客体的思维活动样式，由思维能力和思维关系构成。思维能力是思维活动诸要素相互作用形成的一种功能。思维关系一是指思维主体同思维客体的关系，二是指思维主体间在观念上形成的社会关系。世界观是根本观点和根本方法的统一，是思维方式的总特征、核心和深层结构。④ 杨小微论述理论研究弥补思维方式缺陷时指出："思维方式上的缺陷"是指缺少整体关照的"点状深入"，缺少深化或提升的平面扩展，或者忽视相互关联的简单对立（如在社会与个人、知识与能力之间作"非此即彼"的选择）。思维方式上的缺陷仅靠勤奋和耐心是不足以克服的，必须保持警醒和持续不断的反思，才会有实质性的提升。⑤

2. 教师思维方式的概念

---

① ［美］杜威. 我们怎样思维·经验与教育 [M]. 姜文闵，译. 北京：人民教育出版社，2005：140.
② 袁贵仁，何君陆. 关于思维方式的几个问题 [J]. 社会科学辑刊，1988（5）：22 - 25.
③ 范玉林. 关于思维方式的四个因素 [J]. 晋阳学刊，1987（5）：26 - 27.
④ 范晓骏. 论思维方式 [J]. 哲学研究，1991（5）：50 - 58.
⑤ 杨小微. 教育理论工作者的实践立场及其表现 [J]. 教育研究与实验，2006（4）：6 - 9.

教师思维方式是思维方式的下位概念，主要指向教师关于教育的思维方式。周贵礼研究了教师思维方式的含义、结构、作用和变革策略。[①] 他指出，教师的思维方式，就是教师在教育实践过程中根据一定文化知识、教育观念和思维方法等认识教育和解决教育问题的较稳定的方式。它包含了教师的知识、观念和思维方法等，是内容和形式的统一，它指向教师思维和实践能力与品质，它的对象首先是教育现实中的教育问题、困惑、矛盾等，充满认识性、实践性、探索性和创造性，具有认识和实践功能。他认为，教师思维方式由知识、观念和方法三个要素构成。一是教师掌握知识的深度和广度制约着教师思维的范围和视野，制约着教师思维的性质与功能；教师的知识层次制约着教师对教育世界的认识深度；教师知识的合理结构决定着教师思维的能力和水平。二是教育观念是教师思维方式的核心和决定性因素。教师所具有的世界观、价值观、人生观和教育观具有强烈的定向、选择和调节功能，影响着教师思维方式的性质和类型及其转换，规定着教师思维的取向和视角，内在的影响着教师的思维程序和方法。三是教师的思维方法标志着教师思维能力的强弱和思维水平的高低。从教师思维方式的要素中可以看出，教师思维方式的重要作用。一方面是认识功能，主要表现在选择、整合与解释功能；另一方面是实践功能，主要表现在导向、调控、评价功能。

3. 教师思维方式的变革

由思维方式的结构和特性可知，思维方式变革的核心是观念的变革。深层观念的稳固性和思维方法的惯性特点使得思维方式模式化，从而让思维方式的变革非常困难。基础教育课程改革提出了新的课程理念和教学理念，需要教师以过程思维、生成思维和关系思维的方式对待课堂教学、对待课程实施、处理师生关系。

陈秀玲从教师课堂教学问题的分析入手，指出了问题的根源在于教师"简单性思维方式"，提出了"重回教学实践，改变教学思维方式"的问题。一是超越线性思维，追求课堂教学的动态生成；二是超越实体思维，追求师生之间的平等互动；三是超越二元对立思维，多角度看待课堂教学的非预期

---

① 周贵礼. 论当代教师思维方式变革 [D]. 华中师大博士论文，2011.

事件;四是走向复杂性和生成思维,从多维视角考察课堂教学的生成性。①

岳欣云考察了"新基础教育"改革实验中课堂教学变革的教师思维方式发展问题,认为在"新基础教育"改革实验中教师思维方式的发展,经历了改革前对分析性和确定性思维方式的过分追求,到改革中的二元对立思维方式和多种确定性思维方式开始出现,再到深层变革阶段的复杂性思维逐渐形成的过程。"新基础教育"改革正是通过改变教师的思维方式,改变了教师的生活、生存方式,提升了教师和学生的生命质量。②

罗祖兵重点探讨了教学思维方式从"预成"到"生成"的转换,指出预成性思维方式的缺陷在于教学排除了通过教学互动而"生成"新质的可能。生成性思维注重学生的当下感受与表现,追求的是教师的选择与创造。在生成性思维方式的视域下,教师关注的是教学情境的复杂性和特殊性。"预成"与"生成"的视域完全不同,教学的过程和结果也很不相同。③

周贵礼检视了教师思维方式的缺陷,一是过于强调经验的可操作性,而忽略经验的局限性和理性改造,造成教师理性自觉与反省意识的缺失;二是过于追求目标的确定性和过程的模式化,忽视了教学情境的不确定性和方法手段的针对性;三是过于强调学生培养中的共性要求,在教育评价中采用统一标准,忽略了学生个性发展;四是过于追求预设的确定性结果与外在目的,忽视教育的过程价值,不利于教育质量的提升和教育改革的深化。周贵礼认为,教师思维方式的变革与教育转型有关,教育转型所带来的教育观念、教育知识、思维方法的不断变革、更新与完善,意味着教师思维方式等相应内容的变革。知识的变革催生着教师思维方式的变革,一方面是科学知识的跨学科融合带来创新思维的变革,另一方面是知识增长方式的变化促成了批判性思维的变革。更为重要的是,教师思维方式变革的关键是教育观念的变革:一是教育价值观。强调生命性的教育,开发生命潜能,实现生命成长,提升生命价值。二是教育活动观。教育活动的价值并不仅限于认知与技能,而是

---

① 陈秀玲. 论教学思维方式的变革 [J]. 江西教育科研, 2006 (4): 63-65.
② 岳欣云. 课堂教学变革中的教师思维方式发展 [J]. 中国教育学刊, 2007 (3): 75-78.
③ 罗祖兵. 从"预成"到"生成":教学思维方式的必然选择 [J]. 课程·教材·教法, 2008 (2): 21-25.

包括了情感态度价值观、实践智慧等多方面的内容；不仅在于活动带来的可见结果，更在于活动过程中的态度、方法、精神、习惯，在于活动的过程价值。三是师生关系观。强调一种平等与民主、对话与交流的新型师生关系，强调教师对学生人格、行为习惯、态度、价值观念等方面的潜移默化的长期影响，强调交往对于师生共同发展而非某单方发展的意义和价值。教师教育观念的变革也依赖于哲学思维方式的变革，主要是过程思维和复杂性思维。过程思维是一种源自过程思想的思维方式，它主张用整体、动态、生成和关系的观点认识和把握对象。复杂性思维主张用多元化、非线性、整体性的方法来思考事物，以更加全面和深刻的把握事物。周贵礼概括了当代教师思维方式的特征：一是动态的生成。表现出对教育活动目标、活动过程、活动模式的动态性、关系性把握。二是开放的多元。意味着师生的平等与尊重、沟通与理解、民主与自由。三是整体的复杂。坚持以人为基点，就必须从线性、简单的思维转变到整体复杂思维。四是辩证的关系。辩证思维下的教学观、师生观，需要建立一种关系思维。①

杨小微认为，在实践的复杂教育"场域"中，教师作为研究者，需要善于考察各种因素之间内在关联和复杂相互作用的"关系思维"，需要把握事物发生发展过程的演进脉络和阶段特征的"过程思维"，还需要将事物置于特定情境下加以特殊考量的"情境思维"。②

五、专家型教师思维

斯滕伯格提出专家型教师教学的原型观，用"教学专长描述一系列观察到的有经验和缺乏经验的教师的特征差异"。③ 他认为新手与专家的主要区别表现为他们的知识、效率和洞察力等方面的差异。这种差异反映出新手教师与专家型教师思维水平和思维能力的差异。斯滕伯格由此提出了专家型教师思维的素质结构问题。从斯滕伯格提出的三个关键差异要素来看，一是知识

---

① 周贵礼. 论当代教师思维方式变革 [D]. 华中师大博士论文，2011.

② 杨小微. 教育理论工作者的实践立场及其表现 [J]. 教育研究与实验，2006（4）：6-9.

③ [美] R. J. 斯腾伯格、[美] J. A. 霍瓦斯：专家型教师教学的原型观 [J]. 高民，张春莉，译. 华东师范大学学报（教育科学版），1997（1）：27-37.

要素方面，专家型教师比新手教师在知识的丰富程度上更胜一筹，重要的是，专家型教师善于将各类知识整合起来加以运用，主要运用程序性知识解决问题，有一个深度思维的过程，体现了专家型教师思维的深刻性和灵活性。二是效率要素方面，专家型教师处理问题之所以效率高，一方面表现在相同时间内比新手型教师处理更多的信息，另一方面表现为处理相同的信息量较新手型教师付出较少的意识努力。这主要是因为专家型教师不但善于发现问题，而且对教学中的问题能形成正确而深刻的表征，关键是解决问题的方案能以教学基本原理为基础，解决问题的关注重点在学生的理解和掌握方面，体现了专家型教师高阶思维品质。三是洞察力要素，"专家型教师能够对教学中的问题取得新颖而恰当的解答"[1]，体现了专家型教师深刻性、新颖性、创造性的思维品质。

洞察力指不同寻常的洞察或知觉能力及预见能力。洞察力是教师进行教学决策的起点，是教师运用知识和情境分析来解决问题、进行教学决策的认知能力。教师专业洞察力包含注意和推理两个部分，两部分之间相互联系相互影响，共同决定着教师对于课堂的关注和理解。专家型教师在解决问题时，对问题的分析通常更为清晰和透彻，解决问题也具有独创性、新颖性和恰当性。[2]

古德温于 1994 年初次引入了专业洞察力的概念来表示专业群体成员对特定现象或事件所具有的知觉能力，探究了专业人员如何获得专业洞察力。谢林于 2001 年将专业洞察力引入教师能力范畴，提出教师的专业洞察力就是学会运用学科知识和学科教学知识注意和解释课堂中的重要交互事件的能力，包含选择性注意和基于知识的推理两个部分。[3] 斯滕伯格认为洞察力对应于"选择性编码""选择性联合""选择性比较"三种信息加工形式，是以"鉴别""注意"和"推理"等思维形式为基础的。

---

[1] ［美］R. J. 斯腾伯格，［美］J. A. 霍瓦斯：专家型教师教学的原型观［J］. 高民，张春莉，译. 华东师范大学学报（教育科学版），1997（1）：27-37.

[2] 张音，陈欣. 教师专业洞察力：内涵、要素与发展评价方法［J］. 外国教育研究，2019（2）：89-103.

[3] 张音，陈欣. 教师专业洞察力：内涵、要素与发展评价方法［J］. 外国教育研究，2019（2）：89-103.

斯滕伯格从心理学角度提出专家型教师的思维过程，即"识别问题的存在—定义该问题—表征和组织关于问题的信息—设计或选择一个问题解决的策略—分配问题解决的资源—监控问题的解决—对问题的解决方案进行评估"。[1]

徐碧美通过对4位新手教师、有经验教师和专家型教师的课堂教学的田野研究，重点考察了4位教师在各类知识整合方面的特点，对专家知能概念进行重构。她认为，专家知能的形成是"一个持续追求卓越的过程。"[2] "反思和思考是专家知能的重要特点""专家知能的特征是不断探索和试验、质疑看似'没有问题'的问题以及积极回应挑战。"[3] 从中可以看出，专家型教师的思维方式是开放性、过程性、生成性、创新性和反思性的。

陈静静等人基于扎根理论，对17位业界公认的专家型教师进行深度访谈，通过三级编码进行模型建构，得出结论：专家型教师与普通教师的分水岭是其思维方式差异。他们具有"直面挑战—持续学习—解决问题—追求理想"的专家思维，对卓越自我和美好理想的追求极为坚定。[4]

刘加霞基于特级数学教师华应龙深度教学思考的分析，对专家型教师思维特质进行了质性研究。一是专家型教师思维内容的特质。"善于随时随地追问教育的基本问题是专家型教师的思维习惯与思维特质。"二是专家型教师思维方式的特质。①专注与执着：长时间地研究一个问题。②批判与超越，敢于突破思维定式。三是专家型教师思维特质形成的内在动力。①纯粹的兴趣带来思考的激情。②体验到自我实现的成功感。[5]

---

[1] ［美］R. J. 斯滕伯格. 斯滕伯格教育心理学［M］. 岳晓东, 译. 北京：机械工业出版社，2012：278-279.

[2] 徐碧美. 追求卓越：教师专业发展案例研究［M］. 北京：人民教育出版社，2003：277.

[3] 徐碧美. 追求卓越：教师专业发展案例研究［M］. 北京：人民教育出版社，2003：290.

[4] 陈静静, 许思雨, 谈扬. 专家型教师的理想指标、发展历程与关键动力：基于扎根理论的模型建构［J］. 教师教育研究，2024（1）：64-70.

[5] 刘加霞. 专家型教师思维特质研究：基于华应龙深度教学思考的分析［J］. 中小学管理，2012（5）：8-12.

第五节 教师能力

一、教师能力的内涵演变

1. 教师能力的本质和结构

教师能力问题本质上是一个"教师需要知道什么、能做什么,需要相信和关心什么"的问题。G. 威廉森·麦克迪尔米德等人指出,虽然在一个半世纪的时光穿梭中,尽管决策者、管理者、研究者、批评者和教师教育工作者对如何界定教师能力尚未达成共识,但教师能力的三个部分还是清晰的。一是知识。包括学科问题、教学内容知识、课程、教学法知识、学生知识、教育政策、教育技术和评价测量等。二是技能。包括策划、组织、实施教学过程,使用教学材料和技术、管理学生、组织小组活动、监督和测评学生学习等。三是品性。包括教师的信念、态度、价值观和承诺。在对"能力"概念的诸种定义的梳理中,他们认为,在当前的教育环境中,"能力"的意义更接近"发展的潜能"。因此,"'教师能力'意味着教师持续地发展自身知识、技能和品性的潜能"。[①]

2. 教师能力内涵的多元视角

G. 威廉森·麦克迪尔米德等人考察了教师能力概念在美国的历史演变。在美国19世纪的"师范学校时代",师范学校的课程需要教师进行四个"核心"方面的学习。一是学科知识;二是教学方法;三是学校管理,包括发挥教师的道德影响力;四是教学实践。[②] 进入20世纪,永恒主义者将经典课程与苏格拉底式研讨向大众推广。从永恒主义者的立场来看,"教师能力"是指教师接受自由的教育,在研讨中能够发挥协调作用。[③] 到了20世纪60年代,

---

[①] [美] G. 威廉森·麦克迪尔米德等. 重思教师能力 [A]. 教师教育研究手册(上) [C]. 赵晓莹,译. 上海:华东师范大学出版社,2017:142-143.

[②] [美] G. 威廉森·麦克迪尔米德等. 重思教师能力 [A]. 教师教育研究手册(上) [C]. 赵晓莹,译. 上海:华东师范大学出版社,2017:144.

[③] [美] G. 威廉森·麦克迪尔米德等. 重思教师能力 [A]. 教师教育研究手册(上) [C]. 赵晓莹,译. 上海:华东师范大学出版社,2017:145.

瑞安斯的教师能力研究旨在归纳卓越教师的个人特质。[①]"过程—结果"研究范式的教师能力标准是教师的知识以及教师能否运用经过研究证明为有效的行为。[②] 在 20 世纪 80 年代，开展了基于标准的课程改革，强调教师对于学生学习的重要作用的研究，对只注重技能的教师能力的观点进行批评。特别是舒尔曼和他的学生研究了"学科教学法知识"在教师能力中的重要作用。[③]舒尔曼的研究从知识方面丰富了教师能力的内涵。古德莱德和他的同事强调，教师在保证学生学到知识和技能的同时，有责任培养学生的民主品质、习惯和实践。从这一观点来看，教师能力不仅包括关于经济和社会系统如何运作以控制现状的知识，还应该包括改变世界、改变权力和分配资源的决心和行动。这些观点，从品性方面丰富了教师能力的内涵。

进入 21 世纪以来，美国卓越教师资格认证委员会和美国国家专业教学标准委员会分别制定了教师标准。二者的共同之处是都包括：①学科内容知识；②课堂教学技能，包括组织、计划和设计课程，管理不同群体的学生，使用不同教学方法，依据学生不同的需求提供不同的教学指导，监督并评估学生学习；③与家长合作。二者不同之处在于，前者是新任教师标准，重在强调"过程—结果"研究认可的一些实践——提问技巧，任务时间，设计图表等。后者是专家型教师标准，重在教师品性和技能方面的实践，如"系统地思考，从经验中实践和学习""在教学政策实施、课程开发和教师发展中同其他同事合作"。这两个标准反映了对教师能力的不同理解。后者比较宽泛，包括反思教师知识、技能、品性，从过去几年发生的事件中学习。[④]

3. 教师能力概念的动态多元特征

随着对教师研究的深入，人们逐渐认识到："教师能力和教师学习会随着

---

① [美] G. 威廉森·麦克迪尔米德等. 重思教师能力 [A]. 教师教育研究手册（上）[C]. 赵晓莹，译. 上海：华东师范大学出版社，2017：146.

② [美] G. 威廉森·麦克迪尔米德等. 重思教师能力 [A]. 教师教育研究手册（上）[C]. 赵晓莹，译. 上海：华东师范大学出版社，2017：147.

③ [美] G. 威廉森·麦克迪尔米德等. 重思教师能力 [A]. 教师教育研究手册（上）[C]. 赵晓莹，译. 上海：华东师范大学出版社，2017：148.

④ [美] G. 威廉森·麦克迪尔米德等. 重思教师能力 [A]. 教师教育研究手册（上）[C]. 赵晓莹，译. 上海：华东师范大学出版社，2017：151.

时间和环境而转变。"① 过去构成教师能力的"知识、技能和品性"的旧框架只能反映静态的、个别的教师能力。要形成动态多元的教师能力，必须看到社会情境的作用。一方面是社会情境对教师的学习、对教师如何理解自己、对教师的行动的作用；另一方面是教师自身如何适应情境的不断变化，对自己的默会知识、教学实践通过合作转化为显性知识，并批判性地审视实践，既需要"日常"专长，还需要发展适应性教学专长。② 动态多元的教师能力是教师知识不断增长、教师技能超越个体实践、教师品性逐渐丰富、共同参与学校文化构建的适应性专长和"共同体实践"。

从中外学者关于教师能力的研究来看，很少有对教师能力的确切性定义。大多数都是对能力结构的分析，国外学者是对教师能力的构成做了三部分的论述，如上所述，即"知识+技能+品性"。国内学者则大多是将教师能力作为教师的素养或素质组成部分加以论述。而且，国内学者的论述多指向教师教学能力。叶澜教授在论述21世纪新型教师专业能力时指出："首先是理解他人和与他人交往的能力。其二是组织管理能力。第三是教育研究的能力。"③ 班华教授在《中学教育学》专著中把教师能力分为教育预见能力（核心是教育思维）、教育传导能力（核心是语言能力）、教育过程控制能力（包括对学生的控制能力、自我控制能力、对情景的控制能力）。④ 申继亮引用了罗树华、李洪珍的观点，把教师的一般职业能力区分为三种，即教师的教育能力、教师的班级管理能力和教师的教学能力。⑤ 卢正芝、洪松舟对教师能力的定义是："教师能力是指教师在教育教学活动中表现出来的、直接或间接影

---

① ［美］G. 威廉森·麦克迪尔米德等. 重思教师能力［A］. 教师教育研究手册（上）［C］. 赵晓莹, 译. 上海：华东师范大学出版社, 2017：158.
② ［美］G. 威廉森·麦克迪尔米德等. 重思教师能力［A］. 教师教育研究手册（上）［C］. 赵晓莹, 译. 上海：华东师范大学出版社, 2017：153–155.
③ 叶澜. 创建上海中小学新型师资队伍决策性研究总报告［J］. 华东师范大学学报（教育科学版），1997（1）：1–9.
④ 班华. 中学教育学［M］. 北京：人民教育出版社, 1989：345.
⑤ 申继亮, 王凯荣. 论教师的教学能力［J］. 北京师范大学学报（人文社会科学版），2000（1）：64–71.

响教育教学活动的质量和完成情况的个性心理特征。"① 概括以上几种说法的"所指"，可以看出，国外学者指向"发展的潜能"，罗树华等人指向"教学活动的能力"，并指出了范围，卢正芝等人指向"个性心理特征"，林崇德指向"外部行为的表现"。这些说法都没有对教师能力给出准确定义。

二、教师教学能力的构成

1. 教师教学能力的早期聚焦点

国外学者在 20 世纪 70—80 年代，将教师教学能力作为复杂信息加工过程来进行定性与定量化研究。研究的问题主要包括教师的知识结构、教师的选择注意能力、教师对课堂信息的知觉能力、教师思维、教学反思等方面。萨贝尔斯等人对教师课堂教学的研究发现，教师对课堂信息的选择注意加工能力主要表现在：如何从复杂多变的信息中选择出重要的信息，这是提高课堂教学有效性的重要方面。由于课堂信息具有多维度、复杂性、即时性和连续性等特点，教师对课堂信息的选择不仅可以提高教师对学生表现和教学活动的监控调节能力，而且还可以提高课堂信息知觉与决策效率。伯林纳等人对课堂情境信息辨别力进行了定性研究。研究发现，新手教师和自愿准教师与专家型教师在五个方面有很大差异。这五个方面是：对课堂教学现象的解释、对事件重要性的辨别、规则的使用、预测课堂现象、对典型与非典型事件的判断。专家型教师能抓住现象的本质，能发现关键问题和重要线索，在观察和判断时表现出快捷性、流畅性和灵活性，观察和判断过程达到了自动化水平。这说明，课堂教学知识与经验对教师观察和处理课堂信息起着非常重要的作用。②

2. 教师教学能力的结构

林崇德等人 1994 年对教师的教学能力从课堂认知能力、课堂操作能力、课堂认知监控能力三个维度进行研究。课堂认知能力，是指教师对所教学科

---

① 卢正芝，洪松舟. 我国教师能力研究三十年历程之述评：教育发展研究 [J]. 2007（1）：70-74.
② 张学民，林崇德，申继亮. 论教师教学专长的发展与教师教育 [J]. 中国教育学刊，2007（5）：69-74.

的定理、法则、概念等的概括化程度,以及对所教学生心理发展水平和自己所使用的教学策略的理解程度。课堂教学操作能力是指教师在教学过程中使用教学策略的水平,它是课堂教学能力的核心内容。课堂教学认知监控能力,是指教师在教学活动中,对教学安排的计划性、对教学活动过程的自我调节、以及对教学策略的自我评价能力。[1] 申继亮等人概括了全国教育心理专业委员会的研讨结论,认为,教师应具备的教学能力包括:全面掌握和运用教材的能力;良好的语言表达能力;善于了解学生个性心理特征和学习情况的能力;敏感、迅速而准确的判断能力;组织领导课内外活动的能力;独立思考和创造性解决问题的能力;因材施教的能力;教育机智等。[2]

申继亮和王凯荣进一步细化了先前的研究,对比了理论工作者和实践工作者对教学能力的不同观点,提出了自己的理论设想,给出了教师教学能力的层次结构和成分结构。一是界定了教学能力的性质。即教学能力是以认识能力为基础,在具体学科教学活动中表现出来的一种特殊能力(专业能力)。二是对教学能力结构做出分析。一方面是层次性分析,即教学能力的智力基础→一般教学能力→具体学科教学能力。另一方面是成分分析。即有活动的执行成分,还有保证活动顺利进行的调控成分。三是对教学能力智力基础的分析。有三种能力是最为关键、最为重要的,即分析性思维、创造性思维、实践性思维。分析性思维是由分析、判断、比较和评价等问题解决活动构成的思维,它的基础是形式逻辑。分析性思维会直接影响到教师传授知识的准确性、全面性、系统性。创造性思维是指在创新、发现、发明、想象、猜想等问题解决活动中表现出来的思维。创造性思维与教师教学活动中思想的开放性、教学设计的灵活性、教学方法的启发性等有密切的关系。实践性思维是指在处理具体问题时所运用的思维。教师的实践性思维与其解决教学问题的能力、处理突发事件的教育机智是密切相关的。四是与教学活动直接相关的能力。即教学监控能力、教学认知能力、教学操作能力。教学监控能力,

---

[1] 周建达,林崇德. 教师素质的心理学研究 [J]. 心理发展与教育,1994 (1): 32-37.

[2] 申继亮,辛涛,邹泓. 中小学教师教学能力观的比较研究 [J]. 教育科学研究,1998 (1): 1-4.

是指教师为了保证教学的成功，达到预期的教学目标，而在教学的全过程中，将教学活动本身作为意识的对象，不断地对其进行积极主动的计划、检查、评价、反馈、控制和调节的能力，这种能力是教学能力诸成分中最高级的成分，它不仅是教学活动的控制执行者，而且是教学能力发展的内在机制。教学认知能力主要是指教师对教学目标、教学任务、学习者特点、教学方法与策略以及教学情境的分析判断能力，主要表现为：①分析掌握教学大纲的能力；②分析处理教材的能力；③教学设计能力；④对学生学习准备性与个性特点的了解、判断能力等。在教学能力结构中，教学认知能力是基础，它直接影响到教师教学准备的水平，影响到教学方案设计的质量。教学操作能力，主要是指教师在实现教学目标过程中解决教学问题的能力。从教学操作的手段（或方式）看，这种能力主要表现为：①教师的言语表达能力，如语言表达的准确性、条理性、连贯性等；②非言语表达能力，如言语的感染力、表情、手势等；③选择和运用教学媒体的能力，如运用教具的恰当性。从教学操作活动的内容看，这种能力主要包括：①呈现教材的能力，如恰当地编排呈现内容、次序，选择适宜的呈现方式等；②课堂组织管理能力，如学生学习动机的激发，教学活动形式的组织等；③教学评价能力，如及时获取反馈信息的能力，编制评价工具的能力等。[①]他们还对教师教学能力做出了动态分析，提出了教学能力动态模式，反映了教师在教学前、教学中和教学后的活动和能力运用特点。这一动态分析，把教师的知识、技能和品性都体现出来。如教师的学生发展观、教学评价观和教学反思惯习等等。申继亮等人对教师教学能力的全方位分析建立在与林崇德、辛涛等人合作研究的基础上。这项细化的研究对教师理解教学活动、理解教学监控、理解学生、理解教材、理解教学情境有着很重要的指导意义。

三、数字化转型的教师能力

田小红、季益龙等人论述了数字化转型中教师能力再造的问题。教育数字化转型对教师职业提出了新的要求，一是技术的意向性使教师从以"教"

[①] 申继亮，王凯荣. 论教师的教学能力 [J]. 北京师范大学学报（人文社会科学版），2000（1）：64-71.

为中心转向以"学"为中心；二是智能化教育环境使人—机关系从辅助转向协同；三是信息化生存方式需要教师不断自我成长。在这种情境下教师能力结构需要再造，形成以通用能力和特殊能力构成的双核模型。人机协同能力和自我成长能力是数字化时代人的通用能力；课程教学能力与有效德育能力是教育领域中的特殊能力。

数字化转型对教师能力的层次性再造表现在：一是数字化时代的个性化学习需要围绕"学"来建构教师的课程教学能力。课程教学能力包括研究学生的能力、课程开发的能力、教学评价的能力和学科教学的能力。研究学生的能力需要教师具备不同年龄阶段的学生的身心发展方面的知识，了解学生的认知风格与特点以及数字化学习偏好。课程开发能力需要探索数字化学习的课程理念、必须遵循的原则、采用的方法等，并探索教育数字化转型给课程形态带来的变革。教师的评价能力不仅需要具备基于大数据的全息评价知识与技能，还需要在数字化时代学生素养发展的评价理念之下，具备对人工智能做出的学生学业水平提升方案的评价能力和对学生综合素质发展的判断能力。二是智能化环境下的人机协同能力要求教师具备数字技术的知识和操作能力，并具备掌握人工智能的伦理和保护学生隐私的意识和能力。三是教师在数字化时代胜任"道德教育者"角色所应具备的整体育人的能力，及促进学生道德发展的能力，包括德育目标制定能力、德育机会识别和创造能力、德育方法运用能力、道德发展评价能力等。四是教师通过自主学习、协同学习等多种方式促进其自我成长和专业发展的能力。自我成长能力包括对教育教学的研究能力、自主学习能力和与他人、与人工智能协同学习的意识与能力。①

四、教师教学专长

1. 教师教学专长发展的理论

教学专长研究的最初动机源于对专家教师特殊知识形式及认知过程的好奇心以及提升教师专业地位的社会诉求。国外关于教师教学专长发展的理论

---

① 田小红，季益龙，周跃良. 教师能力结构再造：教育数字化转型的关键支撑[J]. 华东师范大学学报（教育科学版），2023（3）：91–100.

主要可以归结为两类：一类是关于教学专长构成的理论。主要代表性理论是斯滕伯格提出的专家型教师教学专长的原型观。另一类是从教学专长发展的角度，对教学专长发展的阶段进行研究和划分。斯滕伯格提出的专家型教师教学专长的原型观在教师思维中已经讨论，这里不再重复。主要强调斯滕伯格关于知识和经验在专家型教师教学专长发展过程中起着非常重要作用的观点。

格拉泽和伯林纳综合了教师教学专长的理论与实证性研究，将专家型教师教学专长的特点归纳为如下九个方面：一是专家型教师教学专长是经过长期教学实践而获得的，且获得的专长是不断发展的；二是专家型教师教学专长的发展也是非线性的，在不同的发展阶段教学专长的发展速度也有所不同；三是与新手教师相比，专家型教师的知识和经验更具有实践性和实用性；四是专家型教师与新手教师在对问题的表征上有本质区别，专家对问题的表征更深入，更接近本质；五是专家型教师对熟悉的教学情境的观察与判断比新手教师要快，具有直觉性的特点；六是专家型教师在解决问题时更具有灵活性，他们是机遇的策划者，能够迅速地转变看问题的角度，而新手教师在观察和处理问题时具有刻板性；七是专家型教师在从事教学活动时，需要对学生的个体情况（能力、知识背景、个性等）有充分的了解，以便因材施教；八是专家型教师在教学活动方面的认知技能达到了自动化的水平，因此，他们在处理教学情境中的问题时能够将更多的认知资源分配到其他的重要任务上；九是在教学活动的过程中专家型教师逐渐形成了完善的自我监控和调节机制，因此，能够对遇到的问题进行灵活、合理、有效地处理。[①]

2. 教师教学专长的发展

张学民、林崇德、申继亮等人认为，课堂教学能力是教师教学专长的核心能力；教师本体性知识与条件性知识是课堂教学能力发展的前提和基础，是教学专长发展的必要条件；教师教学专长的发展遵循着认知技能发展的规律，是其职业知识从陈述性知识向程序性知识转化的过程，也是课堂教学能力认知自动化水平提高的过程。问题解决能力是教师教学专长发展的核心问

[①] 张学民，申继亮. 国外教师教学专长及发展理论述评 [J]. 比较教育研究，2001 (3): 1-5.

题，教师教学专长发展的实质是问题解决能力不断发展和提高的过程。教师的反思、决策与问题解决能力是教师认知能力的核心成分，对教师教学专长的发展有重要影响。①

3. 教师教学专长的构成

蔡永红、申晓月等通过对小学数学教师的深度访谈和行为事件访谈的实证研究认为，教学专长是教师基于个体知识、专业经验、对实践的反思和在反思基础上的创新活动而形成的有效解决教育教学问题的个人特征总和，它包含知识结构、教学能力、专业发展能动性三种构成要素。知识结构是教师个人知识体系在其头脑中内化的结果，表现为知识的广博（数量）、深刻（理解）、系统（结构）和可呈现（应用）等特点；专业发展能动性是教师积极、主动、持续地思考教学情境与自身教学行为，并不断探索提高教学效果的途径与方法的主观努力程度，包含职业情感、责任感、自我导向学习、持续反思、自主创新和开放性六个方面。专业发展能动性是教学专长发展的动力来源；教学能力是教师掌控课堂的全过程，主动调整教学内容和方法，适应学生学习的需要，并对学生的学习进行调控与反馈，以实现更好的教学效果的能力，包括系统呈现知识，主动了解学情，激发学生学习兴趣，公正的提问、反馈和评价，以及培养学生思维能力五个方面。② 国内学者廓清了教师教学专长与教师教学能力的基本关系，为人们理解教学专长提供了新的思路，也从教师专长发展的角度为不同发展阶段教师培训的核心内容提供了理论依据。

4. 教师教学专长发展的心理历程

连榕在对3000多名新手型、熟手型和专家型教师的成长心理的实证研究基础上，探讨从新手到熟手再到专家的教师教学专长发展的心理历程。连榕用认知、人格、工作动机、职业心理、学校情境心理等五个方面描述新手教师、熟手教师和专家型教师的心理特征。把教师教学专长的发展分为七个阶段。从新手到熟手教师专长的发展水平主要表现为常规水平的胜任教学；从

---

① 张学民，林崇德，申继亮. 论教师教学专长的发展与教师教育 [J]. 中国教育学刊，2007（5）：69-74.

② 蔡永红，申晓月，王莉. 小学教师教学专长的构成研究 [J]. 教育学报，2015（1）：36-45.

熟手到专家教学专长的发展水平主要表现为创新水平的胜任教学。新手型教师成长的亚阶段，第一阶段是"自我"的新手，其特点是注重表现自我，外部动机强烈；第二阶段是"领会"的新手，其特点是在获得了最初的教学经验，也领悟到了教学的高度复杂性。熟手型教师成长的亚阶段，第三阶段，"任务"的熟手，其特征是具有了对教学的基本胜任能力，能有序地安排自己的教学活动；第四阶段，"问题"的熟手，其特征是职业自我满足感开始下降，有了教师职业的单调重复、封闭、繁杂、责任大、负荷重、报酬低的感受，是教师情绪困扰最多且最容易出现心理问题和心理障碍的时期；第五阶段，"稳定"的熟手，是一个教学专长的发展出现停滞但却稳定的时期，个体与环境取得了平衡，形成了较高的在常规水平上对教学的胜任能力。专家型教师成长的亚阶段，第六阶段，"创新"的专家型教师，其特征是丰富的和组织化的专门知识、解决教学问题的高效率、对教学问题的洞察力强；第七阶段，"领军"的专家型教师，对所在学校、所在地区的教学改革和发展有了较大的影响力，成为某一学科或某个地区教学的"领军"人物。① 这一研究成果既吸取了"状态观"的精髓，又有"阶段论"的特征，还采用"过程观"的内涵，提供了教师教学专长发展的层次性分析框架，较国外同类研究成果更适合中国国情，对在职教师的针对性培训有一定的指导意义。

五、教师教学监控能力

申继亮、辛涛等人对教师教学监控能力的实质、构成以及提高等问题开展了系统的研究工作。②

1. 教学监控能力的定义

教师教学监控能力，是指教师为了保证教学的成功、达到预期的教学目标，而在教学的全过程中，将教学活动本身作为意识的对象，不断地对其进行积极、主动的计划、检查、评价、反馈、控制和调节的能力。这种能力主要可分为三大方面：一是教师对自己教学活动的事先计划和安排；二是对自

---

① 连榕. 教师教学专长发展的心理历程 [J]. 教育研究，2008 (2)：15-20.
② 申继亮，辛涛. 论教师教学的监控能力 [J]. 北京师范大学学报（社会科学版），1995 (1)：67-75.

己实际教学活动进行有意识的监察、评价和反馈；三是对自己的教学活动进行调节、校正和有意识的自我控制。

2. 教学监控能力的理论依据

一是言语的自我指导理论，个体通过内部言语对其行为进行控制和调节；二是社会认知理论，教师的教学行为受其对教学活动的结果预期和效能预期的双重制约和调节；三是认知建构理论，教师把自己教学活动本身作为认识对象，对其进行反思的过程。

3. 教学监控能力的结构

一是根据教学监控的对象分为自我指向型和任务指向型。自我指向型的教学监控能力主要是指教师对自己的教学观念、教学兴趣、动机水平、情绪状态等心理操作因素进行调控的能力。任务指向型的教学监控能力主要是指教师对教学目标、教学任务、教学材料、教学方法等任务操作因素进行调控的能力。二是根据作用范围分为特殊型和一般型。一般型的教学监控能力指教师对自己角色的一般性的知觉、体验和调控能力，它是建立在教师所具备的有关教学的必要知识、技能和方法的基础上的，是一种超越具体教学活动的、具有广泛概括性的整体性的知觉、体验和调节能力。特殊型的教学监控能力是指教师对自己教学过程中的各具体环节进行反馈和调控的能力。三是根据教学过程不同阶段的表现形式分为：①计划与准备；②课堂的组织与管理；③教材的呈现；④言语和非言语的沟通；⑤评估学生的进步；⑥反省与评价。

4. 教学监控能力的特征

一是能动性。教学监控活动建立在教师自愿和自主的基础之上。教学监控活动核心在于教师对教学过程的管理和调节，要求教师努力克服困难、排除干扰。二是评价与反馈性。评价和反馈是贯穿于教学过程的始终，是教学监控能力的基础。三是调节与校正性。教师有意识地、自觉地对自己的教学活动进行调节和修正，使之达到最佳效果，是教学监控能力的目的。四是普遍性。监控活动是不同教学活动所具有的共同特征，也是决定教师教学效果的主要因素。五是有效性。教师尽可能采取各种调控措施，使自己的教学过程达到最优化，获得最佳的教学效果，使学生能更好地发展。

5. 教学监控能力作用的一般机制

一是教师的学科知识和教学法知识是基础；二是教师观念的转变和更新是动力；三是教师教学监控能力是影响教师教学效果的关键性因素；四是教师的教学策略性知识是支撑因素；五是在教学活动中不断地进行自我反馈，及时发现问题，做出相应的修正。

6. 教学监控能力发展的特征

教师教学监控能力的发展呈现以下特征：一是监控意识从不自觉经自觉达到自动化，二是教学监控从他控到自控，三是教学监控敏感性逐渐增强，四是教学监控能力迁移性逐渐提高。

7. 教学监控能力的提高

一是运用认知的自我指导技术、角色改变技术，促进教师自我概念的发展，提高教师对教科研活动的思想认识；二是通过教师自我反馈、专家反馈、学生反馈和同行反馈等形式，促使教师更客观地认识和评价自己的教学过程和教学效果；三是采用临床指导和专家指导的方法，帮助教师针对不同的教学情境选用最佳的教学策略；四是通过小组讨论、观摩学习等形式向他人学习，学习别人的长处，以便提高教师自己的教学监控能力。

俞国良、辛自强等人与中学教师合作，对教师教学监控能力的发展特点和影响因素进行了研究。研究结果表明，一是在教师自身特征对教学监控能力的影响方面，教师的性别、学历、教龄这些自身特征对其教学监控能力的影响，主要体现在教学监控能力的两个分维度上，即评价与反馈性、调节与控制性，因为在这两个分维度上教龄的主效果达到了显著性水平。随着教师教龄的增长，教学监控能力及其各个分维度都呈现出不断提高的趋势。新教师教学监控能力提高较快，此后仍不断上升，但是速度减慢。二是在教学监控能力与教学效能感和教学策略之间的关系方面，教师的教学监控能力与教学效能感和教学策略之间存在非常显著的正相关。教学监控能力越高，教学策略水平就越高，教学效能感也越高。这个研究结论，为有效地提高教师素质提供了新的思路，即把由教学监控能力、教学效能感和教学策略等组成的教师素质作为一个系统，既要强调系统的各个要素，又要重视要素间的相互作用和相互影响，从而提高教师的整体素质。[①]

本章小结

教师的"教育影响"内在地蕴含着教师如何判断自己采取的"教育影响"行动是否合理、合情的心理因素。教师的判断和行动决策以信念和知识为基础，以思维品质和思维方式为依据，以能力为支撑。这样就构成了教师"知能品性"方面的逻辑链条。一是教师信念与教师知识有着对应的逻辑关系：如教师关于学科的信念建立在教师的学科知识基础之上；又如教师关于学生的信念与教师的学生知识密不可分；还如，教师关于教学活动的信念，与教师的教学法知识、课程知识和实践性知识有密切关系。从总体上看，教师信念的结构与教师知识的结构有着相应的逻辑关系。二是教师的思维与教师的知识、能力密切相关。教师知识为教师思维提供素材、框架和视野；教师知识为教师认知能力提供基础，为教师思维能力提供材料；教师信念为教师思维定向，为教师能力提供动力。这一点，可以从教师教学专长的研究得到证明。在教师教学专长研究中，专家型教师和新手教师的思维特点和能力表现之不同，就在于他们的知识结构不同，问题表征和解决策略不同，专家型教师有着丰富的知识和经验，其实践性知识、策略性知识尤其丰富，其实践智慧和教学效能感在专家原型的"效率"和"洞察力"特征中明显地表现出来。三是教师的知识、思维与教师的能力有着对应的逻辑关系。专家型教师的实践智慧与其教学监控能力的对应关系，表现在专家型教师的实践智慧中蕴含着专家型教师的高阶思维；而专家型教师的教学监控能力也表现为高阶思维。教师能力与教师思维的逻辑关系更为清晰。四是教师的个人哲学把教师的信念、知识和思维在思想层面上、在教育活动的体验上整合在一起，有高度的概括性和整合性。不言而喻，思维是能力的核心，是能力的智力基础。教师的分析性思维、创造性思维、实践性思维为教师在教学活动中发现问题、分析问题、解决问题提供智力支撑。

本章研究获得的启示，一是教师"知能品性"五个方面要素的研究，为

---

① 俞国良，辛自强，汤鉴澄，俞晓东，等. 中小学教师教学监控能力：发展特点与相关因素 [J]. 心理发展与教育，1998（2）：31-35.

教师素质的养成提供了清晰的思路。①教师素质养成要从教师知识上打下坚实基础，从七个方面形成合理的知识结构。新手教师重在积累。②教师素质养成的核心是教师信念的确立和思维品质的提升。而教师信念又能改善教师的思维方式。新手教师注重一般效能感和教学效能感的生成。③教师素质养成的关键是实践智慧和教学专长的养成。重在积累、重在善于反思，从经验中学习。④教师素质养成的重点是教学监控能力的培训。二是实践智慧在教师德性、教育情怀同教师的教学机智之间建立起了逻辑联系。因为"机智具有道德直觉的特征"，①教学机智需要教师以关怀和爱的情感关注每一个情境，关注学生学习中遇到的具体困难，对学生学习困难的体验有敏锐的感知，思考该情境下教师如何行动，思考学生学习困难情境下教师应该采取的策略。三是从学者们对一线教师的考察可以发现，只有优秀教师能够形成个人哲学。研究表明，优秀教师形成的个人哲学，整合了教师信念、教师知识、教师思维和教师能力，为教师的专业发展提供了模版。优秀教师对教与学的整体性理解使他们在学科知识系统和学生知识系统这"两个知识系统之间建立起了联系"，在"无为"和"有为"之间保持平衡；优秀教师教师能够根据不同的学习情境，灵活地转变自己的教学风格；优秀教师擅长"对象化思维"，能够站在学生的角度思考问题，将心比心，设身处地，感同身受，或者说"特别擅长移情和理解"；优秀教师通过对经验不断反思积累而形成自己的"直觉式洞察"。

---

① ［加］马克斯·范梅南. 教育敏感性和教师行动中的实践性知识［J］. 北京大学教育评论, 2008（1）: 2-20.

第九章

教师精神现象研究

在《辞海》中,"精神"一词有五项释义:一是指人的意识、思维活动和一般心理状态,二是指神态、心神的集中与指向程度,三是指精力、活力,四是指神采、韵味和做人的基本立足点,五是指宗旨、内容的实质、主要的意义。中国传统文化语境下,"精神"具有更为包容的向度,包含了理性、情感、意志和道德等要素。个体的精神性,包含着个体的理性、道德、情感和意志,而个体的精神建构,包括个体的理解、感悟、体验、反思和认同的过程。

研究教师精神现象,一般是从理性、情感、意志和道德的角度来考察教师个体的精神状态和发展,考察这种精神现象对教师"教育影响"的效能有何种作用。精神现象的多向度特征表明,教师精神建构有三种指向:一是指向主体价值导向的规范性要素,如爱与责任;二是指向主体共同理想的意向性要素,如自由与全面发展;三是指向主体精神活力的能动性要素,如创新创造。这三种指向的精神建构过程既有其特殊性的一面,也有相互联系的一面。这里所论述的教师精神现象包括教师情感、教师教育情怀、教师专业精神、教育家精神等。

国际上教师教育课程从开始的"知识关注""实践关注"走向了"精神关注",从"经验—分析性"和"历史—诠释性"的课程立场走向了"价值—批判性"课程立场。"精神关注"的教师教育课程,一是格外关注教师的专业热忱、专业承诺、专业使命的培育,关乎教师个体的心灵成长;二是通过批判唤醒未来教师的专业自觉精神与专业觉醒意识,迸发教育激情,传递教育情怀;三是文化意识的觉醒与文化精神的回归,提高教师对于文化精神的理解。① 由此可见，教师精神建构，也是以"精神关注"为主旨。这是对提升"教育影响"效能问题的进一步回答，是超越了教师行为研究、教师知识、思维、能力研究的更高层面，也是延续和深化了教师德性研究，拓展了教师信念研究的崭新层面。把教师关切情感的养成、教师教育情怀的培育、教师专业精神的建构、教师内在心灵的唤醒、教师文化精神的回归、教育家精神的阐释，纳入教师研究的轨道，使之成为一种有助于教师发展的解释性、规范性理论。

第一节 教师情感研究

一、为什么要研究教师情感

教师情感研究是在教师认知研究的基础上发展起来的。心理学研究表明，教师情感与教师认知具有互动性的逻辑关系。教师情感更能彰显出教师职业的生命活力。因为"有效教学和学习必然有情感性"，对于学生认知、情感、动机、行为的发展具有重要影响。在教师行为的研究中，对教师期望的研究是涉及情感的。学者们谈到了教师热情和激情，认为"好教师往往是'温和'、'平易近人'和'热情'的"，"在教学时总是充满着活力和激情"。② 这说明，在教师对学生的"教育影响"中，情感起着增进影响效能的作用。哈格里夫斯也说："教学是一种情感的实践。"他研究了教师情感的复杂性，研究了教师情感在教师与学生的合作中的作用，指出教师与学生之间的情感关系在教学过程中起到过滤器的作用。他认为，教师情感对教师的决策、行为以及自我和身份的形成方面有重要的影响。③

教师情感研究起步于对教师压力与倦怠的关注。学者们遵循心理学的理

---

① 姜勇，柳佳炜. 境外教师教育课程改革的范式变迁对我国教育硕士课程改革的启示［J］. 学位与研究生教育，2018（6）：44-50.

② ［美］西克森米哈利，［美］麦科马克. 教师的影响［A］. 瞿葆奎. 教育学文集：教师［C］. 吴慧萍，译. 北京：人民教育出版社，1991：63.

③ 邵光华，纪雪聪. 国外教师情感研究与启示［J］. 教师教育研究，2015（5）：107-112.

论基础，将情感视为教师个人的内心体验，通过标准化的量表来分析教师的压力、倦怠等情感片段。心理学家们分析了教师职业倦怠的维度，其中情感疏离造成教师与学生之间的分离感，以致教师挑剔学生、抱怨学生。这也说明，教师情感不仅仅是对学生学习和成长的影响，还有对自己职业认同和职业发展的影响。这种作为个体内部心理现象的情绪片段的研究显然忽略了"教师情绪与更广阔的社会文化与政治脉络之间的互动。"[①]

帕克·帕尔默的名著《教学勇气——漫步教师心灵》，旨在"探究教师的心灵"[②]"探索这种教师生活的内在景观，由内而外，清晰地揭示智力、情感和精神的互动状态"。[③] 教师情感就是"教师关注自己的内心活动"，[④]"在教学时使师生产生有利于交流的情感。"[⑤] 帕尔默认为："好的教学要关注情绪。"[⑥] 教师要"具有识别、承认、引导自己情感的能力"，善于揭示理智与情感之间的"悖论式关系"，使"理智与情感协同一致"[⑦]"在课堂教学中营造热情友好的气氛"，[⑧] 以"对学科的激情""把感染力带进课堂"，[⑨]"认真地从情感智力中寻找智慧"。[⑩] 帕尔默还着重讨论了"求真共同体"中师生间

---

① 尹弘飚. 教师情绪研究：发展脉络与概念框架 [J]. 全球教育展望，2008 (4)：77-82.

② [美] 帕克·帕尔默. 教学勇气：漫步教师心灵 [M]. 方彤，译. 上海：华东师范大学出版社，2020：32.

③ [美] 帕克·帕尔默. 教学勇气：漫步教师心灵 [M]. 方彤，译. 上海：华东师范大学出版社，2020：10.

④ [美] 帕克·帕尔默. 教学勇气：漫步教师心灵 [M]. 方彤，译. 上海：华东师范大学出版社，2020：16.

⑤ [美] 帕克·帕尔默. 教学勇气：漫步教师心灵 [M]. 方彤，译. 上海：华东师范大学出版社，2020：34.

⑥ [美] 帕克·帕尔默. 教学勇气：漫步教师心灵 [M]. 方彤，译. 上海：华东师范大学出版社，2020：307.

⑦ [美] 帕克·帕尔默. 教学勇气：漫步教师心灵 [M]. 方彤，译. 上海：华东师范大学出版社，2020：118.

⑧ [美] 帕克·帕尔默. 教学勇气：漫步教师心灵 [M]. 方彤，译. 上海：华东师范大学出版社，2020：140.

⑨ [美] 帕克·帕尔默. 教学勇气：漫步教师心灵 [M]. 方彤，译. 上海：华东师范大学出版社，2020：195.

⑩ [美] 帕克·帕尔默. 教学勇气：漫步教师心灵 [M]. 方彤，译. 上海：华东师范大学出版社，2020：307.

"以爱为其特点"的"亲近关系",① 以及"求真共同体所需要的师生的相互依赖关系。"② 帕尔默的论述不仅指明了教师情感是教师内在心灵的构成要件,指明了教师情感研究的必要性,而且也阐明了教师情感和理智之间的互动关系。

二、对教师情感概念的理解

1. 教师情感是教师职场生活的主观体验

从心理学视角定义情感,认为情感成分包括评价、主观体验,身体变化,情感表达以及行为倾向,这些成分之间相互影响又互相独立。教师情感是指教师主观层面的职场生活体验与表现,是教师个体在某种情境的所有情感表达和情感体验,是一种多侧面的心理过程。如以"感受"表达个体对情绪的主观体验;又如,以"心情"表达持续时间更久和较强的心理过程;还有,以"心境"表达认知过程中的情绪状态。心理学家认为,情感是情绪过程的主观体验。情绪与需要总是相关的。需要是情绪产生的重要基础。凡是能满足已激起的需要或能促进这种需要得到满足的事物,便引起肯定的情绪,如喜爱、愉快等;相反,凡是不能满足这种需要或可能妨碍这种需要得到满足的事物,便引起否定的情绪,如憎恨、苦闷、不满意等。

2. 教师情感是一种功能性情绪状态

教师情感的主要成分包括个体内部成分、情感表达与人际成分以及社会文化政治因素。教师情感的功能包括提供信息、提升经历的质量、影响认知过程、情感管理以及激励功能。教师的积极情绪状态本质上是一种教学资源。"师生之间的教与学活动是情绪认知活动。"教师在互动中释放出的情感直接影响学生情感状态,积极情感的互动给予学生友好、亲切的心理感受,使得轻松和谐的课堂氛围更易形成。教师的好"心境"会强化情绪本身带有的动机性功能、信号性功能和感染性功能。动机性功能是指激发人的认知和行为

---

① [美]帕克·帕尔默. 教学勇气:漫步教师心灵[M]. 方彤,译. 上海:华东师范大学出版社,2020:154.

② [美]帕克·帕尔默. 教学勇气:漫步教师心灵[M]. 方彤,译. 上海:华东师范大学出版社,2020:223.

的动机的功能；信号性功能是指各种情感的自然流露都传递着人的思想意识的信号；感染性功能是指一种"以情动情、情景交融"的功能。① 正如心理学家伊斯特布鲁克的研究证明：人在情绪饱满的时候，能更快地理解词语之间的异常关系，提取带有相应感情色彩的信息的速度加快，因而能更敏捷地思维。这样情绪饱满的状况就把三种功能都体现出来。

3. 教师情感是社会关系建构的结果

从社会建构主义视角分析情感，认为情感是"文化、社会、政治关系的产物"，具有动态性和社会性。基于这一理解，哈格里夫斯提出了"情感地理"的概念。他认为，有五种因素影响教师与他人交往中的情绪状态，而这种交往情绪决定了交往双方的接近或疏远程度。这五种因素是：①社会文化地理。社会文化与阶级差异使教师和他人（如学生、家长等）之间产生的情绪体验。②道德地理。与教师道德目的相关的交往中产生的情绪体验。③专业地理。与教学的专业标准相关的情绪体验。④政治地理。等级性的权力关系影响了教师与他人交往中的情绪理解和情绪状态。⑤物理地理。物理上的时空距离也会影响教师与他人的情绪关系。②这五种"地理性"因素，形象地表征了教师情感的多维分布，不是仅指向情绪距离，还有时间、空间、关系、样态等维度。赞比勒斯的情绪系谱学说从多个水平上分析教师情绪。即同时在个体内、个体间和群体间三个水平上描述和思考教师情绪：个体内水平是指教师如何体验和表达情绪；个体间水平是指教师如何在自己与他人的互动中利用情绪；群体间水平是指教学情境中的社会文化规范对教师情绪的影响。③

三、作为情感实践的教学

1. 教学过程中师生情感交往关系的建构

---

① 刘儒德，等. 心理学基础（2）[M]. 北京：教育科学出版社，2008：152.
② 尹弘飚. 教师情绪研究：发展脉络与概念框架 [J]. 全球教育展望，2008（4）：77-82.
③ 尹弘飚. 教师情绪研究：发展脉络与概念框架 [J]. 全球教育展望，2008（4）：77-82.

把教学看作情感实践，本质上是看重教学的情感维度。一方面，"教学是一项涉及人际互动的工作，这种人性化的专业实践不可避免地具有情绪维度。"教学过程蕴含强烈的情感体验。另一方面，"教学是一项强调'关爱伦理'的专业，这要求教师必须对这份职业及其服务对象付出关爱、投入自己的信念和价值观等伦理性事物。"教学不仅是一项认知活动，也是一种情绪实践。与认知一样，情绪也普遍存在于教学活动中，并且对教师产生了显著影响。①张华军、朱小蔓对课堂教学中的师生情感交往进行了实证考察，关注教学过程中师生情感交往关系的建构，开展了情感人文取向的课堂教学研究。研究结论是："教学作为一种指向生命成长的整体努力"，"是一种理性和道德的实践努力，即教师始终将教学的目的指向学生理性和道德的发展。"这种整体的努力是通过教师专注并浸润于课堂教学的具体、细微的互动才能发生的。"教师将注意力的重心从如何有效传递预先准备好的知识转移到对学生在教学场域中所面临冲突的及时识别和回应。"课堂教学场域包容每个个体的自我创造、自我学习和相互学习。在这种场域中，教师"看见"每一个学生作为独特生命的存在和其生命拓展的需求，"教师将注意力的焦点转向一种深刻的人与人之间的情感关系的建设中，而置于课堂教学场域中的个体生命因这种情感关系的获得而得以丰富和拓展。"②

2. 情感教学模式

卢家楣教授提出了"以情优教"的主张。"以情优教是指在充分考虑教学中的认知因素的同时，又充分重视教学中的情感因素，努力发挥其积极的作用，以完善教学目标，改进教学的各个环节，优化教学效果，促进学生素质的全面发展。"③他还构建了情感教学模式，提出该模式的目标，一是将情感作为目标，旨在通过情感教学模式，使教学有利于促进学生情感素质的发展。

---

① 尹弘飚. 教师情绪研究：发展脉络与概念框架 [J]. 全球教育展望，2008 (4)：77 – 82.

② 张华军，朱小蔓. "看见"学生：情感人文取向的课堂教学研究 [J]. 教育科学研究，2019 (3)：10 – 15.

③ 卢家楣. 以情优教 [J]. 上海师范大学学报（教育版·中小学教育管理），1999 (10)：88 – 92.

二是将情感作为手段,旨在通过情感教学模式,使教学引发学生积极的情绪,进而促进学生包括认知在内的其他素质的发展。发挥情感的动力功能——提高认知的积极性、调节功能——导致认知优化、迁移功能——推进认知深化、疏导功能——促进认知内化、信号传递功能——增进认知传递。情感教学模式的结构:一是诱导和引发学生兴趣,二是陶冶学生情感,三是激励学生的学习动机,四是调控学生的情绪状态。情感教学模式的教学策略:在诱发环节上,有认知匹配策略、形式匹配策略、超出预期策略、目标吸引策略、情境模拟策略等;在陶冶环节上,有展示情感策略、赋予情感策略、发掘情感策略、诱发情感策略、情感迁移策略等;在激励环节上,有象征性评价策略、积极性评价策略、主体性评价策略、特色性评价策略、归因诱导策略等;在调控环节上,有创设氛围策略、张弛调节策略、表情调控策略、灵活分组策略、良性积累策略等。[①]

四、教师的情感体验

1. 教师情感体验的含义

教师的整体情感体验,既包括积极情感,也包括消极情感。国外学者认为,积极情感表现为承诺、愉悦、自豪、满意,消极情感表现为迷茫和伤感。国内学者认为,"积极情感通常表现为爱与关怀。相反,消极情感则多表现为愤怒和沮丧。"[②]国外学者对教师所做的个案研究表明,学生家长的赞赏、同事的信赖与情谊会使教师产生积极的情感体验;当教师的教学目标获得了家长的认同,教师会产生积极的情感体验。

2. 教师的关切情感

教师关切情感是教师"全情投入的深层情感体验"。钟芳芳、朱小蔓探索了教师关切情感的逻辑。首先,她们批判了若干"关切情感的异化现象"。一是关切中"人"的冷遇。师生交往中情感性的缺失。二是偏执的"关切"。

---

① 卢家楣. 论情感教学模式 [J]. 教育研究,2006 (12): 55 - 60.
② 赵鑫,熊川武. 教师情感劳动的教育意蕴和优化策略 [J]. 教育研究与实验,2012 (5): 17 - 21.

表现为关切的单向度，师生遭遇"伦理绑架"。三是交易中的关切。教师变成了服务者，学生变成了"上帝"。四是被冲击的关切。教师，面对电子媒介很无力，"言教"无力，"身教"短缺，"关切"缺失。其次，她们做了关切情感方面源于情感的逻辑思考。一是关注是由兴趣引发的情感体验。保持天然或道德的敏感。二是关心是基于情感关系的维持与共构。快乐是维持提升关心的"情感源"。三是逐渐逼近伦理自我。逐渐从"心中有他人"走向"心中充满他人"的理想的伦理自我的境界。再次，她们论述了教师关切实践指向充满教育的终极关怀。一是回归女性路径优势的天然态度和实践范式。一方面是良好的师生关系从教师秉持的天然伦理开始，它是古老的母性关切快乐的演变。另一方面是女性深层心理结构的现实运用。教师应当对待学生多一些具体情境的、关系性的理解，致力于亲和的、利他的关系建构，保持对学生的道德敏感性与成长的感受性，关注学生心灵的表达与回应，对智育的提升给予包容和平衡，让每一个学习者感受到合作中的乐趣与被支持的力量。二是让受教育者经历人格的完善和审美的体验。第一要点：关切的方向是从生命内在发力。关注精神的价值对人的积极影响，促进人格的不断完善。关切学生心灵的需要，关注那些触碰学生精神状态、影响他们价值判断的关键事件，致力于为学生成长中的困惑与迷茫提供帮助和关爱。第二要点：重视情感系统的重要价值是内化为健全人格的重要元素。教师应充分了解学生特定阶段所需要发展的情感类型，珍视每一次学生个体自我诱发的宝贵的情感经历，与学生一起分享并沉淀有价值的情感记忆，警惕那些阻滞人格发展的消极情感的滋生。第三要点：体悟情感文明中的审美。教师对学生当时情境的深度体察与换位理解，指向师生双方心灵触碰的交融与和谐之美；教师逼近作为发展中的人的学生毫无保留的呵护与疼爱，是学生被理解而深受鼓舞的自主成长的生命活力与深切感恩。三是通过不断逼近学生的存在而改善师生关系。教师要将学生置于完整生命的全域，试图将心比心地深度理解——理解学生的性格差异，理解从过去到现在的合情合理，理解学生家庭给予的影响，理解变化了的情境带来的不适应，理解每个生命都有其自身生长的活力。教师要敏感地把握住问题的症结所在，施以适时恰当的纠正、促进、激发、引领、感召。教师要珍视积极美好的共情经历，善于把握负面消极共情经历的正面价值，与学生一同改善重构关系的勇气与担当。①

3. 教师的情感表达

李继分析了教师情感的深度投入与回报期望，揭示了教师情感交换的断裂与冷漠表象。一是功利化的师生关系下，师生情感日趋淡化。在这样的师生关系架构中，教师承受着巨大的心理压力和情感伤害；二是教师之间过度竞争、等级疏离，同事情感日益淡漠；三是在控制型的学校管理中，教师与学校管理者的真挚情感难以有效建立；四是当教师的情感投入得不到所期待的情感回报时，情感冷漠成为一种常见的选择；五是在教育的理论和实践中对教师的情感困境似乎已经习惯于视而不见、避而不谈。②

4. 教师负面情绪调适

董轩、陈枫通过对 9 位初高中教师的深度访谈研究，聚焦于这些初高中教师负面情感的发生原因、化解方式与自我体验，呈现了教师群体的情感付出状况，尤其是负面情感的发生与调适机制。一是学生成绩不尽如人意时的"失望"。教师的"失望"主要是因为教师在时间和精力上的诸多付出与学生学业表现之间的落差。不同教龄的教师有不同归因。年轻教师的归因一般与教师自我效能感相关。年长的教师归因于学生的学习。教师们通过淡化学习成绩转而关注学生其他方面的成长和进步来缓解自己的失望和愤怒情绪。二是专业性遭到质疑后的"焦虑"。当前的教育生态似乎谁都可以质疑教师工作的专业性，青年教师往往要面对来自各方的诸多压力。来自家长、学生和学校领导的情感支持是缓解焦虑的有效方式。三是社会地位与职业价值感之间的"疲惫"。很多教师不能感受到这一职业带来的尊重、认可和价值感，教师被赋予的神圣地位与现实社会地位间的落差使很多教师感到异常"疲惫""心累"。教师职业的价值感、成就感常是很多教师能够化解负面情绪、坚守教师

---

① 钟芳芳，朱小蔓. 教师关切情感的逻辑及其实践路径：兼论当代师生关系危机[J]. 中国教育学刊，2016（11）：67-74.

② 李继. 论教师情感的断裂与复归[J]. 中国教育学刊，2015（5）：86-90.

职业的重要原因。①

佐藤学用"回归性""不确定性""无边界性"这三个概念来"考察教师所体验的经验世界。"② 教师情感研究的成果表明，教师的负面情感总是与教师职业的回归性、不确定性、无边界性特征相关。"回归性"由教师工作的伦理性决定的，表现为当学生对教师的教育不能理解和缺乏耐心时，学生会以学评教的教师评价机制，以拒斥、恶评、投诉等对抗方式对待教师。"不确定性"是由"教师工作的复杂性"造成的，表现为学生个性特征的多样化、教学情境的多样性和动态变化，使得教师的工作目标、教学计划、教学方法和策略都无法确定，需要随情境变化而调整。"无边界性"是指"教师的工作无论在时间、空间上都具有连续不断地扩张的性质。"③ 特别是在"官僚作风的侵扰"、形式主义横行的当下，这种"连续不断地扩张"更是加剧了。这三种特征一方面使教师的工作压力增大，一方面损耗着教师的专业认同。

五、教学改革中的教师情感

1. 教师对教学改革的情绪反应

哈格里夫斯认为情感是人际互动的产物，教育改革通过重组教师与学生、教师与同事以及教师与家长等人际关系来影响教师的情感实践，教师情感实践又反作用于教育改革，进而影响教育改革的推进。国外学者研究了教师在理解教育改革过程中的情感体验，发现教师在所谓的学校层面即从宏观上谈及对教育改革的理解时，几乎不涉及情感投入，而一旦回归到个人的课堂教学实践，他们理解教育改革时就会变得情绪化。还有学者研究表明，情感支持对教师理解教育改革、落实改革举措具有重要推动作用。如果缺乏外界支持，即使教师原本对教育改革充满热情，也可能会遭遇失败，产生一系列负

---

① 董轩，陈枫. 教师负面情感的发生与调适机制研究 [J]. 教育发展研究，2020（20）：79－84.

② ［日］佐藤学. 课程与教师 [M]. 钟启泉，译. 北京：教育科学出版社，2003：211.

③ ［日］佐藤学. 课程与教师 [M]. 钟启泉，译. 北京：教育科学出版社，2003：213.

面情绪，最终丧失职业热情，甚至引发职业身份认同危机。[1] 哈格里夫斯关于教师对教学改革的反应研究表明，教师情绪与教师工作方式具有密切的联系，并且教师的情绪受到学校多项政策的影响。在教育改革中，教师应以积极的情绪参与到教学之中。学校文化层面上的深层次转变才能为情绪的执行过程提供良好的背景，减少教师情绪对某些规范的抵制。[2]

在当前我国大规模的课程改革背景之下，教育理念、课程体系、教育方法等的巨大变化，必然对教师情绪带来多层面的影响。根据情感对认知的作用，教师的积极情感可以促进教师对教学改革的理解，促进教师主动参与教学改革，并在教学改革中体验和反思。情绪引导着教师的思维、判断、决策和行动已是一个不争的事实，自然也会影响到教师在课程改革中的表现。课程改革正是通过重组教师与学生、家长、同事以及管理者的人际关系进而影响了教师的情绪活动。积极心理学研究表明，教师积极的情感体验需要积极的社会环境提供支持。因此，"在课程改革中，我们不仅要给教师提供认知与资源的支持，更要为教师表达自己的真实感受留出空间，这要求我们对改革方案的弹性与时间、改革实施中的倾听与回应做好充分的准备。"[3]

2. 影响教师情绪反应的因素

孙彩霞对于在课程变革的背景下以师生互动为载体，从个体—互动—社会环境三个基本向度探讨哪些因素影响着教师的情绪问题，以及情绪作为个体内在身心反应，如何影响教师对自我，对学生，对专业身份、信念、组织承诺、师生关系等的理解与评价。一是教师对教学改革的情绪回应，反映了教师的理解方式，诠释方式以及教师对改革环境及其各要素间的关系评价。当教师信念、身份认同与变革目标一致时，教师容易表现出愉悦、乐观、自信的情绪；当教师信念、身份认同与变革目标发生异质时，教师陷入冲突、

---

[1] 胡亚琳，王蔷. 教师情感研究综述：概念、理论视角与研究主题 [J]. 外语界，2014 (1)：40 – 48.

[2] 孙俊才，卢家楣. 国外教师情绪研究的视角转换与启示 [J]. 外国教育研究，2007 (7)：19 – 23.

[3] 尹弘飚. 教师情绪：课程改革中亟待正视的一个议题 [J]. 教育发展研究，2007 (3B)：44 – 48.

矛盾、困惑中，容易引发教师害怕、烦恼、悲伤、冷漠、泄气等负面情绪。二是当教师应对改革要求与自我能力出现不平衡时，这些正向情绪继而转化为负向情绪。教师面对频繁的改革，多样化的学生，伦理道德与目标的冲突，教师对改革理念性问题开始理解、解释、质疑甚至批判，出自教师自我理解的冲突与矛盾，也易形成一些莫名失望或痛苦的情绪。三是教学改革新理念强化了师生关系中学生的地位，这使师生关系出现了新的不确定性样态，使师生之间的情绪距离发生变化。教师在师生互动过程中不可避免会产生情绪，持续的情绪形塑了教师的自我效能、职业承诺、身份认同、师生关系以及对学生的理解，情绪的强度又与教师的职业倦怠、工作满意度有直接的关系。四是教师与家长间的沟通、冲突、合作无不影响着教师情绪变化与教师教学工作。家长往往对教学改革的举措难以正确理解，甚至不支持、不欣赏、不尊重教师的教学水平，结果使教师感到对专业地位或自主权的丧失，教师会出现负面情感，如生气、焦虑、失望，严重影响了与家长的充分沟通。在课程改革的背景下，必须关注教师的社会能力与情绪智能，培养教师的同理心与共情力，增加教师对自我情绪的意识，提高情绪智能；必须营造信任、支持鼓励、共享、反思的教师社群文化，重视教师情绪所揭示出的情绪困境与教育困境，及时调适、适时地创造支持、鼓励教师积极发展的情绪环境。①

六、教师情感劳动研究

1. 教师劳动的情感性质

哈格里夫斯指出，教育具有丰富的情感性，情感是教育的基本属性之一。情感是教学的核心要素，好的教学总是伴随着积极情感的投入。国外学者研究证明，在课堂教学中，对学生学习行为起主导作用的通常不是与学习目标相关的认知动机，而是与教师积极情感支持相关的情境性动机。② 教师劳动的情感性质是以下列事实为基础的。一是教学是以人际互动为基础的。师生间

---

① 孙彩霞. 课程变革下教师情绪地理的建构 [D]. 西南大学博士论文，2015.
② 高晓文，于伟. 教师情感劳动初探 [J]. 教育研究，2018（3）：95–102.

的人际互动能够加深双方的情绪理解,使双方建立起密切的情感纽带。二是在教学中,教师情绪是负载着特定功能的。其目的都是为了吸引学生对课堂教学的心理投入,维持学生积极的情绪状态,从而保证教学活动的顺畅进行。三是教师的情绪活动是处于自主控制之中的,也要接受专业规范的隐性控制。①

2. 教师情感劳动的教育意蕴

高晓文、于伟论述了教师情感劳动的理论合理性。他们认为,教师情感劳动就是教师对自己的情感进行必要的调节和管理,以表达出适合教育教学活动的情感的过程。②朱小蔓通过系统分析情感与智能、情感与知识、情感与认知学习、情感与教学活动的关系,揭示了情感与认知的同一性和共存关系,以期更好地促进学生个性的和谐发展。③李吉林的情境教育理论通过探索儿童认知规律和心理特点,构建了情感与认知相结合提高教学效能的课程模式。④卢家楣的情感教学心理学研究,分析了教学情境中的情感现象,论证了"以情优教"的情感教学理念。情感性教学理念关注课堂中情感因素的作用、模式及控制,为实践中利用情感优化教学提供了心理学依据。⑤赵鑫、熊川武阐述了教师情感劳动的教育意蕴。情感劳动是为了让教师通过情感的滋润和支持,传递他们对教育无怨无悔的奉献和投入,从而增强师生之间的信任,共同追寻真理和欣赏知识之美的境界。因此,教师情感劳动是动态的持续发展过程,连接着情感和理性。教师情感劳动既包括对消极情感的引导和改善,更应重视对积极情感的激发与保持。⑥

3. 教师情感劳动的要素与机制

---

① 尹弘飚. 教师专业实践中的情绪劳动 [J]. 教育发展研究, 2009 (10): 18 - 22.
② 高晓文,于伟. 教师情感劳动初探 [J]. 教育研究, 2018 (3): 95 - 102.
③ 朱小蔓. 情感教育论纲 [M]. 北京: 人民出版社, 2007: 36 - 58.
④ 李吉林. 情感: 情境教育理论构建的命脉 [J]. 教育研究, 2011 (7): 65 - 71.
⑤ 卢家楣. 对情感教学心理研究的思考与探索 [J]. 心理发展与教育, 2015 (1): 78 - 84.
⑥ 赵鑫,熊川武. 教师情感劳动的教育意蕴和优化策略 [J]. 教育研究与实验, 2012 (5): 17 - 21.

赵鑫、熊川武认为，教师情感劳动的核心要素包括情感意识、情感管理与情感表达。情感意识是指教师认识并明确自身情感及其对教育教学、师生发展的影响与价值。情感意识中渗透了教师情感的理性成分，包括相关看法和见解，如反映教师情感意义和作用的价值意识，界定教师情感性质和强度的规范意识等。教师情感管理是教师根据教育情境和情感规则的要求对自身体验的情感进行调控与评价。教师对情感调控的准确性和恰当性在很大程度上影响着教师情感的稳定性。而教师对情感的评价是教师对自身情感合理性的判断，并涉及对教育活动价值的判断。教师情感表达是教师在情感管理的基础上通过恰当、得体的话语和体态表达情感，是彰显教师情感劳动的主要形式。从载体上划分，教师情感通常借助言语、面容和体姿等表达。从情景上而言，可以分为私下表达与公开表达。①

教师情感劳动机制是教师情感要素的相互作用。第一，教师情感意识的生成，一是社会要求与期望影响教师的情感意识和情感体验的生成；二是教师教学认识与信念也会影响教师的情感意识和情感体验的生成；三是教师对自己身份、角色的认识和理解会促使教师生成情感意识。第二，教师情感意识的作用，一是引导教师对教育活动的感知，并在情感管理与情感表达的形成过程中重新建构自己的身份；二是在特定情况下教师情感的形成可超越客观的教育情境，通过想象也能引发情感。第三，教师情感体验的作用，一是使情感意识成为现实的同时，又对其进行了调控，使之更加符合现实教育情境，并为评价提供了对象，使评价体系的确定成为可能；二是体验借助情感表达展示自己，从而使表达拥有了具体的内容；三是教师情感体验的性质和强度对其他情感要素发挥着正反两个方面的作用，如果情感体验的性质与观念提示的性质相反，则两者会产生冲突，结果是要么改变情感意识、要么重新体验；四是情感体验与情感评价之间也有相互矛盾的一面，因为评价要在体验与教育目标及情境之间寻求平衡。第四，情感体验与情感评价的关系，一方面，情感评价体系是不以教师个人体验而以群体体验为基础的，另一方

---

① 赵鑫，熊川武. 教师情感劳动的教育意蕴和优化策略 [J]. 教育研究与实验，2012（5）：17-21.

面，情感评价发挥着情感管理的作用。如果情感评价产生的是正向体验，则会唤醒积极情感，从而强化教育目标，提升教师身份的同一性，使教师情感劳动在已经达到的水平上进一步发展；反之则唤醒消极情感，进而降低教师身份的同一性。第五，教师情感评价的作用，提供反馈信息，使教师审视自身的情感意识、情感体验与情感表达，并确定其合理性，为自己情感的发展提供加强或减弱的指令。第六，教师情感表达的作用，一是使教师的情感意识和情感管理更为清晰与确定，并能为他人所感知，教师一旦找到合适的表达方式并操作起来，情感意识与管理就逐渐明朗化；二是增强了情感评价的客观性与可操作性；三是与情感意识和情感管理一致的情感表达，有利于他人对教师情感的理解，否则，容易产生误解，甚至会殃及情感评价的判断。①

4. 教师情感劳动的优化策略

赵鑫、熊川武认为，教师优化情感劳动要遵循情感规则，提升情感劳动的动力，自觉养成符合教育情境和教育目标的积极情感，不断调节和弱化不当的情感体验，彰显情感劳动的价值。一是以遵循情感规则为前提。情感规则在客观上"限定了教师在特定教育情境中的情感体验、调控与表达"，使教师有权利、有义务感受或表达某些情感。教育中的情感规则主要有两类：第一类是感受规则，客观上限定了教师在教育过程中应有的情感体验和感受，制约着教师情感的有无、强弱、方向与持续性，以及实施对象等方面的适宜性。第二类是表达规则，即限定教师表达情感的场合、时间与方式等。二是以提升情感劳动动力为关键。教师情感劳动的动力包括外部动力和内部动力。爱岗敬业和热爱学生是教师情感劳动的外部主动力。情感劳动优化的外部动力还在于优秀教师的榜样作用。教师的自我追求、教师信念和学生的情感反馈是教师情感劳动优化的内动力。三是以自觉调适各类情感为基础。教师自身情感在教学活动中具有引导作用，因此，教师应根据教育情境与内容的变化而适当调整，促使师生情感交融。教师对消极情感的调控是激发积极情感的基础，而积极情感的产生又利于教师弱化和消除消极情感对教育活动的负

---

① 赵鑫，熊川武. 教师情感劳动的教育意蕴和优化策略 [J]. 教育研究与实验，2012 (5)：17-21.

面影响。教师调适情感的方法有理智引导、心理暗示、生理适应、姿势矫正等。①

第二节　教师教育情怀

教师教育情怀问题最早由德国教育家第斯多惠提出来。他把教育情怀视为做教师的条件。在《德国教师培养指南》一书中，他指出，教师要无限热爱教师职业，要有崇高的责任感。一是要建立在对儿童的热爱上；二是"对教材永远有一种新鲜感"，以"扩大视野""振奋精神"；三是"教学热情必须建立在对教师职业的热爱上""专心致志教学"。②

一、教育情怀的内涵

"情怀"，指"含有某种感情的心境"。③"某种感情"，一般是指"对人或事物关切和喜爱的心情"。④ 对教师来说，仅指"心境"的解释是不全面的，不足以支撑教师意识中的教育情怀。根据学者们对教师职业特点和性质的研究，教师的"教育情怀"应该表达教师对持续影响自己情感态度、生活方式、价值观念及言行的理想、信念、抱负和追求的执着坚持，表达教师在精神领域里执着地追寻生命意义、理想生活愿景或对内心精神家园的守望等。"教育情怀"，应当是关于教育方面的情怀，既包括对教育事业、教育职业的情怀，也包括对教育活动、教育对象的情怀，即对教育事业、教育活动和教育对象关切和喜爱的心情。

---

① 赵鑫，熊川武. 教师情感劳动的教育意蕴和优化策略 [J]. 教育研究与实验，2012（5）：17-21.

② [德] 第斯多惠. 德国教师培养指南 [M]. 袁一安，译. 北京：人民教育出版社，2001：59.

③ 中国社会科学院语言研究所. 现代汉语词典（修订本）[Z]. 北京：商务印书馆，1996：1035.

④ 中国社会科学院语言研究所. 现代汉语词典（修订本）[Z]. 北京：商务印书馆，1996：409.

范梅南在论述"教育生活的条件"时指出:"爱和关心孩子是教育学的条件"。①"对孩子的希望是教育学的条件"。②"对孩子的责任感也是教育学的条件"。③ 虽然,范梅南没有用"教育情怀"这个概念,但他指出了"对孩子的教育学意向""是一种对孩子的良好生存和真正成长的关心",④ 揭示了教师与学生"教育关系发展的先决条件"的实质,⑤ 是"爱、信任、希望、责任感"等情感的体验,也就是教育情怀的实质。由此,教育情怀是一个体现教育关系的概念。

侯小兵、张学敏对教育情怀的定义是:"教育情怀是指教师对教育的理解、热爱、忠诚和信念程度,体现为主观上的从教意愿。"⑥ 这一定义是从教师专业发展的视角提出来的,与范梅南对这一概念的理解相比,未能凸显出教师对学生的爱,教师的热爱表现在对教育事业的忠诚度上。肖凤翔、张明雪论述了教师教育情怀的三大向度,揭示了教育情怀的丰富内涵。伦理向度,包括家国情怀、人格尊严、自由存在、大爱之情;学生向度,包括人性关怀、品性涵养、个性塑造;自身向度包括主体性、理想追求、反思认知等方面。⑦ 刘庆昌认为,教师的教育情怀具体表现为五个方面:一是关怀。是一种职业的教育情感,指向学生的学习收获、心理健康和德性的养成。它是以公共伦理为基础的。二是同情。严格意义上也是一种关怀,是指与他人在内在情感、

---

① [加]马克斯·范梅南. 教学机智:教育智慧的意蕴 [M]. 李树英,译. 北京:教育科学出版社,2001:88.
② [加]马克斯·范梅南. 教学机智:教育智慧的意蕴 [M]. 李树英,译. 北京:教育科学出版社,2001:91.
③ [加]马克斯·范梅南. 教学机智:教育智慧的意蕴 [M]. 李树英,译. 北京:教育科学出版社,2001:92.
④ [加]马克斯·范梅南. 教学机智:教育智慧的意蕴 [M]. 李树英,译. 北京:教育科学出版社,2001:24.
⑤ [加]马克斯·范梅南. 教学机智:教育智慧的意蕴 [M]. 李树英,译. 北京:教育科学出版社,2001:89.
⑥ 侯小兵,张学敏. 教师专业发展模型及其实践价值 [J]. 当代教师教育,2012 (1):6-10.
⑦ 肖凤翔,张明雪. 教育情怀:现代教师的核心素养 [J]. 河北师范大学学报(教育科学版),2018 (5):97-102.

观念上产生了共鸣，或对他人外在的行为能有理解。三是启蒙。通过知识的传授唤醒人的理性。教育需要教育者具有启蒙的情感。四是解放。是由启蒙延伸出来的一种相对独立的教育情感，是让能够使用自己理性的人能在人格上实现独立，进而养成人的自由意志。五是成全。是教育者欲成就受教育者的内在冲动，是一种建设性的教育情感。[①] 教育情怀由以下要素构成：对教育目的的价值认同、对教育对象的情感投入、对知识和道德的理性崇尚。[②] 韩延伦、刘若谷认为，教师的教育情怀就是教师执念于立德树人为本、欣然于教书育人为乐、寄情于学生的生命成长、用情于学生的智慧人生、育情于学生的人性向善、守情于师者的师道风范，是教师对教书育人的真性情。[③]

总之，教育情怀的概念是由中国学者提出来，并逐渐发展成为由多种要素构成、体现多重关系、包含多重价值的复杂概念，体现了中国话语特色。

二、教育情怀的本质

刘庆昌论述了教师教育情怀的本质，他说："教师的教育情怀本质上是人文精神和教育理想融合的产物，它为教师拥有，却指向学生的成长、发展和解放，是一种朝着真善美的心理倾向。"[④] 韩延伦、刘若谷认定教师教育情怀的本质是教师内心执念于教书育人的精神品性。[⑤] 肖凤翔、张明雪从伦理视角解读教师的教育情怀，认为教师的教育情怀是指教师对待社会、学生和自身表现出来的人文情怀，是一种高层次的生存境界，包括情感态度和包容胸

---

① 刘庆昌. 核心素养教育呼唤教师的教育情怀 [J]. 课程教学研究, 2017 (11): 4-6.
② 刘庆昌. 论教师的教育情怀 [J]. 教师发展研究, 2021 (4): 73-80.
③ 韩延伦, 刘若谷. 教育情怀：教师德性自觉与职业坚守 [J]. 教育研究, 2018 (5): 83-92.
④ 刘庆昌. 核心素养教育呼唤教师的教育情怀 [J]. 课程教学研究, 2017 (11): 4-6.
⑤ 韩延伦, 刘若谷. 教育情怀：教师德性自觉与职业坚守 [J]. 教育研究, 2018 (5): 83-92.

怀。① 刘炎欣和罗昱从哲学上思考教育情怀，认为教师的教育情怀是教育者对教育事业产生的专业心境和情感依附。"教育情怀的本质是教师对教育事业的个人情感。"② 王萍从教育现象学的视域解读教育情怀，对教育情怀的本质理解为教师对教育生活的体验，把教育情怀描述为，一是教育情怀是教师对学生成长的迷恋；二是教育情怀是教师与学生相处的智慧；三是教育情怀是教师献身教育的承诺。③ 以上五种对教育情怀本质的界定基于不同的视角，得出了不同的理解：一是"人文精神和教育理想融合的产物"；二是"执念于教书育人的精神品性"；三是"人文情怀和生存境界"；四是"教师对教育事业的个人情感"；五是"教师对教育生活的体验"。基础教育一线的教师对教育情怀本质的理解是"一种心灵境界，指向一种执着的大爱"，④ 由此可以考察到教师教育情怀的精神属性。

三、教育情怀的特性

从学者们论述教师教育情怀的要素中可以看出，教师的教育情怀具有知识性、价值性、情感性。所谓知识性，就是教师教育情怀要有崇尚知识的德性，因为教育情怀必须以知识为基础。教师没有合理的知识结构和坚实的知识基础，无法在课堂教学中展示自己的专业品格，无法通过知识对学生表达关怀。另外，教师还须有一定的学生知识，这是教师理解学生、关怀学生、评价学生必不可少的。所谓价值性，就是教师的教育情怀是特殊的精神现象，充满了理想的精神诉求和强烈的价值倾向性。教师"对教育目的的价值认同是教师具有教育情怀的前提，只有在价值上认同了教育目的，教师才可能进一步把自己的精神与教育过程统一起来。"⑤ 教师对学生的理解、尊重和关怀，

---

① 肖凤翔，张明雪. 教育情怀：现代教师的核心素养 [J]. 河北师范大学学报（教育科学版），2018 (5)：97-102.
② 刘炎欣、罗昱. 教育情怀的哲学思考与内蕴阐释 [J]. 教育探索，2019 (1)：5-8.
③ 王萍. 教师的教育情怀及其养成：基于教育现象学的视角 [J]. 当代教育科学，2020 (9)：17-23.
④ 臧殿高. 教育情怀：蕴育一种精神力量 [J]. 江苏教育研究，2009 (12B)：26-28.
⑤ 刘庆昌. 论教师的教育情怀 [J]. 教师发展研究，2021 (4)：73-80.

对学生承担的道义责任，与学生相处时表现出来的平等和公正，都体现了相应的价值追求。所谓情感性，是指教师对教育事业、对学生的内在心灵情感倾向性。没有爱就没有教育。教师对职业的爱，表现为教师的职业认同，并以敬业和奉献、以责任和担当表现出来。教师以爱育爱，用爱点燃学生心中爱的火炬。刘炎欣揭示了教育情怀的四种特性：一是高远的价值追求是教育情怀的本体性存在；二是超越世俗的专业力量是教育情怀的行动逻辑；三是矢志不渝的精神成人是教育情怀构筑的专业境界；四是敬业奉献的情感归属是教育情怀产生的情感特质。① 韩延伦认为，教师的教育情怀具有示范育人性、个体特色性、实践生成性、精神愉悦性。②"示范育人性"是指教师教育情怀内在地展现着教师对教书育人的意义认知、对教师身份的认同、对教师职业的生命感悟，也展现着教师个人的生活态度、审美情趣、生命状态和精神境界及追求。"个体特色性"是指每一个教师都有对教育情怀的不同理解和不同践行方式，展现出教师真实的工作生活，彰显着每个教师内心的教育责任、理想追求及对师德师爱的主体自觉的精神生命力。"实践生成性"是指教师个体教育情怀的自身构建和精神境界不断升华的过程。在此过程中，会遇到各种困惑和挑战，既会经历快乐、幸福、迷茫和痛苦等各种情感体验，也会经历"我要成为什么样的教师"的再思考和再选择的情感纠结。"精神愉悦性"是指教师在教育教学活动中的获得性情感体验，展现着教师以教书育人为乐的精神面貌、静待花开的心境，以及播种爱心、点亮心灵的审美享受。

处于基础教育第一线的教师认为，教育情怀的第一核心特质，应该是关注人的发展，关注人的成长，关注人的未来，"眼睛里和心里都要有人"。第二核心特质就是教师对教育事业的"热爱痴情"，更高层次的含义还有"用情温暖情，用爱唤醒爱，用爱高尚爱"。③ 张姝、黄丹等人对四川省42位"最美

---

① 刘炎欣，罗昱. 教育情怀的哲学思考与内蕴阐释 [J]. 教育探索，2019 (1)：5–8.
② 韩延伦，刘若谷. 教育情怀：教师德性自觉与职业坚守 [J]. 教育研究，2018 (5)：83–92.
③ 葛武生. 我所理解的教育情怀 [J]. 师道，2012 (4)：46–47.

乡村教师"的调查显示,"最美乡村教师"具有"责任意识""眷念情怀"和"求上精神"三大基本特质。①

四、教育情怀的价值

教育情怀对于教育者及教育而言是一种生产性的和建设性的力量。②教育情怀的价值体现在如下几个方面:一是确立"爱与责任"的精神支柱。雅斯贝尔斯说,"爱是教育的根本力量"。③ 弗洛姆认为,无论哪种爱的形式都包括关心、责任心、尊重和了解等基本要素。④ 教育爱蕴含着关心、责任。如果没有责任,关心就没有着落,所谓的爱就显得虚假。有责任的爱,才会让人觉得安稳可靠,才能令人沉醉其中。教师的教育情怀与教师德性是一致的。"教师德性为教师教育情怀的生成提供着不可或缺的内生性精神资源和驱动力。"⑤二是教师专业发展的内生动力。一方面表现在教师对教育的独到理解,并形成了自己的教育理念,往往能够从工作中体会到成就感,从而拥有源源不断的工作动力。另一方面表现在教师积极寻求种种途径完善自身知识结构和业务能力;教师通过自身的研究与反思不断提高教育教学水平,在与学生的交往中实现教学相长,促发教师专业发展的内生动力。三是获取教育智慧的源泉。范梅南认为,教师教育智慧的产生要求教师的"眼睛和耳朵以一种关心和接受的方式去搜寻孩子的潜力"⑥ "在不断变化的教育情境中随机应变

---

① 张姝,黄丹,胡志颖. "最美乡村教师"教育情怀探析:基于四川省"最美乡村教师"事迹材料的质性研究[J]. 当代教师教育,2023(1):85-93.

② 刘庆昌. 核心素养教育呼唤教师的教育情怀[J]. 课程教学研究,2017(11):4-6.

③ [德]雅斯贝尔斯. 什么是教育[M]. 童可依,译. 北京:生活·读书·新知三联书店,2021:93.

④ 王守纪,孙天威,轩颖. 爱的艺术与爱的教育:弗洛姆爱的理论及启示[J]. 外国中小学教育,2004(5):43-46.

⑤ 韩延伦,刘若谷. 教育情怀:教师德性自觉与职业坚守[J]. 教育研究,2018(5):83-92.

⑥ [加]马克斯·范梅南. 教学机智:教育智慧的意蕴[M]. 李树英,译. 北京:教育科学出版社,2001:226.

的细心的技能"①"能够从孩子的角度来看待事物"②"理解孩子经历困难时的苦恼"。③ 按照这个说法，教师的教育智慧来源于对学生的理解和关爱，来源于教师的教育情怀。陶行知先生"爱满天下"的主张，让他充满教育智慧的经验成为经典，如"一个公鸡和一把米"的故事，启发学生自主学习。又如，"四颗糖果"的故事，教导教师善于发现学生优点。由此可知，教育情怀通向教育智慧的通道是"心心相印"，是"心灵深处的触动"。"用心"就是调动"教育智慧"。四是教师直面教育困境的意志力。韩延伦认为，教师职业坚守是教师教育情怀的践行。④而职业坚守表现为持久而坚定的行动力，也表现为意志品质上的坚忍执着。这就足以说明，有教育情怀的教师，由于对职业责任的理解和崇敬、对职业身份的认同和尊重，能在面临困境时赋予教师行动的力量；在遭遇矛盾困惑时能自我宽解，坚守自己的教育责任，坚守自己的理想和信念。五是教师身份认同的内生力。教师教育情怀的特性决定了教师对职业身份的认同。知识性使教师对职业的认知更加深刻；价值性使教师对职业的意义有更深的理解和感悟；情感性使教师产生了良好的职业生活体验。也可以说，教师职业认同与教育情怀有着双向的互动关系。教师职业认同使教师产生了终身从教的意愿，产生了对教育事业的情感态度的道德意义和人性取向的自觉认知，从而意志坚定地坚持或坚守自己内心的理想信念、志向抱负或梦想追求等。

五、名师教育情怀的实践

有学者认为，真正的教育家应具有一项核心价值品质——超越世俗的教

---

① [加] 马克斯·范梅南. 教学机智：教育智慧的意蕴 [M]. 李树英，译. 北京：教育科学出版社，2001：246

② [加] 马克斯·范梅南. 教学机智：教育智慧的意蕴 [M]. 李树英，译. 北京：教育科学出版社，2001：253

③ [加] 马克斯·范梅南. 教学机智：教育智慧的意蕴 [M]. 李树英，译. 北京：教育科学出版社，2001：255

④ 韩延伦，刘若谷. 教育情怀：教师德性自觉与职业坚守 [J]. 教育研究，2018（5）：83-92.

育情怀。所谓超越世俗，就是超越于民间流行习气的信念与行为，特别是功利思想，要具有不同于凡庸之人的行为。① 人民教育家于漪老师认为，"选择了教育就选择了高尚"。于漪老师曾经谈到自己当老师的梦想："我之所以有这样一个梦想，是因为求学时有幸遇到了许多位学高德馨的好教师。他们教课中情不自禁表露出的忧国忧民的情思，常使我心灵震撼，激起我无尽的遐想；他们传授知识，剖析问题时的一语中的、鞭辟入里常使我茅塞顿开，忽然天朗气清，快乐无比。"② 她说："在我心中有很多榜样，苏步青、谢希德先生那样为国为民、忧国忧民的优秀人物始终是我学习的榜样。"③ 于漪归纳自己："做了一辈子教师，一辈子学做教师……我一辈子学做教师有两根支柱：第一根支柱是勤于学习，第二根支柱是勇于实践。两根支柱的聚焦点是不断地反思。"④于漪老师曾说过："我的每一节课都会影响学生的生命质量"，"语文课要感动学生，首先要感动自己，只有发自肺腑的感情才能感染学生。"⑤ 在对学生进行知识的传授和能力的培养时，教师需要融合情感和价值观，使学生学会学习，懂得怎样求知。她指出，课要追求"三动"的境界：一是动听。语言要清楚明白，通俗易懂。激发学生求知的热情与愉悦，有两点很重要，语言的文化含量和语言的人文关怀。二是动情。进入角色，就会有情感的激荡，就会有独特的认识与体验，以情激情，以情传情，丝丝缕缕牵动学生的情怀。三是动心。让学生动心，在思想深处留下难以磨灭的印象。⑥

李吉林的"以情启智，以爱导行"，道出了"情境教育"的根本。她开创的情境教学的一切理念都是从孩子出发的，都是为了儿童更愉快地学习。情境教学—情境教育—情境课程，是在对孩子，对自己终身从事的事业的爱

---

① 魏宏聚. 教育家核心价值：超越世俗的教育情怀 [J]. 中国教育学刊，2013（1）：8-10.
② 于漪，王厥轩. 选择了教育就选择了高尚 [J]. 中国德育，2011（1）：8-10.
③ 于漪. 教海泛舟，学做人师 [J]. 人民教育，2010（17）：53-59.
④ 于漪. 教海泛舟，学做人师 [J]. 人民教育，2010（17）：53-59.
⑤ 于漪. 一辈子做教师，一辈子学做教师 [J]. 新课程教学，2020（4）：143-144.
⑥ 于漪. 课要追求"三动"的境界 [J]. 中学语文参考，2005（12）：3-6.

中，在对小学语文、小学教育日益加深的感悟中，在一心想着让孩子发展得早一点，好一点，全面一点，充分一点的强烈的愿望中，产生和发展起来的。她总结了创立情境教育理论的动因，她说："儿童的眼睛，儿童的情感，儿童的心理，构筑了我的内心世界。是的，正是儿童，是童心，给了我智慧。我想说，爱会产生智慧，爱与智慧改变人生。"李吉林老师爱读书、爱反思、谦虚好学。在小学工作期间，她始终不忘充实自己。她说过"她的大学在小学"。她曾借来大学中文系的教材，在学校小楼上苦读；她规定自己每天读书三小时；她抓住每一个出差学习的机会，向全省、全国的知名专家学者、名教师虚心请教，并借来书籍刻苦自学，为后来情境教学的实验打下了重要的基础。此外，她还一直与学术界保持着广泛而密切的联系，如张焕庭、刘佛年、杜殿坤等诸多学者都成为情境教学、情境教育的支持者、认同者、指导者或研究者。[①] 原中国教育学会会长顾明远教授评价李吉林的情境教育理论，他认为："情境教育的中心就是育人，就是培养孩子的情感，把孩子培养成情感丰富、有健全人格的人。"[②] 有学者认为李吉林老师的成功，走的是"坚定信念、探索实践、思考学习和精神引领"的路径。[③]

北京实验二小的霍懋征老师曾被周恩来总理称为"国宝级"教师。霍老师当初是放弃当大学教师的好工作，主动去带那些难以管教的小孩子！霍老师并没有理会那些世俗的眼光，硬是去了，风风雨雨一生走过来，以"没有爱就没有教育"为座右铭，践行着自己的教育信念。她总结了对待学生的八字方针："激励、赏识、参与、期待"。她热烈讴歌教育爱："爱是阳光，可以把坚冰融化；爱是春雨，能让枯萎的小草发芽；爱是神奇，可以点石成金。"[④] 霍懋征的成长得益于母亲和丈夫的影响。母亲孙景文是很有才艺、热爱学生、

[①] 王维. 从李吉林老师的成长和成功中得到的启示：读《李吉林与情境教育》有感[J]. 新课程（下），2012（11）：26.

[②] 王玉娟. 情境教育学派的本土建构与发展："李吉林情境教育思想研讨会"综述[J]. 课程·教材·教法，2012（4）：125-126.

[③] 樊晓旭. 教育家的成长路径探究：以李吉林为例[J]. 现代教育科学，2020（1）：35-39.

[④] 霍懋征：经典常谈[J]. 中小学校长，2013（2）：9.

具有强烈的责任感、正义感的中学教师;丈夫赵树楷是中学数学教师,作为"自己的良师和益友",家庭的主心骨,对霍懋征的工作给予了极大的支持。霍懋征还受到叶圣陶先生的指点。我国教育工会的奠基人方明先生给予霍懋征很多帮助和施行"爱的教育"的深刻启示。霍懋征积极探索语文教学改革,提出了"文道统一"观和"速度要快,数量要多,质量要高,负担要轻"的十六字语文教改方针,以及"以讲为主,以读为辅"的语文教学法"讲读法"。①

六、教育情怀的养成

通过对教育名师教育情怀的实践考察,可以发现,新手教师和熟手教师教育情怀的养成路径。一是教育情怀的形成根源于榜样学习的交往观察。个体的观察学习精确地观察到榜样行为的明显特征,与个体学习者经常有固定交往的人,也就决定了学习者反复观察、因而学得最彻底的那些行为。一方面,榜样既可以给学生带来心灵的触动,给新手教师带来教育情怀的萌动。具有教育情怀的教师也可以成为新手教师学习的榜样。另一方面,社会学习的交往观察应该为营造良好学习环境提供思想资源,成为促进教师教育情怀升华的有力举措,成为学校教师专业发展的主题之一。二是教师教育情怀的养成要求教师注重"教育阅读"。通过吸收教育经典作家的思想,播下教育情怀的"思想火种"。教育阅读,就是阅读教育专著,阅读教育书刊。教育阅读,就是让教师普及教育知识,转变教育理念,开阔教育视野,提升教育情怀。阅读经典著作,就是与教育家进行对话。教育阅读,不是教师个体的事情,而是教师群体的共同追求,是建构具有分享收获的学习共同体。三是教师教育情怀的养成依赖于教育生活体验。有学者认为:"教育生活体验就是师生相处中的精神相遇,它是教师教育智慧形成的基础与源泉。"② 这种体验是由感受、理解、联想、情感、领悟等诸多心理要素构成的心理活动。可以教育叙事的方式激活教师的教育生活体验。在体验中,教师以自己的全部"自

---

① 杨婷. 教育家霍懋征个体成长史研究[D]. 天津师大研究生论文,2018,5.
② 何菊玲. 教师专业成长的现象学旨趣[J]. 教育研究,2010(11):88-94.

我"(已有的经历和心理结构)去感受、理解教育现象,因发现教育现象与自我的关联而生成情感反应,并由此产生丰富的联想和深刻的领悟,进而成为教师个体行动的动力因素。四是教师教育情怀的升华必须借助"重要他人"。这个"重要他人"是教师在专业发展中的"关键人物",是影响新手教师心理和思维的启发者,是新手教师释疑解惑的帮助者。"重要他人"不一定是专家学者,也可以是自己的老师,还可以是校长,是同事。只要他(她)的意见或提议对自己有启发、有帮助,起到了关键作用。如果说"榜样"是"观察学习"的对象,是"偶像性重要他人",那么,"重要他人"或"关键人物"是"心灵交往"的对象,是"互动性重要他人"。后者是在学校场域中,比较易得的"重要他人"。五是教师专业情怀的升华必须把握"关键事件"。"关键事件"是指在教师生活中出现的某些能让教师有感触、有启发、有收获、有帮助的事件,也包括给教师创造了一次适合教师角色选择机会的事件。可能是一次公开课,也可能是一次研讨活动;可能是一次讲座,也可能是一次培训,或者是一次参与学生的实践活动。在教师的专业成长过程中,不同阶段的教师所面临的教育"关键事件"的主题不同。作为教育活动中的关键事件一般具有典型性、自我体验性、情境依赖性、创生性等特征。"'关键事件'在教师专业成长中具有重要作用,通过对关键事件及问题的梳理与思考,可以揭示教师内隐的观念,触动教师'灵魂深处'的隐性教育观念,改变教师的教学行为;可以促进缄默知识与外显知识之间的转化;有助于教师个体生存方式的改变,启迪教师追求一种智慧的教学生活方式。"①

第三节 教师专业精神

一、教师专业精神的内涵

杜威最早提出专业精神的概念,并指出:"专业精神的养成是教师教育的

---

① 曾宁波. 论教师专业成长中的"关键事件"[J]. 现代教育科学,2004(4):17-21.

灵魂。"他虽然没有给出这种专业精神的内涵,但是他认为,这种专业精神表现在两个方面:一是教师持续的成长,二是作为社会的领导者和指导者,承担起在形成公众观念中的责任。① 古德森认为,教师专业精神必须以"教学首先是一种道德的和伦理的专业"作为指导原则。② 李瑾瑜把专业精神作为教师专业素质的组成部分,并归纳了教师专业精神表现的五个方面。他认为,专业精神是教师在信念、追求上充分表现出的风范与活力。教师专业精神不仅是以一种朝气、一种活力而构成教师形象的重要特征,而且是一种自尊自信、自重自强的行为表现,促使教师时时保持良好的专业形象。教师专业精神表现在五个方面:一是敬业乐业精神,二是勤学进取精神,三是开拓创新精神,四是无私奉献精神,五是负责参与精神。③ 朱宁波认为,教师专业精神有四种表现形式:一是兴趣。知识兴趣。二是态度。负责任的态度。三是理想。教育理想。四是热情。精神的热情。④ 杨小峻把论述重点指向了高校教师的专业精神,认为专业精神是指教师对从事的教育专业所抱有的理想、信念、态度、价值观和道德操守等倾向性系统,是指导教师从事专业工作的精神动力,并把教师专业精神归纳为七个方面:一是"学高为师、身正为范"的示范精神,二是"爱生如子"的爱生精神,三是"诲人不倦"的责任意识和奉献精神,四是"学而不厌"的探索精神,五是"取长补短"的合作精神,六是"不愤不启,不悱不发"的主体精神,七是"见贤思齐、不贤而自省"的反思精神。⑤ 胡相峰、王璐认为,专业精神是指教师在信仰、理想追求上充分表现出来的活力与风范,是教师在工作时展现出来的职业特性、职业作风和职业态度;服务与奉献精神是教师专业精神的核心;参与与合作精神是对教师专业

---

① 于书娟. 试论杜威的教师教育思想 [J]. 教师教育研究, 2007 (6): 57-61.
② 刘捷. 专业化:挑战 21 世纪的教师 [M]. 北京:教育科学出版社, 2002: 69.
③ 李瑾瑜. 专业精神:教师的必备素质 [J]. 中小学管理, 1997 (4): 13-15.
④ 朱宁波. 论教师的专业精神 [J]. 教育科学, 1999 (3): 53-55.
⑤ 杨小峻. 专业精神:高校教师专业化发展的基点 [J]. 黑龙江高教, 2007 (8): 96-99.

知能的要求；教师的自主与自律精神是教师专业精神的灵魂。① 李玉芳认为，教师专业精神是教师必备的专业素养，它是教师在教育教学过程中所体现出来的价值取向和价值追求，主要包括责任感、精益求精的工作态度、服务精神、反思意识和专业信念等内容。② 张华军，朱旭东通过对教师认同、教师美德和教师使命三个层次的阐述，以教师专业精神这个概念来统领这三个层次，认为教师的专业精神是教师在理性、道德和审美情感通过教学实践过程的集中体现，三者融为一体、不可分割。在第一个层次，教师认同包括对自我的认同，即认同自我所从事职业的价值，还包括组织认同，即认同自我和组织之间的职业关系。在第二个层次，教师在专业实践中体现的美德分为理性精神、道德精神和审美精神。在第三个层次，教师对其职业获得更为广阔的理解，通过教学获得自我实现但又不以自我实现为目的，而完全以他人的发展为己任，这就是教师使命感的获得。③ 这三个层次的阐述，拓展了教师专业精神的内涵。张志勇提出，教师专业精神体现为教师的专业意识、专业知识、专业能力和专业操守。④ 由以上各位学者的研究可见，教师专业精神是一个内涵丰富的概念。从教师的情感、态度、信念，到理性、道德、审美，几乎涵盖了所有精神现象。但核心还是在于其专业性，聚焦于教师的专业实践中体现出来的精神特质。

二、教师专业精神的特质

朱宁波归纳了教师专业精神的五个特质：一是服务性。不计待遇地乐于从事某项工作。二是专门性。具有专业知能。三是长期性。终身从事这项事

---

① 胡相峰，王璐. 论专业化视野下的教师专业精神 [J]. 教育评论，2009（3）：40-42.
② 李玉芳. 论教师专业精神及其培育 [J]. 天津市教科院学报，2012（3）：58-59.
③ 张华军，朱旭东. 论教师专业精神的内涵 [J]. 教师教育研究，2012（3）：1-9.
④ 张志勇，史新茹. "中国特有的教育家精神"的演进逻辑、本质内涵和时代价值 [J]. 中国教育学刊，2023（11）：1-6.

业。四是创新性。五是自律性。①张华军、朱旭东认为，教师专业精神具有内隐性的特点。②综合国内外诸多学者的论述，可以得出教师专业精神的基本特质，一是具有为学生发展服务的理念。西方国家对教师的专业服务都有服务学生学习的内容，强调教师对学生学习的重要作用，其中"了解学生及其学习方式""与学生建立积极的关系""教师必须是学生个体的辅导者""为学生提供体验能动感的机会""促进学生学业进步"，"教师有责任组织和督促学生学习"等等。这些内容体现着教师的专业责任。③ 二是能够做到公平地对待每个学生，尊重和理解学生的多样性。美国学者格兰特等人提出，把社会正义引入教师品性之中，强调教师在与学生交往时"体现出职业精神"，不能对不同类别的学生持有偏见和歧视，体现教师的专业道德。④ 三是能够做到持续的自我反思。批判主义教学论主张教师批判性地反思自己的教学，强调教师应该把反思当作一种没有问题的实践。吉鲁认为，教师要站在社会正义的立场，不断反思自身行为，"反思自己与实践以及所在社会情境的关系"。⑤教学反思作为教师的专业技能应当体现教师的专业责任。四是具有不断学习和应用新知识、技术的意识习惯。教师的学习，"是紧密结合教育教学情境的、真实的、问题的和案例的学习，是参与教师共同体的学习。"⑥ 教师需要随着时间的推移扩展自己的知识和理解，发展自己的适应性教学专长。⑦ 适应性教学专长充分体现教师的专业认同。五是敢于做出专业判断，并为自己的判断负责，体现专业自主。"这里所谓的'教师专业自主'，是指教师在其专

---

① 朱宁波. 论教师的专业精神 [J]. 教育科学，1999（3）：53-55.
② 张华军，朱旭东. 论教师专业精神的内涵 [J]. 教师教育研究，2012（3）：1-9.
③ [美] G. 威廉森·麦克迪尔米德，等. 重思教师能力 [A]. 教师教育研究手册（上）[C]. 赵晓莹，译. 上海：华东师范大学出版社，2017：157.
④ [美] 卡尔·格兰特，等. 教师教育中的教师能力与社会正义 [A]. 教师教育研究手册（上）[C]. 赵晓莹，译. 上海：华东师范大学出版社，2017：183.
⑤ [美] 卡尔·格兰特，等. 教师教育中的教师能力与社会正义 [A]. 教师教育研究手册（上）[C]. 赵晓莹，译. 上海：华东师范大学出版社，2017：182.
⑥ 朱旭东. 教师专业发展理论研究 [M]. 北京：北京师范大学出版社，2011：151.
⑦ [美] G. 威廉森·麦克迪尔米德，等. 重思教师能力 [A]. 教师教育研究手册（上）[C]. 赵晓莹，译. 上海：华东师范大学出版社，2017：152.

业领域里依其专业智慧,执行专业任务,包括课堂教学、学校或是组织决策,以维持其专业品质,及不受非专业的外界干预的状态。"① 不管是外部的赋权和保障,还是内部的意识、信念和能力,都存在着教师在课程方面的决策和专业判断,存在着教师对复杂课堂教学情境下的专业判断,并且存在教师对自己的判断后果负责任的权力。六是具有团队合作的意识,有利于实现专业认同。教师需要一个优秀的学习共同体,需要更多的机会与同事在分析学生学习的证据的基础上共同反思他们的教学实践。② "教师间的合作不仅可以使教师们互相学习、同伴间相互影响,加速教师的专业成长,更重要的是能利用教师群体的资源差异,优势互补,优化教育资源和环境,协调教育行为,更好地促进学生的成长。"③

三、教师专业精神的价值

张华军、朱旭东认为,教师所具有的专业精神,可以帮助教师以理性、专业、道德的视角解决教学中的问题,帮助学生成长。④ 吴思孝提出教师专业精神具有四重价值:一是专业精神为教师专业发展提供内驱力,可以弥补教师在专业知识与技能方面的不足,使教师发挥其应有的价值和功能;教师专业精神可促进教师个人的成长与完善;教师专业精神会影响学生的精神面貌;教师专业精神促使教师始终保持自我更新的发展方向,为真正实现教师的自主专业发展奠定坚实的基础。二是专业精神提升教师的职业道德要求,以教师自律为核心,在明确专业承诺中自觉履行专业责任,推动教师的专业成长与发展;在学校层面营造爱岗敬业、平等交往的教育环境,实现从最初笼统、宏观、模糊的道德行为要求到具体、可操作、明确的专业伦理规范,从重视

---

① 钟启泉. "教师专业化"的误区及其批判 [J]. 教育发展研究, 2003 (4-5): 119-123.

② 朱旭东. 教师专业发展理论研究 [M]. 北京: 北京师范大学出版社, 2011: 156.

③ 周文叶, 崔允漷. 何为教师之专业: 教师专业标准比较的视角 [J]. 全球教育展望, 2012 (4): 31-37.

④ 张华军, 朱旭东. 论教师专业精神的内涵 [J]. 教师教育研究, 2012 (3): 1-9.

知识、技能的培养，逐步过渡到专业精神与专业知能的统合。三是专业精神可打破教师狭隘的学科边界意识，打破不同学科之间的壁垒。通过教师间的沟通和交流，消除狭隘的学科视野，产生对职业价值的整体而稳定的认同感、责任感、奉献意识、积极专业意识的价值追求。四是专业精神可改变执着于教育工具理性的陈规陋习，认识到教学的创造性和个性化特征，开始有意识地反思自己的教学实践；教师专业精神在学校层面改变工具理性重"术"轻"道"的实践导向，为教师知识创造力量的释放、个性魅力的展示提供机会和平台。① 教师专业精神具有导向功能，唤醒教师的主体意识，指导教师不要眼睛只盯住教学的技术规范，只追求教学技术的改进，还要关注专业的价值问题、专业理想问题，追求专业精神的建构；教师专业精神具有教化功能，帮助教师体会认识所从事职业的崇高性与价值，以理性精神引导教师对专业的认同，引导教师践行服务、责任、敬业、创新和合作等行为，在教育教学活动中体现出专业热忱与敬业操守；教师专业精神还具有解释功能，可以解释优秀教师何以能更有效地开展工作，何以具有良好的"教育影响"的效能；也可以解释新手教师以至部分熟手教师为什么会遇到困惑时选择了逃避，关键在于其欠缺对专业精神的追求。

四、教师专业精神的养成

由于专业精神的内隐性特点和包含理性、情感、道德的丰富内涵，教师专业精神的养成必须注重如下几个方面：一是拓宽教师的教育理解和"思想范围"。教师的专业精神建基于教师的信念之上。而教师信念作为一种个人知识，必须以教师对教育和专业的深刻理解为前提，以理性精神的修养为基础。因此，要让教师具有一定的教育哲学修养，使教师具有价值判断、价值选择、价值批判能力。二是强化教师的专业赋权。专业赋权是为教师拓展实践机会，提高教师能力的过程。教师的专业赋权包括专业自主权、专业发展权、参与

---

① 吴思孝. 教师专业精神：内涵、价值与培养［J］. 教育理论与实践，2013（34）：39–43.

决策权和自我效能感与影响力。① 赋予教师主体参与的权利是促进教师专业精神成长的外部基础与条件。赋权与增能紧紧联系在一起，赋权必然增能。赋权既有利于激发教师的内部动机，也有利于教师的专业认知和理解，因而有利于教师的职业认同，增强教师专业自主的能力。三是构建教师的专业性文化。所谓教师文化，是指佐藤学意义上的教师文化。"指教师的职业意识与自我意识，专业知识和技能，感受'教师味'的规范意识与价值观、思考、感悟和行动的方式。"② 构建教师的专业性文化，一方面是"唤起教师对于课堂中所运用的实践性知识的关注，活跃地展开基于观察和访谈的案例研究"；③ 另一方面是"以实践性情境中的省察和反省性思维为基础，同学生、家长和同事合作，解决复杂的问题"。④ 教师展开这两方面的研究，对于教师的专业认同、专业意识和专业判断都具有促进作用。四是构建教师专业精神成长的学习共同体。教师一方面进行同事间专业经验的分享与互动，一方面积极参与学习型组织，分享多方面的教育观念与主张，从分享中获得自己的专业感知、激励教师提升专业意识、团队意识、自信心、效能感和主体性，从而增强其专业精神的成长。可以说，构建教师学习共同体是促进教师提升专业精神的重要途径。

综上所述，教师专业精神的养成，首先是强调教师个人的理论修养，每一个教师都要钻研教育哲学，在此基础上，形成个人的教育哲学。其次是需要学校提供制度支持，为教师专业自主权的实现创造条件。一方面是给教师赋权，使教师能够在课程决策、教学研究、专业发展等方面实现专业自主，另一方面是构建教师学习共同体、构建教师文化。

---

① 朱旭东. 教师专业发展理论研究[M]. 北京：北京师范大学出版社，2011：370.
② [日] 佐藤学. 课程与教师[M]. 钟启泉，译. 北京：教育科学出版社，2003：253.
③ [日] 佐藤学. 课程与教师[M]. 钟启泉，译. 北京：教育科学出版社，2003：259.
④ [日] 佐藤学. 课程与教师[M]. 钟启泉，译. 北京：教育科学出版社，2003：260.

第四节 教师教育家精神

一、教育家精神的演进逻辑

张志勇、史新茹梳理了习近平总书记十多年对全国广大教师的寄语和回信，概括了"'中国特有的教育家精神'演进逻辑"。一是 2013 年提出"三个牢固树立"的指导思想，从理想信念、专业成长和创新实践三个维度，明确了新时代教师队伍建设的方向。二是 2014 年提出"四有"好老师的教师形象，倡导"好老师"要有理想信念、道德情操、扎实学识、仁爱之心，为"中国特有的教育家精神"的提出奠定了基础。三是 2016 年提出"四个引路人"的教师责任。广大教师要做学生锤炼品格的引路人，做学生学习知识的引路人，做学生创新思维的引路人，做学生奉献祖国的引路人，对教师的责任担当提出了四个方面的要求。四是 2016 年提出"四个相统一"的教师行为规范。"广大教师要"坚持教书和育人相统一，坚持言传和身教相统一，坚持潜心问道和关注社会相统一，坚持学术自由和学术规范相统一"，明确了师德师风建设的内在要求。"四个引路人"和"四个相统一"都为广大教师践行"中国特有的教育家精神"提供了行动指南。五是 2017 年概括了黄大年的精神榜样。"心有大我、至诚报国的爱国情怀""教书育人、敢为人先的敬业精神""淡泊名利、甘于奉献的高尚情操"。黄大年同志的爱国情怀、敬业精神和高尚情操体现了人民教师的人格魅力。这个概括是"中国特有的教育家精神"的内涵充实。六是 2021 年提出"大先生"教师形象的概括。"教师不能只做传授书本知识的教书匠，而要成为塑造学生品格、品行、品位的大先生，要做学生为学、为事、为人的示范。"赋予教师职业高度的荣誉感和德性感召力。七是 2022 年提出"'经师'和'人师'的统一者"的教师双重职责。"教师既精通专业知识，做好'经师'，又要涵养德行，成为'人师'，努力做精于'传道授业解惑'的'经师'和'人师'的统一者。"八是 2023 年教师节前夕，习近平总书记给全国优秀教师致信，提出了中国特有的教育家精神,"教育家具有心有大我、至诚报国的理想信念,言为士则、行为世范的道德情操,启智润心、因材施教的育人智慧,勤学笃行、求是创新的躬耕态度,乐教爱生、甘于奉献的仁爱之心,胸怀天下、以文化人的弘道追求。"这八次讲话或回信,习近平总书记对新时代人民教师职业形象、职业素养和职业职责内涵进行了科学阐释,彰显了教育家和优秀教师内化于心的集体人格、职业精神和外化于行的价值追求与时代精神。①

二、教育家精神的本质内涵

顾明远认为,习近平总书记提出的"教育家精神","站在新时代的高度,凝聚了当代优秀教育工作者的品质","反映了新时代对教师理想信念、人格品质、专业修养、教育态度、教育能力的全面要求,是一名教师应有的素养。"② 班建武认为,教育家精神是一个有着内在逻辑的完整精神架构。理想信念是整个教育家精神的灵魂,在整个教育家精神中居于核心地位,决定着教育家精神的价值底色。道德情操、育人智慧、仁爱之心、躬耕态度是对教育家教育素养和专业素养所内含的精神特质的高度概括,反映了教育家精神的实践力量。弘道追求则体现的是教育家在处理教育与社会文明进步的关系时所应具有的精神高度。③ 游旭群认为,教育家精神的源起是教育本质与精神本体通过劳动实践和生命体悟的结合,这种结合必然有知识活动、实践活动以及思想活动的共同作用,它们共同构成了教育家精神的内涵。即教育家精神必须内含对扎实学识和厚重学养的不懈追求,必须坚持对深厚情怀与大我人格的持续修养,必须对高贵灵魂和人类美德具有共相的认知。学识扎实、学养厚重是教育家精神的基础要求;情怀深厚、修养大我是教育家精神中的关键内涵;灵魂高贵、涵养美德是教育家精神的本质内涵;无私奉献、成就

---

① 张志勇,史新茹."中国特有的教育家精神"的演进逻辑、本质内涵和时代价值[J]. 中国教育学刊,2023(11):1-6.
② 顾明远. 以教育家精神锤炼强教之师[J]. 人民教育,2023(18):1.
③ 班建武. 教育家精神的内涵解析与实践要求[J]. 人民教育,2023(18):18-21.

他人是教育家精神的高标准要求。① 张志勇、史新茹认为,"中国特有的教育家精神"的本质内涵彰显了教育家和优秀教师内化于心的集体人格、职业精神和外化于行的价值追求与时代精神。一是揭示了人民教师的价值追求,包括教育报国的理想信念、助推教育强国的奋进姿态。二是反映了人民教师的时代精神,包括浓烈的家国情怀、强烈的改革创新精神。三是体现了人民教师的集体人格,包括爱满天下的教育情怀、无私的奉献精神。四是凝结了人民教师的职业精神,包括良好的专业精神、基本的科学精神、辩证的理性精神。② 李政涛指出,教育家精神是活在所有教师生命中的精神,是活在教师日常教育生活中的精神,是活在教学现场中的精神。教育家精神,不只是一个概念,还是一种视角和眼光,更是一套尺度和标准,以教育家精神为视角和眼光透析教师发展,以教育家精神为尺度和标准,通过"理想信念""道德情操""育人智慧""躬耕态度""仁爱之心"和"弘道追求"等六个维度的体现程度来评价教学质量、教研质量和培训质量。③ 檀传宝、肖金星指出,教育家精神蕴含了教育家所应有的高超的教学专业能力、强烈的社会责任担当、坚定的奋斗与奉献自觉。这就指明了教师的师德修养应当努力的三个方向。④ 上述学者从教师素养、精神架构、教师实践、集体人格、教师生命、师德修养等六个方面概括了教育家精神的本质内涵,提供了广阔的理论视角。由此可知,教育家精神与教师的教育情怀、教师的专业精神、教师的德性有逻辑上的联系。精神以情怀为基础。教育家精神内含着教师的专业精神。教育家精神以教师德性为底蕴。

---

① 游旭群. 教育家精神的阐释与培养 [J]. 国家教育行政学院学报,2023 (8):3-11.

② 张志勇,史新茹. "中国特有的教育家精神"的演进逻辑、本质内涵和时代价值 [J]. 中国教育学刊,2023 (11):1-6.

③ 李政涛. 让教育家精神"活"在教师日常教育生活中 [J]. 人民教育,2023 (24):38-39.

④ 檀传宝,肖金星. 论教育家精神与师德修养的三个方向 [J]. 中国教育科学,2024 (1):24-31.

三、教育家精神的哲学基础

教育家精神是教育精神的集体人格表达，是意义升华了的、人格化的教育精神。教育家精神既是对教师精神状态"实然"的高度概括，也是对中国知识分子和历代教育家的优秀传统的高度概括，"是对广大教育工作者精神肖像的高度凝练"；又是对教师精神状态"应然"的阐释，"集中反映了一代又一代人民教育家在长期的教育教学实践中所展示出来的坚定信念、崇高人格和专业能力"。①教育精神就是"弘道"精神和"仁爱"精神。"弘道"必然涉及对"道"的理解。孔子说过"人能弘道"，追求"闻道""志于道"。孔子和儒家所说的"道"是价值论意义上的，"兼具了价值立场、价值标准和价值理想的含义。"② 具体地说，"为人成己"是价值立场，"仁德"是价值标准，"公道"是价值理想。从这个意义上说，韩愈的"传道"就是指教师应传之"道"，正是儒家之道，即"仁义之道"。习近平"胸怀天下、以文化人的弘道追求"，是对中国优秀文化传统的创造性转化和创新性发展。就是说，教师不仅仅是"传道"，传递社会价值理念，传承"温故知新""学而不厌，诲人不倦""长善救失""为人师表""乐教爱生"的为师之道，而且要"潜心问道""弘道"，承担改造社会的责任，"至诚报国""以文化人"。教师要以身作则，坚持在为人师表中"弘道"，"做学生锤炼品格的引路人，做学生学习知识的引路人，做学生创新思维的引路人，做学生奉献祖国的引路人"。

人的精神世界有三个层面，一是自我意识（理想、信念、智慧、主体性），是一种人对自己生活意义的自觉，是人对自身存在意义的再认识。理想和信念是具有超越性的自我意识。主体性是深层的、高度自觉的自我意识。二是心理品质（情感、意志、人格、个性），情感是人的精神生活的体验，具有动机的功能，"是人类精神生命中的主体力量"。③ 意志是人为了达到既定

---

① 班建武. 教育家精神的内涵解析与实践要求［J］. 人民教育，2023（18）：18-21.
② 石中英. 中国的师道传统与教育家精神［J］. 教师发展研究，2024（2）：97-105.
③ 朱小蔓. 情感是人类精神生命中的主体力量［J］. 南京林业大学学报（人文社会科学版），2001（1）：55-60.

目的而自觉努力的心理状态。意志品质具有自觉性、果断性、坚韧性和自制性。人格是由内在的心理特征与外部行为构成的统一体。个性是人格的变量。个性包括个性心理特征和个性倾向性两个部分。个性心理特征包括能力、气质和性格。个性倾向性包括动机、需要、兴趣、理想、信念、世界观等。人格和个性都以心理品质为基础呈现出不同的特征，都具有动力性、定向和引导作用。比如，稳定的动机、习惯性情感体验方式、积极心理等等。三是价值追求（自由、求知、创造、审美）。价值追求就是指追求价值的最大化，是人的价值意识的体现。包括愿望、动机、趣味、情感、意志等价值心理和理想、信念等价值观念。教育家精神也包含这三个层面，包含了教育家型教师的坚定信念、道德情操、专业品质、情感底色、社会担当，"展现了中国教师看待世界、看待人生、看待教育的特有价值、思维和文化内涵"，"也展现了新时代教师的精神风貌。"[①] 这三个层面还可以用理智德性、伦理德性和创造德性来描述。亚里士多德认为，"德性就是使人成为善良，并获得其优秀成果的品质。"[②] 麦金泰尔认为，"德性是一种获得性人类品质。"[③] 麦金泰尔梳理了从荷马史诗到富兰克林的德目表，如荷马史诗的"卓越"，亚里士多德的"智慧"和"友善"，《新约》的"信仰、希望和爱"，奥斯丁的"勇敢"，富兰克林的"清晰、沉静和勤奋"。在中国古代优秀传统文化的典籍中，也有类似的德目表述，即"仁""智""勇""信""义""忠""恕""诚""宽""敏"等。从这些德目表可以看出，人类是多么看重这些优良品质。而这些品质又构成了理智德性、伦理德性和创造德性的基质。教育家精神正是从这三个层面集中体现了德性。"心有大我、至诚报国的理想信念""启智润心、因材施教的育人智慧"就属于理智德性。"言为士则、行为世范的道德情操""乐教爱生、甘于奉献的仁爱之心"就属于伦理德性。"勤学笃行、求是创新

---

① 王文静，曾榕清. 教育家精神：中华传统师道的时代传承 [J]. 人民教育，2023 (21):48 – 51.

② [古希腊] 亚里士多德. 尼各马可伦理学 [M]. 廖申白，译. 北京：商务印书馆，2016.

③ [美] 阿·麦金太尔. 德性之后 [M]. 龚群，戴扬毅，译. 北京：中国社会科学出版社，2020：243.

的躬耕态度""胸怀天下、以文化人的弘道追求"就属于创造德性。

四、教育家精神的价值意蕴

1. **教育家精神的价值意蕴**

易凌云从五个方面阐述了教育家精神的价值意蕴。一是建立广大教师的共同价值追求，树立教师队伍建设形而上的精神目标。教育家精神的提出有助于树立教师队伍的群体价值观和完善中国特有的师道文化体系，建立每一位中国教师的精神依靠和自觉追求，全方位影响教师的发展，提升教师的专业素养，促进高质量的教师队伍建设。二是回应建设高质量教育体系、建设教育强国、办好人民满意的教育对教师队伍建设提出的更高要求。教育家精神的提出是对教师在理想信念、人格品质、专业修养、教育态度、教育能力等各方面都提出了更高位、更全面要求的时代回应。三是凝练教师群体的典型精神标识，丰富和拓展中国共产党人精神谱系。中国特色教育家精神的凝练和升华，丰富和赓续了中国共产党人精神谱系，构筑和形成了与西方国家不同的教师发展逻辑理路。四是传承和创新中华优秀传统文化，激发新时代教师群体的民族文化自觉。中国特色教育家精神是对一代代优秀教师和教育工作者在长期扎根中国大地的育人实践中形成的精神特质的高度凝练。教育家精神是民族精神与时代精神的完美结合，其中的仁爱理念、科学理念、和谐理念体现了民族文化自觉。五是形成中国教育学知识体系，助力中国特色哲学社会科学的构建。教育家精神从源头上的继承性与民族性，概念上的原创性与时代性，内涵上的系统性与专业性，都打上了深深的"中国印记"，具有中国特色哲学社会科学的显著特点，是建构中国自主的教育学知识体系的尝试，有助于构建中国特色哲学社会科学的学科体系、学术体系、话语体系。[1]

---

[1] 易凌云. 中国特色教育家精神：核心要义、价值意蕴与实践路径[J]. 人民教育，2023（22）：35-38.

2. 教育家精神的价值谱系[①]

罗生全论述了教育家精神的价值谱系，包括价值定位、价值表征和价值实现。关于教育家精神的价值定位，一是教育家精神汲取了中华优秀传统文化中有关教师、教育思想的精华，是对中国教育传统和教育精神在新的历史条件下的传承转化、创新发展，具有鲜明的中国特色和时代特征。二是教育家精神的提出和阐释，赋予了新时代人民教师崇高使命，是在教育强国宏伟目标引领下对教师队伍高标准建设提出的新要求，是对新时代教师队伍建设内在规律性认识的理论深化。三是教育强国建设新征程精神旗帜的时代说明，具有鲜明的导向和引领作用。关于教育家精神的价值表征，一是立德树人根本任务的行动指引。弘扬教育家精神，使其充分融入教学内容、教学过程和实践教学之中，引导学生思考人生价值、理想信念，从中汲取价值力量，涵养精神世界，提升立德树人实效。二是师德师风建设的精神标尺。这种精神标尺是教师在教学实践和学术活动中表现出的人格特质、道德作风、精神品质、才学素养的集中反映，其核心不仅在于筑牢底线，更在于追求高标。三是办人民满意教育的符号象征。中国特有的教育家精神，源远流长、底蕴深厚、内涵丰富，其最根本的价值内核是"以人民为中心，为人民服务"。四是教育家精神是在中华民族现代文明建构中对教师文化传承做出的新概括，为教师更好担负起新的文化使命，推动中华优秀传统文化创造性转化、创新性发展提供了方向指引和动力支撑。

3. 教育家精神的价值实现[②]

一是在教育报国理想追求中形塑。将理想与行动相结合，在至诚报国的"大我"追求中实现个人理想抱负，为高质量的教育发展而教、为办好人民满意的教育而教、为现代化强国建设而教。二是在教书育人能力提升中形塑。在教书育人使命践履中"启智润心、因材施教、勤学笃行、求是创新"，提升

[①] 罗生全. 教育家精神的价值谱系及塑造机制，南京社会科学 [J]. 2023（10）：135－142.

[②] 罗生全. 教育家精神的价值谱系及塑造机制，南京社会科学 [J]. 2023（10）：135－142.

教书育人能力。三是在教师职业素养涵育中形塑。教师的职业特性决定了教师必须是道德高尚和仁爱之人。师德是教师素养的最基本内容，也是教育学生的重要手段，教师的道德情操需要通过自我修养不断提升。四是在教育科研融合统一中形塑。教育科研的有机融合是教育工作者成长为教育家的必由之路，也是形塑教育家精神的必然选择。罗生全提出的教育家精神的塑造机制，准确地说，应该是教育家精神的一种实践路径。

五、教育家精神的实践路径

游旭群论述了教育家精神的生产过程"感性—理性—精神"的跃升路径，进而提出教育家精神的实践路径。"沉入基层一线，在丰富的感性劳动实践中培育教师共情能力，重视全能教师，在专业与学科的理性探索中培育教师共创能力，塑造集体人格，在人到人类的精神境界跃升中培育教师共生能力。"[1] 易凌云在阐述教育家精神价值意蕴的基础上，提出了教育家精神的实践路径。一是坚持全过程、全方位、全要素涵养教育家精神。以全面涵养的理念将学习和弘扬教育家精神贯穿于教师培养培训的全过程、贯穿于教师教书育人和科研创新实践的各方面，贯穿于教师从入职、晋升到退休职业生涯的全阶段，使崇尚和践行教育家精神成为教师的职业生活常态，成为教师的人生价值追求。二是打造培育和弘扬教育家精神的良好生态。持续深化教师评价改革。健全教师荣誉表彰制度。维护教师权益和师道尊严。通过举办教育家精神成长论坛、著名教育家思想与实践创新研讨会等形式，进行成果展示，促进中国特色教育家精神影响力提升和示范引领作用发挥。三是激发广大教师追求和践行教育家精神的内在动力。四是推动教育家精神在国际交流中不断完善。[2] 王文静、曾榕清提出，构建教师"内心净化"的自我修养机制，一是自我觉察。教师要真诚地面对自己的内心，反省过去，察看当下和

---

[1] 游旭群. 教育家精神的阐释与培养 [J]. 国家教育行政学院学报，2023（8）：3-11.

[2] 易凌云. 中国特色教育家精神：核心要义、价值意蕴与实践路径 [J]. 人民教育，2023（22）：35-38.

未来，时时事事，觉察反思，秒秒不落空，才能不断提升正能量，天天向上；二是反思改过。教师要勤于反思，敢于面对，勇于改过；三是建立正向认知。当教师身上的不良情绪、负面能量不断被觉察、被清理、被改正时，教师对自我与社会的正向认知不断建立，自我修养机制就会形成。① 李政涛提出，让教育家精神从象牙塔中走出来，融入教师的日常生活，与教师常态化的教育生活和教学生活等勾连起来，活在年复一年、日复一日的教学和教研活动中，天天向着"教育家精神"的标杆直跑。让教育家精神回到现场，置身现场，立足现场，以独属于教师的教育现场作为支撑和依托，是让其生活化的基本路径。有三种现场：一是教学现场。让教师在日常教学中落实"启智润心、因材施教的育人智慧"，展现"勤学笃行、求是创新的躬耕态度"，浸润"乐教爱生、甘于奉献的仁爱之心"，实现"胸怀天下、以文化人的弘道追求"。二是教研现场。让教师在日常教研中，浸润和培育教育家精神。让日常教研充盈教育家精神，让教育家精神的气息弥漫、渗透、贯穿在教研全过程。三是培训现场。教育家精神的提出也为教师培训赋予了新的内涵与方向。将教育家精神化入教师培训的理念体系、课程体系、教学体系和评价体系，是新时代教师培训的核心构成。②

六、教育家精神的原型研究

原型，哲学词语，是指标准的范例、先例、例子、榜样等。教育家精神的原型研究就是对教育家型教师精神生长的案例研究。这方面的研究有陈秀云的《陈鹤琴与教育家精神》、伍雪辉博士的《教育家型教师研究》、鲍成中博士的《适应与超越：教育家成长规律研究》、张晓峰的《教育家精神特质研究——以民国时期著名教育家为例》、纪大海等人的《教育家成长实践研究》、樊晓旭的《教育家的成长路径探究——以李吉林为例》、杨玉东的《把教育作

---

① 王文静，曾榕清. 教育家精神：中华传统师道的时代传承［J］. 人民教育，2023（21）：48－51.

② 李政涛. 让教育家精神"活"在教师日常教育生活中［J］. 人民教育，2023（24）：38－39.

为事业，以教育科研为志业——谈顾泠沅先生的教育精神特质》、成尚荣的《精神之光照亮教育的天空——教育家精神谱系特征的初步梳理》、刘庆昌的《教育家精神及其中国特质》、胡艳、张璐瑶的《历史长河中的教育家及教育家精神》，以及天津师范大学研究生们对徐特立、陈垣、于漪、霍懋征等教育家的个体成长史研究。从这些研究中可以看出，学者们的研究，聚焦于多位教育家的共性，侧重点在于精神特质、实践特质和成长路径，有概括性；研究生们的研究侧重点是个体成长史。

1. 民国时期教育家精神特质[①]

一是敢于探索，勇于创新。

陈鹤琴是我国现代儿童教育的奠基人与开拓者。他热爱儿童，"一切为了儿童"。在战争年代，艰难创办过幼师、幼专和特殊儿童辅导院。被称为"永远微笑的儿童教育家"。他还是我国教育科学最早的开拓者，出版著作《儿童心理之研究》和《家庭教育》。创立"活教育"理论体系。陶行知一生最大的业绩就是创办了晓庄师范学校、山海工学团、育才学校、社会大学等与传统学校迥异的新型学校，对传统教育进行大刀阔斧的改革。他认为，教育家"一是敢探未发明的真理，二是敢入未开化的边疆。""敢探未发明的真理，即创造精神；敢入未开化的边疆，即开辟精神。"蔡元培也曾以"我不入地狱，谁入地狱"的精神实现对北京大学的改革，提出"囊括大典、网罗众家、思想自由、兼容并包"的十六字办学箴言，迅速聚集一批文化精英与宏通博学之士。张伯苓在创办南开学校的过程中也充满着探索和创造。南开校训中的"日新月异"即要求人们勇于创新，不断进取。

二是倾情教育，心系家国。

"捧着一颗心来，不带半根草去"形象地揭示了教育家的内心境界。蔡元培一生致力于教育救国。他舍弃传统文人孜孜以求的仕途，到当时还不被认可的新学堂任职；他把衙门式的北京大学改造成一所现代大学，支持新文化运动，推动中国文化的现代化。他"言信行果，训诫国人。哲人云亡，遗教

[①] 张晓峰. 教育家精神特质研究：以民国时期著名教育家为例 [J]. 教师教育研究，2014（5）：73-80.

不朽",以自身言行彰显爱国进取、自由民主的精神。陶行知为了实现教育强国的理想,辞去大学教授之职,婉拒大学校长之职,创办晓庄师范。他终生践履"爱满天下"的格言,他爱教育事业,爱学生,爱老师,让爱充满整个校园,让爱贯穿在整个教育过程当中。张伯苓坚持"教育救国",克己奉公,勤俭持校,为南开学校的发展贡献了毕生的精力。陈鹤琴毅然放弃了在重庆"做官",邀集了一批热心教育事业、有实干精神的教师,到江西泰和大岭山上,创建中国第一所公立幼儿师范学校。马相伯把自己在松江、青浦等地的田产共计三千亩全部捐献出来,办学兴学。说自己办学的目的是"把中国叫醒",他给学生的演讲词是"读书不忘救国,救国不忘读书。"

三是追求本真,成就学生。

张伯苓给南开制定有"允公允能"的校训,对学生进行"公"和"能"的教育。他还重视课外活动,在他的倡导下,南开中学的学生社团如雨后春笋。陈鹤琴提出"活教育"的目的是教人"做人,做中国人,做现代中国人"。他认为"大自然、大社会都是活教材",主张不要将儿童禁锢在学校里,局限在课堂教学中。陶行知在育才学校的办学经历充分体现了因材施教的原则,"对已发现有特殊才能者,采取即专即博的原则";"未发现有特殊才能者,采取先博后专之原则",为每个学生创造适合其才能发展的条件。

四是直面困难,奋勇向前。

民国时期,学校经常处于风雨飘摇之中,面临着政治干扰不断、战争侵害频发、办学经费困乏等局面,其中任何一个因素都足以致使学校陷入停顿乃至关门的状态。张伯苓在创办南开的过程中遇到数不尽的困难和挫折,总能乐观面对,积极克服。在他看来,"愈难愈佳,可增加办事之能力"。陶行知就曾勉励师生:"奋斗是万物之父","在平时办学一帆风顺,人人能办。在艰难困苦中不动摇而向前创造,才为难能可贵。"陈鹤琴在办幼师中"遇到困难决不灰心",他说:"只要有决心,有勇气,不灰心,不气馁,就可以取得成功"。在竺可桢的带领下,浙江大学自浙西天目山、建德到赣中吉安、泰和,又从赣中吉安到桂北宜山到黔北遵义,四次迁徙,行走了3500公里,历尽千山万水、艰难险阻,吃尽千辛万苦。

五是敏于洞察，勤于思考。

陶行知生活教育理论体系的形成，离不开他对当时教育现状的深刻洞察和系统思考。他在批判以"老八股""洋八股"为特征的传统教育的同时，创造了以"生活即教育""社会即学校""教学做合一"为核心的生活教育理论。在儿童教育研究方面，陈鹤琴目睹当时教育一味抄袭外国，"全盘洋化"，他经过深入研究，对于福禄培尔、蒙台梭利的幼儿教育学说做了明确的评价。他提出了儿童期存在着很大的可塑性、可教性，是具有发展的可能性时期；强调早期教育的重要性；要按照儿童心理特点、儿童教育规律去施教。他是我国最早的儿童个案研究者，开创了用科学方法研究中国儿童的先河；他又将研究儿童心理的成果运用于家庭教育，将科学理论与家庭教育实践结合起来，总结出家庭教育的 101 条教育原则；他是我国最早提出儿童分期理论的教育家，主张按照儿童身心发展规律正确施教。

2. 中国当代教育家精神特质

当代教育家精神继承了中国历代教育家的精神内涵，也有着与时俱进的特质。金生鈜认为："以教育为志业是教育家的精神实质"。① 陶西平认为："有定力、有创造、肯担当，这就是教育家精神。"② 成尚荣说："爱国是教育家精神的灵魂；风骨，是教育家精神的脊梁；奉献，是教育家精神的人生境界；大学识，是教育家精神的专业标识；实验与创造，是教育家精神的内核。"③

以教育为志业首先表现为仁爱精神，即爱国、爱学生、爱教育。爱生是仁爱之心的显著特征。乐教是仁爱之心的行为表征。甘于奉献是仁爱之心的内在要求。霍懋征老师坚守"没有爱就没有教育，没有教不好的学生"的信念，在其从教过程中，她"从没对学生发过一次火，从没有惩罚过一个学生，

---

① 金生鈜. 以教育为志业：教育家的精神实质 [J]. 中国教育学刊, 2011 (7)：1-6.

② 陶西平. 教育家与教育家精神 [J]. 未来教育家, 2015 (3)：8-15.

③ 成尚荣. 精神之光照亮教育的天空：教育家精神谱系特征的初步梳理 [J]. 中国教师, 2023 (9)：21-26.

从没有向一个学生家长告过状,从没有让一个学生掉队"。在"爱的教育"上,她提出更具操作性及现实性的"激励、赏识、参与、期待"八字教育方针。李吉林老师说:"儿童的眼睛,儿童的情感,儿童的心理,构筑了我的内心世界。是的,正是儿童,是童心,给了我智慧。我想说,爱会产生智慧,爱与智慧改变人生。"她的情境教学的理念都是从孩子出发的,都是为了儿童更愉快地学习。情境教学—情境教育—情境课程,正是在对孩子,对自己终身从事的事业的爱中,在对小学语文,小学教育日益加深的感悟中,在一心想着让孩子发展得早一点,好一点,全面一点,充分一点的强烈的愿望中,产生和发展起来的。于漪老师说自己"一辈子做教师,一辈子学做教师","我一辈子学做教师有两根支柱:第一根支柱是勤于学习,第二根支柱是勇于实践。两根支柱的聚焦点是不断地思考。"这就是"以教育为志业""乐教"的具体表现。她把教师当作人生的理想,追求智如泉源、品行高尚的境界,"一辈子学做教师"集中体现出教师不断自我超越的岗位要求与个人奋斗方向。在于漪看来,就是爱语文学科,爱祖国的语言文字,爱学生,爱学校,爱国家,爱社会等等。她把对教育和学生的爱当作自己前进的动力,她坚定地说道:"语文教师的工作不是百米冲刺,而是万米赛跑,任重道远。思想信念是我的精神支柱,对事业的一往情深是自己不断前进的动力。"

其次表现为求是精神。一是对真理的追求。有自己的教育见解和追求,创造性的教育实践与突出的教育业绩。重要的是创造精神。通过无数次实际的观察、思考、验证,总结出具有普遍性的规律或结论。霍懋征老师针对语文教学中存在"少、慢、差、费"的问题提出"速度要快,数量要多,质量要高,负担要轻"的十六字语文教改方针;针对语言形式与思想内容关系的割裂提出"文道统一"观。李吉林老师,这位从小学里走出来的儿童教育家,潜心教育实验,从情境教学到情境教育,从情境课程到情境学习,探寻教育教学原理,创立中国特色的情境教育,构建中国儿童情境学习范式。于漪老师从语文的教育功能出发,不断探索,从强调双基的朴素的语文教育观,到开放综合的语文教育观,再到文化育人的语文教育观,确立了自己"以文育人"的教育思想。二是旺盛的求知欲、好奇心。具体表现为学而不厌的精神品质。徐特立一生以教育为志业,"学到老活到老"是他生前始终奉行的准则。他一生所读的书籍多达 15000 余册。阅读书目的种类也繁多,除教育类的书籍外,还涉及科学、哲学、政治等多个方面。于漪老师 20 世纪 50 年代从教历史到改教语文,她不仅学习教学技巧,还要废寝忘食地补充语文方面的知识,她一路从汉语拼音、语音、语法、修辞、逻辑,到中外文学史和中外文学名著,再触类旁通,力求把近两三年中文系的主要课程学完。中师毕业的李吉林进入小学教书后,小学变成了她的"大学",一直没有停下学习的步伐。她抓住每一个出差学习的机会,向全省、全国的知名专家学者、名教师虚心请教,并借来书籍刻苦自学,为后来情境教学的实验打下了重要的基础。李吉林老师通过不断地学习反思实践,构建了较为宏观的指导小学教育的情境教育,提出情境教育基本模式的框架体系。

　　再次表现为担当精神。有高度的责任感,对事业的热爱和对祖国的忠诚。新中国成立后,年过古稀的徐特立还就国家的教育方针政策,发表了《解答关于教育方针的几个问题》等文章,对教师教材教法他写了《各科教学法讲座》供广大教师参考,对于青少年理想教育他也在《怀更大的志气,抱更大的理想》和《对青年人的几点希望》等文章中进行过详细的论述。于漪老师在退休之后仍活跃在基础教育改革创新的一线,对于如何提高语文教学质量,仍然有自己的思考。面对语文教学改革想法和方法的目不暇接和改革困境,她还不断探索,出版了 700 万字的论著。霍懋征老师在实验二小的语文教学改革取得成功,并逐渐形成自成一派的教育教学体系。但她并不止步于此,开始借助上公开课、拍摄教学电影、著书立说等途径,传播其先进的小学语文教育教学经验,以推动全国小学语文教学改革的发展。她利用周末及寒暑假时间到各地上示范课、开讲座,足迹遍布全国上百座城市,讲课数百次,听众达几十万人次。她还利用假期时间对自己几十年来的教育教学生涯进行了回顾总结,并先后出版《班主任工作札记》《霍懋征语文教学经验选编》《小学语文教学经验谈》等著作。担当精神在李吉林老师那里表现为反复思考和探索。她偶然了解到外语教学中的情境教学,语言学习的相通性使她产生了将其运用到语文教学中的想法,经过初步分析和思考,将课文《小马过河》

作为情境教学首次试验并获得成功。从"意境说"中概括出"真、美、情、思"四个特点，并创造性地运用到小学语文教育中，科学地回答了新时代向小学语文教育提出的许多重要问题。

本章小结

本章研究的四种教师精神现象，具有内在的逻辑关系，并且都与教师主体性、教师德性、教师信念具有因果性、生成性的逻辑关系。一是教师情感与教师德性、教师教育情怀和教师自我认同都有逻辑关系。教师的积极情感体验促进教师的自我认同；教师的积极情感是教师德性的体现；教师情感的升华必然体现为对爱和责任的践行，体现为教师教育情怀。二是教师教育情怀与教师德性、教师信念和教师自我认同有逻辑关系。教育情怀具有情感向度、伦理向度、信念向度和主体性向度，这四种向度是教育情怀形成、升华的支持性因素。三是教师专业精神、教育家精神与教师主体性的逻辑关系。教师专业精神不论是从内涵的角度，还是从性质的角度看，都体现了教师主体性，体现教师的专业素质。从内涵来说，教师专业精神的理性、德性和信念，都包含着主体性；从性质来说，专业精神的服务性、专业性和创造性，也浸润着主体性。四是教育家精神是教师情感、教师教育情怀、教师专业精神和教师信念、教师德性、教师主体性的内容"集成者"和功能"集成者"，是教师精神现象的最高"凝聚者"和最终"升华者"。教师情感、教育情怀、专业精神和教育家精神等四种精神因素都具有动力作用。

教师精神现象研究是教师行为研究、教师知性研究、教师德性研究和教师主体性研究的必然趋势，是跃升到精神动力层面的研究，是教师"教育影响"效能的更高层面的研究，是对教师素质研究的升华。

教师精神现象研究的启示：一是教师的关切情感是提升教师"教育影响"效能的最佳途径。关切是师生情感的相互逼近而增进理解、形成良性心理体验。教师关切情感会对学生的心灵产生润物细无声的影响。但是，教师的关切情感需要教师德性的支持。二是教师教育情怀是教师积极情感的凝结和升华。教师对教育生活的体验，不只是情感表达体验，还包括情感意识体验，包括教师的"自我认同和自我完善"的心灵体验。教师的负面情感往往与教师职业的回归性、不确定性、无边界性有关。而教育情怀是教师在负面情感体验的冲突中形成的,是在教师德性的支持下,克服负面情感体验、形成"自我认同和自我完善"的过程中逐步生成的。三是教师专业精神体现了教师在知能、情感和精神的互动中形成专业发展内驱力。教师专业精神的生成首先是教师对专业维度的理解、对自我心灵的理解、对教学实践的理解,其次是教师对"服务性"与学生成长之间关系的理解,再次是教师对专业伦理和责任伦理之间关系的理解。这些理解是教师专业精神生成之"根",而关切情感和教师信念是专业精神生成之"魂"。四是教育家精神统摄了教师关切情感、教育情怀、专业精神的全部内涵,也统摄了教师信念、教师德性、教师主体性的全部内涵,是教师精神动力的导向性、引领性、能动性的全面体现。

佐藤学提出的教师工作"回归性""不确定性""无边界性"的特征是一个世界各国教育界存在的普遍问题。哈格里夫斯讨论了教师情感劳动方面存在的问题也是一个普遍的问题。这些问题已经让教师们"陷进了一个充满微观管理、标准化和专业顺从的令人沮丧的世界。"[①] 教师们压力陡增、动力衰竭,职业身份认同降低,一些教师长期陷入一种困惑和倦怠之中。帕克·帕尔默指出"社会已将教师置身于实然与应然之间的'悲剧性的夹缝'之中","教师成了代人受过的替罪羊",因之要"要探索教师生活的内在景观""漫步教师心灵"。[②] 叶澜教授也注意到对"教师角色自我意识"关注的欠缺。试想,教师在绩效主义与形式主义的夹击之下,工作压力不断增大,工作创造性的缺失,单调乏味的应付,何以形成教师的自我身份认同?何以提高教师的专业意识?何以生成教师的专业精神?看来,改变教师的生活方式,杜绝形式主义的管理,杜绝绩效主义的评价,让教师从繁重的工作负担下解放出来,强化教师精神现象的研究是必要而急迫的,是教师生命发展的重要命题。

---

① [美] 安迪·哈格里夫斯. 知识社会中的教学 [M]. 熊建辉,陈德云,赵立芹,译. 上海:华东师范大学出版社,2007:66.
② [美] 帕克·帕尔默. 教学勇气:漫步教师心灵 [M]. 方彤,译. 上海:华东师范大学出版社,2020:3-10.

第十章

教师文化研究

20世纪80年代开始，企业管理的模式从制度管理向文化管理过渡。教育界受到社会向学校要质量，对学校进行问责的背景下，学校便借鉴了企业将价值与心理因素整合的文化管理模式。文化管理模式促使学校内部自由的精神文化得以发展。学校文化、课程文化、教师文化的研究便逐渐发展起来。教师文化是群体亚文化，属于学校文化的亚文化；是教师群体形成的同类文化意识，"是群体成员在互动过程中形成的一种特殊的、共同的价值观念、行为规范以及认同、归属的心理等等。"[①] 教师文化体现出"自主性和专业主义的特征。"[②] 根据"文化"概念的"精神性"理解，教师文化研究也可以说是一种教师精神现象研究。教师文化与教师知识、教师信念、教师思维、教师德性、教师的自我认同、教师形象、教师情感、教师教育情怀和教师专业精神都有逻辑联系。教师文化研究主要是关注教师群体行为和教师之间的互动，侧重于教师组织的文化现象。从文化管理模式的要素看，强调以人为本、强调合作，倡导学习共同体，主张塑造共同价值观等，在学校文化管理模式的运行中，教师精神现象得到重视，教师文化与教师的专业发展才有了密切的联系。一是教师信念是教师专业发展的"思想基石"；二是教师专业精神是教师专业发展的"精神支柱"；三是教师自我意识是教师专业发展的"心理基础"；四是教师共同体意识是教师专业发展的"底蕴支撑"。教师文化研究将

---

① 刁培萼. 教育文化学 [M]. 南京：江苏教育出版社，2000：292.
② 郑金洲. 教育文化学 [M]. 北京：人民教育出版社，2000：266.

成为提升教师"教育影响"效能的最佳途径。

第一节 教师文化研究的视角

按照佐藤学的概括，教师文化研究分为三个时期。在第一时期、第二时期，主要研究者都是社会学家，如沃勒、洛蒂。而到了第三时期，吸引了广泛领域的专家参与教师文化的研究，如教育史研究专家、教育行政研究家、课堂教学研究家、教育心理学家、认知心理学家。教师文化研究出现了多元视角。多元视角的教师文化研究说明，教师文化具有多元性质。

一、职业文化视角

洛蒂的研究认为："教师职业不存在确凿的理论与技术"，教师的职业特征是"不确定性"。"正是由于这种'不确定性'，形成了教师文化的独特的内涵：教师被囚禁在'蛋壳结构'般的课堂里，依附于世俗的权势与权力，追求显性价值而依赖于测验，不相信教育理论，相互孤立、彼此对立。"[①] 佐藤学认为，教师文化是教师群体所特有的范式性的职业文化，包括教师的职业意识与自我意识、专业方面的知识与技能，以及感受"教师味"的规范意识与价值观、思考、感悟和行动的方式等。[②]

二、组织文化视角

关注学校生活的各个侧面，以学校文化的亚文化看待教师文化。哈格里夫斯认为，教师文化的内涵可从内容和形式两个方面来理解。"所谓教师文化的内容，是指在一个特定的教师团体内，或者在更加广泛的教师社区内，各成员之间共享的实质性的态度、价值、信念、观点和处事方式。教

---

① [日] 佐藤学. 课程与教师 [M]. 钟启泉，译. 北京：教育科学出版社，2003：258.
② [日] 佐藤学. 课程与教师 [M]. 钟启泉，译. 北京：教育科学出版社，2003：253.

师文化的形式是指教师之间、具有典型意义的相互关系的类型和特定的联系方式。"① 基于教师之间相互关系的类型，哈格里夫斯把教师文化分为个人主义文化、派别主义文化、自然合作文化、人为合作文化。

三、专业文化视角

从教师专业化的视角看待教师文化。一方面是舒尔曼关于教师知识与思考的研究，"证明存在着保障专业属性的'知识基础'"。② 另一方面是佐藤学关于"反思性实践家的新型教师形象"，教师"以实践情境中的省察与反省性思维为基础，同学生、家长、同事合作，解决复杂的问题。"③ 这种以教师反思性实践为基础的专业文化，"通过教师相互之间的实践与经验交流，得以共享、积累和传承"，结合为专业共同体。④ 佐藤学还指出，教师职业的"无边界性"无限制地扩大了职域和责任，同时也导致了专业属性的空洞化。⑤

四、教学文化视角

萨拉森从"教师直面课堂的种种问题求得解决"的角度解读教师文化，认为"教师文化是通过对于课堂问题的处置与解决而生成。"⑥ 佐藤学认为，"教师文化生成的舞台是课堂，它的创造者是教师自身，它的根基在于课堂结构本身。"⑦

---

① 陈永明. 教师教育研究 [M]. 上海：华东师范大学出版社，2003：249.
② [日] 佐藤学. 课程与教师 [M]. 钟启泉，译. 北京：教育科学出版社，2003：259.
③ [日] 佐藤学. 课程与教师 [M]. 钟启泉，译. 北京：教育科学出版社，2003：260.
④ [日] 佐藤学. 课程与教师 [M]. 钟启泉，译. 北京：教育科学出版社，2003：271.
⑤ [日] 佐藤学. 课程与教师 [M]. 钟启泉，译. 北京：教育科学出版社，2003：267.
⑥ [日] 佐藤学. 课程与教师 [M]. 钟启泉，译. 北京：教育科学出版社，2003：261.
⑦ [日] 佐藤学. 课程与教师 [M]. 钟启泉，译. 北京：教育科学出版社，2003：262.

第二节 教师文化模式

哈格里夫斯探讨了知识社会中的教学问题,探讨了文化与契约模式。他认为,在"弱势契约系统"中,呈现出三种教师文化模式,即非约束性个人主义、合作主义的文化、"硬造的合作"。

一、非约束性个人主义

"大多数教师独自进行教学,不必接受详细的审查,其所教班级也处于绝缘式的状态,不受外界干扰。""教师们没有机会向同事学习,在尝试新的教学实践中不能获得同事的鼓励,教学中个人主义盛行。"①

二、合作主义的文化

在学校文化重建中,"有效的领导也同时促进了教师间正式的与非正式的合作,将共同的专业努力融合进持久、相互信任的人际关系网络之中。"然而,教师的合作性努力"不是集中在教师集体做出有利于学生学习、适切的改进方面""可能会流于表面形式","合作可能很容易导致无效性实践与有效性实践并存的局面。"②

三、"硬造的合作"

这是指一种"通过统一规定集体将要做什么以及和谁一起做等方面要求的""强制性""人为性"的合作。哈格里夫斯指出:"硬造的合作忽视、排斥或破坏教师的积极合作的机会",硬造的合作"将产生一种处在压力之下的

---

① [美]安迪·哈格里夫斯. 知识社会中的教学[M]. 熊建辉,陈德云,赵立芹,译. 上海:华东师范大学出版社,2007:147.
② [美]安迪·哈格里夫斯. 知识社会中的教学[M]. 熊建辉,陈德云,赵立芹,译. 上海:华东师范大学出版社,2007:147-148.

暂时性的团队合作热情，但却很难产生持续性的改进。"①

哈格里夫斯还探讨了"契约模式"中的三种教师文化。即腐蚀性个人主义、专业学习共同体、绩效培训教义派。

四、腐蚀性个人主义

由于契约模式按照准市场范式运作，导致教学中竞争性个人主义文化的出现。哈格里夫斯指出："竞争阻止了学校与学校、教师与教师之间的互相学习。"于是，"竞争性个人主义就变成了腐蚀性个人主义，外则造成教师身心疲惫，内则使教师失去共同体意识"，使教师们的"原动力不见了，创造性也消失了，独创性更是销声匿迹了。"②

五、专业学习共同体

哈格里夫斯指出："专业学习共同体追求和提高知识社会的核心属性，譬如团队工作、探究与持续学习。"他同他的合作者研究发现了创建高质量专业学习共同体的实践方式包括专业学习团队、教师工作网络和行动研究小组。③

六、绩效培训教义派

哈格里夫斯把针对建立专业学习共同体遇到困难时的改革策略称之为"绩效培训教义派"。这种改革策略也是以契约模式运作的教师文化。这种改革策略"将坚持效能标准和课堂教学技巧与教师工作关系的文化重构融合在一起。"他总结了若干国家学校改革的共同经验，一是"为教师提供集中培

---

① ［美］安迪·哈格里夫斯. 知识社会中的教学［M］. 熊建辉，陈德云，赵立芹，译. 上海：华东师范大学出版社，2007：148.
② ［美］安迪·哈格里夫斯. 知识社会中的教学［M］. 熊建辉，陈德云，赵立芹，译. 上海：华东师范大学出版社，2007：150－151.
③ ［美］安迪·哈格里夫斯. 知识社会中的教学［M］. 熊建辉，陈德云，赵立芹，译. 上海：华东师范大学出版社，2007：152－153.

训,以教学为核心,优先大规模地提高教师的教学能力;"① 二是"坚持校长即教学领导";三是"将教学的改进和评估测试体系结合起来";② 四是把"允许和鼓励教师质疑和批判自己作为专业人员的培训"。③

哈格里斯夫总结了专业学习共同体与绩效培训教义派之间的区别。④

专业学习共同体	绩效培训教义派
改造知识和学习	传递知识
共享探究	强迫接受
证据告知	结果驱动
情境的确定性	人造的确定性
本地化解决方式	标准化的脚本
共同责任	顺从权威
持续性学习	精细化培训
实践共同体	绩效教义派

哈格里夫斯对专业学习共同体与绩效教义派之间的区分对我们的教师发展很有启示意义。我们过去的教师培训不就是"绩效教义派"的做法吗?要真正获得教师的发展,必须构建专业学习共同体,必须实行教师学习方式的转变,必须有教师自己对实践问题的探究,必须持续地开展情境学习,必须有教师之间的对话与合作、互动与反思。

哈格里夫斯从后现代时代的视野出发,构建了"流动的马赛克"教师文化模式。哈格里夫斯用"马赛克"来形容教师之间貌合神离的合作,即表面看起来,各个教师群体组织组成了整个学校的完整画面,而各个教师组织之间却处于不合作状态。马赛克文化是"在教师个人主义文化和教师派别文化

---

① [美]安迪·哈格里夫斯.知识社会中的教学[M].熊建辉,陈德云,赵立芹,译.上海:华东师范大学出版社,2007:157.
② [美]安迪·哈格里夫斯.知识社会中的教学[M].熊建辉,陈德云,赵立芹,译.上海:华东师范大学出版社,2007:158.
③ [美]安迪·哈格里夫斯.知识社会中的教学[M].熊建辉,陈德云,赵立芹,译.上海:华东师范大学出版社,2007:161.
④ [美]安迪·哈格里夫斯.知识社会中的教学[M].熊建辉,陈德云,赵立芹,译.上海:华东师范大学出版社,2007:164.

的不断演变和渗透的背景下产生的"。"流动的马赛克"成为适合后现代教学需要的理想教师文化模式。如果学校让各个教师小组成员流动起来,且活动范围不受限制,那么,教师小组会形成开放的,相互合作和支持的局面。邓涛、鲍传友在述评中指出,这种教师文化模式具有很明显的不确定性、脆弱性和争议性。但他们又断定,"生活在后现代社会的教师,离不开这种文化的支撑。"这就说明,这种文化模式在当下还会充满争议,还是具有很大的不确定性。① 马玉斌和熊梅肯定了这种流动性的积极意义。他们认为,教师团队的固定化会使团体产生排他意识,因此在建设教师组织的同时还要兼顾其流动性。流动的意义不仅在于人员的调配,更在于思想的开放性。②

第三节 教师文化结构

一、哈格里夫斯的划分

哈格里夫斯认为,教师文化包括内容和形式两部分。这是第一层次的结构。哈格里夫斯从形式上把教师文化划分为四种。一是个人主义文化。表现在对自己的要求上是独立成功观,对其他教师的态度上是不干涉主义,没有同事之间的协同工作,也缺少同事之间的真诚评价。教学工作本身的复杂性和不确定性,也成了教师合作的阻力。二是派别主义文化。在从个人主义文化向合作互动文化发展的过程中,整所学校分裂为一个个独立的有时甚至是相互竞争的团体,教师个体分别忠诚、归属于某一派别。在各派别内部,教师之间往往联系紧密,共处的时间较多,共享一定的观点和共同追求利益。而在各派别的成员之间,则互不交流、漠不关心,或者相互处于竞争状态。三是自然合作文化。哈格里斯夫认为,自然合作文化呈现了自发、自愿、自

---

① 邓涛,鲍传友. 教师文化的重新理解与建构:哈格里夫斯的教师文化观述评 [J]. 外国教育研究,2005 (8):6–10.
② 马玉斌,熊梅. 教师文化的变革与教师合作文化的重建 [J]. 东北师大学报(哲学社会科学版),2007 (4):148–154.

主、超越时空、不可预测等特征,是由教师判断并控制合作发展的目的、内容和过程的。四是人为合作文化。人为合作文化是由外在行政控制的,被迫、被动实施的,是可以预测的。① 龙宝新用"教育生活样式"来定义教师文化,体现教育生活的流动性,反映教师文化的真实样态。他认为,教师的文化形态有个体、群体之分,因为一个教师、一群教师都有其独特的教育生活样式。②

二、中国内地学者的划分

第二层次结构包括观念文化、道德文化、行为文化。价值观念、思维方式、态度倾向属于观念文化。文化性格上偏重于德性的存在,将伦理道德定位为教师文化的形象前提。行为模式（群体行为模式、个体行为习惯）属于行为文化。"硬造的合作""自然的合作"都属于群体行为模式。这一层次因不同学者的不同定义而结构要素有所不同。凌小云认为,教师文化是教师在教育教学活动中形成与发展起来的价值观念和行为方式。它主要包括教师的职业意识、角色认同、教育理念、价值取向及情绪的反应等。一般可分为三个层次:一是教师的思想理念层次,二是价值体系层次,三是行为模式层次。③ 郝明君、靳玉乐认为,教师文化是指教师在教育实践活动中所形成与发展起来的价值观念和行为方式,包括教师的价值观念、职业意识、思维方式、行为习惯、处事方式等。④ 这一定义下,教师文化由五种因素构成。车丽娜认为,教师文化是由教师独特的知识体系、个人信仰、思维方式及价值观念系统等构成的复合整体。⑤ 这一定义下的教师文化构成有四种因素,少了行为文化部分。索长清以实践哲学理解和阐释教师文化,教师文化就是教师在教育

---

① 冯生尧,李子健.教师文化的表现、成因与意义 [J].教育导刊,2002 (4): 32-34.
② 龙宝新.教师文化:基于生活世界的概念重构 [J].当代教育与文化,2009 (5): 25-31.
③ 凌小云.加强师德建设,重塑教师文化 [J].上海教育科研,1998 (6): 50-52.
④ 郝明君,靳玉乐.教师文化的变革 [J].中国教育学刊,2006 (3): 70-74.
⑤ 车丽娜.教师文化初探 [J].教育理论与实践,2006 (11): 45-48.

实践中体现出来的一种文化，它反映着教师与教育实践之间多样化的关联方式，是内在规范与外在行为有机联系的整体。教师群体的价值体系是教师文化的内隐结构要素。包括群体的价值观念，兼含认知、情感及意向三类成分的个人信念，教师个人的价值追求。教师共享的行为模式是教师文化的外在集中表现。教师的行为模式包括语言的运用、情感的表达、师生互动、同辈交往等等。①

三、中国香港学者的划分

吴浩明根据舍因的文化层次架构，分析对比了香港与内地教师文化的差异，由此可以看出教师文化的结构。第一层次：文物及创造层面。一是教学方法。教案，教科书。二是工作方式。教师之间的交流、分享和互相学习。三是继续教育。形式，交流，评估。第二层面：价值层面。一是教学理念。教学设计，课堂教学。二是交流和分享。交流活动，态度。三是专业自主。模式（集体模式，个人模式），专业自主权的诉求。第三层面：深层假设。一是对知识能力的自信和匮乏。二是个人主义和集体主义。三是独立性和求同性。四是自控和他控。作者认为，深层假设的"四个方面的差异对第一、二层文化层次之影响"是深刻的。② 谢翌和张释元对教师文化结构的分析也是借鉴了舍因的框架。一是教师的创造物：教师文化的外显层次。主要包括：教师的衣着、表情、语言、方法、教育成果、人文活动的创造、待人接物的态度与方式、情绪表达、关于团队的神话与故事、表示价值观的标语或口号、仪式和典礼等。二是教师的价值观。教师个体价值观、教师群体共享的价值观。三是教师的信念。对学生的信念、对教师教学角色的信念、对教师课程角色的信念、对教材的信念、对教学的信念、关于如何教学的信念。四是教师共享的基本假设。关于真理和真相的假设，真理的判断标准；真理是客观的还是主观的。关于时间的假设，过去取向、现在取向、未来取向；因果关

---

① 索长清. 教师文化的结构要素分析[J]. 教育导刊, 2016（12）: 13 - 16.
② 吴浩明. 香港与大陆教师文化差异研究[J]. 华东师范大学学报（教育科学版）, 2002（1）: 71 - 81.

系；周期性。关于空间的假设，空间对师生的象征意义。关于人性的假设，人性的真善美判断；可塑性。关于人类活动的假设，认识是主动的还是被动的；教师与环境的关系。关于人类关系的假设，教师与教师、行政、学生、家长以及社区之间的关系；个体身份认同等。①

第四节　教师文化特征

一、佐藤学的观点

佐藤学认为，教师文化具有四方面的特征。一是教师文化的多样性与多层性。不仅表现为意识性的、显性的规范意识、知识、技能和行为规则，而且拥有设计无意识的、隐性的信念、情感、习惯的多层构造。二是教师文化是基于学校与课堂的社会语脉而生成的人际关系。三是教师文化不仅有经验世界生成的侧面，还有作为符号性意义空间之束缚起作用的侧面。四是教师文化的传承与再生产过程。教师集体中作为专业共同体的维持与个人的职业认同的形成，构成了教师文化的传承与再生产的具体过程。② 洛蒂认为，教师文化具有保守、孤立、重视经验等特征。沃勒也认为教师文化具有"孤立"的特征。③ 佐藤学还归纳了由教师职业的"不确定性"带来的教师文化特征：对于既存权力与权势的追随、示范教学的不懈的探索、宗派集团的形成及集团内部的上司统治与上司崇拜、对于理论与学识的不屑一顾、崇尚情感主义与努力主义、教育实践中的经验主义与技术主义、教学的形式主义与操作主义、企求显性价值的测验崇拜，等等。④ 这些特征中，宗派集团的上司崇拜是

---

①　谢翌，张释元：教师文化论 [M]．北京：中国社会科学出版社，2012：41-46．
②　[日] 佐藤学．课程与教师 [M]．钟启泉，译．北京：教育科学出版社，2003：254-255．
③　[日] 佐藤学．课程与教师 [M]．钟启泉，译．北京：教育科学出版社，2003：258．
④　[日] 佐藤学．课程与教师 [M]．钟启泉，译．北京：教育科学出版社，2003：258．

西方文化语境下的,并不符合中国文化特征。

二、陈永明的观点

陈永明认为,教师文化主要有如下几个特征:一是精神性。教师所表现出来的职业态度、敬业精神、工作风格,以及深层次的价值观念,心理面貌,都默无声息地折射出一种独特气息。二是融合性。教师文化是一种群体文化,融合了教师群体的价值观,从而形成了为教师群体所认可并遵循的价值准则。三是独特性。作为一种亚文化,教师文化要受到民族传统文化、地域文化、学校文化的影响。教师文化具有教师群体的独特性。不同学校的教师文化也有不同个性和特色。四是可塑性。教师文化可以在一定文化传统的基础上进行挖掘、引导,并在实践中不断丰富和完善。[①]

三、索长清的观点

索长清等人从实践哲学原则考察教师文化,认为教师文化具有生活关联性、多主体性、交往性、自觉性等特征。一是生活关联性。教师文化就是教师在生活世界中从事教育教学实践而体现出的一种文化。教师的专业实践渗透在教师的日常生活之中,其一切的教育信念与实践活动都有着直接且必要的现实生活基础。二是多主体性。教师文化的产生与发展是教师群体和教师个体共同实践的结果。教师行业规则和群体规范引导和制约着教师个体对于教育持有怎样的观念和如何开展教育实践。三是交往性。教师个体与个体、教师个体与群体之间的交往互动过程,意味着群体共同的形式与个体多样化的意义或内容之间的结合,教师文化中教师个体才不会成为抽象的孤立的存在,从而确立了教师个体和群体作为教师文化主体的地位和价值。四是自觉性。自觉的教师文化更具自主性、创造性和自觉性,通过制度化、科学化的管理方式,系统化和理论化的教育理论,专业化和职业化的道德规范等有目的、有意识、有组织地引导或制约着教师的教育信念与实践,更多地表现为

---

① 陈永明. 教师教育研究[M]. 上海:华东师范大学出版社,2003:249.

一种理性的自觉意识和价值引导，并通过目的性较强的方式变革和发展。①

四、教师合作文化的特征

马玉斌、熊梅探究了教师合作文化的特征。一是积极的互依性。积极的互依性是教师合作文化的核心，没有互依性就不存在合作。合作者之间关系融洽，共享信息资源，共负责任，互相促进共渡难关，个人成功是以他人成功为基础并共同寻求多赢结局而采取的行之有效的行动。二是合目的性。合作的教师文化力图使教师突破个人的观念和行为体系，而把自身的教学和科研行为融入学校的育人体系和育人目标中去，从而使教师的观念和行为表现出合目的性。三是整合性。在教师合作文化中，教师们经过整合形成合作的观念、养成合作的习惯、适应合作的技术，并被期待将这些用于协调他们的努力和达成目标，最终提高课程开发与实施质量。四是主体性。在合作文化中，每个教师是具备合作观念、合作意识、合作行为的单个主体，同时又构成了作为教师共同体的专业主体。五是流动性。流动性代表着开放、发展和变化三个方面的要求，出于教师间的合作意愿，可以因合作目的、合作任务的不同而产生不同的合作形式与合作特点，因而体现了开放性的特点；出于发展的需要而走向合作；团体没有固定的形态特征，体现了教师个体与教师团体不断发展变化的特征。②

五、中西学者教师文化研究的比较

从教师文化研究的文献研读中，可以发现，中国学者提出的教师文化特征都是正面价值取向，而西方学者对教师文化的描述都是负面价值取向，如中国学者都把"合作"作为教师文化的显著特征，而西方学者都肯定"孤立"为教师文化的特征。为什么会出现这样的结论？可以从三个方面加以讨

---

① 索长清，王汝慈、李文辉. 教师文化：基于实践哲学的内涵构建及其特征 [J]. 教育导刊，2021（1）：21-26.

② 马玉斌，熊梅. 教师文化的变革与教师合作文化的重建 [J]. 东北师大学报（哲学社会科学版），2007（4）：148-154.

论。一是研究方法的不同。中国学者普遍从应然视角以思辨方式论述教师文化，而西方学者"观察和访谈的案例研究"以实然视角、实证方式描述教师文化中的问题，正如佐藤学评价沃勒时所说，"他的研究意图是描述学校这个场所生成的教师文化的偏差性"。① 二是时代特点的不同，以教师专业化实现的充分程度为例。沃勒的研究处于教师专业化之初，而洛蒂的研究，正如佐藤学所说，"洛蒂的意图在于阐明未能充分实现专业化的教师的独特性格"，"洛蒂的研究批判性地检讨了学校的官僚制度，旨在理解未充分专业化的教师文化的精髓。"② 中国学者关于教师文化的研究都是在教师专业化比较充分的历史条件下进行的。三是研究范式的不同。不论是沃勒和洛蒂的研究，还是其他英美学者的研究，都是建立在"技术熟练范式"的基础之上，而哈格里斯夫和佐藤学的研究以及中国学者的研究，都是以"反思性实践范式"为基础展开的研究。四是研究侧重点不同。国外学者早期的研究侧重于从职业文化视角考察教师个人文化。中国学者的研究基于基础教育课程改革的要求，从专业文化和教学文化视角，考察侧重于教师合作文化。

第五节 教师文化功能

哈格里夫斯大声疾呼重视教师文化在教育改革及教师专业化中的核心作用，他认为，学校变革要致力于学校教师的价值观、教育信念、共同愿景、思维方式等的变革。教育变革之成败的决定因素在于教师文化。③ 车丽娜对教师文化功能进行了多维审视。她认为，教师文化具有以下五项功能。④

---

① [日]佐藤学. 课程与教师 [M]. 钟启泉, 译. 北京：教育科学出版社, 2003：256.

② [日]佐藤学. 课程与教师 [M]. 钟启泉, 译. 北京：教育科学出版社, 2003：257.

③ 邓涛, 鲍传友. 教师文化的重新理解与建构：哈格里夫斯的教师文化观述评 [J]. 外国教育研究, 2005 (8)：6-10.

④ 车丽娜. 教师文化功能的多维审视 [J]. 当代教育科学, 2010 (5)：31-33.

一、教师文化的社会区隔功能

区隔功能是指教师接受了由主流文化形塑起来的行动方式、语言系统和思维习惯，丰厚的文化积累也使他们与普通民众区隔开来，客观地加深了教师所代表的文化优势群体与文化劣势群体之间的隔阂。

二、教师文化的人格塑造功能

教师文化为教师共同体内的所有成员提供了应该遵循的行为准则和价值理想，而主体正是通过对这样的准则和价值的内化而形成了与这样的文化氛围相符合的人格结构。学校的教师文化是新手型教师专业发展过程中必须接受和内化的东西，是模塑他的模具，新手型教师的专业适应和发展过程也是对教师文化的认识与同化过程。

三、教师文化的团体凝聚功能

教师文化以一种微妙的方式沟通着成员的思想情感，融合他们的信念与价值观，培养和激发他们的群体意识和集体意识，对共同的主导价值观念的维系是教师文化激励与凝聚功能的具体表现，它能够有效地整合教师个人与团体、团体与团体之间的关系。

四、教师文化的学校民主管理功能

教师文化使教师的价值追求与学校的主导价值观念相统一，学校的管理目标内化为教师的自觉精神追求，从而达到"治人于无形"的管理目标，在学校的领导与教师之间形成一种民主、和谐的文化氛围。

五、教师文化的社会伦理发展功能

教师文化作为教师在教育教学活动中形成与发展起来的价值观念和行为方式，对儿童乃至社会伦理的发展具有极重要的影响。一方面是教师的言传身教是青少年思想道德形成的主导因素。教师的行为作风、处世方式，乃至气质、性格、习惯等都能对学生发生潜移默化的熏陶、感染甚至感召作用。另一方面是教师的爱岗敬业、乐于奉献意识,刻苦钻研、积极进取、勤奋求实意识作为社会主流价值观的重要构成要素对社会公德产生极大的影响。车丽娜通过对实然的教师文化问题的分析,提出教师文化中存有支配教师行为方式的深层精神因素,"教师文化的革新和对于教学行为理性化的自觉追求才是教师行为转变的深层次支撑因素。"①因此,教师文化具有推进教师专业发展和促进教育变革的功能。

第六节 教师文化建构

研读教师文化研究的文献,发现学者们对教师文化的建设有多种提法,如"重塑""重建""重构""建设""建构""构建""创建"等。"重塑""重建""重构""创建"等都是基于课程改革的要求,在原有学校文化的基础上重新建构教师文化。这种重新建构既有内容的变革,也有形式的更新,还有模式或结构的变更。"建设"和"建构""构建"等都是按照理想化要求和应然目标在原有基础上对薄弱之处的强化之策。凌小云提出从教师主体性和学校组织两方面重塑教师文化。

一、基于教师主体性的教师文化重塑

从教师主体性方面看,一是强调明确教师学习、合作和师生关系方面的责任,学会适应变革,"加强自己的专业主义";二是掌握专业教学标准,在教学活动中努力探索,重新设计自己的教学形象,形成独特的教学风格,"形成教育学理念"。

二、基于学校课程改革的文化建构

从学校组织看,一是学校创建"有力的师德建设的学习环境";二是确立

---

① 车丽娜. 教师文化初探 [J]. 教育理论与实践, 2006 (11): 45 - 48.

师德建设的"质量循环"评价体系。① 邓志伟探讨基于课程改革的教师文化建构的理念、内涵、结构及方法。一是教师文化重建的理论依据：当代建构主义教育理论。二是教师文化重建的重心：从控制型文化走向对话型文化。三是教师文化重建的关键：教师角色转型，改变教师原有的权威式角色类型和灌输式角色特征。四是教师文化重建策略：构建学习型教师团队文化体系。建构学习型文化；形成反思性研修文化；构建教师团队文化；孕育创新文化。②

三、基于"流动的马赛克"文化模式的文化重构

邓涛、鲍传友在哈格里夫斯"流动的马赛克"文化模式基础上思考教师文化重新建构。他们认为，"流动的马赛克"文化在一定程度上体现了后现代社会教师文化发展的一种必然趋势。因此，一方面要建立灵活的结构和学习小组，一方面要在开放的环境中学习。③ 车丽娜、徐继存基于对济南师范附属小学的个案研究，提出教师文化建设的经验和意见。一是明确办学理念，做好价值引领；二是加强校园物质文化建设，做好环境育人；三是设立"教师发展学校"和"先锋论坛"，开阔教师的眼界和心理空间；四是理顺学校组织结构，实行民主化管理；五是校本制度创新，调动积极健康的心态。④

四、教师合作文化的重建策略

马玉斌、熊梅论述了教师合作文化的重建策略。⑤一是激起教师合作的共同愿景和信念。二是建立教师之间互动的水平组织关系。三是建立开放的校

---

① 凌小云. 加强师德建设, 重塑教师文化 [J]. 上海教育科研, 1998 (6)：50-52.
② 邓志伟. 课程改革与教师文化重建 [J]. 全球教育展望, 2005 (5)：44-46.
③ 邓涛, 鲍传友. 教师文化的重新理解与建构：哈格里夫斯的教师文化观述评 [J]. 外国教育研究, 2005 (8)：6-10.
④ 车丽娜, 徐继存. 教师文化建设的个案研究 [J]. 当代教育与文化, 2009 (1)：74-80.
⑤ 马玉斌, 熊梅. 教师文化的变革与教师合作文化的重建 [J]. 东北师大学报（哲学社会科学版）, 2007 (4)：148-154.

本教研组织制度。四是建立长效性的组织机构，或者依托学校原有的组织机构，扩大和完善课程管理的职能，或者建立课程开发的辅助组织，促进教师合作文化的生成。五是建立持续有效的动力机制，包括教师评价制度、教师奖惩制度和教师工作量计算制度等。

五、教师个体文化和群体文化的建构

龙宝新分别论述了教师个体文化和群体文化的建构与生成。他认为，所谓教师个体文化，就是指每个教师在教育生活世界中表现出来的独特生活样式，是教师应对教育事件、处置教育问题、作用教育环境的具体方式。教师个体的文化样态包括教育习惯、教育经验及其背后所因循的实践图式，如重复、类比、模仿、归类、求同、泛化、概率性权衡等。影响教师个体文化形成和发展的关键变量是外在理论观念的干预、个体生活旨趣的参与、对教育生活的"情景定义"方式、同事中"重要他人"的影响、个人特殊的生活史、所属群体文化的影响等。一是反思性是教师个体文化生成的根源。反思是教师对自我形象与行为的省察活动，使教师对自己的角色有了意识，教师的教育智慧、教育经验、教育"知识库"才有了积累，有了储蓄。二是自我认同是教师个体文化发展的内在机制。教师以"理想自我"为目标，以"主观自我"为改造对象，以变革"客体自我"（即教师的身体与行动）为手段，教师意识到了自我的存在，其教师形象日渐清晰和完善，从而使自己的生活样式具有了连续性和独特性。三是追求教育行动的经济逻辑是教师个体文化形成的客观原因。教师总是以自己过去的成功行动图式，如经验、习惯、常识等行事。四是"情景定义"是教师文化生成与发展的枢纽。"情景定义"是人对特定行动环境以直觉的、理性的、隐喻的方式所做的整体性理解、解释和归类，是他对教育情景所做出的推论、解释。如直觉性的情景定义方式会导致教师按照惯例而行动的图式，理性的情景定义方式可能会导致教师按照反思性观念而行动的图式，隐喻的情景定义方式会导致教师按照象征法则来行动的图式等。五是合理化是教师个体文化发展的动力。所谓合理化，就是教师力图使自己的教育行为与自己的一贯行为方式和思维习惯保持一致性

的倾向。个体教师在教育生活中的合理化类型有两种：一种是教育实践的合理化，一种是教育观念的合理化。

龙宝新认为，"教师群体文化是指整个教师群体成员共享、重叠或相似、趋同的教育生活样式。教师群体形成于所有成员的个体文化，发展于教师个体文化，但却具有与之截然不同的属性与功能"。教师群体文化的发展道路具有其自身特性。一是时空共享性是教师群体文化形成的前提。教师群体利用众人的智慧来联合攻克共同面临的教育实践难题，共同打造一种令人满意的教育形态和教育服务。二是师际互动是教师群体文化形成的途径。在师际互动中，教师间形成了处理教育问题的共同教育惯例、共同默许的教育制度等。三是整合是教师群体文化形成的机制。这是指在两个层面上对教师个体文化之间的整合。一方面是对教师的自在性群体认识模式、实践图式的整合，一方面是对教师群体的理性实践图式的整合，其结果体现为教育制度、教育规则等。四是文化共鸣是教师群体文化形成的枢纽。共鸣是教师个体文化转变为教师群体文化的临界点，是对一种个体文化在教师群体文化系统中的主导地位进行确认的必经环节，表达了整个教师群体的共同心声。[①]

本章小结

国内外学者对教师文化的研究从四个视角展开，即职业文化、组织文化、专业文化、教学文化。教师文化具有层次性，分为观念文化、道德文化和行为文化三个层次。教师文化具有实然特征和应然特征两面性。实然特征是国外学者从实证研究中获得的结论，即教师文化的个人主义特征，如保守、孤立、硬造的合作、闭锁的文化心态等。应然特征是中国学者以思辨方式从理想追求中构建出来的，如精神性、融合性、可塑性等。教师文化具有团体凝聚、个体人格塑造、推进教师专业发展和促进教育变革等功能。基于课程改革背景下的教师文化重建，要从教育价值观念变革、组织结构变革、制度变革和教师角色转型等方面着力，从构建专业学习共同体着手，促进教师合作

---

① 龙宝新. 教师文化：基于生活世界的概念重构［J］. 当代教育与文化，2009（5）：25－31.

互动、学习探究。

教师文化研究从深层次揭示了学校组织文化对教师文化的制约，揭示了教师文化教师工作特征、教师教育观念、教师行为方面的问题，如，学校文化场域中不确定性和无边界性所生成的教师文化的偏差性。又如，教学的私密性导致教师保守、孤立、注重经验的价值取向。再如，羞于与同事合作和不愿意接受同事的批评以及教师具有习惯性防卫心理等。揭示了教师在教育变革和专业发展中教育观念和教学行为转变的机理，如专业学习共同体中教师的对话、合作、探究，有利于推进教育教学变革，有利于教师的专业发展。也揭示了学校组织文化对教师文化的影响，以至于对自我认同的影响，如学校文化中的"绩效主义倾向"，导致教师工作的"无边界性"，从而导致教师专业属性的"空洞化"。基于这些，学校文化建设必须要突破在组织结构和规章制度方面的修补，而应致力于学校员工的价值观、教育信念、共同愿景、思维方式等的变革，致力于教师文化的重塑。

教师文化建设的核心在于专业学习共同体的建构，在于合作文化模式的生成。专业学习共同体建构的关键，是教师之间开展合作、对话、互动、探究、反思等活动。合作要避免形式化和人为性，就必须有基于共同目标任务的对话主题和探究主题，就必须确立共同体的领导者。按照帕克·帕尔默的说法，"共同体面对的情况变化无常，时时处处需要领导"。[1] 而领导的职责在于一是提出专业学习共同体的愿景，二是按照愿景的需要提出主题、组织对话，三是"为教师提出教学交流的理由和许可"。[2]

个人主义文化影响教师的自我认同。教学的"私密化"在教师之间构筑了"壁垒"，使教师不能观察彼此的教学，也不能讨论彼此的教学。"这些壁垒源自因恐惧而引发的竞争"。[3] 而竞争又加重了教师彼此之间的戒备心理和

---

[1] [美] 帕克·帕尔默. 教学勇气：漫步教师心灵 [M]. 方彤，译. 上海：华东师范大学出版社，2020：245.

[2] [美] 帕克·帕尔默. 教学勇气：漫步教师心灵 [M]. 方彤，译. 上海：华东师范大学出版社，2020：248.

[3] [美] 帕克·帕尔默. 教学勇气：漫步教师心灵 [M]. 方彤，译. 上海：华东师范大学出版社，2020：226.

防范行为。这样一来，教师之间缺失了教学对话，不能从对话中获取对方的有益经验，也不能从对话中获取对自我的认识，影响了教师的自我认同。这一点给我们的启示在于：在学校用绩效考核和评价的方式对教师进行管理，似乎科学合理。但这不符合文化管理的原则，只有绩效追求，没有人文关怀，只有竞争，没有合作，只有技术，没有对话，久而久之，助长了个人主义教师文化，难以形成合作性、共享性的教师群体文化。

第十一章
教师学习研究

教师如何学习？这是教师专业发展的核心问题。教师学习如何将知识转化到教学实践中去？如何"学会教学"？这是"教师作为学习者"需要通过实践来回答的问题。一线教师一般从自己的教学实践中学习，也从与其他教师的互动过程中学习。可见，教师学习不仅与教师专业发展相联系，让教师通过主动学习获得知识和教学专长的发展；也与教师的教学实践密切相关，涉及教师学习成果如何促进学生的学习；还为教师专业身份认同构建了环境、关系和实践载体。"教师学习"本质上是为了最大限度地促进学生学习，是为了提升教师"教育影响"的效能。教师学习的专业特征表现在多维整合功能，强化其与教师信念、教师知识、教师思维、教师能力、教师身份认同、教师主体性等的逻辑联系，把教师知识、信念、思维、能力等支撑性要素逻辑地整合在一起。教师学习研究随学习理论的发展而深化。在认知建构主义理论的基础上发展起来的"情境认知""实践共同体""全视角学习"等新观念，促使教师学习弥补了教师专业发展的"被动"性含义；由于学习视角的多维性、学习内容的广延性、学习方式的多样性，更能体现教师自我成长的主动性、自觉性和内生性。教师学习的目的指向"学会教学"，发展教师的教学知识，基于"教师应该知道什么"的问题，强调在工作场所中的学习和以案例为内容的学习，改变了"教师培训"的单一模式。师范生和新手教师成为教师学习的主体。熟手教师则将终身学习作为追求的目标。这样，教师学习有了丰富性和持续性的内涵，既包括学习的内容和领域，又包括学习的途径和方法；既包括学习的过程，又包括学习之后教师专业知识和能力变化的结果，以及观念和态度的转变。建基于社会建构主义和情境学习理论的教师学习研究聚焦于教师专业发展的核心问题，使得教师的知识、信念、思维、能力、自我意识和专业身份认同都在"实践共同体"的相应载体上有了整体性综合性地的生长，学习内容得以拓展，学习过程群体互动，学习成果丰富多样，提高了教师学习的质量。

第一节　教师学习的内涵

一、教师学习的概念

教师学习是一个极其复杂的研究主题，涉及多方面的研究领域。不同的学习理论基于不同的视角有不同的学习概念。认知心理学把学习视为获得专家的认知结构和把知识绘制到学习者的大脑中。建构主义认为，学习是建立在学习者已有的知识和信念的基础上的主动建构过程。情境学习理论认为，"学习是一种适应某种文化的过程"；教师学习是"在学习共同体中一种成员之间互动的过程"。人类学路向的情境学习，认为"学习是参与共同体的过程，是意义和身份的建构、是共同体的形成。"勒夫与温格的情境学习理论认为，"学习是学习者不断参与实践共同体的合法的边缘性参与。"[①] 这些理论既适合于学生的学习，也适合于教师的学习。但是，教师学习不再限于新知识的接受，而是多维度的学习、体验和反思，适应特定的文化，在知识、技能、观念、能力、经验、实践智慧等方面获得全面成长。

从哲学视野看教师学习，有三种不同的观点：第一种是在"为了实践的知识"的学习观视野下，教师学习被定义为接受大学研究者创造的知识的过程，而学习的方式主要是专家讲座、全校性的教师培训等。以这种学习观为基础，对教师学习的研究主要从教师知识、能力与品性三方面来展开。第二种是在"实践中的知识"的学习观视野下，强调行动中的知识，即教师在反

---

① 周钧，罗剑平．西方"教师学习"研究述评 [J]．比较教育研究，2014 (4)：70－76．

思实践中、在实践探究中、在教师实践叙事中所展示或所蕴含的知识。教师学习就是一个审视和反思知识的过程,这些知识带有缄默性,它们存在于良好的教学实践中。教师学习和教师发展活动呈现出赋权的倾向,更多的是反思、探究、师傅指导、案例方法等。第三种是在"实践的知识"的学习观视野下,强调教师通过探究来质疑他们的以及他人的知识和实践。教师学习就是对教学、学习者及学习、课程、学校与学校教育的系统性探究。教师学习就是挑战他们自己的假设,发掘并展示实践中的问题,研究他们的学生、课堂和学校,建构并重构课程,担当起变革课堂、学校和社会的领导力。① 三种对教师学习不同的哲学观点,是随着视野的扩大,在不断深入的研究中形成的,应该连贯起来理解。

"教师学习"这一主题起因于教师的知识研究。这可以从舒尔曼的论述中得到佐证。"教师必须学会使用他们的知识基础作为其决策和行动的依据。"② "教师从经验中进行学习"。③ 教师还要"学习和运用案例",④ "从编写和思考案例中学习"。⑤ 他还提出了从案例中学习的四条原则:"行动,反思或元认知,合作,一个支持性的共同体或一种支持性文化的形成。"并认为这是"有效的、真实的和持续性学习的条件。"⑥ 从舒尔曼的视角来说,教师知识研究就是对教师学习内容的研究。费曼-尼姆塞尔指出,教师的学习就是指"教

---

① 周钧,罗剑平. 西方"教师学习"研究述评[J]. 比较教育研究,2014(4):70-76.

② [美]舒尔曼. 实践智慧:论教学、学习与学会教学[M]. 王艳玲,王凯,毛齐明,等译. 上海:华东师范大学出版社,2014:160.

③ [美]舒尔曼. 实践智慧:论教学、学习与学会教学[M]. 王艳玲,王凯,毛齐明,等译. 上海:华东师范大学出版社,2014:165.

④ [美]舒尔曼. 实践智慧:论教学、学习与学会教学[M]. 王艳玲,王凯,毛齐明,等译. 上海:华东师范大学出版社,2014:143.

⑤ [美]舒尔曼. 实践智慧:论教学、学习与学会教学[M]. 王艳玲,王凯,毛齐明,等译. 上海:华东师范大学出版社,2014:343.

⑥ [美]舒尔曼. 实践智慧:论教学、学习与学会教学[M]. 王艳玲,王凯,毛齐明,等译. 上海:华东师范大学出版社,2014:344.

师如何学会教学"。① 教师的学习"是一个积极的、建设性的过程""不是一个被动吸收新信息的过程",可以看作是一种"运用反思的立场把握教学情境",是一个参与学校社会实践的过程。② 费曼-尼姆塞尔认为,教师学习的研究包括"教师从职前教育和专业发展中学到什么,以及教师如何将所学,运用于教学中","还包括教师在日常教学实践以及与同事非正式交往中的学习","研究教师的学习必须考虑教师学习成果如何促进学生学习。"③ "教师必须学会将思维方式、认知方式、感知方式和行为方式整合为一种有原则的、快速反应的教学实践。"④ 从尼姆塞尔的视角来说,教师学习的研究就是对教学实践的研究。费什曼和戴维斯认为,认知导向的教师学习研究关注教师信念和教师态度。当教师学习怎样教时,要经历一个"教师专业发展历程"。⑤ 康内利和克兰迪宁认为,教师学习是对自己的教学和生活实践的思考,对各种专业知识的梳理,以及反思这些知识如何影响自己的实践。⑥

新西兰学者蒂姆勃雷认为,教师专业发展与专业学习息息相关,"教师专业学习与发展"成为其研究的核心概念。专业学习很可能引发教师的实质性变化;教师专业学习能够实现的是促使教师产生新理解,获得新技能。"教师专业学习与发展过程其实就是习得新观念,开展探索行动,建构新理解,最终在其身心上发生隐含性的专业素养变化的过程。"⑦ 有学者指出,教师学习

---

① [美]沙伦·费曼-尼姆塞尔. 教师学习:教师如何学会教学?[A]. 教师教育研究手册(下)[C]. 佘林茂,译. 上海:华东师范大学出版社,2017:709.
② [美]沙伦·费曼-尼姆塞尔. 教师学习:教师如何学会教学?[A]. 教师教育研究手册(下)[C]. 佘林茂,译. 上海:华东师范大学出版社,2017:712.
③ [美]沙伦·费曼-尼姆塞尔. 教师学习:教师如何学会教学?[A]. 教师教育研究手册(下)[C]. 佘林茂,译. 上海:华东师范大学出版社,2017:709.
④ [美]沙伦·费曼-尼姆塞尔. 教师学习:教师如何学会教学?[A]. 教师教育研究手册(下)[C]. 佘林茂,译. 上海:华东师范大学出版社,2017:711.
⑤ [美]巴里·J.菲什曼、[美]伊丽莎白·A.戴维斯. 教师学习研究与学习科学[A]. 剑桥学习科学手册[C]. 胡朝红,译. 北京:教育科学出版社,2010:609-610.
⑥ 王芳,马云鹏. "教师学习"研究的发展及其对职前教师教育的启示[J]. 外国教育研究,2010(4):5-9.
⑦ 龙宝新. 论国外教师专业发展的理念、形态与模式类型[J]. 外国中小学教育,2016(5):49-57.

被学者们"赋予新的内涵,成为替代专业发展的重要概念。"其意义在于强调教师学习的主动性、自我导向性和终身性。[①] 从这个角度看,教师学习的主题是与教师专业发展联系在一起的,且拓展和深化了教师专业发展的内涵。教师专业发展就意味着教师学习,是一种高度个体化的学习过程,是个体教师与情境交互作用的结果。[②] 教师学习是多个研究领域交织在一起的实践活动,既包括教师个人素质提升和学习质量提高,也包括教师群体学习的有效性,还包括学习情境的多样化发展,以及群体在多样情境中学习过程对学校教育改革的促进作用。教师学习概念直接指向教师专业发展的核心问题,即问题导向、教师的学习主动性和自主选择性。教师学习包含着教师知识,特别是实践性知识、教师能力的生长变化,包含着教师信念和思维方式的生长变化,包含着教师态度、自我意识和专业身份认同的发展。

二、教师学习的基本追求

关于"学会教学",费曼－尼姆塞尔有一个主体框架,即四大主题。"学会像教师一样思考,学会像教师一样认知,学会像教师一样感知,学会像教师一样行动。""学会教学强调内容、过程与环境之间的交互关系。"[③] 李志厚认为,"教师应该学习什么的问题是教师学习必须首先解决的核心问题。"他指出了教师学习的四点基本追求。[④] 一是学会教学:发展教师教学知识。教师必须理解和运用必要的教学知识,如关于教学目标、课程、教材、学生成长和学习、教学思维、教学法、管理课堂和组织活动等理论和实践的知识。应该明确指出,教师教学知识包括"教师在实践中生成的知识",即"那些只能

[①] 王凯. 教师学习:专业发展的替代性概念 [J]. 教育发展研究,2011 (2):58-61.

[②] 卢乃桂,钟亚妮. 国际视野中的教师专业发展 [J]. 比较教育研究,2006 (2):71-76.

[③] [美] 沙伦·费曼－尼姆塞尔. 教师学习:教师如何学会教学? [A]. 教师教育研究手册 (下) [C]. 余林茂,译. 上海:华东师范大学出版社,2017:710.

[④] 李志厚. 论教师学习的基本追求 [J]. 华南师范大学学报 (社会科学版),2006 (4):99-104.

从自身工作环境中获得的'从教学中获得的知识'。"① 二是学会反思：提升教师教学思维。教师可以反思的对象有很多，如自己或他人的教学理念、教学历程、学生观、学科态度、评价方式等等。教师学会如何反思最有效的基本方法之一就是教师个人或群体学会不断地向自身提出反观自己和挑战自己的问题，我的教学观是什么？这些观念来自何处？如何形成？它们又是怎样影响我的教学的？我自己是什么样的教师？我的学生怎样看待我的教学？这种看法又如何影响他们的学习？等等。教学判断、推理和决策是教学思维几种重要而复杂的能力，是教师解决教学问题的基础。教师在备课、上课、评价等几个环节都需要运用这些能力。应该着重强调"对现有理念进行批判性审视"。② 教师要学习用教育的思维理解教学，尤其重视教师学习中教育思维能力的养成。三是学会研究：改善教师教学实践。教师行动研究可以说是最能够促进教师专业发展的一种研究。行动研究是一个增进理解的过程，是为了更好地理解所发生的事情而不断交流互动的全过程；在整个过程中需要教师作为研究者参与并进行这类质的研究。让教师学习寻找研究问题，澄清研究目标，设计研究的方案，运用具体的研究方法，在真实情境中进行研究，让教师们在行动研究中学会教学研究，最后达到改进自己教学实践，提升自己教学能力的目的。教师在行动研究中一个重要的方面，就是需要伴随情感体验，形成"自我认知""形成专业身份认同"。③ 四是学会为师：增强教师人格魅力。一方面，教师要明确自己在课堂教学中的角色是教学组织者、交流者、激发者、管理者、改革者、咨询者、促进者、帮助者、教练等。同时要随着教学改革的深入，进行角色转变。学会从原来的教材解读者逐渐转向知识的引路人和课程资源的开发者，从答案的提供者转向高明的提问者，从单枪匹马的教学者转向工作和学习团队的合作者，从课堂的独控者转向伙伴

---

① [美]沙伦·费曼-尼姆塞尔. 教师学习：教师如何学会教学？[A]. 教师教育研究手册（下）[C]. 佘林茂，译. 上海：华东师范大学出版社，2017：710-711.
② [美]沙伦·费曼-尼姆塞尔. 教师学习：教师如何学会教学？[A]. 教师教育研究手册（下）[C]. 佘林茂，译. 上海：华东师范大学出版社，2017：710.
③ [美]沙伦·费曼-尼姆塞尔. 教师学习：教师如何学会教学？[A]. 教师教育研究手册（下）[C]. 佘林茂，译. 上海：华东师范大学出版社，2017：711.

式的分享者，从课本内容的灌输者转向学生发展的设计者。另一方面，教师还要学会并养成课堂成功教学的性格倾向和精神力量，如热情慷慨、合群真诚、善于交际、关心他人的个性，给人乐观、朝气、向上、合作、耐心、责任心、乐于助人的印象，追求理想、亲和可信、善解人意、推动力强的行为表现，对学生做出接纳、尊重、肯定和寄予厚望等反应，以及把积极的教学信念、态度、责任感和合作精神融为一体整合力和持久力。

三、教师学习的心理机制

根据维果斯基有关学习的理论，哈瑞提出了学习环路模型，亦称"维果茨基空间"。在这个模型中有四个象限，其中A、D象限代表学习环路中的"公共"层，即维果茨基所指的心理间层面；而B、C象限代表"私人"层，即维果茨基所指的心理内部层面。当个体试图通过与已有经验的结合来重构和理解所学任务时，它就开始由象限A过渡到象限B中（即"内化"）；当这种理解与个人情境进一步结合而走向新的理解时，它就由象限B过渡到象限C（即"转化"）；新的理解通过实践"外化"出来时，学习过程就由象限C进入了象限D，从而返回到"公共"层面。进入"公共"层面的新的实践形态，如果有效，则被他人所仿效，从而实现在某个群体（如玩伴、学伴或同事等）中的"习俗化"。通过这个"内化—转化—外化—习俗化"的过程，个体不仅吸收了集体或文化中的成分，促进了自己的成长，也最终通过自己成果的外化和习俗化，反过来促进了集体的成长，并由此进入新一轮学习之中。[①]

毛齐明根据这个模型，整理了教师学习的整体机制和具体机制。整体机制对教师学习的四个基本环节做具体诠释。第一，内化：公共知识的个体化。根据社会建构主义理论，教师学习通常始于社会交往，即教师与公共知识的接触（因而属于A象限）。公共知识不仅包括教育理论知识，也包括教育教学标准（如新课程改革中的评价标准）和其他教师的教学经验等。第二，转

[①] 毛齐明，蔡宏武. 教师学习机制的社会建构主义诠释 [J]. 华东师范大学学报（教育科学版），2012（2）：19-25.

化：新知识的情境化与成熟概念的形成。"成熟概念"是指教师将公共知识与自己的教学情境相联系，所产生新的理解，以及生成有效地指导自己实践的个人理论。第三，外化：成熟概念的实践化与实践模式的生成。成熟概念一方面要用于指导自身的实践，另一方面要在这种指导实践的过程中不断调整。这种成熟概念与自身实践的互动就是成熟概念的外化，外化的结果通常是形成较为实用的实践模型。第四，习俗化：个体知识的公共化。实践模式直接或者经过集体修订后成为群体新的行为规范，即以"习俗化"的方式重返第一空间，成为新一轮学习之旅中各教师个体进行学习的新资源。值得说明的是，教师学习的每一个环节都呈现为多重往复的状态。这是因为，内化和转化阶段中总是新旧观念的反复交锋和相互作用的过程；外化阶段总是实践模式不断地在外化中调整的过程；习俗化阶段则是个体知识与集体知识不断"互哺"的过程。

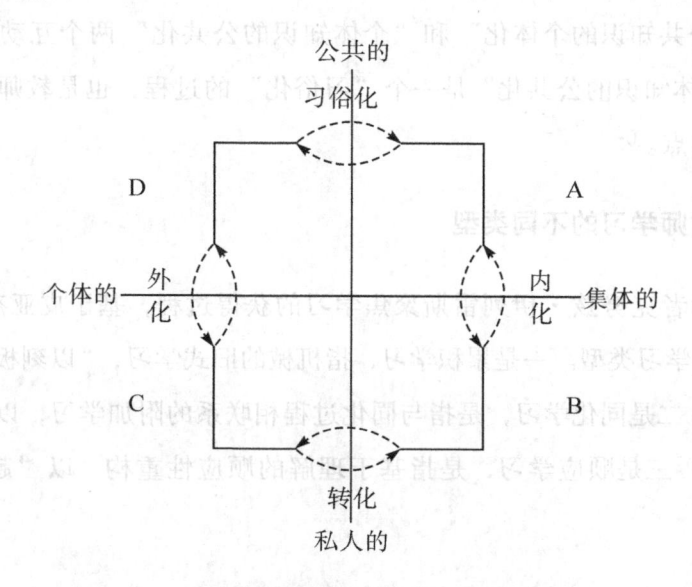

图1 罗姆·哈瑞的学习环路模型（有改动）

教师学习的具体机制对教师学习在这三个维度上的变化机制进行描述。这三个维度表示：一是观念的变化，即成熟概念的形成；二是行为的变化，即实践模式的生成；三是交往关系的变化，即个体与集体的互动。第一，"用"中学：教师成熟概念的生成机制。根据维果茨基的观点，成熟概念形成于科学概念与日常概念相互融合的时候。要促进教师成熟概念的形成，必须改变科学概念与日常概念的并行状态，必须强化教师的"用"中学，通过"双向移动"方式来促使两者相遇和融合，即日常概念由学习者的经验自下而上发展成"被反思的经验"；而科学概念通过反思自上而下地发展，并逐渐融合在日常概念和非反思性的行为中。第二，"探"中学：教师实践模式的建构机制，遵循行动研究的逻辑。一是计划模型。教师们讨论和展望来"设计目标"和"计划初步行动"。二是试行模型。根据行动方案"采取行动"，并密切地"监控行动"。三是反思模型。通过与他人一起"讨论行动"和"根据目标评估行动"，调整指导实践的理念。四是重建模型。根据新的理念"设定新目标"和"重新计划"，制定新的行为模型。五是重试模型。重新"采取行动"，尝试实行新的行为模型，并"监控行动"。第三，合作中学：教师个体与集体的互动机制。教师个体与集体的互动过程集中体现在"公共知识的个体化"和"个体知识的公共化"两个互动循环的环节中。"个体知识的公共化"是一个"习俗化"的过程，也是教师集体新一轮学习的起点。[①]

四、教师学习的不同类型

丹麦学者克努兹·伊列雷斯聚焦学习的获得过程，基于皮亚杰的理论，提出了四种学习类型。一是累积学习，指机械的旧式学习，"以刻板性为其首要特征。"[②] 二是同化学习，是指与同化过程相联系的附加学习，以建构、整合为特征。[③] 三是顺应学习，是指基于理解的顺应性重构，以"超越学习"

---

① 毛齐明，蔡宏武. 教师学习机制的社会建构主义诠释［J］. 华东师范大学学报（教育科学版），2012（2）：19–25.
② ［丹］克努兹·伊列雷斯. 我们如何学习：全视角学习理论［M］. 孙玫璐，译. 北京：教育科学出版社，2014：40–41.
③ ［丹］克努兹·伊列雷斯. 我们如何学习：全视角学习理论［M］. 孙玫璐，译. 北京：教育科学出版社，2014：42.

为特征。① 四是转换学习，基于罗杰斯学习理论，以"大量心智图式的一种连贯的重构和组合"为特征。② 伊列雷斯聚焦学习的互动过程，提出了四种学习类型。一是"作为行动的学习"，以"实践"为核心概念。二是"作为经验的学习"，以"意义"为核心概念。三是"作为归属的学习"，以"共同体"为核心概念。四是"作为成长的学习"，以"身份"为核心概念。③

赵明仁、黄显华从建构主义视野中解析教师学习，把教师学习归纳为认知建构主义教师学习、社会建构主义教师学习、批判建构主义教师学习。④ 在认知建构主义教师学习中，形成基于经验的教师认知重建的模式。教师在现有认知结构，如所持有的信念、知识和经验指导下会产生相应的教育教学活动，在活动之后教师会对活动形成一定的看法。已有的认知结构同化了新的经验，新经验丰富了原有的认知结构，教师的经验得以充实、精细化。这个模式因教师的认知结构不同而有可能产生非预期的结果。新手教师、熟手教师和专家教师会有不同的建构过程和结果。社会建构主义教师学习可以细分为两种形式：处境认知和社会互动。处境认知强调教师学习是在教师与环境互动中建构的，教师所处的环境是决定能够学到什么的重要因素，学习与环境不可分离。社会互动观点认为，教师其实处在各种不同的集体当中，集体中通过对话所产生的观念和知识是个人思考和专业对话的认知工具，这些认知工具不仅能够刺激和鼓励个人进行知识建构，而且也是影响教师能够学到什么和如何学习的决定性因素。批判建构主义教师学习是一种发自内在的精神解放历程。教师通过学习要最终成为有自己认同并符合教育本质规律的教育理念、敏锐的洞察与独立的专业判断能力的专业工作者。教师学习应该与赋权联系起来，使教师对所处情境有批判意识，从而进行自由的和有意识的

---

① [丹]克努兹·伊列雷斯. 我们如何学习：全视角学习理论[M]. 孙玫璐，译. 北京：教育科学出版社，2014：43.
② [丹]克努兹·伊列雷斯. 我们如何学习：全视角学习理论[M]. 孙玫璐，译. 北京：教育科学出版社，2014：49.
③ [丹]克努兹·伊列雷斯. 我们如何学习：全视角学习理论[M]. 孙玫璐，译. 北京：教育科学出版社，2014：119.
④ 赵明仁，黄显华. 建构主义视野中教师学习解析[J]. 教育研究，2011（2）：83-86.

行动。

综合学者对教师学习理论的介绍，从学习的互动性看教师学习类型，有观摩学习、社群学习、合作学习、交互学习、实践性学习、与协作学习并联的自我指导学习。从学习的复杂程度看教师学习类型，有阅读学习、思考学习、体验学习、具身学习、行动学习、情境学习、项目学习、反思型学习。从学习主体的参与度看教师学习类型，有接受式学习、经验性学习、理论性学习、研究性学习等。从技术支持的视角看教师学习类型，有网络学习、翻转学习、移动学习、混合式学习等。

五、教师学习的专业特征

胡庆芳概括了教师学习的专业特征：一是基于案例的情境学习。教师的有效学习不是纯概念的识记和新理论的接收，而是在生动、鲜活的案例背景下的情境学习。二是基于问题的行动学习。学习的目的直接指向教师的教学行为；学习的动机来源于教学中的问题；教学实践为学习提供生动的素材；教学实践的过程成为学习过程的主要载体。三是基于群体的合作学习。有三种类型：指导型的合作学习、表现型的合作学习、研究型的合作学习。四是基于原创的研究学习。研究是教学不可或缺的一个组成部分，教师应不再把专家的假设视为理所当然，而应积极主动地从自己的教学实践中发现问题、提出假设和验证假设。五是基于经验的反思学习。教师的工作性质决定了只有教师自身的研究和反思才能触及教学实践本身，教师从根本上不是他人观念的储蓄桶，无论这种观念多么正确与科学，都必然要经过教师反思的检验。也就是说，他们的学习是反思性的学习，而不是全纳性的填充。[①] 王丽华提出了"教师学习的内涵是多元的"。一是从学习过程看，教师学习是建构性学习。是基于个体已有的经验进行主动建构的，受个体信念的影响。二是从学习方式看，教师学习是参与式学习。主要聚焦于活动中的参与、日常工作中的参与、在实践共同体中的参与。三是从学习结果看，教师学习是理解性学

---

① 胡庆芳. 教师专业发展背景下的学习与学习文化的重建 [J]. 上海教育科研，2005（3）：19-22.

习。教师必须获得关于内容和教育学方面的新概念的理解以及获得对"为了理解的教学和学习的实践者设定的新角色"的理解。① 王凯立足于生态位理论认为，教师学习有如下特征：一是生命化。教师学习应该以教师的生命成长为旨归。教师学习是生命的自我更新，提升生命境界，丰富生命内涵。教师学习是为着学生生命成长的学习。二是自主性。表现为学习资源探测的灵敏性，教师清楚地认识到自己的学习需求，随时随地对可能性学习资源给予积极的关注；体现为学习方式的选择性，教师能够根据自身生态位的优势，选择适合自己的学习方式；显现为对学习内容的警觉性，思考质疑公共知识的被动灌输；呈现为对学习反思的及时性。三是适切性。适切性学习要求提供给学习者的各种环境和资源能引起学习者兴趣，适合学习者的需求；意味着关注教师学习目标和内容的层次性；意味着尊重教师学习方式的差异性；要求学习环境设计的灵活性。四是互动性。教师学习应该是参与社会性群体的学习，在教师集体中互相交流、取长补短，最终既发展了自己，也成就了他者。五是多样化。让教师有多样化的学习资源选择，教师能够广泛汲取有利于自身发展的方方面面的多类型资源。从资源的性质上讲，既有理论性资源，也有经验性资源；从资源的类型上讲，既有专业理论，也有通识知识，还有生活经验；从资源的载体上讲，既有书本上的知识，也有交流中的观点；从资源的运作方式上讲，既有外援式的理论讲座，也有内生性的教师研讨，还有传承经验的师徒制。②

六、教师学习的分析维度

达林·哈蒙德等人提出了一个教师学习的理论框架，这个框架重点提出了教师学习中的几个关键因素：学习愿景；教师学习共同体；对教学、学习

---

① 王丽华. 教师学习的内涵及对教师教育的启示 [J]. 浙江教育学院学报, 2007 (3): 14-18.
② 王凯. 教师学习的生态转向及其特征 [J]. 教育研究, 2011 (11): 83-87.

和学生的理解；教育实践；专业素质；辅助资源。①这六种关键因素为确立分析维度提供了启示。刘学惠、申继亮认为，教师学习研究可有三个维度。第一，教师学习的产品/结果，要回答的问题是：教师应该学习什么和实际学到了什么；侧重描述在一定条件下教师认识、行为以及身份的变化。第二，教师学习的外部条件，相应的研究问题是：教师学习所处的物理和文化环境如何、有哪些促进或阻碍的中介因素；研究者或自然探究或人为设计导致教师学习的环境要素，考察其对教师学习的影响。第三，教师学习的内在过程，该维度寻求回答教师学习涉及怎样的心智活动过程，它怎样与外部环境相互作用，这里聚焦的是教师学习的微观发生及其机制。②

刘学惠、申继亮分别小结了三个维度的研究及聚焦问题。关于教师学习的产品/结果维度。20世纪90年代以来，许多旨在促进教师知识变化的培训/专业发展项目及其研究，得出结论：一是有目的地设置和实施教师培训/专业发展项目对促进教师知识和行为改变有积极作用；二是不同主导思想和方法的教师培训/专业发展项目对教师知识/行为改变的促进作用不同；三是同一个项目对不同教师个体的促进作用不相同，受到教师已有知识和个人条件的制约；四是就个体教师而言，知识的改变和教学行为的改变不完全吻合。

关于教师学习的环境维度。聚焦实践共同体的特点和作用，基于建构主义、社会文化理论和情境认知等理论框架，格罗斯曼等人开展以读书俱乐部为形式的教师学习组织的研究，米切尔报告教师教育研究生课程如何使用互联网书面讨论促进教师学习的研究，卡朋特等人促进小学教师理解学生数学思维的培训项目，组成教师小组，每月定期开会，就学生作业中暴露出来的数学思维问题交换观点，对改进学生思维商讨对策。这些研究设置有利于教师学习的元素，这些元素包括：一是置学习于情境中，围绕教学实践问题；二是基于教师的原有知识，促进概念转变；三是倡导教师做研究，在实践探

---

① 王芳，马云鹏."教师学习"研究的发展及其对职前教师教育的启示[J]. 外国教育研究，2010（4）：5-9.
② 刘学惠，申继亮. 教师学习的分析维度与研究现状[J]. 全球教育展望，2006（8）：54-59.

究中反思；四是创设对话与合作机会，促进共享理解；五是体现研究者对教师学习的协助促进作用；六是利用网络资源促进教师学习。

关于教师学习发生机制的维度。研究者从社会文化理论的视角，运用话语/文本分析、活动分析等手段对教师学习的微观发生过程进行探究，寻找教师认识发生变化的中介因素。教师所处共同体的言语交往方式开启或关闭了教师之间探讨问题、分享资源的机会，从而影响教师认识变化的轨迹。这种研究仅限于"心理间水平"，如何从"心理间水平"向"心理内水平"的过渡涉及较少。[①]

第二节 教师学习理论

一、社会文化活动理论

社会文化活动理论起源于苏联维果茨基的研究。在社会文化活动理论中，学习不是直接传递和接受知识的过程，而是通过一定中介促进学习发生和展开的间接过程。该理论形成了两个分支，一是以维果茨基为代表的以文化（尤其是语言）为中介的"社会文化理论"，另一个是以列昂节夫为代表的以活动为中介的"活动理论"。"社会文化理论"强调参与者怎样在彼此思想的基础上共同建构新见解。这个研究流派认为："知识是在社会情境中共同建构的""意义则是通过话语交互在社会情境中建构的。"[②] "活动理论"将分析的主要焦点放在活动系统，关注活动系统的特征，按活动体系的标准对认知和学习的概念进行重新界定。这个流派认为："所有社会组织的活动都为学习的发生提供了机会。"[③] 英国学者爱德华和哈里·丹尼尔等人在"社会文化理

---

① 刘学惠，申继亮. 教师学习的分析维度与研究现状 [J]. 全球教育展望，2006（8）:54-59.

② [美] R. 基思·索耶. 协作会话分析 [A]. 剑桥学习科学手册 [C]. 任英杰，译. 北京：教育科学出版社，2010：217.

③ [美] 詹姆斯·G. 格里诺. 活动中的学习 [A]. 剑桥学习科学手册 [C]. 马祖苑，译. 北京：教育科学出版社，2010：96.

论"的基础上，提出了以"资源型学习"为特点的教师学习形式。"资源型学习"强调"资源"和"智慧"，即教师作为学习者要有资源意识，并具有解读这些资源而做出智慧型反应的能力。爱德华认为："学会成为教师，意味着发展能够解读和改造学校情境的能力和质询该情境所蕴含的意义和社会实践的能力。"芬兰学者恩斯特龙在"活动理论"基础上，提出了以"拓展型学习"为特点的教师学习形式。拓展学习理论认为，学习是不断形成和解决矛盾的过程，重视通过参与活动来清晰了解学习内在矛盾的历史变化，并提出创造性方案化解矛盾。他创立的拓展学习循环圈包含质疑、分析、提出新模式、检验及测试新模式、实践新模式、反思全过程、巩固和推广新模式七个部分，形成一个循环圈。质疑是指批判和摒弃一些现有认知与经验。分析指针对情境中的心理及实践变化寻求解释机制，包括历史性分析和实证分析。提出新模式指建构一种简明的概念模型来解释问题并提供新的解决方案。检验及测试新模式指运行、操作和检验新方案，旨在探明其动力、潜能和局限。实践新模式指应用和不断改进新方案。反思全过程是指对方案实施过程中遇到的问题和阻力进行思考与分析。巩固和推广新模式指稳固新的实践活动形式并对其进行推广。[①]"拓展性学习"，"是将一个简单的观念拓展成为一个复杂的活动目标或者形成一种新的实践形式"。拓展要经历一个循环，该循环从个体对于业已存在的实践进行质疑开始，逐渐发展成为集体行为或制度。拓展性学习强调存在于个体和社会情境之间的动态关系，尤其强调改变实践和重构活动的能力。[②]

二、全视角的教师学习理论

丹麦学者克努兹·伊列雷斯以广义的视角，把学习界定为："发生于生命有机体中的任何导向持久性能力改变的过程，而且，这些过程的发生并不是

[①] 李霞，徐锦芬. 国内外教师学习研究：模型、主题与方法 [J]. 外语界，2020 (5)：80 – 87.

[②] 毛齐明. 国外"教师学习"研究领域的兴起与发展 [J]. 全球教育展望，2010 (1)：63 – 67.

单纯由于生理性成熟或衰老机制的原因。"① 他认为，学习是非常复杂和具有多面性的；学习既是一种内部的获得过程，也是一种互动性过程。伊列雷斯指出："所有学习都包含这三个维度，如果要做到充分理解和分析一个学习情境，这三个维度必须始终顾及。"这三个维度是内容、动机和互动。② 伊列雷斯认为，必须在一个更广的范围内理解学习内容。学习内容可以具有诸如知识、技能、意见、理解、洞见、意义、态度、资质或能力等的特征。一些重要的个性素质，诸如独立、自信、责任心、合作能力以及灵活性等，也在很大程度上能够通过学习加以发展和强化。③ 甚至于自我也作为学习内容，"包含着一个人持续不断地处理关于自我的认识，即一个人对自我的理解，以及一个人所面对的影响对其自我具有怎样的意义。"④ 从这个维度看，对教师学习的意义，不仅在于知识和技能，而在于教师主体性特征，更在于教师的自我认同。这样宽泛的学习远远超出了"教师专业发展"的概念。教师的自我反思性成为学习方式，极大地促进了教师的专业发展。

伊列雷斯对学习的动机维度的理解是"学习所必需的动力能量"。情感、动机、意志"也会成为我们学习的一部分，影响着学习发生的质量"。⑤ 他批判了发展心理学理论"把相当部分最具教育性的过程排斥于它们的视野之外"，超越这种区分，必须"将自己的关注点涵盖到作为整体的人，既包括理性的，也包括主体性的内容，以及动机和情绪的方面。"⑥ 伊列雷斯提到了挑战对于学习的促进作用。困境、矛盾、混乱等情境，更需要情绪和意志来稳

---

① ［丹］克努兹·伊列雷斯. 我们如何学习：全视角学习理论［M］. 孙玫璐，译. 北京：教育科学出版社，2014：3.
② ［丹］克努兹·伊列雷斯. 我们如何学习：全视角学习理论［M］. 孙玫璐，译. 北京：教育科学出版社，2014：26.
③ ［丹］克努兹·伊列雷斯. 我们如何学习：全视角学习理论［M］. 孙玫璐，译. 北京：教育科学出版社，2014：53.
④ ［丹］克努兹·伊列雷斯. 我们如何学习：全视角学习理论［M］. 孙玫璐，译. 北京：教育科学出版社，2014：72.
⑤ ［丹］克努兹·伊列雷斯. 我们如何学习：全视角学习理论［M］. 孙玫璐，译. 北京：教育科学出版社，2014：79.
⑥ ［丹］克努兹·伊列雷斯. 我们如何学习：全视角学习理论［M］. 孙玫璐，译. 北京：教育科学出版社，2014：80.

定动机。"对于那些在起步阶段最为薄弱的人们",如新手教师,"与学习有关的挑战要与学习者的兴趣和资质相一致",挑战太小,"以至于不能对学习产生任何重要意义;也不能太大,以至于它们被人感到是不可忍受的,并因此而导向逃避策略。"① 同时,新手教师通过在挑战适度的情境中学习,也会促使他们情绪调节和意志品质的成长,"使得他们更具包容性、有鉴别力、开放、情绪上能够应对变化以及能够进行反思。"②

伊列雷斯指出,学习的互动维度包含活动、对话和合作。③ 他对互动维度的理解是学习者与环境之间的互动。环境就是学习的情境,这种情境具有双重含义,即直接的、周边的情境和潜在的社会条件。前者指人际交往情境,后者指社会情境。互动的形式包括:感知、传递、经验、模仿、活动和参与。伊列雷斯认为:"学习情境不仅影响学习,而且也是学习的一部分。"④ 具体情境不仅影响了学习的发生,而且这个情境能够激活已有的学习结果。在实践共同体中,学习者"投入更多的活动和责任",积极参与和共同决定、与问题有关的主体性卷入、批判性反思等,将会使学习更有成效。⑤ 在教师的专业学习中,形成实践共同体,就需要具备共同的主题、积极参与讨论、共享经验和智慧、开展批判性反思,既有"作为经验的学习",也有"作为行动的学习",还有"作为归属的学习",教师会获得更多、更深刻的体验,产生日益强烈的专业认同和身份认同,也就实现了"作为成长的学习"。

---

① [丹] 克努兹·伊列雷斯. 我们如何学习:全视角学习理论 [M]. 孙玫璐,译. 北京:教育科学出版社,2014:99-101.
② [丹] 克努兹·伊列雷斯. 我们如何学习:全视角学习理论 [M]. 孙玫璐,译. 北京:教育科学出版社,2014:49.
③ [丹] 克努兹·伊列雷斯. 我们如何学习:全视角学习理论 [M]. 孙玫璐,译. 北京:教育科学出版社,2014:30.
④ [丹] 克努兹·伊列雷斯. 我们如何学习:全视角学习理论 [M]. 孙玫璐,译. 北京:教育科学出版社,2014:102.
⑤ [丹] 克努兹·伊列雷斯. 我们如何学习:全视角学习理论 [M]. 孙玫璐,译. 北京:教育科学出版社,2014:131.

三、连续互动学习理论

费曼-尼姆塞尔关于"学会教学"的理论，构建了一个教师学习的主题框架，① 即教师学习是思维、认知、感受、行动的连续统一体，教师"学会教学"有四个维度。第一，思维的维度。包含了三层含义：一是审视前认知。新手教师的前认知作为原初经验，是拓展、充实经验意义的发源地。前认知也可能引发误导、保守、懒惰、迟钝，进而限制新手教师的思想和行为。"审视前认知是概念转变的前提。"② 二是转换为教育思维。"师范生要从常识、日常经验向教育思维的方向转变。"③ 教师转化为教育思维的着眼点是：目的—手段思维、关注学生学习、决策制定。"④ 目的—手段思维是生成式思维。关注学生的学习，要求教师从学生的角度思考问题。教师的决策分为计划决策和互动决策。"计划决策是教师在教学行为之前所做的决策；互动决策被定义为教师在教学行为过程中所做的决策。"⑤ 三是发展反思意识。反思是教师专业的内在品性。教师既要学习反思的方法也要时刻具备反思的态度——虚心、专心、责任心。第二，知识的维度。费曼-尼姆塞尔认为："好的教学需要教师在知识上要有一定的广度，包括教师在实践中生成的知识。"⑥ 费曼-尼姆塞尔围绕"教师所需的专业知识领域""执行核心任务的知识需求""专

---

① [美]沙伦·费曼-尼姆塞尔. 教师学习：教师如何学会教学？[A]. 教师教育研究手册（下）[C]. 佘林茂，译. 上海：华东师范大学出版社，2017：710.
② 毛菊. 当代西方教师学习理论研究[M]. 北京：北京师范大学出版社，2019：60-61.
③ 毛菊. 当代西方教师学习理论研究[M]. 北京：北京师范大学出版社，2019：62-66.
④ 毛菊. 当代西方教师学习理论研究[M]. 北京：北京师范大学出版社，2019：63.
⑤ 毛菊. 当代西方教师学习理论研究[M]. 北京：北京师范大学出版社，2019：65.
⑥ [美]沙伦·费曼-尼姆塞尔. 教师学习：教师如何学会教学？[A]. 教师教育研究手册（下）[C]. 佘林茂，译. 上海：华东师范大学出版社，2017：710.

业标准的知识要求"三方面展现了对初任教师所需知识的分析。① 她从"教师的教育思维""教师的探究""教师对教育情境的理解"突出教师应学习的知识内容。② 第三，感觉的维度。教师学习的感觉维度有三个基本要素：情感、身份和理智。教师的情感状态是积极的还是消极的会影响教师学习的动力、教学的理念和行为，以及对教学持有的期望。这一维度的"核心是教师专业身份的形成"。③ 师徒关系对初任教师的情感发展是形成专业身份的重要因素。第四，行为的维度。这一维度意味着发展教师的"适应性专长"。"教师需要一系列技能、策略和惯常活动储备，以及何时做何事的能力。"④ 适应性专长的表现特征，一是对教学和学习的深度理解，即解决问题的过程是知其所以然；二是面对新情境以新的视角重新深思问题，形成新的解决方案；三是面对学习，具备有意义学习的能力，注重自身元认知能力的培养。⑤

教师连续互动的学习观有三层含义。一是教师学习的连续性，⑥ 主要是指经验的连续性。教师学习不能被看成从事纯粹理智活动的过程，应该被看成如何在已有经验的基础上获取有意义经验的过程。二是教师学习的互动性，⑦ 主要是指教师在学习过程中基于自身经验与外部的联系交互作用的过程。"互动的关系"是教师学习中教师与学生、学科形成了三角关系的互动，形成了教师学习的特定情境，给教师提供了认识、理解专业身份的丰富学习环境和

---

① 毛菊. 当代西方教师学习理论研究 [M]. 北京：北京师范大学出版社，2019：67.
② 毛菊. 当代西方教师学习理论研究 [M]. 北京：北京师范大学出版社，2019：68.
③ 毛菊. 当代西方教师学习理论研究 [M]. 北京：北京师范大学出版社，2019：69.
④ [美]沙伦·费曼-尼姆塞尔. 教师学习：教师如何学会教学？[A]. 教师教育研究手册（下）[C]. 佘林茂，译. 上海：华东师范大学出版社，2017：712.
⑤ 毛菊. 当代西方教师学习理论研究 [M]. 北京：北京师范大学出版社，2019：71.
⑥ 毛菊. 当代西方教师学习理论研究 [M]. 北京：北京师范大学出版社，2019：71.
⑦ 毛菊. 当代西方教师学习理论研究 [M]. 北京：北京师范大学出版社，2019：74.

学习机会。合作教师、专业项目、学校精神特质和学术规则等也构成教师生活的特定场域，在教师学习的互动中形成了不同的关系和情境。三是教师学习的统一性，特指从师范生培养到实习教师学习教学的时段。体现在如下三个方面：第一是教与学的统一体，指教师如何学习与教师如何被教之间的相互作用、关联的关系。第二是概念的连贯性，是指职前学习和在职学习的概念连贯统一。项目设计的连贯性通过连贯的教师教育课程内容，为学习教学提供一体化经验。第三是"教师教育项目设计考虑田野经验"。一方面是重视教师将所学知识运用到教育实践中，增强教师对实践问题的敏锐感。另一方面通过设计各种田野任务，使教师从行动中学习，在行动中反思。[①]

四、专业学习共同体理论

雪莉·霍德对专业学习共同体进行了系列研究，提出了教师专业学习共同体的概念："当所有人合作开展共享性学习，并践行他们所学的内容，目的是提高自己作为专业人员的有效性和促进学生学习的时候，这些人所组成的就是（教师）专业学习共同体。"斯托尔认为，有效专业学习共同体的核心要素包括共享的目标、合作活动、关注学生学习、分享实践和反思对话五个维度。孙元涛根据霍德的论述概括了教师专业学习共同体的五个核心特征。[②] 一是教师专业学习共同体具有支持性和共享型的领导。二是教师专业学习共同体需要具有团队创造力。教师之间的合作探究，有助于克服由学科差异和年级水平差异而造成的隔阂；促进相互理解和彼此的欣赏；为校长和教师之间创造紧密联系从而促成独特的团队，并最终成为学习共同体。三是教师专业学习共同体需要有共享的价值与愿景。教师不仅应当参与共享愿景的开发，更应以愿景为路标来决定自己的教与学。四是教师专业学习共同体需要支持性条件。包括物理条件和人的品质和能力。前者主要包括一些环境变量，如

---

① 毛菊. 当代西方教师学习理论研究 [M]. 北京：北京师范大学出版社，2019：75-76.

② 孙元涛. 教师专业学习共同体：理念、原则与策略 [J]. 教育发展研究，2011（22）：52-57.

聚会与讨论的时间、学校规模、教师之间的物理距离、交往结构、学校自治与教师赋权等；后者则主要包括接受反馈与改进的意愿、尊重与信任、有效教学所需的认知与技能基础等。五是教师专业学习共同体强调共享的个人实践。

孙元涛结合其他学者的相关研究，概括了教师专业学习共同体的实践原则。一是共享但不追求同质化。阿钦斯坦指出："将共同体中的合作当成是缺乏异议或不同声音的'全体一致'"是不可取的。教师专业学习共同体强调共识与分享，这是其作为"共同体"存在的基础。教师的专业学习，之所以需要共同体的支撑，其核心的旨趣，却在于通过不同视角的碰撞，克服一己之局限性，促进知识在外部世界与内部认知结构之间、主体之间的多重转化，从而实现思维的拓展、理解的深化、知识的增值。从这个意义上说，教师专业学习共同体的建立与实践，是一个来自不同学科、不同情境的教师实现思维碰撞、智慧交锋和知识互补的过程；也是一个把差异变成合作发展之资源的过程。二是组织文化重构而非实体的扩张。教师专业学习共同体，是一种组织文化的重构，而不是在原有组织机构之外附设一种新的实体性机构。三是多重目的聚合而非离散。教师学习、学校深度变革和学生学业成就提升等多重目的之间实现有效聚合。[①]

王晓芳综述了教师专业学习共同体中的教师学习。第一，教师学习共同体的三个核心要素：一是"专业"，强调作为共同体中主体的"专业属性"、主体活动赖以展开的专业知识基础。二是"学习"，强调共同体中的学习是一种集体学习，是教师们"通过共同工作来形成对概念和实践的共同理解"。三是"共同体"，强调对共同体的承诺、理念、意向、价值观、情感、信念等是实现教师之间彼此的联结的核心要素，"强调教师共同理念与共同身份的形成和识别"。第二，共同体中教师的学习过程：经验、参与和身份获得。一是共同体中的教师学习是一种经验式的学习，是获得"实践中的知识"的过程。二是共同体中的教师学习是一种参与式学习过程。参与涵盖合作与冲突在内

[①] 孙元涛. 教师专业学习共同体：理念、原则与策略 [J]. 教育发展研究, 2011 (22):52-57.

的所有社会关系，构成了教师丰富经验的来源，同时又是意义协商的组成部分。三是教师学习过程与结果最终体现为某一种特殊身份的识别和获得。第三，作为学习情境的教师共同体的局限性。一是共同体往往过于追求和谐的同事关系，用私人关系取代专业关系，甚至回避、掩藏彼此的异议和矛盾，从而限制了教师学习的机会和思考的范围，不利于新理念、新做法在共同体中产生和传播。二是教师对自身经验、实践情境和共同体的强调，也让教师难以学习新的知识和做法，难以以新的思维方式来建构对问题和情境的理解，甚至会扼杀潜在的教育创新。[①]

五、成人学习理论

成人学习理论经历了三个阶段的发展。20 世纪 20—50 年代，成人学习理论的早期研究主要试图回答成年人是否有学习能力的问题。20 世纪 50 年代之后，成人教育家强调将成人学习、成人教育的本质同儿童学习、学校教育的本质相区分，试图创造成人学习理论领域所特有的知识。从 20 世纪 80 年代起，成人学习理论研究开始呈现出多学科化的趋势，涌现了许多关于成人学习的新理论，如嬗变学习理论、余力理论、熟练理论、知觉转换理论等。[②] 诺尔斯提出了成人学习的五大特质：独立的自我概念、关注个体经验、现实需求、问题解决和内部驱动。五大特质构成了解读教师学习的框架。界定教师学习的取向，即独立的自我概念、丰富的个体经验；定位教师学习目标，即实现自我概念和个体经验的积极持续的变化；激发教师学习动机，理解教师学习动机的生成机制，即基于问题和现实需求的内部驱动；教师有效学习的途径，用自我指导学习理论帮助我们探讨教师学习的途径，即与协作学习并联的自我指导学习。

嬗变学习理论分析了成年人是如何通过一系列的学习、反思和实践过程，

---

① 王晓芳. 从共同体到伙伴关系：教师学习情境和方式的扩展与变革 [J]. 华东师范大学学报（教育科学版），2015（3）：43－52.
② 裴淼，李肖燕：成人学习理论视角下的"教师学习"解读：回归教师的成人身份 [J]. 教师教育研究，2014（6）：16－21.

实现自身角色的重大转变。这个转变不是一般的知识积累和技能增加，而是一个学习者思想意识、角色、气质等多方面的显著变化。教师通过学习实现嬗变需要经过四个阶段：一是遇到一种令人迷惑的困境，或是棘手的难题，或是角色冲突；二是批判性反思，通过重新审视自己的观念和判断标准，寻求新的方法和思路从困境中解脱；三是参与反思性对话，与处于同样困境中的人交流新认识，以获得共鸣；四是按照新观点进行行动。

余力理论、熟练理论和知觉转换理论解释了教师基于问题和现实需要的学习动机是如何产生的。一是生活余力是影响个体参加学习的动机水平与强度的决定性因素。二是熟练是个体抓住时机实现自我满足的能力。三是成人认识到自身与环境之间存在着严重的不和谐因素，在这种危机意识作用下，成人总是努力寻找摆脱危机的途径，完成"知觉转换"。教师学习的动力在于提高自身的能力，以应对他们所面临的教学实际问题、生活负担、危机感以及自身对于更高目标的要求等。①

美国成人教育家杰克·梅齐洛提出了成人深度学习的理论，即由具体观点和思维习惯构成的意义结构改变，促使观念及认知体系转变。梅齐洛认为："转化学习指的是这样一种过程，通过改变我们认为理所当然的参照框架（意义视角、智力习惯、心智背景），使得他们更具包容性、有鉴别力、开放、情绪上能够应对变化以及能够进行反思，从而他们可以产生信念和想法，这些信念和想法将被证明可以更为真实或公正地引导行动。"② 梅齐洛在不断修正及扩充转化学习理论的过程中，形成了较为完善的转化学习模型，由四阶段、十步骤组成。第一阶段，面对困境。学习者面对迷惘或困惑的触发事件，让学习者意识到原有经验和观念难以阐释与应对新情况，现有认知受到挑战与冲击，从而产生恐惧、愤怒、内疚、羞愧等负面情感。第二阶段，批判性反思。负面情感促使学习者审视自身学习，继而对学习内容、过程及前提预设

---

① 裴淼，李肖燕：成人学习理论视角下的"教师学习"解读：回归教师的成人身份 [J]. 教师教育研究，2014（6）：16-21.
② [丹] 克努兹·伊列雷斯. 我们如何学习：全视角学习理论 [M]. 孙玫璐，译. 北京：教育科学出版社，2014：49.

进行批判性反思，发现问题，提出假设并给予评价。批判性反思阶段是转化学习的核心环节，有助于学习者走出困境，走向自我解放。第三阶段，反思性交流。学习者与他人积极对话，在相互交流与分享中跳出固有思维，探索新的角色、关系和行动，建立新的思维方式与观念。第四阶段，行动。学习者对行动进行规划，获取相应知识及技能，尝试新角色、新关系及新行动，在新的认知体系中建立自信，提升能力，并将新理念运用于实践。转化学习模型体现了成人学习的经验性、批判性及对话性特征，对教师学习具有启示意义。①

第三节　教师学习实践方式

教师如何学习？这是一个比较大的问题。既涉及教师个人如何学习，也涉及教师群体如何互动学习，还涉及教师群体如何在情境中学习。而学习情境本身就包含着多个层面。群体学习和学习情境的整合构成了教师学习的多样性实践方式。教师学习实践方式特指教师学习的动力来源、组织方式和运作模型的统合。

一、教师学习的政策路向

张晓蕾、黄丽锷考察了西方国家关于教师学习的政策路向。从专业发展政策角度，西方学者将教师学习归为基于标准的学习、基于个人专业发展的学习与基于学校的学习。第一，基于标准的教师学习路向，认为存在一套普适的教学知识基础，其有责任通过研究将"公认为好的知识与技能"打包提供给教师。政府出台的教师专业标准一方面从外部强化其重要性，使教师学习活动将焦点集中到学科知识、教学内容知识、教学法和教育理论上，另一方面通过一系列政策机制，如准入执照、职前—职后教师教育课程、聘任及工作奖惩等颁布，保障了这套知识基础的权威性。这一路向的理论基础是行

---

① 李霞，徐锦芬. 国内外教师学习研究：模型、主题与方法[J]. 外语界，2020（5）：80-87.

为主义学习理论和认知学习理论。第二，基于个人专业发展的教师学习路向，将焦点集中于其个人学习与改变，将之贯穿职前教育到职业生涯发展各阶段，将学习设置于不同组织机构，其方式大致有专家—新手"二元"学习情境，专业发展项目采用导师制，小组研习和反思小组等。导师制重在传授教学实践知识、技术和经验；小组活动强调为教师在课堂或学校工作场所外反思实践创设空间。这一路向的理论基础是建构主义学习理论。第三，基于学校的教师学习路向，关注点集中于学校和社群实践中的教师学习，呈现教师逐渐建构对学校、课堂及社群实践本土理解的过程。这一路向的理论基础是批判建构主义、情境学习理论和社会学习理论。[①] 这三种路向都有其发生和发展的历史必然性，但也都存在着局限性。如基于标准的教师学习，忽略了对教学实践的关注，教师的学习处于被动状态；基于个人专业发展的教师学习，虽然重视教师的实践反思，却忽略了教学情境的动态变化特点，缺失了教师的合作互动和对话反馈；基于学校的教师学习存在教师合作的具体组织问题，如何避免教师之间无效合作、分享不足和低效学习等弊端。

二、促进教师专业学习的原则

新西兰学者蒂姆勃雷在总结国际社会有益于提高学生学业成就水平的教师专业学习与发展的实践经验的基础上，提出了促进教师专业学习与发展的十条原则。一是聚焦有价值的学生学习成就，即教师的专业探究和知识建构的过程要从关注学生学习需求开始。判断教师专业学习成功与否，不仅取决于教师对于新的教学策略的掌握程度，更取决于上述学习对于教师教学实践及其对于提高学生学习成就的影响程度。二是学习有价值的内容，是指被证明能有效提高学生成就的知识与技能。具有情景针对性的专业学习，不仅能够体现有效教学原则，而且也能系统地帮助教师针对本地实际，应用这些原则改善教学实践。作为教师应有能力回答："我们作为教师需要具备什么样的知识和技能，才能确保学生缩短其现有知识水平和我们所期待的学习成就之

---

① 张晓蕾，黄丽锷. 课程改革背景下西方不同路向教师学习研究述评[J]. 教师教育研究，2013（1）：91-96.

间的差距。"三是知识和技能的整合。要为提高学生成就水平打下良好基础，教师就必须将他们对于课程的知识与怎样开展有效教学以及怎样评估学生学习程度之间进行有机地整合。凡是有效的专业发展项目，都能够有效地整合课程理论、有效教学策略、评估方法等内容，以利教师在实践中应用。四是对于教学专业研究的评估。教师必须学会评价学生的学习需要和自己专业学习的需要，这是最基本的要求。教师应当判明："学生已经掌握了哪些知识以及他们还有哪些学习潜力"；"如何引导学生更为深刻地，而非表面性地建构知识"。教师还需要学会自我管理或自主调节技能，以便对自己的教学实践进行监控和反思。五是提供学习与应用信息的多重机会。教师需要拥有各种机会来吸纳新的信息并将其付诸实践。这些学习机会应当包括为帮助教师获得特定知识与技能而设计的多种多样的活动。这就需要创设充满信任和挑战的氛围，需要教师深度参与而不仅仅是志愿参与。六是注重过程的学习方法。关键在于学习所提供的新思想与现行实践之间具有一致性的方法。应将教师现有认识纳入专业学习的内容。强调兼顾教师现有的认识就意味着应围绕教师认识与新理念的异同以及新的知识与方法对学生的学习可能具有的影响等问题进行讨论。七是提供与同伴交流的机会。教师之间为了提高学生成就水平而结成的同伴合作关系，有助于促使教师把新学的知识与自身教学实践相结合，也有利于改进教学。需要针对同事互动学习对于教师实践和学生学习所产生的有效性进行评估分析。八是利用专业人员知识资源。在开展专业学习过程中，邀请专业人员参与教师群体是非常必要的。应能知晓相关课程内容和有益于学生的教学实践；能够帮助教师充分理解新知识和技能的意义，并能在自身教学实践中付诸实践；帮助教师将所学理论和实践加以有机结合；培养教师应用研究和评价的方法反思教学。九是实施积极主动的领导。领导者的职责是：提出新的发展愿景目标；引导学习进程；组织学习机会。十是保持持续性发展。教师专业学习能否持续既有赖于他们对于专业学习活动的实际体验，同时也依赖于来自外部的支持退出之后，学校能否提供所需要的组织保障条件。要做到具有持续性的教师专业学习，还有赖于学校是否具有支持教师专业学习和自主探究的机制。教师自主调节能力的大小成为保障持续性改进的重要因素。具备这种自我调节能力的教师应能回答如下三个至关重要的问题："我的目标是什么";"我做得怎样";"下一步做什么"。[1]

三、教师专业学习共同体的基模

陈晓端、龙宝新借助圣吉的"基模"概念,构建了教师专业学习共同体的基模,即教师专业学习共同体形成的基本结构形态,包含了教师发展的动力、主体、方式、机制、内容等。一是教师专业学习共同体的内核是专业学习。二是教师发展的动力具有二重性,是原创性动力和感应性动力的交合,它们构成了教师专业共同体的双引擎。三是教师发展是双主体——个体与群体互利共益、互依共生的过程。四是教师专业发展的机制是差异互动。学习共同体成员间的专业差异、认知差异、经验差异、体验差异构成了教师专业学习共同体发展的资源和原料。教师间异质差异的存在为共同体提供了一种交流对话的需要与相互的吸引力。五是教师发展是通过学习型课程进行的。学习型课程具有三个明显特点:实践性、情境性与社群性。学习型课程正是以"潜在课程"的形式存在于教师共同体内部的。从中发掘学习资源,析出教育智慧,理出行动策略。六是教师专业发展的标志是一系列实践性理论的诞生。实践性理论是与教师的教育行动直接统一的理论,是融入教师的教育价值、教育信仰、教育惯习的理论。[2] 教师专业学习共同体的基模,使我们能够清楚地理解教师专业学习共同体是如何有效运作的。

帕克·帕尔默在《教学勇气》一书中论述了教师工作坊中"同事之间的切磋和琢磨"。[3] 在教师工作坊中"关键时刻",有助于教师互相帮助彼此成长的"必为之事",就是"既要公开而诚实地交流自己的成功经验,更要公开

---

[1] [新]海伦·蒂姆勃雷. 促进教师专业学习与发展的十条原则 [J]. 教育研究,2009(8):55-62.

[2] 陈晓端,龙宝新. 教师专业学习共同体的实践基模及其本土化培育 [J]. 课程·教材·教法,2012(1):106-114.

[3] [美]帕克·帕尔默. 教学勇气:漫步教师心灵 [M]. 方彤,译. 上海:华东师范大学出版社,2020:224.

而诚实地交流自己的失败经验。"① 他说:"当我们倾听彼此的故事时,我们时常会默默反思自己作为教师的自我认同和自我完善。"② 这就是教师专业学习共同体可以避免"正确的废话""鸡同鸭讲"等弊端的关键环节,也是促使教师充分实现"自我认同和自我完善"的必要举措。

四、教师学习策略结构

张敏在文献研究和实证调查的基础上,通过探索性因素分析,提出教师学习策略结构。教师学习策略一阶七因素模型的建构,明确揭示了教师学习策略的七项内涵,为人们理解和进行教师学习策略的研究提供了框架。二阶三因素模型进一步揭示了学习策略七因素之间存在的结构关系,表现出教师学习行为的实际特征和偏好性。专业对话、观摩学习、拜师学艺属于交互学习,是教师之间的相互学习、资源共享的学习策略。反思实践、阅读规划、记录研思属于探究学习,它们是教师个人进行理论学习和实践探索活动的学习策略。批判性思维是一个独立的维度,代表了教师元认知学习的状态。③

张敏认为,教师学习策略结构模型对评估教师的有效学习策略和预测教师专业发展水平有实际应用价值。专业对话、观摩学习、拜师学艺等交互学习策略的使用能够帮助教师与同事们进行积极的沟通、切磋研讨,对关键问题进行相互理解和启发,对教师的工作适应和工作满意感应该有积极的影响。反思实践、阅读规划、记录研思等探究学习策略的使用能够帮助教师增强理论修养、不断改善自己现行的实践行为,对他们的工作适应和工作满意感也应该有积极的影响。批判性思维策略的使用要求教师不断用批判的眼光重新看待自己的工作表现,以求获得进一步的发展。

---

① [美] 帕克·帕尔默. 教学勇气:漫步教师心灵 [M]. 方彤,译. 上海:华东师范大学出版社,2020:231.
② [美] 帕克·帕尔默. 教学勇气:漫步教师心灵 [M]. 方彤,译. 上海:华东师范大学出版社,2020:233.
③ 张敏. 教师学习策略结构研究 [J]. 教育研究,2008 (6):84-90.

五、教师学习三层级模型

荷兰学者科萨根等人把人类学情景学习理论和格式塔心理学结合起来，提出了教师学习的三层级模型。在即时性教学情境中，教师的认知、情感、动机相互影响，形成了对某一特定情境的理解和相应的经验。当教师把这些经验组织成连贯的整体时，便形成了"格式塔"。这是教师学习的第一层次。当教师开始有意识地反思自己的行为时，学习便进入了第二层次：图式化，即从格式塔形成抽象的图式或概念。当教师积累了丰富的图式后，进一步对图式进行反思，建立起图式之间的逻辑关系，学习便进入了第三层次：理论建构，即产生一种"实践智慧"。教师在新的情境下运用这些图式和理论，指导其行为，就会促使图式和理论产生新的"格式塔"。这个过程称为"层次还原"。而层次还原促使教师对实践的理解越来越深入。科萨根指出，教师教育的根本问题就是：如何组织适合的、现实的经验来帮助师范生形成格式塔？如何帮助师范生对格式塔进行反思从而形成图式？再进一步反思形成理论？科萨根的"三层次"学习理论，一方面揭示了教师学习过程中"经验""反思""实践智慧"的重要性，为在职教师学习与专业发展提供了借鉴；另一方面，对师范生的培养也具有启发意义。[①]

六、教师深度学习模型

张诗雅建构了致力于教师实践智慧生成的深度学习模型。[②]模型以身份逻辑、行动逻辑和价值逻辑为三大支柱，在相应地学习空间，构建相应的身份，采取适当的行动，厘清相应的价值。首先，模型勾勒出了"建构者—统整者—行动者—研究者—领导者"的身份逻辑。在不同维度的学习空间中，教师表现出相应的身份，扮演不同的角色；其次，依据不同身份所遵循的任务与

---

① 周钧，罗剑平. 西方"教师学习"研究述评 [J]. 比较教育研究，2014（4）：70－76.

② 张诗雅. 教师深度学习：价值、内涵与模型建构 [J]. 现代基础教育研究，2020（9）：35－41.

目标，教师在自身学习的教育情境中呈现出了"批判创造—整体联通—实践迁移—信念重构—智慧创生"的行动逻辑；再次，依据教师深度学习中各种学习行动所赋予的价值，可厘清"高阶认知—群体智慧—行动价值—知识创造—思想形成"的价值体系。

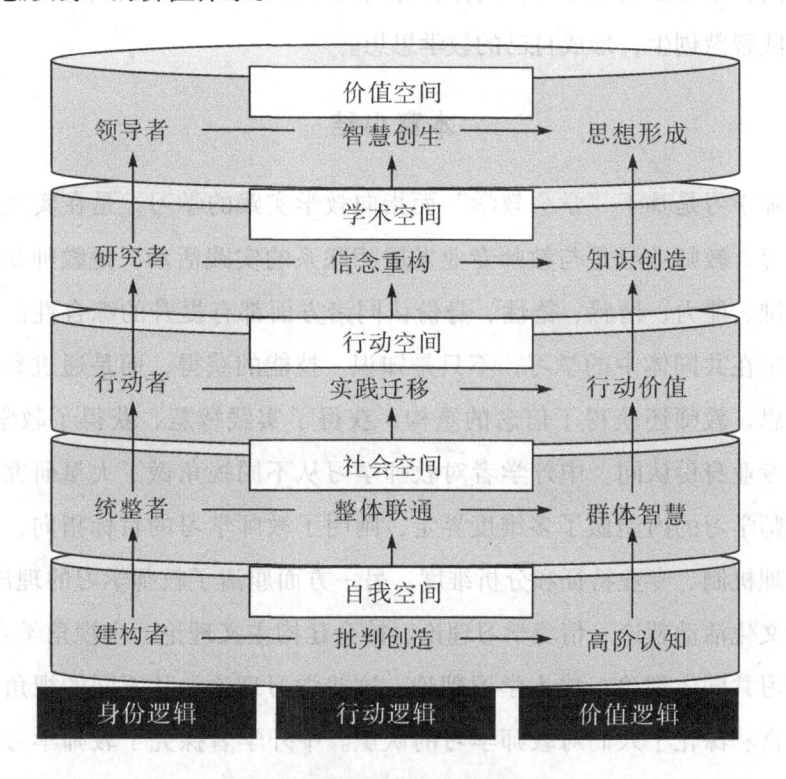

图 2　教师深度学习的模型结构

深度学习模型将教师的学习空间映射为一个融通联动五维学习空间的连续统：一是在深度学习的自我空间，教师成为建构者，学习方式从低阶形态转变为依据高阶思维对知识进行批判与创造，最终达到高阶认知的过程。二是在深度学习的社会空间，教师成为统整者，一方面是教师借助自己在教育实践中体悟的教育意识、捕捉的教育现象、获得的能力素养、提取的经验智慧、感悟的情感态度和最终形成的价值观，将之进行相互链接与融会贯通。另一方面，教师将个体间、教师团队间学习的过程与结果统整在一起，将群体的思维、情感、态度与价值观等整体联通起来，促进全体教师的深度学习。三是在深度学习的行动空间，教师成为行动者，将自身的教育情境知识通过行动和反思的循环交互协作加以显现，在实践迁移过程中提供跨越理论和实践的桥梁，践行自己的实践智慧，体现出行动价值。四是在深度学习的学术空间，教师成为研究者，进行信念重构和知识创造。五是在教师深度学习的价值空间，教师成为领导者，具体教育情境中选择出最好的教育方案与行动，进行实践智慧创生，形成自己的教学思想。

本章小结

教师学习是基于"学会教学"而指向教学实践的学习，是在实践共同体中的学习。教师学习是与教师专业发展相联系的实践活动，是教师知识、信念、思维、能力、情感、德性、身份认同诸方面都有提升的综合性活动。特别是教师在共同体中的学习，不只是知识、技能的获得，而是通过参与、互动、反思，教师还获得了信念的重构，获得了实践智慧，获得了教学专长，获得了专业身份认同。中外学者对教师学习从不同视角做了大量研究。一方面对教师学习的内涵做了多维度界定，阐明了教师学习的目标指向、价值追求、心理机制、专业特征和分析维度。另一方面厘清了教师学习的理论基础，如社会文化活动理论、情境学习理论、社会建构主义理论、全视角学习理论、专业学习共同体理论、成人学习理论。这些学习理论，从不同的视角考察学习，丰富和深化了人们对教师学习的认识。中外学者探究了教师学习的多样实践方式，分析了教师学习的政策路向、学习途径、促进原则、学习模型、策略结构和组织方式。教师学习研究的成果，会对基层教师有很大的启示意义。一是明确教师学习的目的指向"学会教学"，指向对学生学习的有效指导，指向提升"教育影响"的效能。二是教师学习的多维分析，促使教师全面理解学习的多重功能，了解教师学习与教师素质的密切逻辑联系，从学习的被动性和单一性中走出来。三是学习的机制分析，让教师对学习机会的多样性有所了解，及时把握思维互动、经验分享和深度体验的机会。

教师学习是一个复杂的实践过程。在往昔的教师专业发展活动中，也存在着教师的"学习活动"。但这种"学习活动"往往背离了教师学习的基本精神和基本规律，要么是对学习的理解过于狭窄，偏向于被动接受和文字材料，缺失了主动性；要么是轻视了学习的互动维度，偏向于"单打独斗"和被动参与，缺失了思维交锋，缺失了情感体验；要么是对学习的心理机制理解不足，忽视了反思对话的作用，丢失了许多可以分享经验、观点和智慧的学习机会；要么是对学习共同体的功能了解不足，教师的学习收获非常有限，以至于缺失了教师的自我认识和专业身份认同。从这种情况看，教师学习确实是教师专业发展理念的深化，是教师素质养成机制的全面整合，是教师生命发展的本质体现。

第十二章

结　论

从教师研究对"教育影响"效能问题的梳理中，从各子范畴间逻辑关系的梳理中，从各子范畴命题之间的逻辑关系梳理中得出结论："教师应该知道什么、能够做什么、教师应该相信什么、教师应该关心什么、教师如何清晰认识'我是谁'"之类的逻辑问题，应该能够从"教师认识论""教师价值论""教师动力论"中得出合理答案。这是教师个人哲学要回答的问题。教师个人哲学正是在教师从事"教育影响"的实践中对教育哲学的学习、理解、思考、体验、建构、内化、应用而转化出来的成果。

第一节　教师认识论

教师认识论回答"教师是谁""教师应该知道什么"教师如何施加"教育影响"，制约教师"教育影响"效能的相关因素有哪些，如何关注"教师心灵"如何关注教师的理解和体验等问题。这里讨论的"教师认识论"与教学论中的"教师认识论"既有相同之处，也有所不同。教学论中的"教学认识是教师领导下的学生认识"，必然强调"教师教学生认识"，强调教师领导作用，教师自身也必有清晰的教学认识。[①] 这里的重点在于教师自身的角色认识，关注教师元认知知识和元认知体验和理解。"教师认识论"包含了教师知识、教师信念、教师德性、教师角色、教师身份认同、教师期望等方面的主

---

① 北京师范大学教育系. 教学认识论 [M]. 北京燕山出版社，1988：176.

题，这些主题之间有因果关系、涵容关系和依存关系，彰显了主题之间的逻辑联系。教师对教学、对师生关系、对角色、对自我认同等的认识和理解，是教师"教育影响"的前提条件，是教师提升"教育影响"效能的心理背景。

一、对作为教师的人的认识

对作为教师的人的认识，在教育史上留下了丰厚的智慧资源。这可以从历史上人们对"教师"的性质、内涵、地位、职能、作用等的认识、看法和期望得以证明。一是孔子的"学而不厌、诲人不倦""温故知新""因材施教""教学相长""以身作则"代表了中国传统文化对教师的深刻而全面的认识。《学记》和《师说》论述了教师的任务和作用。二是昆体良、夸美纽斯、卢梭、赫尔巴特、第斯多惠、涂尔干、蒙台梭利、杜威、赞可夫、苏霍姆林斯基等都从不同角度强调了教师德性的必要性。涂尔干提出"教师也是一种超越自己的高尚道德人格即社会代言人。"蒙台梭利认为，"教师应是美和善的化身"，"教师必须致力于自己的完善"。杜威指出教师是"灵魂的启迪者与导师"。三是教育家们对教师职业定位的独特认识。杜威强调教师的社会作用，教师作为"社会的公仆"，应当认识到自己职业的尊严。苏霍姆林斯基认为教师职业是"造就真正的人的职业"。巴格莱认为，教师工作"是一种创造性的个性化的情感劳动"。陶行知认为，"教师就是社会改造的领导者"。四是教育家们强调教师学习与研究对教师发展的重要性。如，杜威认为，"教师是一个学习者"，"有彻底的精神去研究学问。"又如，苏霍姆林斯基认为，好教师的条件是教师"拥有比大纲的要求多得多的知识。""有扎实的心理学基础"。五是教育家们对"作为教师的人"的认识，有自己独特的观点。如，乌申斯基把教师资格条件与个性特征联系起来，他指出："不善于抑制愤怒的人就没有资格做教师"。第斯多惠首次提出教师反思的问题，强调教师"自我教育，自我完善"和"自我修养"。（见第四章第二、三节）

（一）教师关于自我的认识

教师关于自我的认识是一种教师个人的实践性知识。"个人实践知识有助于教师重构过去与未来,从而把握现在。"①

1. 教师对自己个性特征的认识

这种认识是教师施加"教育影响"的前提。这种认识的自觉表现为教师德性和职业敏感性。有高度职业敏感性的教师会以温暖的、理解的、支持的、尊重的、信任的、接纳的、鼓励的、耐心的态度对待每一个学生,使学生产生积极的心理效应。现实情况是,一些教师往往缺乏这种敏感性,缺乏对自己个性特征的了解,缺乏对个性特征与"教育影响"关系的理解,认识不到个性特征在施加"教育影响"时所起的作用。因此,教师要了解自己的个性特征、态度、价值观、信念与行为对学生所产生的心理影响,了解正面特征和负面特征的具体表现。正面特征对学生产生积极的影响,负面特征会对学生产生消极影响。正面特征有:认真、热情、自信、情绪稳定、轻松兴奋、和蔼可亲、宽容、接纳、公平、民主、有条理、富有想象力、自我控制、灵活应变、富于鼓励性、任务取向等。负面特征是:烦躁、冲动、胆怯、焦虑、冷漠、偏心、歧视、不闻不问、专制和惩罚。(见第七章第二、四节)

2. 教师对自我意识、角色的认识和角色行为的理解

教师形象是教师"教育影响"的前提条件。虽然教师形象是社会上人们对教师职能、特点、行为所形成的整体印象,但是,教师对自我意识、角色的认识和角色行为的理解决定了教师形象的自我塑造,这种理解的透彻和全面,则依赖于教师的德性修养,依赖于教师对于自我和角色的价值信念。有实证研究表明,学生不喜欢的教师特征有:"对学生冷淡,不尊重学生,对学生缺乏同情心,甚至于不公正地对待学生",还有"性情古怪,爱发脾气""装腔作势,自命清高""卖弄自己,孤芳自赏"。这些现象都说明,教师的自我意识还不够清醒,没有把角色行为与自己的形象联系起来,使自己的"教育影响"打了折扣。(见第七章第四节)

教师自我意识,既是一种教师对自己生活意义的自觉,是教师对自身存在意义的再认识,也是教师对何以提升自身"教育影响"的自觉。"自我意识

---

① [加]迈克尔·康内利,[加]琼·柯兰迪宁. 专业知识场景中的教师个人实践知识[J]. 华东师范大学学报(教育科学版),1996(2):5-16.

也是教师能力之源"。① 理想和信念是具有超越性的自我意识。主体性是深层的、高度自觉的自我意识。

教师对角色的认识，意味着"做一个教师"就是要自觉地成为他人所期待的教师角色（或教师形象）。因为教师角色体现了社会成员对教师所承担的社会角色的期待。教师对角色的认识，既包括教师对其角色规范和角色要求的认识和理解，也包括对教师职业的本质的认识、对教师劳动的性质的认识。这种认识有利于提高教师塑造自我形象的自觉性。

3. 对教师信念的形成、改变的认识

教师信念是指教师在教学情境与教学历程中，对教学工作、教师角色、课程、学生、学习等相关因素所持有且信以为真的观点。教师信念的形成是教师在自己的教学实践、教育生活、教研活动、师生交往、阅读体验中逐步形成的，是一个价值内化过程。教师信念的改变是通过自身反思现有教学信念以适应教学环境的具体要求，通过参与行动研究，在解决教学问题的过程中实现的。教师信念不仅支配着教师的行为，促进教师发展，而且会对学生产生"教育影响"。教师对差生和弱势群体学生的信念和态度深刻影响着学生的学习积极性和学习成绩。

4. 对教师期望的理解

教师期望本质上是一种教师的心理映射所产生的"教育影响"。教师期望对学生学习能力感、学业成就动机及学业成绩产生影响。罗森塔尔也说："教师期望的改变能够导致智力操作水平的提高和有关行为的改善。"（见第七章第三节）教师期望的对象是选择性的，这取决于教师的德性修养，毫无偏见。有些教师只对学习好的学生抱有期望，或者只对自己喜欢的学生抱有期望。教师对学业困难的学生持怎样的期望，是考验教师德性的试金石。极端的情况是教师的冷漠，就是教师期望的缺失。教师期望的运用是智慧性的，这取决于教师的专业知识水平。教师对学科知识的娴熟，有利于教师以合适的形

---

① [美] 卡罗尔·R. 罗杰斯. [美] 凯瑟琳·H. 斯科特. 学习教学过程中自我意识与专业认同的发展 [A]. 教师教育研究手册（下）[C]. 佘林茂，译. 上海：华东师范大学出版社，2017：755.

式把期望传达给学生。现实中存在着教师期望的区别对待问题，可见教师期望需要教师德性的支持，也需要教师专业伦理的规范。

教师期望效应有四种功能：一是激励功能。教师对学生寄予的期望，会对学生产生极大的激励作用。事实证明，只有高期望才会产生激励功能。二是调整功能。教师期望转化为学生的内在需要，具有调整师生关系的功能。三是转化功能。教师期望会使学生的内在潜能得以转化为现实能力。四是支援性功能。教师期望会给学生以心理支援，使学生克服心理障碍，走出情绪低谷。（见第七章第三节）

（二）教师关于师生关系的理解

1. 教师对学生的理解

对学生的理解是关怀学生的条件，是处理好师生关系的前提。教师理解学生的前提是研究学生。研究学生的个性心理特征，研究学生的认知特点和学习风格，研究学生的困惑和疑虑，研究学生的优长和弱点，研究学生身心发展的规律性。在教育史上，昆体良最先主张教师研究学生。夸美纽斯、赫尔巴特、乌申斯基、蒙台梭利、杜威、赞可夫、苏霍姆林斯基等教育学家都从不同视角继承和发展了这一主张。杜威指出，"教师应当成为学生心智的研究者"。赞科夫认为，"敏锐的观察力是教师最可贵的品质之一。"苏霍姆林斯基主张"要研究学生学习差的原因"，"任何时候都不要责备学生头脑迟钝"。（见第四章第三节）

2. 教师对师生关系的理解

赫尔巴特提出了师生"情感一致"的命题，强调"师生之间高尚而自然真挚的友谊"。杜威揭示了教育过程中师生是"共同参与""真正合作"的"平等者"和"学习者"。赞科夫主张教师"成为学生真正的良师益友"。苏霍姆林斯基提出师生相处应当是"自愿的、同志式的友好的交往"，"都感到自己是平等的一员"。马丁·布伯揭示的"我—你"在学校中的相遇，也展现了"我—你"关系在教学中的相遇，是主体间的相遇，是平等的相遇。对师生关系的理解，核心是"民主""平等""理解"和"尊重"。"民主"是师生关系处理的基本原则；"平等"是师生关系的伦理准则；"理解"是缩短师生之间心理上的距离、加强师生情感沟通的钥匙；"尊重"是"平等"的行动体现，是伦理准则的基本要求。在课堂教学交往的过程中，教师与学生都是主体，二者共同开展质疑、思考、理解、探究、评论等思维活动，是合作学习的平等参与者。(见第四章第三节)

(三) 教师对教学的理解

1. 对教学基本问题的理解

许多教育家都有自己对教学的独特理解。赫尔巴特认为，"教学作为经验与交际的补充""教学开拓学生的思想范围"。① 杜威认为，教学就是"培养学生优良的思维习惯"的"探究"的过程。他反对教学把"技能的获得""知识的掌握"和"思维的训练""分隔开来"。他主张"支持发现式学习"。② 赞可夫强调教学"不仅要使学生掌握知识、技能和技巧，还要使学生得到发展。"③ 苏霍姆林斯基认为，"课堂上最重要的目的，就在于点燃孩子们渴望知识的火花。"④ 巴格莱强调教学工作的情感性。陶行知主张"运用民主作风教学生"。⑤ 这些观点是教学基本问题的起源。聚焦为如下几个基本问题：⑥ ①教学中教师和学生的关系。教师为教学活动的主导，学生为教学认识的主体。师生之间应该建立民主、平等的关系。②掌握知识与发展能力的关系。知识掌握过程中的认知活动，具有发展能力的作用，这是一个过程的两个部分。这两个部分是互相促进的。特别是程序性知识的掌握促进学生认知策略和智慧技能的发展。教学过程中教师对学生的学习方法指导，是使二者结合的有效途径。③教学中的认知与情感的关系。认知是引起情感产生的主导性因素，情感对认知活动起着动力和组织作用。教学中教师要注意引导学

---

① [德] 赫尔巴特. 普通教育学 [M]. 李其龙，译. 北京：人民教育出版社，2015：55.
② [美] 杜威. 民主主义与教育 [M]. 王承绪，译. 北京：人民教育出版社，2001：162-178.
③ [苏] 赞可夫. 和教师的谈话 [M]. 管海霞，译. 武汉：长江文艺出版社，2021：110.
④ 蔡汀. 走进教育家：苏霍姆林斯基 [M]. 北京：教育科学出版社，2007：206.
⑤ 陶行知. 陶行知教育文集 [M]. 成都：四川教育出版社，2017：555.
⑥ 施良方. 教学理论：课堂教学的原理、策略与研究 [M]. 上海：华东师范大学出版社，1999：74.

生形成积极的个性倾向性，关注学生的兴趣、态度和情感体验。④接受学习与发现学习的关系。接受学习为学生的发现学习打下知识基础；发现学习为促进接受学习提供具体经验，并促进对接受学习所获得知识的理解和巩固。教学过程中，教师要指导学生有意义的接受学习，指导学生开展探究活动。⑤教学动力与教学操作的关系。教学的运作，是教学动力和教学操作共同发挥作用的结果。教学动力发动、维持、调节教学活动的进行；教学操作是完成教学任务、执行教学程序的具体活动。教师要根据教学内容的特点，创设问题情境，激发学生的学习兴趣、引发学生的动机，调动学生学习的积极性。⑥直接经验与间接经验的关系。这个问题是同接受学习与发现学习相关的。间接经验采用接受学习方式，这是主要的；直接经验采用发现学习方式，对学生发展有重要作用。教学过程中，教师通过讲解让学生系统掌握已有知识，同时给予学生实验、操作、探究、发现的机会。⑦人的因素与教学手段的关系。教学活动受教学手段的制约。教学手段能够提升教学活动的效果。教师应该善于运用教学手段，使之充分发挥作用；教师要提高运用教学手段的能力。⑧科学与艺术的关系。"教学既是科学，又是艺术。说是科学，就是指教学是理性自觉的活动，是自觉运用教育规律、心理规律、认识规律的活动，是理论指导下的实践。说是艺术，一方面在于教学要运用技艺，另一方面在于教学机智的运用，在于能动创造。现代教学是立足于科学而达于艺术的教学。"①

2. 教师对教学的功能性理解

一是"教学的教育性"理解。"教育性教学"按照赫尔巴特的说法，就是能够影响青年人心灵的教学，就是"在青年人的心灵中培植起一种广阔的、其中各部分都紧密联系在一起的思想范围。""把许多思想激发出来"。还包括培养学生的判断能力、理解能力、思维能力、应用能力、审美情感和审美能力，"使学生获得智力活动"。"教育性教学"就是挖掘教学内容中的思想教育因素，通过心灵的唤醒活动和精神交往的思维活动提升课程的精神价值，

---

① 黄济. 现代教育论（第三版）[M]. 北京：人民教育出版社，2012：320–326.

坚持课程内容"政治性和学理性相统一、价值性和知识性相统一"的原则，激发学生的精神主动性。①

二是教学的发展性理解。赞科夫最早提出"教学不仅要使学生掌握知识、技能和技巧，还要使学生得到发展"。他所说的发展，不仅指"一般发展，即不仅发展学生的智力，还要发展情感、意志品质、性格和集体精神等"，还包括学生的精神发展方面的思维和语言发展。② 发展性教学一方面要有正确的学生发展观，确信学生潜藏着巨大的发展能量，"坚信每个学生可以获得有效发展"，一方面通过教学艺术使学生具有强大的学习动力，重视学生学习动力的激发、提高和培养，关注学生课堂中的参与状态、思维状态，运用教师期望调动学生的个性力量。还要通过综合性实践活动，增强学生的主体参与、主动探究和互动合作，使学生的思维能力、交往能力、合作能力得到充分发展。

三是教学的对话性理解。这是从教学的社会过程来理解教学的话语功能，是为了消除教师的支配性话语权力提出的问题，也是为了革新以"传递"为导向的传统教学方式。佐藤学认为教学活动由三种对话构成：一是同客体世界的对话；二是同课堂内外的他者对话；三是同自身的对话。佐藤学所说的"对话"，是指广义的对话，有与民主、平等、理解、宽容等相联系的含义。在这个意义上，对话有了"文化"功能。对话的方式为人际交往、人际理解、经验分享、问题解决提供了可行路径，因而也为交往、沟通、思维、情感等发展提供了平台。对话是一种教学关系，它以参与者持续的话语投入为特征，并由反思和互动的整合所构成。对话教学具有交往性、生成性、分享性、发展性。由此，教学的对话性理解，就是一种构建人际关系、形成人际理解的"交往"活动，是教师与学生自主探究、合作学习的"创造"活动，同时也伴随着师生消解权威、平等沟通的"解放"过程。

四是教学的反思性理解。杜威提出反思性教学，指出"教学法的要素和

---

① 郝德永. "课程思政"的问题指向、逻辑机理及建设机制 [J]. 高等教育研究，2021（7）：85-91.
② [苏] 赞可夫. 和教师的谈话 [M]. 管海霞，译. 武汉：长江文艺出版社，2021：110.

思维的要素是相同的",并强调问题意识是反思的向导。他认为,"流行的教学方法能在多大程度上培养学生的思维习惯"这样一个问题,还不够彻底,关键是"要学生自己能够提出问题"。① 看来,教学的反思性理解是把反思的方法、反思的精神引入教学过程,以提高教学实践的合理性和有效性。用佐藤学的话来说,教学就是"反思性实践"。反思的方法就是产生思维活动的方法;反思的精神就是质疑和探究的精神,还有教师之间的合作精神;反思的目的在于提升"教育影响"的效能。

反思性教学是以行动研究的方法研究教学问题并合理解决的教学方式。有如下要点:一是反思的对象是教学目标、教学过程,是整体教学实践活动;二是行动研究的方法意味着以教师专业学习共同体的方式做研究,而不是教师个人;三是反思性既意味着对目标和过程合理性的质疑,又意味着对教学问题有效性、合理性解决的追求,是反思精神的体现;四是教师是反思的主体,群体反思应该建立在个体反思的基础上;五是教师的自觉反思意识,必须以思想开放性、责任性和执着性为前提;六是反思性教学强调教师"学会教学""学会学习"。"学会教学"需要对教学的持续反思和改进;"学会学习"需要教师在"问题意识"的驱动下持续学习和合作学习。

3. 教师对课程的理解

在课程研究的历史上,经历了课程"开发范式"向"课程理解范式"的转换,经历了"量化研究"向"质性研究"的转变,将课程置于广泛的社会、政治、经济、文化、种族等背景上来理解,把课程作为一种多元"文本"来理解。综合学者们的研究,对课程定义有如下的理解。一是学校向学生传授学科的知识体系;二是教师所组织、学生所体验的学习经验;三是教学大纲所规定的教育内容的组织;四是学校所提供的所有学习机会;五是经验的转变过程;六是社会文化的再生产。这些说法是分别从不同的视角考察课程。而课程研究者则是从"多元文本"来理解课程的。但是,对教师来说,在课程改革的背景下,教师不要把注意力放在课程的定义上,而应当关注课程定

---

① [美]杜威. 民主主义与教育[M]. 王承绪,译. 北京:人民教育出版社,2001:170-179.

义的问题指向，关注课程学科知识的发现式传递过程；关注由教师和学生共同发现和制定的课程目标；关注教师在课程实施中的角色理解；关注课程生成中学生的经验因素。在课程理解范式下，教师不能扮演"邮递员"的角色，"把中央机构组织的教育内容输送到学生的头脑之中"。[①] 教师应该超越知识本位的、学科化的课程理解，应该把课程理解成是一个在教师、学生、文本、情境对话的动态、生成过程；确立"教师即课程"的理念，确立教师作为"决策者"的角色定位。教师不是孤立于课程以外的某个东西，而是课程的有机组成部分；教师不再是课程的被动执行者，而应该是课程的创造者和开发者，在课程实施过程中有意识地对课程知识进行创造性建构。

（四）教师关于专业性方面的理解

1. 教师专业的知识基础

这是回答"教师应该知道什么"和"能够做什么"的问题。这两个问题是教师理解教学的基础。杜威指出，教师必须具备丰富的知识，"必须触类旁通""有专业的知识""必须对个人所教的学科有特殊的准备"。教师的专业实践须建立于一系列技术性或专长性知识基础之上。舒尔曼提出这个知识基础有七种类型：一是内容知识；二是一般教学法知识；三是课程知识；四是学科教学知识；五是有关学习者及其特性的知识；六是教育情境知识；七是有关教育目的、目标、价值和其哲学和历史基础的知识。（见第八章第二节）

教师实践智慧既是教学知识基础的来源之一，又是教师在复杂情境下进行专业判断和决策的表现，包含了教师对教育情境的敏感性和洞察力。它是一种教师个人的实践性知识，是教师对策略性知识的理解。

教师教学专长是教师基于个体知识、专业经验、对实践的反思和在反思基础上的创新活动而形成的有效解决教育教学问题的个人特征总和，它包含知识结构、教学能力、专业发展能动性等三种构成要素。教师教学专长体现专家型教师的原型观，即知识、效率和洞察力。课堂教学能力是教师教学专长的核心能力。问题解决能力是教师教学专长发展的核心问题。（见第八章第

---

① ［日］佐藤学. 课程与教师［M］. 钟启泉，译. 北京：教育科学出版社，2003：384.

五节)

2. 教师专业的自主性

"教师专业自主"概念包含了"自主权利/权力""自主意识""自主能力""自主性"和"自主行为"等基本概念子集。这样就产生了三种理解:一是外部赋予教师的权利和自由。这可以看作是对教师行使专业自主权提供的外部保障条件。二是教师个体内部的意识、信念和能力。教师专业自主是指教师"做出教学决策时所表现出来的能力、自由和责任三方面的特点"。① 可以指称为"教师专业自主意识""教师专业自主能力"等概念。其侧重点在于如何使教师具有专业自主的意识和驾驭这种外部赋予的权力的能力,从而更好地实施专业判断,负专业责任,能参与校务决策。三是指教师的专业特质。即教师在其专业领域里依其专业智慧,执行专业任务,包括课堂教学、学校或是组织决策,以维持其专业品质及不受非专业的外界干预的状态。

3. 教师的专业责任

教师专业责任既包括教师的义务性专业责任,也包括教师的非义务性专业责任。义务性专业责任是指有法律规范的具有约束力和强制性的专业责任。非义务性专业责任是指出自教师良心(良知)的自觉或自愿实现的教师专业责任。教师专业的道德属性决定了教师专业责任是以学生为本的责任。首先,对学生的责任。以对学生的关爱为基础,包括对学生的学习和生活的关心,保持师生之间的良性互动,为学生全面而自由的发展负责。在教育学生的过程中,对学生进行价值引导,激发学生对生活意义及人生价值的探究欲望;努力去挖掘,仔细去发现,寻找学生的潜力、长处和闪光点。其次,对教学和课程决策的结果负责。教师在教学和课程决策中充分地行使自己的专业自主权,并要为自己的行为承担责任。再次,对自身专业发展负责。教师必须持续开展专业学习,学会教学、学会反思、学会研究、学会为师。教师对自我的专业理念保持必要的反思态度,提升教师的道德敏感性,发展教师的道德思维能力和应对道德难题的能力。

---

① 慕宝龙. 教师专业自主的概念论争及其思考 [J]. 教育学报, 2014 (5): 113-121.

教师专业责任与专业自主权在理想状态下表现为对称的平衡关系。教师承担专业责任的前提是拥有充分的专业自主权,而专业自主权帮助教师更好地履行专业责任。教师履行专业责任的条件是教师的知识、信念、敏感性、洞察力、实践能力、实践智慧。

4. 教师专业精神

专业精神是指教师在信仰、理想追求上充分表现出来的活力与风范,是教师在工作时展现出来的职业特性、职业作风和职业态度。教师专业精神体现为教师的专业意识、专业知识、专业能力和专业操守。教师专业精神表现在6个方面:一是敬业与爱生精神,二是主体与进取精神,三是探索与创新精神,四是服务与奉献精神,五是合作与参与精神,六是自主与自律精神。

教师专业精神的基本特质,一是具有为学生发展服务的理念。二是能够做到公平地对待每个学生,尊重和理解学生的多样性。三是能够做到持续的自我反思。四是具有不断学习和应用新知识、技术的意识和习惯。五是敢于做出专业判断,并为自己的判断负责,体现专业自主。六是具有团队合作的意识,有利于实现专业身份认同。(见第九章第三节)

(五)教师关于道德伦理实践的理解

教育目的具有道德性,教育活动的每一个方面都与道德相关。古德森认为,"教学首先是一种道德和伦理的专业"。索克特说,"教学是一种显著的道德行动"。[①] 学校教育实践应该让学生过有道德的学校生活和课堂生活。由此,教师的知识基础应该包括"有关教学的道德与伦理的知识"。教师如何"在道德层面与他人相遇",这是教师伦理实践必须回答的问题。

1. 教师对德性的理解

教师德性是教师追求育人实践卓越并体验这种卓越所带来的内心充实和精神愉悦的品质。教师德性是高标准的教师道德,是从个性品质角度审视教师道德,是教师不断完善自身的内在道德标尺。教师德性强调八项德性品质:教师关怀、教师公正、教师宽容、教师爱心、教师耐心、教师敬业、教师真

---

① [美]索科特. 教师教育道德的目的与认识论目的 [A]. 教师教育研究手册(上)[C]. 张斌,译. 上海:华东师范大学出版社,2017:51.

诚、教师创造。这八种德性品种是相互联系的，在教师的活动中综合地表现出来。在教师与学生交往中，教师做的所有事情几乎都承载着道德重量。教师每次回答学生的问题，布置学习任务，组织讨论，解决争议，给学生打分，给学生反馈，乃至教师的举止言行和眼神，都体现着教师的德性品格。教师德性引导和规范教师的交往行为，决定教师对教学事件的处理方式的正当性。教师德性激励教师对善的追求和向往，从而不断地发展自我，获得道德成长。教师德性是推动教师充分发挥自身教育潜能的动力之源，引领和促进教师的专业发展。

2. 教师对教学是道德实践的理解

为什么要强调这一问题？因为在以往教学中工具理性对生命价值与生活意义的遮蔽，使得知识与价值的割裂，导致存在着对教学理解的错位。教学有认识论目的，也有道德目的。"教学目的具有道德的规定性。"[①] 教学的道德性理解不是要提出一大堆教学方面的伦理规范让教师去遵守，而是让教师站在学生立场以伦理视角考察学生的理解和体验。将教学伦理局限于规范、法律和标准的认识是非常狭隘的，教学的实际情况，远远超出了任何规范所规定的内容。教学的道德性理解不是要给教学行为贴标签，而是要教师对教学中的道德两难事件做出判断和决策。教师在教学中如何扮演道德角色？教师必须了解"与教学任务相关的美德"。不仅有真诚、谨慎、怜悯和想象力等个体美德，还应有恒心、毅力、勇气等意志德性和公正、节制、机智、礼貌、宽容的社会美德，更须有准确、清晰、开明、谦卑等"知识性美德"[②]。教师以这些美德引导和规范自己的言行，反思教学方法运用的正当性。在现实的教学中，存在着一种不顾学生认知特点的教学"预设"，有时又是以标准化为借口的"预设"。这样的教学对学生来说是不道德的，违背了学生的兴趣和认识规律。因此，考察教学的有效性时，还要考察教学目的的合理性和教学方

---

① 卢乃桂，王丽佳. 西方教学伦理研究的路向与问题 [J]. 全球教育展望，2011 (8)：10 – 14.

② [美] 索科特. 教师教育道德的目的与认识论目的 [A]. 教师教育研究手册（上）[C]. 张斌，译. 上海：华东师范大学出版社，2017：51 – 65.

法的正当性。由此，我们可以设问：以"强迫""控制""灌输"为特征的教学是不是道德的教学？不研究学情的教学、不顾学情的教学是不是道德的教学？缺失了学生参与和体验的教学是不是道德的教学？运用"简单而武断"地评价的教学是不是道德的教学？如果教师对学生的期望和评价有了区别对待，何以为学生起到道德示范作用？

3. 教师对职业伦理实践的理解

教师的伦理实践是指向教师专业责任的伦理属性的问题，是关注教师能否真正成为"人师"的重要内容，是关注教师在教学和师生交往中能否影响学生的道德成长。教师要对教学实践中亟待解决的伦理问题，如平等、公正、宽容、学生的主体价值等深化理解、体验内化和积极践行。对教师作为道德实践者的理解，一是强调教师的关爱和信任情怀。教师在交往中，对学生采取公正的、和善的、诚实的、关怀的和尊重的日常行为，以及与学生互动的复杂微妙行为。苏霍姆林斯基说，"教师不能把学生往坏处想""不要急于下结论"。[①] 教师要正确使用评价工具。二是强调教师劳动的创造性。如赞科夫认为"教师的劳动很复杂"，"有一种创造性地对待自己工作的思想火花。"[②] 苏霍姆林斯基指出，"教师的劳动是精神的劳动，是一种智力的创造。"[③] 教师工作的创造性在于教育对象和教学情境的多样性、复杂性和动态变化。教学中困境的解决就是创造，教学情境的创设就是创造，复杂性决策依赖于德性。而"德性乃创造性之根"。创造性需要教师的道德敏感性。三是强调教师之间的协作和互助。协作和互助是以教师的责任感为行动依据的，是建立在道德伦理基础之上的。教师之间的协作互助不仅关乎教师专业责任，也关乎这种协作互助对学生道德成长的影响。

二、对作为人的教师的认识

作为"人"的教师承担着一定的社会角色，从事着"影响"人身心发展

---

① 蔡汀. 走进教育家：苏霍姆林斯基 [M]. 北京：教育科学出版社，2007：212.
② [苏] 赞可夫. 和教师的谈话 [M]. 管海霞，译. 武汉：长江文艺出版社，2021：188.
③ 蔡汀. 走进教育家：苏霍姆林斯基 [M]. 北京：教育科学出版社，2007：185.

的教育实践。这种教育实践要求关注教师的身心发展。从古至今，从中国到外国，社会对教师抱以很高的期望，并以高期望评价教师，带来了教师的高心理压力，影响教师身心的健康发展。只有教师自身有了健康的身心发展，才能有效影响学生的身心发展，才能专注于自身的专业发展。帕尔默提出教师要关注自己的"内在心灵"。但现实中谁在关注教师的内在心灵？谁在关注教师的"角色冲突"？谁在关注教师对教学改革的情绪反应？因此，学校必须通过日常活动的组织，使教师提高对教师实践特性的全面认识，帮助教师调整自己的心态，调节教师的情绪，化解教师的角色冲突，形成良好的教育生活体验，产生职业幸福感。

1. 教师自我概念是教师素质的重要构成成分之一

教师自我概念指教师对于自我以及教师职业方面的认知与评价。教师自我概念包括教学能力、人际感知、风险接受度和主动性、师生关系、教学满意度和自我接纳六个维度。[①] 教师自我概念具有如下心理作用：一方面是保持自我认同的连续性；另一方面是按照与自我概念相一致的方式解释自己与他人的行为。教师自我概念与教师效能、教学监控能力有积极的关系。自我概念水平越高，师生关系越融洽；自我概念水平越高，教师自我效能越高，教学监控能力越强；自我概念水平越高，教师反思能力越强，教师越容易产生身份认同；因而主观幸福感也越强。教师自我效能感是一种内在的自我信念，体现了教师自我概念的主体自我维度。教师自我效能感是影响教师教育行为和教育有效性的重要中介，是教师身心健康、个人幸福的重要影响源。[②] 教师自我效能感通过影响教师的行为来间接影响学生的学习质量。总之，教师自我概念对教师提升"教育影响"效能有促进作用。

2. 理解教师情感的性质和作用

教师承担着"家长代理人"和"心理调节者"的角色，教师情感对教育

---

① 范琳，李梦莉，史红薇，等. 高校英语教师自我概念、教学效能感与职业倦怠现状及关系研究 [J]. 外语教学理论与实践，2017（1）：53－59.

② 庞丽娟，洪秀敏. 教师自我效能感：教师自主发展的重要内在动力机制 [J]. 教师教育研究，2005（4）：43－46.

教学活动的意义在于教师情感是教师职场生活的体验与表现，是一种多侧面的心理过程。教师情感的作用，一是起着增进"教育影响"效能的作用，在教学活动中"以情感促进认知"，起着营造氛围、增进感染力的作用。二是起着融合师生关系的作用，在师生交往中增进"情感交融"。三是情感支持对教师理解教育改革、落实改革举措具有重要推动作用。四是教师情感对教师的决策、行为以及自我和身份的认同方面有重要的影响。

3. 理解教师内在心灵与教师情感和教师职业幸福感的关系

教师情感是教师内在心灵的构成要件。帕克·帕尔默主张"教师关注自己的内心活动"，[①] "具有识别、承认、引导自己情感的能力"，[②] 把握自己的情绪状态，"呵护学生的心灵"，[③] 建立"人际互信""使师生产生有利于交流的情感"，才能"激发对教学工作的热爱"，获得职业幸福感。[④] 无数实践表明，教师的职业幸福感与教师的积极情感体验有关系；教师的积极情感体验来自教师的"全情投入"；而教师的全情投入取决于教师的身份认同和自我实现需要的满足。苏霍姆林斯基主张，"把每个教师引上进行研究的幸福之路"。[⑤] 苏霍姆林斯基看到了"研究"是"全情投入"的路径，是教师"引导自己情感"的路径，是教师自我身份认同的路径，是教师自我实现需要得以满足路径。庞丽娟等人认为，在面对教育工作中出现的困难、挫折时，自我效能感决定教师的应激状态、焦虑和抑郁等情绪反应。教师自我效能感能更好地调整教师自己的心境和行为，具有对教师焦虑反应和抑郁程度等身心反应过程的影响作用。

4. 理解教师对教育改革的态度

---

① ［美］帕克·帕尔默. 教学勇气：漫步教师心灵［M］. 方彤，译. 上海：华东师范大学出版社，2020：16.

② ［美］帕克·帕尔默. 教学勇气：漫步教师心灵［M］. 方彤，译. 上海：华东师范大学出版社，2020：306.

③ ［美］帕克·帕尔默. 教学勇气：漫步教师心灵［M］. 方彤，译. 上海：华东师范大学出版社，2020：30.

④ ［美］帕克·帕尔默. 教学勇气：漫步教师心灵［M］. 方彤，译. 上海：华东师范大学出版社，2020：34.

⑤ 蔡汀. 走进教育家：苏霍姆林斯基［M］. 北京：教育科学出版社，2007：27.

国外学者研究发现，当教师从宏观上谈及对教育改革的理解时，几乎不涉及情感投入，而一旦回归到个人的课堂教学实践，他们理解教育改革时就会变得情绪化。（见第九章第一节）教师对教育改革的态度，是主动参与、还是消极抵制，或是惰性适应？关乎教师的身份认同，也关乎教师的信念和价值观，还关乎教师个人的生活体验。与具体的教育改革项目和他们心理需要的距离有关，与他们对道德压力的情感体验有关，与他们对具体改革项目的理解有关。涉及教师如何理解改革带来的困惑、压力、两难处境和认同危机。根据情感对认知的作用，教师的积极情感可以促进教师对教学改革的理解，促进教师主动参与教学改革，并在教学改革中体验和反思。情绪引导着教师的思维、判断、决策和行动已是一个不争的事实，自然也会影响到教师在课程改革中的表现。教师对教育改革的态度，也与改革本身牵涉的利益相关。如何让教师正确理解改革带来的利益关系调整，是学校文化建设的重要课题。若在改革工作中建立起理解、互信、支持的关系，自然会得到教师的理解和认同，并积极参与，从而转变教师对于改革的深层信念。

5. 对教师积极心理的认识和理解

积极心理学把重点放在人自身的积极因素方面，以人固有的、潜在的建设性力量、美德和善端为出发点，提倡用一种积极的心态来解读人的心理现象，从而激发人自身内在的积极力量和优秀品质。[①] 教师作为一项高情感消耗型职业，更需主动地调整自身的消极情感，在良好的教学情境和人际关系中培育积极的情感体验，养成积极的人格特质，生成积极情感互动。教师的积极情感可以促进教师对教学改革的理解，促进教师主动参与教学改革，并在教学改革中体验和反思。教师积极的情感体验也需要积极的社会环境提供支持。

6. 理解教师职业倦怠

教师职业倦怠与教师的情感有着多方面的关联。怎样理解教师职业的高情感消耗特征？教师劳动的服务对象是儿童，是社会化程度欠缺的儿童。教

---

① 陈晓娟，任俊，马甜语. 积极心理健康的内涵解析 [J]. 心理科学，2009（2）：487－489.

师与儿童的接触至少三年，由于儿童的多样性性格特点和不成熟性，使得教师被赋予"替代父母的职责"。这就需要教师投入高强度的"情感劳动"，并产生高情感消耗。这种高情感消耗如果得不到社会和家长的理解，就会使教师产生倦怠感；教师的生活是制度规范的生活、空间狭隘的生活、重复单调的生活、繁杂忙碌的生活，这样的生活把教师的注意力集中于学生的学业成绩和教学任务，很难抽出时间去丰富自己的精神生活，消磨着教师的生命感受、生命活力，加剧了教师的情感消耗；教师工作的"回归性""不确定性"和"无边界性"也是高情感消耗的原因。（见第九章第一节）教师对学生的严格要求，让家长把教育责任一股脑推给教师，"教师成了代人受过的替罪羊"，使教师在"回归性"责任怪圈中情感消耗；教师在绩效主义与形式主义的夹击之下，"不确定性"和"无边界性"使得工作压力不断增大，形式主义使教师工作创造性缺失，只得单调乏味地应付，这何以形成教师的自我身份认同？何以提高教师的专业意识？何以生成教师的专业精神？教师们感到压力陡增、动力衰竭，职业身份认同降低，一些教师长期陷入困惑和倦怠之中。由此，改变教师的生活方式，一是需要学校重建文化，杜绝形式主义的管理，杜绝绩效主义的评价，让教师从繁重的工作负担下解放出来；二是学校文化建设应该开展教师精神现象的研究，关注教师情感，关注教师教育情怀培育，关注教师专业精神培育，让教师的学校生活丰富多彩；三是构建专业学习共同体，形成合作文化，促使教师对专业发展过程中职业倦怠进行反思性化解，使教师的生命发展得到全面提升。

7. 理解教师角色冲突

理解教师角色冲突本质上是一个教师自我反思的过程。教师的角色冲突有两种类型：一是角色内冲突。是指角色承担的多重期望难以协调，甚至相互矛盾时所产生的心理困惑。教师角色期望的多重性是导致教师角色内冲突的主要原因。二是角色间冲突。角色间冲突是指个体同时承担多种角色而引起的冲突。不同角色有不同的规范，而不同规范之间不相容，就会引起角色间冲突。（见第五章第四节）引起教师角色冲突的原因，一是社会对教师职业的理想化要求。如"社会代言人"与"替代父母"。二是课程改革对教师的角色要求。如"课程执行者"与"课程创生者"。三是教师培训理论与实践的脱节。四是教师知识结构与个人能力的限制，会导致教师对教学角色认识有误、角色体验不良、角色扮演失当。教师正确理解角色冲突，要求教师一方面要有全面的角色认知和体验，看到教师角色的多重性，看到多重性角色在不同情境下的表现；另一方面要对社会各方面的角色期望有全面的认知和分析，看到不同期望的情境特点和不同期望之间的矛盾性质，以应有的教育智慧正确看待社会评价。

8. 理解教师身份认同

教师身份认同首先是教师的自我认同，即教师对自我的反思性理解。教师自我认同依赖于教师关于自我的信念。教师自我的意义感、归属感、效能感，是教师自我认同的结果，从根本上决定着教师发展的内在动力。教师自我认同的结果能够影响和调控自身的需要、兴趣、动机、价值观等个性特征，而且自我的合理认同还能够帮助教师在境遇不佳的状态下，激发自我内在的发展动力。教师身份认同是教师专业发展的一种特殊动力。教师在专业学习共同体中的积极参与有利于自我认同。

教师身份认同也与教师的自我角色期待有关，与教师的专业自主权和合法权益有关。这就涉及教师对自身"权威"的正确理解和合理运用。尊重教师的"权威性"和合法权益，可以促进教师的角色认知和身份认同。

9. 理解教师职业的本质

教师职业的服务性、创造性本质为教师的职业幸福奠定了基础。教师职业的服务性是建立在教师专业知识、专业能力、职业伦理和专业精神的基础上。这种服务性具备了道德精神，保障了教师职业的高尚性。教师职业的创造性是与教师的实践智慧分不开的。这种创造性要求教师必须保持学习和研究精神，为创造不同个性的学生、创造不同学科教学的问题情境、创造不同课型的课例而不懈探究。这种探究确保了教师的自我认同和自我实现，消解了教师工作的单调性，为教师的职业幸福添加了光彩。

10. 理解教师评价的正确导向

教师评价是指通过对教师素质以及教师在教育教学工作中的行为表现的

测量，评判教师的素质水平和教育教学效果。① 教师评价的正确导向是教育教学改进，促进教师发展。但现实中却存在着不正确的评价方式，如以"控制"为目的，以"学生成绩"为指标，以"排序"为手段的教师评价，在教师的评奖、评职中大量运用，引发了教师之间的"攀比"和不正当竞争，引发了教师的职业焦虑。最近几年又兴起了以论文和课题为抓手的教师评价，仍然背离了教师发展的正确方向。教师评价既要促进教育教学工作的改进，又要促进教师的发展，就必须实行多元化评价，坚决杜绝单一方式或"关键指标"的评价，克服"五唯"现象，实行发展性评价。教师评价的发展性导向可以保证教师获得专业指引，获得自我认同，获得情感激励，获得良性反馈。由于"档案袋评价"既具有过程性、结果性和展示性的综合特点，又具有多元参与的形式，适合对教师进行素质和行为方式的评价，同时也可从档案中考察教师的内隐观念和工作思路，具有发展性评价的明显特征。因此，建议推广"档案袋评价"方式。

第二节 教师价值论

教师价值论回答教师的价值立场、价值态度、价值取向和价值理念等方面的问题。范梅南在探讨"教育敏感性"时提出过类似问题。他认为，教师在教学和与学生的交往中，都会面临无数的问题："怎样才对孩子有益？""教师什么时候该说话？什么时候该保持沉默？""什么样的教学方法更好？""什么样的评价方式更富有教育意义？""艰深的科目应该教给学生吗？""什么对学生合适？什么对他们不合适？"这就涉及"教育价值的敏感性"问题。② 教师要形成"教育影响"，必须清楚"教师应该相信什么？""教师应该关心什么？"必须对教育本质、教育目的、教育功能、教育价值有着自己清晰的认识；教师必须具备一定的价值知识，必须具有正确的教育价值观，必须具有

---

① 陈永明. 教师教育研究 [M]. 上海：华东师范大学出版社，2003：346.

② [加] 马克斯·范梅南. 教育敏感性和教师行动中的实践性知识 [J]. 北京大学教育评论，2008（1）：2-20.

价值判断和评价的实践性知识。教师的"教育影响"是一种价值和价值观念的影响。教师价值论把教师德性、教师信念、教师知识、教师思维、教师情感、教师专业精神、教师文化、教师学习以"价值逻辑"联系在一起，成为教师素养和教师研究的特殊领域

一、教师价值观

1. 教师价值观的含义

教师价值观是以教师为主体，在一定的文化传统、历史条件的影响下，基于教师生存和发展的需要，对于教师职业所要处理的主客体关系的基本看法和态度。教师个体价值观，即指教师对自己人生、教师职业、师生关系、行为倾向等的基本看法和态度。教师个体价值观包括政治价值观、经济价值观、道德价值观、审美价值观和生态价值观等。积极的价值观，如集体主义价值观、无私奉献的价值观等；消极的价值观，如利己主义的价值观、享乐主义的价值观等。教师群体共享的价值观，是指教师群体在处理各类教育关系时的原则和共识。如，生命关怀、热爱学生、教学民主、全面发展、合作学习、立德树人、为人师表等。教师群体共享的价值观本质上是反映了社会价值导向和价值规范。

2. 理解教师个体的价值取向

价值取向蕴涵着主体价值观的重要因素——价值标准、价值理想，是主体价值观的凝结或集中表现。价值取向具体表现为主体的功利取向、认知取向、道德取向、审美取向、政治取向等等；还表现为对各类价值之间关系的权衡、处理和抉择。价值取向受社会价值导向的制约。教师价值取向的实践样态有：教师职业价值取向、教师角色价值取向、教学的价值取向、教师生活的价值取向。在教学工作中，教师的教学行为选择都有一定的价值取向。究竟采取知识传递性教学，还是教育性教学，或者是思维性教学？在教学实践中都有不同的体现。仅就教育性教学来说，也有规训式和体验式的选择。虽然说，方式的选择有学情和情境的考虑。但，教师的教学主张、目标设定、过程安排、策略运用、手段选择和教学评价必定取决于教师的价值取向。有些老师把"控制—服从"看得很重；有些老师把分数看作效率的根本；少数

教师看重"爱与责任"。从关心学生这一价值的导向来说，有三种不同取向：既有符合学生心理需要的关心，也有从教师主观愿望出发的关心，还有应家长要求的关心，以及区别对待的关心。

从应然的视角归纳教师的教育行为，有如下的价值取向。一是"爱岗敬业，服务社会"的价值取向；二是"关爱学生，育人为本"的价值取向；三是"严谨笃学，积极进取"的价值取向；四是"合作学习，反思改进"的价值取向；五是"独立自主，自我发展"的价值取向。这些价值取向是符合社会价值导向、符合教师德性伦理和规范伦理要求的，是教师群体共享的价值体系。一位中学教师主张"培养学生的六大生命之根"：自尊心、自信心、责任心、积极进取精神、学习兴趣、学习习惯。这一主张代表了她的教育价值取向。①

3. 认识教师教学价值意识

具体是指以教学本体存在为意识对象，研究教师对教学本身的价值意识。教师应该持有关于教学应当如何、教学有何价值及其价值意蕴为何等应然性的价值表达，如教学的生命与生活意识、开放与发展意识、自由与伦理意识、追寻自由意识等。② 教师应直面教学存在的价值实践，通过理论研习、课题研究、集体研修、专项训练、整体评估等实践活动，在知情意行悟一体化参与的过程中，逐渐形成教学价值态度、明确教学价值立场、提升教学价值敏感性，以形成真正作用于教学实践，能够促进学生全面发展的知行合一的教学价值意识。

4. 认识教学的价值立场

一是人道主义立场。教学的人道主义的集中体现就是教学中的爱。二是主体的立场。教学中人作为主体的发展，是教学发展的核心指标。三是文化的立场。对教学的文化属性和人的文化本质的内在体认和基本关怀，是教学

---

① 张释元. 教师价值取向：学校教育变革之"基"[D]. 西南大学博士学位论文，2013.

② 苏杭. 教师教学价值意识：意涵、困境与路径[J]. 当代教育科学，2023（8）：43-51.

价值实现的基础。四是生活的立场。让整个教学生活都意义化、生命化。五是自由的立场。自由是教学存在的基础、教学发展的目标和内在追求。六是民主的立场。民主是当代学校教育所追求的基本价值。七是开放的立场。教学应该在开放的视界、关系和状态下展开价值的选择。八是整体和谐的立场。教学应该基于并追求自身存在的关联性、整体性与和谐性。九是可持续发展的立场。十是人文化成的立场。促进人的文化生成是教学存在的根本价值目标。[①]

二、教师德性

教师德性是要回答"教师应该具有怎样的品性"这一问题。教师德性是教师形成对学生"教育学理解"的前提性条件，对学生的成长起着决定性的作用，是教师"教育影响"的核心因素，是教师持续强化"教育影响"的重要动力。教师以德性的榜样作用实现自己的"教育影响"，以德性的教化作用扩展自己的"教育影响"，以德性的感染作用提高"教育影响"的效能。概括学者们的研究，教师德性可划分为三种类型。一是品质德性：诚实、勇敢、谦虚、尊重、公正。二是伦理德性：关怀、耐心、宽容、尽责、具有同情心、热爱学生、友情和信任。三是理智德性：理解、热爱专业、有判断力和想象力、有实践智慧等。（见第六章第三节）

三、教师的基本价值品质

教师的基本价值品质是指教师个体在从事各种具体的教育教学和管理工作中所应该具备的最基础性的价值品质。教师的基本价值品质构成了教师专业态度和伦理发展的基础。教师的基本价值品质包括如下几个方面：一是与学生有关的基本价值品质，如"平等""信任""希望""爱""公正""宽容""同情""民主"等。二是与同事有关的基本价值品质，如"关怀""赞美""信任""团结""谦逊""尊重"等。三是与实际工作有关的价值品质，

---

① 苏杭. 教师教学价值意识：意涵、困境与路径 [J]. 当代教育科学，2023（8）：43-51.

如"投入""敏锐""理性""自主""反思""创造""信仰"等。(见第六章第三节)从以上三种基本价值品质的内涵来看,教师的基本价值品质与教师德性是有逻辑联系、内涵一致的。前者具有观念性和情感性,后者具有意向性和情感性。二者均为教师行动提供依据。不过,教师的基本价值品质以教师的价值观念为基础,而教师德性以教师的整个生活为基础,通过实践和习惯获得,表现为人的内在精神结构。

四、对教师德性和教师伦理之关系的理解

教师德性关切作为个体教师内在德性品质的提升和卓越,是教师职业道德的内在根据。教师伦理更多的是提出教师职业的底线伦理。教师德性关注教师个体的德性提升和内在自觉。教师伦理规范则是由教育的各相关利益方共同参与制定的"集体法则",是以"戒律"表达的规范。教师伦理规范的贯彻执行以教师德性为依据、为引领,以师德修养为基础。教师德性指向了教师的精神状态,而师德修养则指向了教师的道德生活,指向了教师的教育教学实践。教师德性养成是从教师个性品质方面理解教师职业道德问题,而教师道德修养是从职业伦理方面理解教师职业道德问题。教师德性是师德修养的内在根据。

五、教师对责任伦理、专业伦理的理解

责任伦理是指教师持一种不同于信念伦理的价值立场,能够有意识地遵照责任伦理采取行动,并对自己行为的后果负责任,为学生的快乐健康成长负责任,为学生的价值启蒙负责任。责任伦理要求教师一是必须做行动反思,为行动的合理性提供依据;二是必须创造人的精神生命为追求,尊重个体生命的差异、欣赏个体生命的独特,为学生生命的自由发展创造基础性条件。

专业伦理是指教师在从事专业活动中应该遵守的伦理规范,是对教师提供的专业服务进行规范。教师专业伦理不仅是规范教师的服务行为,而且是判定教师服务行为是否具有专业性的准则,并且保障和规限教师的专业自主。专业伦理要求教师具有独立判断与选择的能力,自主地开展教育教学活动,

为学生提供更好的服务。

教师的责任伦理和专业伦理是从不同的视角考察教师的伦理规范。前者侧重于教师的价值立场，后者侧重于专业服务。责任伦理建构了权力和责任的联系，专业伦理规范了专业权力的合理运用，二者都与教师的专业自主有逻辑联系。

六、理解教师情感劳动的价值

教师情感劳动不仅对教师有发展价值，而且对学生也有教育价值。教师正确的情绪劳动表现方式，有利于其体验良好的情绪，从而促进其身体健康。教师的情绪劳动有利于改善师生关系，增加学生对教师的亲密感、满意度，使得学生更愿意全身心地投入学习之中。教师也要为学生提供情绪价值。一是善于倾听学生的心声，让学生感受到教师的共情。二是及时的情绪反馈，在学生受到挫折或失误时，得到安慰，在学生取得成功时，得到鼓励。三是给学生报以期望，让学生及时得到认可或激励。

七、理解教师教育情怀的价值特性

教师教育情怀充满了强烈的价值倾向性。教师"对教育目的的价值认同是教师具有教育情怀的前提，只有在价值上认同了教育目的，教师才可能进一步把自己的精神与教育过程统一起来"。[①] 教师对学生的理解、尊重和关怀，对学生承担的道义责任，与学生相处时表现出来的平等和公正，都体现了相应的价值追求。教育情怀的价值体现在如下几个方面：一是确立"爱与责任"的精神支柱。二是教师专业发展的内生动力。三是获取教育智慧的源泉。四是教师直面教育困境的意志力。五是教师身份认同的内生力。（见第九章第二节）

八、教师合作文化的理解、认同、体验和内化

教师合作文化的目的在于"团队工作、探究与持续学习"。积极的互依性

---

① 刘庆昌. 论教师的教育情怀 [J]. 教师发展研究，2021（4）：73-80.

是教师合作文化的核心特征。合作者之间关系融洽，共享信息资源，共负责任，互相促进共渡难关。在合作文化中，每个教师是具备合作观念、合作意义、合作行为的单个主体，同时又构成了作为教师共同体的专业主体。教师们因合作目的、合作任务的不同而产生不同的合作形式与合作特点，因而体现了开放性的特点；出于发展的需要而走向合作。中国学者都把"合作"作为教师文化的显著特征，而西方学者都肯定"孤立"为教师文化的特征。为什么会出现这样的结论？西方学者是在教师专业化的早期，从教师工作的"私密"特点出发，通过实证研究得出的结论。中国学者研究教师文化是在教师专业化比较充分的历史条件下，以应然视角，对课程改革进行思辨研究得出的结论。

教师合作文化有多重功能。教师合作文化中的学习文化、反思性研修文化具有强化教师身份认同的功能，特别对新手型教师的专业适应和发展具有促进功能。教师合作共同体具有观念重塑功能。还有对共同体的主导价值观念的维系功能。当然这种功能是建立在教师的共同参与、共同理解、深入体验、主动内化的基础上。

教师合作文化并不排斥个人主义文化。"没有个人主义文化，便不可能有合作文化中教师个体的主体性，以及教师之间的经验共享。合作文化的某些功能依赖于个人主义文化的优势，即有利于培养后现代教学所需要的核心能力——独立判断、自主抉择和创新能力。"① 这些能力为教师合作中贡献个人的独特想法、独特观点提供了前提条件，为合作共享提供独特智慧。

第三节　教师动力论

教师动力论的研究对象指向教师"教育影响"，指向"教育影响"效能的提升，指向教师发展。教师对学生施加的任何"教育影响"都需要以教师素质为基础。而教师素质表现为"教育影响"的潜在能量和内在动力，表现

---

① 邓涛. 论个人主义教师文化及其变革 [J]. 比较教育研究, 2007 (6): 26-30.

为教师的效能感，表现为教师的理智动力、情感动力和意志动力，表现为各子范畴中的信仰动力、成就动力和道德动力。

一、人的动力分类

斯宾诺莎最早提出情感动力的思想。康德提出意志动力的问题。黑格尔提出，需要、本能、兴趣和热情是人的原动力。马克思说，"激情、热情是人强烈追求自己的对象的本质力量。"恩格斯认为，感觉、思想、动机、情感、意志等精神因素可以成为人行动的精神动力。[①] 人的动力本质上是一种精神动力，可以从多个方面做出划分。从人的生活动力看，可分为内驱动力、思想活力、潜在能力。从人的心理机制看，可分为理智动力、情感动力、意志动力。理智动力又可分为理性动力和知识动力；理性动力又表现为定向力、支撑力和创造力；知识动力表现为潜在动力和智慧动力。情感动力又可表现为激发力、感染力和凝聚力。意志动力又可分为自决力、自制力、果断力、主动力、调节力、忍耐力、约束力等。从动力来源看，可以分为信仰动力、成就动力和道德动力。信仰动力可表现为定向力、支撑力、感召力；成就动力可表现为内驱动力、定向力和创造力；道德动力又可表现为定向力、规范力、调节力、感染力、互动力。从精神动力的表现形式看，可以分为精神创造力、精神凝聚力、精神约束力。从动力作用方式看，可以分为影响力、作用力和推动力。影响力又可分为导向力、引领力、感召力和规范力；作用力又可分为支撑力、激发力、调节力、互动力和思想活力；推动力又可分为维持力、促进力和驱动力。

二、教师动力的表现形式

一是教师个性特征研究中的热情、激情等情感动力；二是教师行为研究中的态度、条理性、气质、期望、积极的情感等理智动力和情感动力；三是教师德性研究中的关怀、公正、宽容、爱心、责任感、真诚、敬业、正直、

[①] 骆郁廷. 精神动力论 [M]. 武汉：武汉大学出版社, 2003：10-13.

善良等理智动力、情感动力和意志动力；四是教师信念、知识、思维、能力等研究中的理智动力、意志动力、情感动力；五是教师精神、教师文化、教师学习研究中情感动力、意志动力和理智动力以及发展性的内驱动力。六是教师主体性研究中的教师主体性，既是一种理智动力，又是一种意志动力。

各种表现形式的动力之间有关联性、交替性和渗透性。教师的道德动力和情感动力、理智动力有关联性和渗透性；教师的信仰动力首先与理智动力有关联性，与意志动力和情感动力也有关联性；教师的成就动力与理智动力、情感动力和意志动力既有关联性，也有渗透性。

三、教师动力的逻辑分析

1. 潜在动力——"教育影响"的前提条件

（1）教师的热情、激情、条理性、富有想象力、灵活应变、稳定的情绪等个性特征就是一种潜在的"教育影响"因素。其动力机理在于教师个性特征中的情感因素与认知因素的互动性，是激发出来的"活力"。

（2）教师的诱导、应答、反应和强化等互动行为以及民主式互动风格是影响教学效果的关键性因素。教师作为学生发展促进者、学生发展引导者的角色行为对学生发展的影响是潜在的、持久的和深刻的。"互动"是"教育影响"得以发生、持续和深化的动力机制。

（3）有效地教授教材的知识、有效地进行师生沟通、良好的教材组织能力、激励学生学习动机的能力、和蔼可亲的态度、教室管理的技巧等六项教师效能表现是"教育影响"的具象化表征，从根本上为"教育影响"营造了良好的心理氛围和外在学习条件。教师效能会影响教师的教学态度、教学策略等，因此教师效能自然会影响学生的学习，影响学生的学业成就。"效能"表现为引领力、激发力、感染力和规范力。

（4）教师期望是教师通过各种态度、表情和行为表达出来并传达给学生的，教师期望通过影响学生的认知而对学业成就动机产生影响，这种影响较之对学业成绩的影响更为直接和显著。因此，教师期望具有激励功能、调整功能和转化功能。教师期望对学生的"教育影响"有其独特性的功能体现。

"期望"就是通过心理暗示产生的引领力、激发力、感染力。

综合以上四条，教师个性、教师行为、教师效能、教师期望、教师形象等研究是对教师"教育影响"之前提条件的研究。

2. 内生动力——"教育影响"的素质基础

（1）教师德性是教师道德情感和道德理性的综合体，是一种道德动力。教师德性的意向成分和能力成分，具有内在性和超越性，表现为理智动力中的定向力、支撑力、调节力；教师德性的情感成分，具有自律性，表现为情感动力中的激发力、规范力和感染力。教师德性的这种结构和性质使其具有唤醒教师良心、促使教师自由和保障教师责任的内在价值。教师德性从品性上奠定了教师"教育影响"的基础，是教师提高"教育影响"效能的支撑性力量。

（2）教师信念是个体基于已有的经验所建构出来的一种思想及行动指标，含有认知、情感和行为等成分，是认知、情感和意志的融合统一。教师信念结构主要包括教师效能（影响学生的自信心），知识的本质（本体论信念），激发教师产生某一行为的原因（归因、控制点、动机等），自我觉知和自我价值感（自我概念和自我尊重），自我效能（个体完成任务的自信心）以及一些具体科目的信念（如阅读指导、阅读本质等）。教师信念的结构和特征决定了信念具有理智动力、意志动力、情感动力。教师自我效能感作为一种内在的心理体验与感受，是促进教师自主发展的重要内在动力机制。

（3）教师主体性体现了教师主体意识、主体能力、生命自觉的存在状态，包括教师的自主性、能动性和创造性，因而教师主体性是教师创造性的动力支持和能力支撑。教师的主体性"教育影响"以"主体间交往"活动的方式，培养学生能动的、非顺从的、非保守的精神状态，既表现为理智动力中的定向力、支撑力、调节力，又表现为情感动力中的激发力、规范力和感染力。

教师的身份认同，就是通过个体的自我积极建构，促使教师在多重角色扮演中对"是"与"应该""能够"与"必须"之间做出自主选择，确立教师内在的主体性，实现作为"人"的教师和作为"教师"的人的统一。可见,教师身份认同与教师主体性一样,是教师生存发展的内驱动力。

(4)知识是观念的基础和组成部分,也是人的素质的基础和组成部分。教师知识是教师素质的构成成分,也是素质的认知基础,是教师"教育影响"的载体和前提条件,是潜在的理智动力。然而,"为什么教师学了教育学、心理学,还是不会教书?"这是因为知识不够全面,缺少实践性知识,缺少个人实践知识,缺少"实践智慧"。这些实践性知识包含着教师对学生的"教育学理解"和对情境的"敏感性",是教师"教育影响"的关键环节。(见第八章第二节)

(5)教师的思维与教师的知识、能力密切相关。教师思维是教师对学生"思维训练"的基础,是教师"教育影响"的具体方式,也是教师教学中"计划、决策、诊断、反思和问题解决"的方法运用。"教师思维是属于教师高层次的能力",包括定向力、支撑力、调节力和创造力。教师思维品质是教师能力素质中影响教学成效最重要的因素。教师的知识和经验是其教学问题诊断能力的重要影响因素。问题解决能力是教师教学专长发展的核心。教学监控能力是影响教师教学效果的关键性因素。(见第八章第四节)

教师的"教育影响"内在地蕴含着教师如何判断自己采取的"教育影响"行动是否合理、合情的心理因素。教师的判断和行动决策以信念和知识为基础,以思维品质和思维方式为依据,以能力为支撑。知识、思维、能力是理智动力的构成和基础,表现出定向力、支撑力、调节力、激发力、感染力和思想活力。

综合以上五条,教师德性、教师信念、教师主体性、教师知识、教师思维、教师能力、教师教学监控能力、教师实践智慧、教师教学专长研究等是对教师"教育影响"之素质基础的研究。

3.思想活力——"教育影响"的精神支撑

(1)教师情感与教师认知具有互动性的逻辑关系,情感具有认知优化、认知深化、认知内化的功能,对教师的信念、决策、行为以及自我认同和身份认同方面有重要的影响。在教师对学生的"教育影响"中,情感起着增进影响效能的作用。教师关切情感通过纠正、促进、激发、引领、感召的方式对学生施加"教育影响"，表现出促进力、激发力、引领力、感召力。

（2）教育情怀是一个体现教育关系的概念，是"爱、信任、希望、责任感"等一系列情感的综合性体验，具有知识性、价值性、情感性等特征。这种综合性体验是提高"教育影响"效能的动力机制。"从教意愿"表达了"教育影响"的高度自觉。"大爱之情"表达了"教育影响"的深厚情感。既表现出定向力、引领力、激发力、调节力，又表现出感染力、规范力、互动力和凝聚力。（见第九章第二节）

（3）教师专业精神是包含着道德情感、科学态度、反思意识、专业信念的综合性精神现象，引领教师践行自主、服务、责任、敬业、创新和合作的专业价值，帮助教师以理性、专业、道德的视角解决教学中的问题，促进学生成长。具有提升"教育影响"效能的多重动力，既包括内驱力、又包括思想活力，还包括定向力、引领力、规范力、调节力、互动力和创造力。

（4）教育家精神既是对教师精神状态"实然"的高度概括，又是对教师精神状态"应然"的阐释，集中反映了一代又一代人民教育家在长期的教育教学实践中所展示出来的坚定信念、崇高人格和专业能力。教育家精神以教师情感为基础，以教育情怀为支撑，以专业精神为核心，以教师德性为底蕴，蕴含了提升"教育影响"效能的全部精神力量，是立德树人根本任务的行动指引。

综合以上四条，教师情感、教育情怀、专业精神、教育家精神等精神现象研究是对教师"教育影响"之精神支撑的研究。教师德性、教师信念、教师主体性、教师身份认同、教师劳动的创造性也是对教师"教育影响"之精神支撑的研究。

4. 发展动力——"教育影响"的价值导向

（1）教师文化是教师在教育教学实践中体现出的具有生活关联性、多主体性、交往性、自觉性、合作性等特征的一种文化。教师文化强调合作，倡导学习共同体，主张塑造共同价值观。教师文化具有人格塑造功能、团体凝聚功能、专业学习功能、民主管理功能和社会伦理发展功能。教师文化通过教师之间开展合作、对话、互动、探究、反思等活动，对教师的发展和"教育影响"效能提升具有全面促进作用。

（2）教师学习是与教师专业发展相联系的实践活动，是教师知识、信念、思维、能力、情感、德性、身份认同诸方面都有提升的综合性活动。教师学习的目的指向了"学会教学"，指向了对学生学习的有效指导，指向了提升"教育影响"的效能，明确了"合作""发展"的价值导向。教师学习改变了传统教师培训活动方式，使教师从学习的被动性和单一性中走出来，强化了教师学习与教师素质之间的逻辑联系，使教师发展走上了自主、合作、共享的新路。

综合以上两条，教师文化、教师学习都指向了"合作学习"，是对教师"教育影响"之发展性动力的研究，也是对教师发展的价值导向的研究。

四、教师动力的关键点分析

根据以上分析，教师动力是一个复杂的系统，具有多样性、潜在性和精神性特点。欲使教师动力作用有效发挥，必须借助一些关键环节，让教师掌握"实践的知识基础"，直接抓住要领，重点学习，深化理解，加深体验和促进内化，以助推教师专业发展。在学者们对新手教师和专家型教师的比较中，可以发现，二者存在着如下几方面的差异。一是新手教师的知识基础比较薄弱，特别是实践性知识更加稀缺，如有关学生理解的知识，有关教学情境的知识，教学策略性知识，教学问题的判断性知识；二是新手教师对所学到的现有知识不能灵活运用，各类知识之间联系不起来，尤其是对陈述性知识与程序性知识之间联系不起来，而专家型教师则对各类知识的联系较为娴熟，且形成了相互作用的，易激活的教学图式；三是新手教师与专家型教师最大的不同是思维方式。专家型教师具有"直面挑战—持续学习—解决问题—追求理想"的思维方式。[①] 新手教师则不会长时间专注、执着地研究一个问题，也不会去突破原有思维定式；四是新手教师与专家型教师在教学能力方面的差距。专家型教师在教学监控能力的四个维度上，即计划与准备性、调节与

---

① 陈静静，许思雨，谈扬. 专家型教师的理想指标、发展历程与关键动力：基于扎根理论的模型建构［J］. 教师教育研究，2024（1）：64-70.

控制性、评价与反馈性及课后反省性以及监控等方面都有丰富的实践智慧，而新手教师还难以做到；五是新手教师与专家型教师在教学行为方式上有很大差距。专家型教师对教学情境的分析、学生问题的应对、解决问题的方式、特点及教学风格上，表现出准确性、灵活性和创造性，新手教师则无法达成；六是新手教师与专家型教师在教学问题的理解深度上不同。专家教师比新手教师能够在更深的层次上理解问题。新手教师对问题的理解是浅层的。范梅南提出了教育性理解的敏感性、洞察力和同情性。专家型教师在这方面表现得非常到位，而新手教师做不到。这个比较研究成为我们确定教师动力的关键点的依据。

1. 教师实践性知识

教师实践性知识是教师从自身的经验中学到的知识，是从行动中反思探究得来的知识，是理论反思和实践经验相结合的知识，是直觉的和缄默的，基于实际情境的知识。这种知识带有教师个人特点，是个人对教育关系和教育情境的"教育学理解"，因此是教师个人实践知识。这种知识解决教师自我认识与自身行动之间的关系问题，即解决"学会了教学的所有技术却仍然不适合做教师"的问题。因此，把教师实践性知识作为教师动力的关键点。（见第八章第二节）

2. 教师实践智慧

教师实践智慧是指教师在实践中知道怎样做的知识和经验，是一种对策略性知识的理解，是面对复杂性情境时能够超越特定原理的专业判断和决策。属于教师实践性知识中的核心部分。实践智慧在教师德性、教育情怀同教师的教学机智之间建立起了逻辑联系。关键在于，实践智慧强调教师对教育情境的感知力，对学生学习困惑的敏感性和对解决复杂问题的洞察力。叶澜教授认为，实践智慧集中表现在教育、教学进行的具体情境中，教师感受、判断处于生成和变动过程中随时可能出现的新状态、新问题的能力；准确把握教育时机和转化教育矛盾、冲突的机智；迅速做出教育决策和选择，根据实际对象、情境和问题，改变、调节教育行为的魄力。（见第八章第二节）

3. 教师思维方式

教师的思维方式，是指教师在教育实践过程中根据一定文化知识、教育观念和思维方法等认识教育和解决教育问题的较稳定思维方式。教师思维方式存在缺陷，会影响教师对教育关系的理解，会影响教师对课堂教学问题的分析和对复杂教学问题的判断，会造成教师理性自觉与反思意识的缺失，会造成教师对新的教育观念的拒斥，难以形成专家型教师思维。因此，教师思维方式变革是教师动力的关键点。

4. 教师教学专长

教学专长是专家型教师经过长期教学实践而获得的实践性知识和处理复杂问题的能力，包含知识结构、教学能力、专业发展能动性等三种构成要素。（见第八章第五节）课堂教学能力是教师教学专长的核心能力。问题解决能力是教师教学专长发展的核心问题。教师教学专长发展的实质是问题解决能力不断发展和提高的过程。教师教学专长具有生长性，是随着经验的积累不断发展的，具有职业情感、责任感、自我导向学习、持续反思、自主创新等动力来源。因此，教师教学专长是教师动力的关键点。

5. 教师自我效能感

教师自我效能感是指教师对教育价值、对自己做好教育工作与积极影响儿童发展的教育能力的自我判断、信念与感受。教师自我效能感以自我能力的信念为主导，有利于教师工作动机的激活、维持与强化以及努力程度与情绪调控，有助于教师生成正确的困难知觉和情境判断，为自己设定和选择富有挑战性的任务与目标，因而有助于教师内在潜能的全面挖掘和利用。教师自我效能感还是教师身心健康、个人幸福的重要影响因素。因此，教师自我效能感是教师动力的关键点。

6. 教师教学监控能力

教师教学监控能力是指教师为了保证教学的成功、达到预期的教学目标，而在教学的全过程中，将教学活动本身作为意识的对象，不断地对其进行积极、主动的计划、检查、评价、反馈、控制和调节的能力。通过教师自我反馈、专家反馈、学生反馈和同行反馈等形式，促使教师更客观地认识和评价自己的教学过程和教学效果。教师教学监控能力是影响教师教学效果的关键性因素。因此，教师教学监控能力是教师动力的关键点。

7. 教师合作文化

教师合作文化是教师专业发展过程中克服个人主义文化局限性而发展起来的理想文化形态。个人主义文化因教学的"私密性"而阻碍了教师之间的知识分享，导致了教师封闭的心智模式，给教师之间的交流与合作带来了许多阻力。教师合作文化倡导共同的愿景、共享的目标、共担的责任，核心在于共享的价值与信念。教师群体利用众人的智慧来联合攻克共同面临的教育实践难题。教师合作文化应珍视和利用教师个人的独立判断、自主抉择和创新能力，尊重个人的独特见解；在合作的文化氛围中，开放性的对话和讨论，会使每一位教师的思想得到启迪，吸收他人的经验和想法，教学行为得以改善；同事的思想和良好的建议，会成为教师专业发展的重要资源。教师合作文化，不仅使教师获得理智动力，还会获得情感动力以及互动动力。因此，教师合作文化是教师动力的关键点。

8. 教师专业学习共同体

教师专业学习共同体的内核是专业学习。核心要素是共享的目标、合作活动、关注学生学习、分享实践和反思对话等五个维度。教师们通过深度参与、反思对话、自主探究、资源共享，同事之间的交流、切磋和琢磨，在不同视角的碰撞中，克服一己之局限性，促进知识在内外部认知结构之间、新旧认知结构之间、主体之间的多重转化，从而实现思维的拓展、理解的深化、知识的增值，获致教师共同理念与共同身份的形成。共同体中的学习是集体学习，超越了个体学习的单一知识成果的局限性。除了知识之共享、经验之共享外，还有意义之共享。这就是作为教师动力的关键点之所在。

第四节　教师教育改进论

佐藤学从教师的经验去认识理论与实践的关系，立足于教师自身的认知、见识、信念，引入"反思性实践"的概念，体现了实践性探究的立场。实践性探究的立场，是从三种关系来理解教育实践。一是同客观世界的认识论关系看，教育实践是"认知性、文化性实践"；二是同他者的社会性关系看，教育实践是"社会性、政治性实践"；三是同自己的伦理性关系看，教育实践是"伦理性、实存性实践"。① 库姆斯认为，给师范生单纯传授教学方法的做法是不可取的。因为教学情境的多样性和学生特征的多样性，方法的运用变得复杂起来。如何让师范生能够判定"方法的适合性"，就必须建立师范生个人的信念体系。"这类个人的信念体系为教学方法的选择和问题情境中可能需要的创造力提供了可靠的基础。"② 从这种立场出发，考察以往教师教育过程、模式和途径，可以发现诸多需要改进的方面。

一、教师教育课程体系改进

鉴于教师教育的"双学科"和"双专业"特征，做分层次考察。

1. 关于教师教育课程设置

以往教师教育课程的特点是：学科课程占比很大，教育课程占比较小，实践课程更为薄弱。足以说明以往的教师教育课程设置是"学术取向"的、重"学科"的、以"去实践"为特征的。这种取向的课程使培养的师范生对学校教育实践所知甚少，进入教学第一线，还很难适应，需要重新学习。教育部颁布的《教师教育课程标准（试行）》，已经纠正了这种取向，提出"强化实践意识，关注现实问题"。为此，增开与教育实践相关的课程，如儿童发展知识、课程教学知识、学科教学知识与能力、教学策略性知识、案例知识、课例研究方法、教育叙事研究、教学理论等。这就要求调整各类课程设置的比例，强化教育类课程的多样化设置。

2. 教师教育课程体系优化

一方面是学科课程的教育心理学化。即"关注学科知识的教学维度"。学

---

① ［日］佐藤学. 课程与教师［M］. 钟启泉，译. 北京：教育科学出版社，2003：13.

② 库姆斯. 师范教育的新设想［J］. 殷普农，译. 华东师范大学学报（教育科学版），1989（4）：1-7.

科课程要侧重于学科教学知识的生成，通过教学研究与学生知识、课程知识、评价知识、一般教学法知识相结合，生成学科教学的类比、图解、例证、解释和演示等知识材料。还包括学生在学习中的错误理解及教师基于纠错而运用的策略知识。① 一方面是强化教师教育理解方面的理论课程，如教育价值、教师思维、教师德性伦理、责任伦理、专业伦理、教师审美等方面的课程。这些课程的设置旨在建立师范生的信念体系。特别是"有关教学的道德与伦理的知识"需要加强，以克服现实中存在的"教师伦理角色缺位"问题。

另外，随着人工智能的发展和科学知识的爆发性增长，知识累积性和记忆性的学习方式已远远不能适应社会发展的需要。因此，必须改变学生的学习方式，让学生掌握现代脑科学与学习研究的成果，掌握现代学习理论，必须增开学习科学课程。

3. 强化实践性教学环节

根据教育部《关于加强师范生教育实践的意见》，"将教育实践贯穿教师培养全过程，整体设计、分阶段安排教育实践的内容，精心组织体验与反思，促进理论与实践的深度融合。"必须以教育见习、实习和研习为主要模块，构建包括师德体验、教学实践、班级管理实践、教研实践等全方位的教育实践内容体系。因此，①教育实习的时间应该延长，确保六个月，确保师范生有足够的理解、反思、体验的时间。②师范生对教育学、心理学知识学习，必须引入情境学习方式，关键还要结合实践情境，基于案例的学习去理解、去体验、去反思。③让师范生以"合法的边缘参与者"身份参与教师学习共同体的研习活动，增加师范生的角色理解、体验和自我认同的机会。④加强师范生的"主题见习"，即把理论学习和见习结合起来，把主题"转化"为问题，让师范生带着"问题"去见习、去理解、去体验，才能使见习和实习成为"转化"的现场，才能积累个人实践知识，形成教育教学技能，才能提高师范生教学分析、教学判断、教学决策、教学反思的能力。

---

① ［美］舒尔曼. 实践智慧：论教学、学习与学会教学［M］. 王艳玲，王凯，毛齐明，等译. 上海：华东师范大学出版社，2014：138.

二、教师教育模式改进

教师教育模式改进，分为三个层面。一是师范院校办学模式，如"教师教育学院模式"；二是人才培养模式，如"协同式培养模式""多元途径个性化培养模式"；三是专业教学模式，如"任务导向的探究教学模式""案例教学"等。

1. "教师教育学院"模式

教师教育综合化改革以来，我国师范院校创立了九种教师教育模式。纵观教师教育模式的历史经验，总体上可分为"分段式"和"贯通式"两种模式。"分段式"是在强化学科教育"学术性"基础上，集中时间强化教育专业培养；"贯通式"是学科教育和教育专业培养在四年内贯通，有利于两种教育的融合。各有优缺点。一些地方整合校地优质教师教育资源，组建教师教育学院形成了"教师教育学院"模式。①"教师教育学院"模式是本科师范院校在校内设置教师教育的二级学院，其职责定位是：专门的教师培养机构；教师教育研究机构；教师专业发展基地；教师资格认证机构；高师院校与中小学互动的桥梁和纽带。其培养模式是以"分段式"为主体，强化"师范性"、在学科专业基础上融入教师职业内容的教师教育发展的新模式。但这种新模式由于集中了学科教学论研究的力量，攻关学科教学的共性问题，因而对于学科教学论课程的教学仍可实行"贯通式"培养，有利于学科内容知识与教学法知识的融合，有利于学科教学知识的生成，有利于师范生的认知联通、深刻理解和即时体验，为师范生创设一个情境化的教学经历和激励反思的教学策略。

2. "G-U-S"协同创新人才培养模式

当前师范院校培养模式的特点，一是过于注重专业教育，轻视通识性文化知识教育；二是过于专注学科知识学习，忽视学科知识与教学法知识的渗透；三是过于重视课堂传授，轻视多元途径的实践教学。为了提高师资人才

---

① 韩延明. 综合化进程中地方高师院校教师教育模式改革探议 [J]. 教师教育研究, 2011 (1): 1-6.

的社会适应性和职业胜任力,一些地方和师范院校本着"行业深度参与人才培养过程"的思路,试行在职前教师培养过程中,从封闭走向开放、从单一途径走向多元途径,与中小学校协同培养教师。一是建设教师教育基地。加强教师教育专业实验室、实训中心、实习基地建设。二是建设现代教师学习与资源中心。以政府为主导的教师学习与资源中心主要承担县域学前和基础教育教师的培训任务,负责教师继续教育的管理和师范生实习基地的建立与监管工作。三是推进卓越教师培养。设置以"强调实践教学环节、培养卓越教育教学能力"为特色的课程体系,着力提高师范生的任教适应能力、教育科研能力、教育管理能力。四是推行"双导师制"。每十名左右的师范生配备一名校内指导教师和一名中小学校的指导教师,对学生教育知识与技能习得的指导。五是建立教师教育者参与中小学教学实践的专门化制度。让教师教育者及时了解中小学校发展状况,把握基础教育课程改革的最新走向,明确中小学校对教师的素质要求,适时调整教师教育的工作目标和内容。六是提倡承担教师发展任务的中小学在师范院校培养目标制定、课程体系设计、课程资源建设、课题合作等方面献计献策;定期邀请这些学校的专家型教师到师范院校讲学。

3. 注重学生参与的探究式教学模式

探究式教学模式以问题解决为中心,有利于学生的思维能力培养。探究式教学模式就是要改变以讲授为主的教学方式,以促进师范生积极参与、主动获得知识和体验为目标,采取课堂讨论、小组合作学习、问题探究、教学观摩等有利于学生主动性发挥的教学方式。探究式教学模式涵盖着案例教学。案例教学的基本原则是能力为重、实践体验、高度参与。因此,案例教学的基本原则不能止步于案例讨论,学生还应对讨论情况进行分析整理,写出案例分析报告。在探究式、案例式教学模式中,教师的作用是引导学生基于问题、情境、案例组织深度讨论,激发学生的思维火花;学生的任务是思考、质疑、发言、争辩、体验、反思。此外,要加强见习、说课、案例分析、片段模拟教学以及教学反思等实训教学,让师范生通过专业认知、实践体验、实训作业、现场实习等多种学习途径,从现实感知、实践体验、信息加工、交往对话等多种学习方式中获得真知识、真体验。

师范生的培养要着眼于"教师是研究者"这一定位，把课例研究作为一种教学工具，渗透于学科教学法课程和教育实习之中。具体做法可以借鉴上海高师院校的经验，也可以借鉴英美学校的经验，采用"课例研究"的形式和方法，组织师范生进行相关主题的探究，帮助师范生学会如何上课和组织教学，帮助师范生理解教育理论和策略在实际教学情境中的应用，帮助师范生批判性地思考自己的教学实践，以积累实践性知识。首先是指导教师为师范生讲解课例研究的含义以及如何应用课例研究；其次是师范生小组制定课例研究的主题和计划；再次是师范生具体观察课例的实施，可以看成熟教师的课例录像，也可以观看某一师范生的课例；复次是针对课例的实施效果、教学内容和学生参与度以及如何改善学生学习进行反思性讨论；五是修改课例研究计划；六是再次评估课例，写出课例分析报告。

三、师范生的实习模式改进

教育实习是师范生建构教育实践知识、体认教师专业发展的核心课程。教育实习被看作是师范生求知需要的"引发源"，是师范生"探索理论与实际间的关系的媒介"，还是师范生"探索和发现自己在教学角色中的自我"的"机会"。[①] 师范生实习改进拟从如下几个方面入手：一是实行"定岗实习，置换培训"的模式。师范生到农村中学顶岗实习，得到全方位的锻炼；农村中学教师重返高校接受培训，加快专业发展进程。顶岗实习中，师范生始终以"教师"的身份与中学生在一起，全方位提升师范生的教学体验和从教能力，强化师范生"实习教师"的角色意识和职业认同感。二是优化双师联动的教育实习指导队伍。既要建立稳定的"双师型"教育实习指导教师队伍，同时又要建立"双师联动"指导机制，确保师范生教育实习全过程的有效指导。教育实习要开展"教学研讨""案例分析""活动分析"等情景式教学形式，给师范生营造丰富多彩的教育教学情境，让师范生围绕课堂上的事实和

---

① 陈时见，刘凤妮. 师范生教育实习的目标定位与实践路径 [J]. 教师教育研究，2022（2）：15-21.

现象，发现教学中的问题和困惑，反思教育教学的经验与改进，并通过与指导教师及其同伴的交流互动，形成具体的行动策略，从而帮助师范生内化与建构实践知识。[①]三是拓展学生实习的内容。师范生在与有经验教师的互动中学习，不只是听课和试讲，应该参与教研活动、磨课评课、课例研究、综合实践活动、家校互动等；引导师范生自己对教育实践的理解，并对自己行为进行批判性反思；帮助师范生确立"学习教学"的观念；培养师范生从教育的角度而非单纯经验、常识的角度考量教学问题和师生关系问题，做出自己的判断。三是增加实践体验的责任。通过参与多样性的实践活动，培养形成师范生的教育情怀，促进师范生职业认同，建构他们对教育教学实践的深刻理解。不仅是听课、试讲的体验，而是参与活动的多维体验。建立师范生个人的信念体系，也需要结合问题情境去体验。因此，多维体验应该成为师范生的实习责任。四是在教学实习中，培养师范生的专业反思能力，增加反思性实践的机会，通过案例的研究和分析，生成个人实践性知识。五是改进教育实习成果考核。制定顶岗实习综合评价指标体系，从教学技能、教案撰写、对教材的把握能力、课堂组织能力、与学生沟通能力、与他人合作能力、教学效果、班主任工作、综合素质等多个方面展开评价，并形成对评价的过程性反馈。建立师范生教育实习档案。师范生实习文本除了教案、听课记录和教育调查报告，还应增加实践活动体会、教学反思和教育叙事等实习成果。

四、教师学习方式改进

以往教师专业发展活动中，也存在着教师的"学习活动"。但这种学习活动要么是对学习的理解过于狭窄，侧重于文字材料阅读，缺失了主动性；要么是轻视了学习的互动维度，偏向于"单打独斗"和被动参与；要么是对学习的心理机制理解不足，忽视了反思对话的作用，丢失了许多可以分享经验、观点和智慧的学习机会。因此，改进教师学习方式，必须构建教师专业学习共同体。这种学习方式，一是强调教师学习的主动性。除了教师专业学习共

---

① 陈时见，刘凤妮. 师范生教育实习的目标定位与实践路径[J]. 教师教育研究，2022（2）：15-21.

同体的专题学习之外,教师要主动阅读教育专著。教师还要主动的研究如何使学科教学的内容和教学法整合起来,探究"教学中的知识增长";二是强调合作和对话。合作与对话的任务是探究,是专业学习,从经验中进行学习,是结合教学问题的探究学习。教师之间通过互动对话、观摩、研修、专业指引等分享经验、分享观点、分享智慧,向同行学习。课例研究应该在教师专业学习共同体中进行,充分利用专家型教师的资源,通过共同体的互动和合作,实现课例成果的共享、反思改进和智慧提升;三是强调教师学习的目标指向是"学会学习""学会教学",学会对学生的学习指导。新手教师应从"教师的教育思维""教师的探究""教师对教育情境的理解"三方面把握应学习的知识内容。熟手教师应通过课例研究,探究学科教学知识的生成,探究把学科语言转化为教育语言的方式方法,探求更多的类比、图解、例证、解释和演示等学科教学知识材料。四是强调教师个人的深度反思。确立"教师是反思性实践者"的理念,不仅注重教师"从经验中学习",还要注重"通过反思来学习",在反思中获得问题意识的生发和思维品质的提升。反思有助于教师的自我认同和自我完善,也有助于教师"实践智慧"的生成。深度反思是与教师的专业写作分不开的。应把教师的反思成果看作学术成果。学习方式的改进,把合作互动、主动探究、深度反思等化为教师的习惯,将会对教师各方面素质提升起到极大的促进作用。

参考文献

著作类：

1. [美] 阿·麦金太尔. 德性之后[M]. 龚群,戴扬毅,译. 北京:中国社会科学出版社,2020.

2. [美] 安迪·哈格里夫斯. 知识社会中的教学[M]. 熊建辉,陈德云,赵立芹,译. 上海:华东师范大学出版社,2007.

3. [美] 奥苏贝尔,[美] 鲁宾逊. 教师的个性特征[A]. 瞿葆奎. 教育学论文集:教师[C]. 马立平,译. 北京:人民教育出版社,1991.

4. [美] 巴里·J.菲什曼,[美] 伊丽莎白·A.戴维斯. 教师学习研究与学习科学[A]. 剑桥学习科学手册[C]. 胡朝红,译. 北京:教育科学出版社,2010.

5. 班华. 中学教育学[M]. 北京:人民教育出版社,1989.

6. 北京师范大学教育系. 教学认识论[M]. 北京燕山出版社,1988.

7. [美] 布鲁巴克. 教育问题史[M]. 单中惠,王强,译. 济南:山东教育出版社,2012.

8. 蔡汀. 走进教育家:苏霍姆林斯基[M]. 北京:教育科学出版社,2007.

9. 陈奎熹. 教育社会学[M]. 台北:三民书局,1981.

10. 陈琦,刘儒德. 当代教育心理学[M]. 北京:北京师范大学出版社,2007(2).

11. 陈永明. 现代教师论[M]. 上海:上海教育出版社,1999.

12. 陈永明. 教师教育研究[M]. 上海:华东师范大学出版社,2003.

13. 陈友松. 当代西方教育哲学[M]. 杨之岭,林冰,蔡振生,等译. 北京:教育科学出版社,1982.

14. [德] 第斯多惠. 德国教师培养指南[M]. 袁一安,译. 北京:人民教育出版社,2001.

15. 邓洪波. 中国书院史[M]. 上海:中国出版集团东方出版中心,2004.

16. 刁培萼. 教育文化学[M]. 南京：江苏教育出版社，2000.

17. [美] 杜威. 民主主义与教育[M]. 王承绪，译. 北京：人民教育出版社，2001.

18. [美] 杜威. 我们怎样思维·经验与教育[M]. 姜文闵，译. 北京：人民教育出版社，2005.

19. [美] 杜威. 学校与社会·明日之学校[M]. 赵祥麟，任钟印，吴志宏，译. 北京：人民教育出版社，2005.

20. [美] 杜威. 教育中理论与实践的关系[A]. 教师教育研究手册（下）[C]. 范国睿，张琳，译. 上海：华东师范大学出版社，2017.

21. [波] 弗·兹纳涅茨基. 知识人的社会角色[M]. 郑斌祥，译. 南京：译林出版社，2012.

22. 冯契. 哲学大辞典[Z]. 上海：上海辞书出版社，1992.

23. 高时良. 《学记》研究[M]. 北京：人民教育出版社，2006.

24. [美] 格雷斯. 教师和角色冲突[A]. 瞿葆奎. 教育学文集：教师[C]. 戴玉芳，译. 北京：人民教育出版社，1991.

25. 郭志明. 美国教师专业规范历史研究[M]. 北京：中国社会科学出版社，2004.

26. 顾明远. 中国教育的文化基础[M]. 太原：山西教育出版社，2004.

27. 顾明远主编. 教育大辞典（增订合编本上）[Z]. 上海：上海教育出版社，1998.

28. 顾明远，等. 2004 中国教育发展报告：变革中的教师与教师教育[C]. 北京：北京师范大学出版社，2004.

29. [美] 亨利·吉鲁. 教师作为知识分子：迈向批判教育学[M]. 朱红文，译. 北京：教育科学出版社，2008.

30. [德] 赫尔巴特. 普通教育学[M]. 李其龙，译. 北京：人民教育出版社，2015.

31. 黄济. 历史经验与教育改革[M]. 北京：人民教育出版社，2004.

32. 黄济. 现代教育论（第三版）[M]. 北京：人民教育出版社，2012.

33. 黄志成. 被压迫者的教育学:弗莱雷解放教育理论与实践[M]. 北京:人民教育出版社,2003.

34. [瑞]胡森. 教育百科全书(教育社会学卷)[Z]. 刘慧珍,译. 重庆:西南师范大学出版社,2011.

35. 教育部课题组. 深入学习习近平关于教育的重要论述[M]. 北京:人民出版社,2019.

36. 靳玉乐. 现代教育学[M]. 成都:四川教育出版社,2005.

37. [美]G.威廉森·麦克迪尔米德等. 重思教师能力[A]. 教师教育研究手册(上)[C]. 赵晓莹,译. 上海:华东师范大学出版社,2017.

38. [美]卡罗尔·R.罗杰斯,[美]凯瑟琳·H.斯科特. 学习教学过程中自我意识与专业认同的发展[A]. 教师教育研究手册(下)[C]. 佘林茂,译. 上海:华东师范大学出版社,2017.

39. [美]卡尔·格兰特等. 教师教育中的教师能力与社会正义[A]. 教师教育研究手册(上)[C]. 赵晓莹,译. 上海:华东师范大学出版社,2017.

40. [丹]克努兹·伊列雷斯. 我们如何学习:全视角学习理论[M]. 孙玫璐,译. 北京:教育科学出版社,2014.

41. [美]科南特. 美国师范教育[M]. 陈友松,译. 北京:人民教育出版社,1988.

42. [捷]夸美纽斯. 大教学论[M]. 傅任敢,译. 北京:教育科学出版社,1999.

43. 联合国教科文组织. 学会生存:教育世界的今天和明天[M]. 比较教育研究所,译. 北京:教育科学出版社,1996.

44. 联合国教科文组织. 全球教育发展的历史轨迹[M]. 北京:教育科学出版社,1999.

45. 林崇德. 教育的智慧:写给中小学教师[M]. 北京:开明出版社,1999.

46. 刘捷. 专业化:挑战21世纪的教师[M]. 北京:教育科学出版社,2002.

47. 刘儒德,等. 心理学基础(2)[M]. 北京:教育科学出版社,2008.

48. 鲁洁,吴康宁. 教育社会学[M]. 北京:人民教育出版社,1990.

49. 鲁洁. 超越与创新[M]. 北京：人民教育出版社，2001.

50. 鲁洁. 德育社会学[M]. 福州：福建教育出版社，1998.

51. 陆有铨. 现代西方教育哲学[M]. 北京：北京大学出版社，2012.

52. [法]卢梭. 爱弥儿：论教育（上）[M]. 李平沤，译. 北京：商务印书馆，1978.

53. [英]罗伯特·R.拉斯克. 伟大教育家的学说[M]. 朱镜人，单中惠，译. 济南：山东教育出版社，2013.

54. [美]罗森塔尔. 教师期望及其对儿童的效应[A]. 瞿葆奎. 教育学文集：教师[C]. 张云高，译. 北京：人民教育出版社，1991.

55. [美]罗森塔尔，[美]雅各布森. 教师的期望：学生智商增高的决定因素[A]. 瞿葆奎. 教育学文集：教师[C]. 施良方，译. 北京：人民教育出版社，1991.

56. 骆郁廷. 精神动力论[M]. 武汉：武汉大学出版社，2003.

57. 马和民. 新编教育社会学[M]. 上海：华东师范大学出版社，2002.

58. [加]马克斯·范梅南. 教学机智：教育智慧的意蕴[M]. 李树英，译. 北京：教育科学出版社，2001.

59. [加]马克斯·范梅南. 生活体验研究：人文科学视野中的教育学[M]. 宋广文，译. 北京：教育科学出版社，2016.

60. [意]玛利亚·蒙台梭利. 蒙台梭利教育法[M]. 霍力岩，李敏，胡文娟，等译. 北京：中国人民大学出版社，2008.

61. 毛菊. 当代西方教师学习理论研究[M]. 北京：北京师范大学出版社，2019.

62. [美]内尔·诺丁斯. 学会关心：教育的另一种模式[M]. 于天龙，译. 北京：教育科学出版社，2014.

63. [美]帕克·帕尔默. 教学勇气：漫步教师心灵[M]. 方彤，译. 上海：华东师范大学出版社，2020.

64. [法]皮埃尔·布迪厄. 实践感[M]. 蒋梓骅，译. 南京：译林出版社，2012.

65. [法]皮埃尔·布迪厄，[美]华康德. 实践与反思：反思社会学导引[M].

李猛,李康,译. 北京：中央编译出版社,1998.

66. 钱民辉. 教育社会学概论[M]. 北京：北京大学出版社,2010.

67. 瞿葆奎. 教育学的探究[M]. 北京：人民教育出版社,2004.

68. [美] R. J. 斯滕伯格. 斯滕伯格教育心理学[M]. 岳晓东,译. 北京：机械工业出版社,2012.

69. [美] R. 基思·索耶. 协作会话分析[A]. 剑桥学习科学手册[C]. 任英杰,译. 北京：教育科学出版社,2010.

70. [法] S. 拉塞克,[法]G. 维迪努. 从现在到2000年教育内容发展的全球展望[M]. 马胜利,高毅,周南照,桑新民,等译. 北京：教育科学出版社,1996.

71. [美] 沙伦·费曼–尼姆塞尔. 教师学习：教师如何学会教学?[A]. 教师教育研究手册(下)[C]. 佘林茂,译. 上海：华东师范大学出版社,2017.

72. 单中惠. 杜威在华教育演讲[M]. 北京：教育科学出版社,2007.

73. 单中惠,朱镜人. 外国教育经典解读[M]. 上海：上海教育出版社,2005.

74. 施良方,崔允漷. 教学理论：课堂教学的原理、策略与研究[M]. 上海：华东师范大学出版社,1999.

75. 施良方. 学习论[M]. 北京：人民教育出版社2001.

76. 苏真. 比较师范教育[M]. 北京：北京师范大学出版社,1991.

77. [苏] 苏霍姆林斯基选集[M]. 蔡汀等,译. 北京：教育科学出版社,2001.

78. [苏] 苏霍姆林斯基. 给教师的建议[M]. 杜殿坤编译. 北京：教育科学出版社,2000.

79. [苏] 苏霍姆林斯基. 帕夫雷什中学,苏霍姆林斯基选集(第4卷)[M]. 蔡汀等,译. 北京：教育科学出版社,2001.

80. [苏] 苏霍姆林斯基. 怎样培养真正的人,苏霍姆林斯基选集(第2卷)[M]. 蔡汀等,译. 北京：教育科学出版社,2001.

81. 孙培青. 中国教育史[M]. 上海：华东师范大学出版社,1992.

82. 陶行知. 陶行知教育文集[M]. 成都：四川教育出版社,2017.

83. 王道俊,郭文安. 教育学(第六版)[M]. 北京：人民教育出版社,2009.

84. 王天一. 外国教育史[M]. 北京：北京师范大学出版社，1993.

85. 王正平. 中外教育名言新编[M]. 上海：复旦大学出版社，2013.

86. 吴康宁. 课堂教学社会学[M]. 南京：南京师范大学出版社，1999.

87. 吴式颖. 外国教育史教程[M]. 北京：人民教育出版社，1999.

88. 吴式颖. 外国教育思想通史（第二卷）[M]. 长沙：湖南教育出版社，2002.

89. 吴式颖. 外国教育思想通史（第三卷）[M]. 长沙：湖南教育出版社，2002.

90. 吴式颖，任钟印. 外国教育思想通史（第五卷）[M]. 长沙：湖南教育出版社，2002.

91. 吴式颖，任钟印. 外国教育思想通史（第六卷）[M]. 长沙：湖南教育出版社，2002.

92. 吴式颖，任钟印. 外国教育思想通史（第七卷）[M]. 长沙：湖南教育出版社，2002.

93. 吴式颖，任钟印. 外国教育思想通史（第九卷）[M]. 长沙：湖南教育出版社，2002.

94. [俄]乌申斯基. 人是教育的对象：教育人类学初探[M]. 郑文樾，译. 北京：人民教育出版社，2007.

95. [美]西克森米哈利，[美]麦科马克. 教师的影响[A]. 瞿葆奎. 教育学文集：教师[C]. 吴慧萍，译. 北京：人民教育出版社，1991.

96. 谢维和. 教育活动的社会学分析[M]. 北京：教育科学出版社，2000.

97. 谢翌，张释元. 教师文化论[M]. 北京：中国社会科学出版社，2012.

98. [美]小威廉姆·多尔. 后现代课程观[M]. 王红宇，译. 北京：教育科学出版社，2000.

99. 肖前，杨耕. 唯物主义者的现代形态：实践唯物主义研究[M]. 北京：中国人民大学出版社，2012.

100. [美]休·索克特，等. 教师教育的道德目的与认识论目的[A]. 教师教育研究手册（上）[C]. 张斌，译. 上海：华东师范大学出版社，2017.

101. 徐碧美. 追求卓越：教师专业发展案例研究[M]. 北京：人民教育出版社，2003.

102. 徐志刚. 论语通译[M]. 北京：人民文学出版社，1997.

103. 许椿生. 简谈历史上教师的作用和地位[A]. 瞿葆奎. 教育学论文集：教师[C]. 北京：人民教育出版社，1991.

104. [古希腊]亚里士多德. 尼各马可伦理学[M]. 廖申白，译. 北京：商务印书馆，2016.

105. [德]雅斯贝尔斯. 什么是教育[M]. 童可依，译. 北京：生活·读书·新知三联书店，2021.

106. 叶澜. 教师角色与教师专业发展[M]. 北京：教育科学出版社，2001.

107. 叶澜. 教育研究方法论初探[M]. 上海：上海教育出版社，2014.

108. 易凌云. 教师个人教育观念[M]. 北京：教育科学出版社，2010.

109. 袁振国. 当代教育学[M]. 北京：教育科学出版社，1998.

110. 于泽元. 课程变革与学校课程领导[M]. 重庆：重庆大学出版社，2006.

111. [新西兰]约翰·哈蒂. 可见的学习：对800多项关于学业成就的元分析的综合报告[M]. 彭正梅、邓莉、高原、方补课，译. 北京：教育科学出版社，2015.

112. [新西兰]约翰·哈蒂. 可见的学习：最大程度地促进学习（教师版）[M]. 金莺莲，洪超，裴新宁，译. 北京：教育科学出版社，2015.

113. [苏]赞科夫. 和教师的谈话[M]. 管海霞，译. 武汉：长江文艺出版社，2021.

114. [美]詹姆斯·G.格里诺. 活动中的学习[A]. 剑桥学习科学手册[C]. 马祖苑，译. 北京：教育科学出版社，2010.

115. 张人杰. 国外教育社会学基本文选[M]. 上海：华东师范大学出版社，2009.

116. 章诗同. 荀子简注[M]. 上海：上海人民出版社，1974.

117. 赵祥麟. 外国教育家评传（2）[M]. 上海：上海教育出版社，1992.

118. 赵祥麟，王承绪. 杜威教育名篇[M]. 北京：教育科学出版社，2006.

119. 郑金洲. 教育文化学[M]. 北京：人民教育出版社，2000.

120. 郑雪. 人格心理学[M]. 广州：暨南大学出版社，2007.

121. 郑文樾. 学校的三个要素. 乌申斯基教育全集（2）[M]. 北京：人民教育出版社，1991.

122. 周钧. 美国教师教育认可标准的变革与发展[M]. 北京：北京师范大学出版社，2009.

123. 中国社会科学院语言研究所. 现代汉语词典（修订本）[Z]. 北京：商务印书馆，1996.

124. 朱小蔓. 情感教育论纲[M]. 北京：人民出版社，2007.

125. 朱旭东. 中国教育改革30年（教师教育卷）[M]. 北京：北京师范大学出版社，2009.

126. 朱旭东. 教师专业发展理论研究[M]. 北京：北京师范大学出版社，2011.

127. 朱智贤. 朱智贤全集（第五卷）：思维发展心理学[M]. 北京：北京师范大学出版社，2002.

128. [日]佐藤学. 课程与教师[M]. 钟启泉，译. 北京：教育科学出版社，2003.

论文类：

1. 安方琪. 国外教师专业伦理规范建设及启示：基于教师专业伦理教育的视角[J]. 北京教育（高教），2014(10)：77-79.

2. 白益民. 高成效教师行为特征研究[J]. 教育研究与实验，2000(4)：31-37.

3. 班建武. 教育家精神的内涵解析与实践要求[J]. 人民教育，2023(18)：18-21.

4. 蔡亚平，钟振国. 教师教学行为中的伦理缺失现象分析[J]. 教育发展研究，2009(12)：77-80.

5. 车丽娜. 教师文化初探[J]. 教育理论与实践，2006(11)：45-48.

6. 车丽娜. 教师文化功能的多维审视[J]. 当代教育科学，2010(5)：31-33.

7. 车丽娜，徐继存. 教师文化建设的个案研究[J]. 当代教育与文化，2009(1)：74-80.

8. 陈桂生. 教师伦理价值：规范体系刍议[J]. 中国教师，2008(11)：12-16.

9. 陈桂生. 教师职业的形成[J]. 江西教育科研,2007(7):14-15.

10. 陈桂生. 略论师生关系问题[J]. 教育科学,1993(3):5-9.

11. 陈桂生. 师道辨析[J]. 河北师范大学学报(教育科学版),2008(5):86-87.

12. 陈建华. 教师教育观念转变的动态性[J]. 教育科学研究,2009(10):70-73.

13. 陈剑华. "'教授时代'的丧钟"和"教授万岁":对后现代主义教师观的思考[J]. 比较教育研究,1999(3):29-35.

14. 陈静静,许思雨,谈扬. 专家型教师的理想指标、发展历程与关键动力:基于扎根理论的模型建构[J]. 教师教育研究,2024(1):64-70.

15. 陈文心. 知识社会学:师生冲突的一种研究视角[J]. 海南广播电视大学学报,2011(3):90-93.

16. 陈秀玲. 论教学思维方式的变革[J]. 江西教育科研,2006(4):63-65.

17. 陈向明. 对教师实践性知识构成要素的探讨[J]. 教育研究,2009(10):66-73.

18. 陈向明. 实践性知识:教师专业发展的知识基础[J]. 北京大学教育评论,2003(1):104-112.

19. 陈向明. 优秀教师在教学中的思维和行动特征探究[J]. 教育研究,2014(5):128-138.

20. 陈晓端,龙宝新. 教师专业学习共同体的实践基模及其本土化培育[J]. 课程·教材·教法,2012(1):106-114.

21. 程红兵. 课堂教学的哲学式追问[J]. 上海教育,2014(11A):71.

22. 程晓樵,吴康宁. 教师课堂交往行为的对象差异研究[J]. 教育评论,1995(2):11-13.

23. 褚宏启. 改善教师的思维方式与工作方式[J]. 中小学管理,2021(9):60-61.

24. [英]丹尼尔·巴塔尔. 教师的行为对学生归因的影响[J]. 王新玲,译. 心理发展与教育,1987(10):38-41.

25. 邓晶晶,张辉蓉. 教师实践性知识:内涵解读与发展之道[J]. 当代教育科学,2013(19):29-31.

26. 邓涛,鲍传友.教师文化的重新理解与建构:哈格里夫斯的教师文化观述评[J].外国教育研究,2005(8):6-10.

27. 邓友超,李小红.论教师实践智慧[J].教育研究,2003(9):32-36.

28. 邓友超,李小红.确证教师教学主体性的三种路径[J].人民教育,2003(21):6-8.

29. 邓志伟.课程改革与教师文化重建[J].全球教育展望,2005(5):44-46.

30. 丁杰,王守纪.论教师的主体性:主体性教育的另一视角[J].教学与管理,2002(7):3-5.

31. 丁念金.论中国师道文化的重建[J].南京社会科学,2017(8):151-156.

32. 董轩,陈枫.教师负面情感的发生与调适机制研究[J].教育发展研究,2020(20):79-84.

33. 董泽芳.论教师的角色冲突与调适[J].湖北社会科学,2010(1):167-171.

34. 杜时忠.教师道德从何而来[J].高等教育研究,2002(5):79-82.

35. 范丽恒.国外教师期望研究综述[J].心理科学,2006(3):646-648.

36. 范骁骏.论思维方式[J].哲学研究,1991(5):50-58.

37. 范玉林.关于思维方式的四个因素[J].晋阳学刊,1987(5):26-27.

38. 冯生尧,李子健.教师文化的表现、成因与意义[J].教育导刊,2002(4):32-34.

39. 冯建军.教师与教育哲学[J].当代教师教育,2011(1):1-5.

40. 冯向东.教育科学的理论与实践逻辑:关于布迪厄"实践逻辑"的方法论意蕴[J].高等教育研究,2012(2):13-19.

41. 冯振广,荣今兴.逻辑起点问题琐谈[J].河南社会科学,1996(4):56-58.

42. 傅道春.新课程与教师行为的变化[J].人民教育,2001(12):32-33.

43. 傅维利,朱宁波.试论我国教师职业道德规范的基本体系和内容[J].中国教育学刊,2003(2):52-56.

44. 甘剑梅.教师应该是道德家吗:关于教师道德的哲学反思[J].教育研究与实验,2003(3):25-30.

45. 高晓文,于伟.教师情感劳动初探[J].教育研究,2018(3):95-102.

46. 高潇怡,庞丽娟. 教师的儿童学习观与其教育行为的关系研究[J]. 教师教育研究,2007(3):41-45.

47. 高潇怡,庞丽娟. 论教师教育观念的作用[J]. 教育科学,2003(2):23-26.

48. 高潇怡,庞丽娟. 论教师教育观念的本质与结构[J]. 社会科学战线,2009(3):250-253.

49. 耿文侠,申继亮,张娜. 教师反思态度与其反思倾向之关系的实证研究[J]. 教师教育研究,2011(6):30-33.

50. 龚群. 德性伦理学的基本特征及其与道义论、功利论伦理学的根本区别[J]. 中国人民大学学报,2019(4):45-54.

51. 巩建华. 国外教师角色研究述评[J]. 上海教育科研,2011(10):35-39.

52. 顾明远. 教师思维是属于教师高层次的能力:《教师思维论》序[J]. 连云港教育学院学报,1994(4):3-4.

53. 顾明远. 教师的职业特点与教师专业化[J]. 教师教育研究,2004(6):3-6.

54. 顾明远. 以教育家精神锤炼强教之师[J]. 人民教育,2023(18):1.

55. 郭晓娜. 教师教学信念研究的现状、意义及趋势[J]. 外国教育研究,2008(10):92-96.

56. 郭兴举. 论存在主义的教师观[J]. 教育学报,2006(3):75-79.

57. 郭兴举. 尼采的教师观[J]. 教师教育研究,2004(6):34-36.

58. 郭元祥. 教育学逻辑起点研究的若干问题思考:兼与有关同志商榷[J]. 教育研究,1995(9):30-34.

59. 郭元祥. 知识的教育学立场[J]. 教育研究与实验,2009(5):1-6.

60. 郭湛,王文兵. 主体性是人的生命自觉的一种哲学表达[J]. 唐都学刊,2004(2):13-15.

61. 郭湛. 人的主体性的进程[J]. 中国社会科学,1987(2):55-64.

62. [苏]H.E.舒尔科夫. 教师的课堂行为[J]. 刘伦振,译. 外国教育动态,1983(3):53-58.

63. [新]海伦·蒂姆勃雷. 促进教师专业学习与发展的十条原则[J]. 教育研究,2009(8):55-62.

64. 韩进之,黄白.我国关于教师心理的研究[J].心理发展与教育,1992(4):36-42.

65. 韩向前.我国中小学校教师人格特征研究[J].心理学探索,1989(3):18-22.

66. 韩延伦,刘若谷.教育情怀:教师德性自觉与职业坚守[J].教育研究,2018(5):83-92.

67. 郝明君,靳玉乐.教师文化的变革[J].中国教育学刊,2006(3):70-74.

68. 郝文武.关于教师专业化的哲学思考[J].陕西师范大学学报(哲学社会科学版),2003(6):111-115.

69. 何晓芳,张贵新.解析教师实践知识:内涵及其特性的考察[J].教师教育研究,2006(3):38-42.

70. 赫鸿雁.当代中国教师面临的教育伦理问题[J].黑龙江高教研究,2003(4):84-85.

71. 侯晶晶,朱小蔓.诺丁斯以关怀为核心的道德教育理论及其启示[J].教育研究,2004(3):36-43.

72. 侯小兵,张学敏.教师专业发展模型及其实践价值[J].当代教师教育,2012(1):6-10.

73. 胡春光.教师角色:从吉鲁的批判教育学中反思[J].华中师范大学学报(人文社会科学版),2008(6):121-126.

74. 胡庆芳.教师专业发展背景下的学习与学习文化的重建[J].上海教育科研,2005(3):19-22.

75. 胡相峰,王璐.论专业化视野下的教师专业精神[J].教育评论,2009(3):40-42.

76. 胡亚琳,王蔷.教师情感研究综述:概念、理论视角与研究主题[J].外语界,2014(1):40-48.

77. 黄济.万世师表:谈孔子的教师观[J].教育科学研究,2003(1):43-46.

78. 黄仰栋,吴黛舒.师道的传统特质与现代内涵[J].教育探索,2021(2):67-71.

79. [美]J. 索尔蒂斯. 论教育哲学的前景[J]. 闵家胤,译. 国外社会科学,1984(3):6-10.

80. [美]J. 索尔蒂斯. 论教学的品德和实践[J]. 吴棠,译. 华东师范大学学报(教育科学版),1986(3):1-8.

81. [美]加涅. 教学与学习的有效策略(上)[J]. 博森,译. 外国教育资料,1991(5):16-23.

82. 姜美玲,王赛凤. 理解教师实践性知识[J]. 全球教育展望,2004(11):47-51.

83. 姜勇. 论教师的精神成长:批判教育学视野中的教师专业发展[J]. 中国教育学刊,2011(2):55-57.

84. 金爱冬,马云鹏. 国内外教师信念问题研究综述[J]. 延边大学学报(社会科学版),2013(1):75-83.

85. 金生鈜. 何为好教师?:论教师的道德[J]. 中国教师,2008(1):18-22.

86. 金生鈜. 教育哲学是实践哲学[J]. 教育研究,1995(1):17-22.

87. 靳玉乐,王桂林. 教师期望效应的功能与运用原则[J]. 教育实践与研究,2003(1):3-4.

88. 亢晓梅. 师生课堂互动行为类型理论比较研究[J]. 比较教育研究,2001(4):42-46.

89. 寇东亮. "德性伦理"研究述评[J]. 哲学动态,2003(6):17-19.

90. [美]库姆斯. 师范教育的新设想[J]. 殷普农,译. 华东师范大学学报(教育科学版),1989(4):1-7.

91. 兰英. 当代国外教师教学思想研究[J]. 比较教育研究,2000(4):32-37.

92. 乐先莲. 教师与知识—教师角色的知识社会学分析[J]. 全球教育展望,2006(8):60-63.

93. 冷泽兵. 论教学活动中教师的主体性,四川师范学院学报(哲学社会科学版)[J]. 2002(1):97-101.

94. 李德顺. "价值"与"人的价值"辨析:兼论两种不同的价值思维方式[J]. 天津社会科学,1994(6):29-36.

95. 李德顺. 马克思哲学与存在论问题[J]. 当代马克思主义评论,2004(4): 53-75.

96. 李兰芬,王国银. 德性伦理:人类的自我关怀[J]. 哲学动态,2005(12): 40-45.

97. 李继. 论教师情感的断裂与复归[J]. 中国教育学刊,2015(5):86-90.

98. 李吉林. 情感:情境教育理论构建的命脉[J]. 教育研究,2011(7):65-71.

99. 李家黎. 教师信念的现实反思与建构发展[J]. 中国教育学刊,2010(8): 60-63.

100. 李瑾瑜. "教师专业发展"的概念特质与实践要义[J]. 中国教师,2017(6): 26-29.

101. 李茂森. 从"角色"到"自我":教育变革中教师改变的困境与出路[J]. 教育发展研究,2009(22):56-59.

102. 李茂森. 教师专业身份认同的理性思考[J]. 教育学术月刊,2008(7): 64-66.

103. 李茂森. 教师的身份认同研究及其启示[J]. 全球教育展望,2009(3): 86-90.

104. 李清雁. 教师德性:结构、动因与养成[J]. 社会科学战线,2018(10): 234-242.

105. 李琼,倪玉菁,萧宁波. 小学数学教师的学科教学知识:表现特点及其关系的研究[J]. 教育学报,2006(4):58-64.

106. [美]李·S. 舒尔曼. 理论、实践与教育的专业化[J]. 王幼真,刘捷,译. 比较教育研究,1999(3),36-40.

107. 李润州. 教师个人教育哲学的迷失与重构[J]. 课程·教材·教法, 2015(8):105-111.

108. 李霞,徐锦芬. 国内外教师学习研究:模型、主题与方法[J]. 外语界, 2020(5):80-87.

109. 李小红,邓友超. 论教师的主体性[J]. 江西教育科研,2002(5):3-6.

110. 李伟胜. 学科教学知识(PCK)的核心因素及其对教师教育的启示[J]. 教师

教育研究,2009(2):33-38.

111. 李一希.论价值教育的逻辑[J].华东师范大学学报(教育科学版),2020(11):109-118.

112. 李政涛.判断教师思维品质的八个基本维度[J].中小学管理,2021(9):10-11.

113. 李政涛.让教育家精神"活"在教师日常教育生活中[J].人民教育,2023(24):38-39.

114. 连榕.教师教学专长发展的心理历程[J].教育研究,2008(2):15-20.

115. 林崇德.教师大计 师德为本[J].北京师范大学学报(社会科学版),2015(1):9-12.

116. 林崇德.基于中华民族文化的师德观[J].西南大学学报(社会科学版),2014(1):43-51.

117. 林崇德,申继亮,辛涛.教师素质的构成及其培养途径[J].中国教育学刊,2009(6):16-22.

118. 林崇德.我的思维三维观[J].思想政治课教学,1996(2):27-28.

119. 林一钢.教师信念研究述评[J].浙江师范大学学报(社会科学版),2008(3):79-84.

120. 林一钢,潘国文.探析教师实践性知识及其生成机制[J].全球教育展望,2013(10):42-48.

121. 梁玉华,庞丽娟.教师角色意识的发展阶段与影响因素[J].中国教师,2005(12):8-10.

122. 刘东敏,田小杭.教师实践性知识获取路径的思考与探究[J].教师教育研究,2008(4):16-20.

123. 刘加霞.专家型教师思维特质研究:基于华应龙深度教学思考的分析[J].中小学管理,2012(5):8-12.

124. 刘庆昌.核心素养教育呼唤教师的教育情怀[J].课程教学研究,2017(11):4-6.

125. 刘庆昌.论教师的教育情怀[J].教师发展研究,2021(4):73-80.刘全波.

现代西方关于教师个性特征的研究[J].外国教育动态,1991(4):42-45.

126. 刘湘溶.简析教师专业化与教师教育专业化[J].中国高教研究,2004(7):22-25.

127. 刘学惠,申继亮.教师学习的分析维度与研究现状[J].全球教育展望,2006(8):54-59.

128. 刘炎欣,罗昱.教育情怀的哲学思考与内蕴阐释[J].教育探索,2019(1):5-8.

129. 刘兆吉,黄培松.对120名优秀教师和模范班主任心理特点的初步分析[J].心理学报,1980(3):287-297.

130. 柳珺珺,江光荣.师生互动风格的影响因素研究[J].教育研究与实验,2016(3):81-86.

131. 龙宝新.教师文化:基于生活世界的概念重构[J].当代教育与文化,2009(5):25-31.

132. 龙宝新.论国外教师专业发展的理念、形态与模式类型[J].外国中小学教育,2016(5):49-57.

133. 罗杰,周媛,陈维等.教师职业认同与情感承诺的关系:工作满意度的中介作用[J].心理发展与教育,2014(3):322-328.

134. 罗生全.教育家精神的价值谱系及塑造机制,南京社会科学[J].2023(10):135-142.

135. 罗祖兵.从"预成"到"生成":教学思维方式的必然选择[J].课程·教材·教法,2008(2):21-25.

136. 卢乃桂,王丽佳.西方教学伦理研究的路向与问题[J].全球教育展望,2011(8):10-14.

137. 卢乃桂,钟亚妮:国际视野中的教师专业发展[J].比较教育研究,2006(2):71-76.

138. 卢正芝,洪松舟.我国教师能力研究三十年历程之述评:教育发展研究[J].2007(1):70-74.

139. 卢家楣.以情优教[J].上海师范大学学报(教育版·中小学教育管理),

1999(10):88-92.

140. 卢家楣. 论情感教学模式[J]. 教育研究,2006(12):55-60.

141. 卢家楣. 对情感教学心理研究的思考与探索[J]. 心理发展与教育,2015(1):78-84.

142. 鲁洁. 教育:人之自我建构的实践活动[J]. 教育研究,1998(9):13-18.

143. 吕耀怀,刘爱龙. 制度伦理与德性伦理[J]. 道德与文明,1999(2):34-36.

144. 慕宝龙. 教师专业自主的概念论争及其思考[J]. 教育学报,2014(5):113-121.

145. 马玉斌,熊梅. 教师文化的变革与教师合作文化的重建[J]. 东北师大学报(哲学社会科学版),2007(4):148-154.

146. [加]马克斯·范梅南. 教育敏感性和教师行动中的实践性知识[J]. 北京大学教育评论,2008(1):2-20.

147. [加]迈克尔·康内利,[加]琼·柯兰迪宁. 专业知识场景中的教师个人实践知识[J]. 何敏芳,译. 华东师范大学学报(教育科学版),1996(2):5-16.

148. 毛齐明. 国外"教师学习"研究领域的兴起与发展[J]. 全球教育展望,2010(1):63-67.

149. 毛齐明,蔡宏武. 教师学习机制的社会建构主义诠释[J]. 华东师范大学学报(教育科学版),2012(2):19-25.

150. [荷]尼克·温鲁普简·范德瑞尔,[荷]鲍琳·梅尔. 教师知识和教学的知识基础[J]. 北京大学教育评论,2008(1):21-38.

151. 沃建中,申继亮. 中小学教师自我概念发展的研究[J]. 心理发展与教育,1993(3):18-22.

152. 庞丽娟,洪秀敏. 教师自我效能感:教师自主发展的重要内在动力机制[J]. 教师教育研究,2005(4):43-46.

153. 庞丽娟,叶子. 论教师教育观念与教育行为的关系[J]. 教育研究,2000(7):47-50.

154. 彭漪涟. 论"原始的基本关系":冯契关于辩证分析逻辑起点的一个重要思

想[J]. 华东师范大学学报(哲学社会科学版),2002(1):32-35.

155. 齐学红. 教学过程中知识的社会建构:一种知识社会学的观点[J]. 南京师范大学学报(社会科学版),2003(1):66-72.

156. 戚万学. 论教师的哲学[J]. 教育研究,2014(12):85-93.

157. 戚万学. 决定教育的最后根据是哲学[J]. 江苏教育学院学报(哲学社会科学版),1995(1):53-55.

158. 钱超英. 身份概念与身份意识[J]. 深圳大学学报(人文社会科学版),2000(2):89-94.

159. 钱家荣. 教师的课堂行为浅探[J]. 现代中小学教育,1999(4):58-60.

160. 钱民辉. 论教师与教育变革的关系[J]. 教育理论与实践,1996(6):16-21.

161. 曲正伟. 教师的"身份"与"身份认同"[J]. 教育发展研究,2007(4A):34-38.

162. [美]R. J. 斯腾伯格,[美]J. A. 霍瓦斯. 专家型教师教学的原型观[J]. 高民,张春莉,译. 华东师范大学学报(教育科学版),1997(1):27-37.

163. 上海市青浦实验研究所. 小学数学新手和专家教师 PCK 比较的个案研究[J]. 上海教育科研,2007(10):47-50.

164. 邵光华,纪雪聪. 国外教师情感研究与启示[J]. 教师教育研究,2015(5):107-112.

165. 申继亮,辛涛. 关于教师教学监控能力的培养研究[J]. 北京师范大学学报(社会科学版),1996(1):37-45.

166. 申继亮,辛涛. 论教师教学的监控能力[J]. 北京师范大学学报(社会科学版),1995(1):67-75.

167. 申继亮,辛涛,邹泓. 中小学教师教学能力观的比较研究[J]. 教育科学研究,1998(1):1-4.

168. 申继亮,王凯荣. 论教师的教学能力[J]. 北京师范大学学报(人文社会科学版),2000(1):64-71.

169. 沈之菲. 近十年西方教师认同问题研究及启示[J]. 上海教育科研,2005(11):10-13.

170. 石峰. 论教师德性[J]. 教育探索,2007(5):89-90.

171. 石中英. 价值教育的时代使命[J]. 中国民族教育,2009(1):18-20.

172. 石中英. 教师的价值品质及其提升:教师的基本价值品质及其形成[J]. 中国教师,2009(1):4-6.

173. 石中英. 当代知识的状况与教师角色的转换[J]. 高等师范教育研究, 1998(6):52-57.

174. 石中英. 教师的基本价值品质及其形成[J]. 中国教师,2009(1):4-6.

175. 石中英. 教师职业倦怠的一种哲学解释[J]. 中国教育学刊,2020(1): 95-98.

176. 石中英. 师道尊严的历史本意与时代意义[J]. 当代教师教育,2017 (2):18-23.

177. 石中英. 知识性质的转变与教育改革[J]. 清华大学教育研究,2001 (2):29-36.

178. 石中英. 中国的师道传统与教育家精神[J]. 教师发展研究,2024(2): 97-105.

179. 宋萑. 教师专业伦理之辩证[J]. 湖南师范大学教育科学学报,2009(6): 9-12.

180. 宋萑. 教师专业伦理实践困境与解困路径[J]. 福建师范大学学报(哲学社会科学版),2009(4):143-148.

181. 宋晔. 教师德性的理性思考[J]. 教育研究,2005(8):48-52.

182. 孙彩平. 知识·道德·生活:道德教育的知识论基础[J]. 教育研究与实验, 2012(3):17-21.

183. 孙俊才,卢家楣. 国外教师情绪研究的视角转换与启示[J]. 外国教育研究, 2007(7):19-23.

184. 孙元涛. 教师专业学习共同体:理念、原则与策略[J]. 教育发展研究, 2011(22):52-57.

185. 索长清. 教师文化的结构要素分析[J]. 教育导刊,2016(12):13-16.

186. 索长清,王汝慈,李文辉. 教师文化:基于实践哲学的内涵构建及其特征[J].教育导刊,2021(1):21-26.

187. 檀传宝.德性、德性生活的实存与历史:对于道德生活和道德教育本质的思考[J].江苏高教,2001(1):36-40.

188. 檀传宝.对道德发展理论的三点理解[J].教育发展研究,1999(12):28-33.

189. 檀传宝.当前师德建设的三大命题[J].中小学德育,2019(9):1.

190] 檀传宝.对德育主体自身的改造:论"师表美"[J].教育研究,1998(2):36-41.

191. 檀传宝.教师的道德人格及其修养[J].江苏高教,2001(3):75-78.

192. 檀传宝.论教师"职业道德"向"专业道德"的观念转移[J].教育研究,2005(1):48-51.

193. 檀传宝,肖金星.论教育家精神与师德修养的三个方向[J].中国教育科学,2024(1):24-31.

194. 檀传宝.论教师的良心[J].教育理论与实践,2000(10):29-32.

195. 檀传宝.再论"教师德育专业化"[J].教育研究,2012(10):39-46.

196. 陶志琼.关于教师德性的研究[J].华东师范大学学报(教育科学版),1999(1):38-44.

197. 唐松林.从哲学家的哲学到我的哲学:教师哲学内涵理解[J].湖南师范大学教育科学学报,2008(5):5-7.

198. 唐松林.国外教师教学行为有效性研究综述[J].大学教育科学,2007(4):72-76.

199. 田小红,季益龙,周跃良.教师能力结构再造:教育数字化转型的关键支撑[J].华东师范大学学报(教育科学版),2023(3):91-100.

200. 王长乐.论信念形成的机制及其教育学意义[J].固原师专学报,1997(2):79-83.

201. 王道俊.关于教育的主体性问题[J].教育研究与实验,1996(2):1-5.

202. 王芳,马云鹏."教师学习"研究的发展及其对职前教师教育的启示[J].外国教育研究,2010(4):5-9.

203. 王家瑾. 从教与学的互动看优化教学的设计与实践[J]. 教育研究, 1997(1):51-55.

204. 王建龙,白益民. 浅谈教师思维与教学成效的关系[J]. 天津教育, 1998(2):16-18.

205. 王晶莹,李新璐,等. 国外教师效能研究概览[J]. 世界教育信息, 2016(8):37-41.

206. 王俊明. 教师角色冲突的原因及缓解措施[J]. 中国教师, 2005(12):5-7.

207. 王凯. 教师学习:专业发展的替代性概念[J]. 教育发展研究, 2011(2):58-61.

209. 王凯. 教师学习的生态转向及其特征[J]. 教育研究, 2011(11):83-87.

210. 王坤庆. 关于教育研究方法论的探讨[J]. 黄冈师范学院学报, 2005(1):72-81.

21. 王坤庆. 关于知识教育价值观的探讨[J]. 华中师范大学学报(哲社版), 1994(6):73-76.

21. 王萍. 教师的教育情怀及其养成:基于教育现象学的视角[J]. 当代教育科学, 2020(9):17-23.

21. 王晓芳. 从共同体到伙伴关系:教师学习情境和方式的扩展与变革[J]. 华东师范大学学报(教育科学版), 2015(3):43-52.

214. 王小飞. 当代西方教师专业伦理研究与发展现状述评[J]. 中国教师, 2008(12):13-16.

215. 王伟杰. 课堂教学中的教师角色行为分析[J]. 外国中小学教育, 2003(9):35-38.

216. 王文静,曾榕清. 教育家精神:中华传统师道的时代传承[J]. 人民教育, 2023(21):48-51.

217. 王艳玲. 教师形象的内源性考察[J]. 中国教育学刊, 2011(2):58-61.

218. 王振宏. 国外教师效能研究述评[J]. 心理学动态, 2001(2):146-150.

219. 汪欣月,赵明洁. 教师思维的科学品质及其提升策略[J]. 教育探索, 2020(9):71-74.

220. 魏戈,陈向明.教师实践性知识研究的创生和发展[J].华东师范大学学报(教育科学版),2018(6):107-117.

221. 吴安春,朱小蔓.对创造性教师的研究[J].上海教育科研,2002(5):4-8.

222. 吴安春,朱小蔓."生存论"的教师创造之浅析[J].现代教育论丛,2002(3):13-16.

223. 吴刚平.教师实践性知识的行动逻辑与理解转向[J].全球教育展望,2017(7):76-87.

224. 吴光勇,黄希庭.当代中学生喜爱的教师人格特征研究[J].教育研究与实验,2003(4):43-47.

225. 吴浩明.香港与大陆教师文化差异研究[J].华东师范大学学报(教育科学版),2002(1):71-81.

226. 吴康宁.简论教育社会学的学科性质[J].华中师范大学学报(人文社会科学版),1998(3):61-64.

227. 吴康宁,等.教师课堂角色类型研究[J].教育研究与实验,1994(4):1-8.

228. 吴思孝.教师专业精神:内涵、价值与培养[J].教育理论与实践,2013(34):39-43.

229. 吴思颖,李洪修.教师课程创生的知识社会学分析[J].教育理论与实践,2021(10):55-60.

230] 伍叶琴,李森,戴宏才.教师发展的客体性异化与主体性回归[J].教育研究,2013(1):119-125.

23. 伍远岳,郭元祥.论知识的个性化意义及其实现[J].湖南师范大学教育科学学报,2011(1):56-59.

23. 谢维和.教师尊严的教育基础:谈教师怎样才能得到学生的尊重和敬仰[J].人民教育,2016(2):17-21.

23. 谢翌.教师信念:学校教育中的"幽灵"[D].东北师大博士论文,2006,23.

234. 谢翌,马云鹏.教师信念的形成与变革[J].比较教育研究,2007(6):31-35.

235. 辛涛:论教师的教学效能感[J].应用心理学,1996(2):42-48.

236. 辛涛,林崇德. 教师心理研究的回顾与前瞻[J]. 心理发展与教育,1996(4): 45-51.

237. 辛涛,申继亮. 论教师的教育观念[J]. 北京师范大学学报(社会科学版), 1999(1):14-19.

238. 辛涛,申继亮,林崇德. 从教师的知识结构看师范教育的改革[J]. 高等师范教育研究,1996(6):12-17.

239. 肖凤翔,张明雪. 教育情怀:现代教师的核心素养[J]. 河北师范大学学报(教育科学版),2018(5):97-102.

240. 徐廷福. 论我国教师专业伦理的建构[J]. 教育研究,2006(7):48-51.

241. 徐玉珍. 论"好教师":"教师评价"的评价[J]. 课程·教材·教法,1997 (11):45-51.

242. 薛晓阳. 超越"圣洁":教师德性的哲学审视[J]. 教育研究与实验, 2001(2):19-25.

243. 阎光才. 教师"身份"的制度与文化根源及当下危机[J]. 北京师范大学学报(社会科学版),2006(4):12-17.

244. 杨彩霞. 教师学科教学知识:本质、特征与结构[J]. 教育科学,2006 (1):60-63.

245. 杨国荣. 道德系统中的德性[J]. 中国社会科学,2000(3):85-97.

246. 杨小峻. 专业精神:高校教师专业化发展的基点[J]. 黑龙江高教,2007(8): 96-99.

247. 杨小微. 教育理论工作者的实践立场及其表现[J]. 教育研究与实验, 2006(4):6-9.

248. 杨启亮. 教师主体性与主体性教师素质[J]. 现代中小学教育,2000 (7):46-49.

249. 杨跃. 论教师的责任伦理[J]. 当代教育论坛,2006(9):80-83.

250. 杨志成,柏维春. 教育价值分类研究[J]. 教育研究,2013(10):19-23.

251. 叶澜. 把个体精神生命发展的主动权还给学生[J]. 山东教育,2001(1-2): 5-6.

252. 叶澜.创建上海中小学新型师资队伍决策性研究总报告[J].华东师范大学学报(教育科学版),1997(1):1-9.

253. 叶澜.改善发展"生境"提升教师自觉[N].中国教育报,2007-9-15(003).

254. 叶澜.更新教育观念,创建面向21世纪的新基础教育[J].中国教育学刊,1998(4):6-11.

255. 叶澜.基础教育改革深化之路怎么走?[J].人民教育,2015(11):60-62.

256. 叶澜.教育的魅力,应从创造中去寻找[J].内蒙古教育,2016(4):7-10.

257. 叶澜.学校文化的关键:唤醒教师内在的创造激情[J].教书育人,2008(3):15.

258. 叶澜.教师的魅力在于创造[J].上海教育,2013(6):32-36.

259. 叶澜."新基础教育"内生力的深度解读[J].人民教育,2016(3-4):33-42.

260. 叶子,庞丽娟.师生互动的本质与特征[J].教育研究,2001(4):30-34.

261. 易凌云,庞丽娟.论教师个人教育观念的形成机制[J].教育理论与实践,2006(9):42-46.

262. 易凌云,庞丽娟.教师教育观念:内涵、结构与特征的思考[J].教师教育研究,2004(3):6-11.

263. 易凌云.中国特色教育家精神:核心要义、价值意蕴与实践路径[J].人民教育,2023(22):35-38.

264. 尹弘飚.教师情绪研究:发展脉络与概念框架[J].全球教育展望,2008(4):77-82.

265. 尹弘飚.教师情绪:课程改革中亟待正视的一个议题[J].教育发展研究,2007(3B):44-48.

266. 尹弘飚.教师专业实践中的情绪劳动[J].教育发展研究,2009(10):18-22.

267. 尹弘飚,操太圣.课程改革中教师的身份认同:制度变迁与自我重构[J].教育发展研究,2008(2):35-40.

268. 游旭群. 教育家精神的阐释与培养[J]. 国家教育行政学院学报, 2023(8):3-11.

269. 于泽元. 教师专业发展视野中的高师课程改革[J]. 高等教育研究, 2004(3):55-60.

270. 俞国良. 专家—新手型教师教学效能感和教学行为的研究[J]. 心理学新探, 1999(2):32-39.

271. 俞国良, 罗晓璐. 教师效能感及其相关因素研究[J]. 北京师范大学学报(人文社会科学版), 2001(1):72-78.

272. 俞国良, 申继亮, 辛涛. 教师教学效能感:结构与影响因素的研究[J]. 心理学报, 1995(2):159-166.

273. 俞国良, 辛自强. 教师信念及其对教师培养的意义[J]. 教育研究, 2000(5):16-20.

274. 俞国良, 辛自强, 汤鉴澄, 俞晓东, 等. 中小学教师教学监控能力:发展特点与相关因素[J]. 心理发展与教育, 1998(2):31-35.

275. 俞启定. 论中国古代的师道观[J]. 高等师范教育研究, 1995(3):68-73. 余文森. 教学主张:打开专业成长的"天眼"[J]. 人民教育, 2015(3):17-21.

276. 袁贵仁, 何君陆. 关于思维方式的几个问题[J]. 社会科学辑刊, 1988(5):22-25.

277. 袁丽. 中国教师形象及其内涵的历史文化建构[J]. 教师教育研究, 2016(1):103-109.

278. 岳欣云. 课堂教学变革中的教师思维方式发展[J]. 中国教育学刊, 2007(3):75-78.

279. 张朝珍. 国外教师临床教学决策思想研究[J]. 比较教育研究, 2008(11):68-72.

280. 张桂春. 简论建构主义教师观[J]. 教育科学, 2006(1):49-52.

281. 张华军, 朱小蔓. "看见"学生:情感人文取向的课堂教学研究[J]. 教育科学研究, 2019(3):10-15.

282. 张华军, 朱旭东. 论教师专业精神的内涵[J]. 教师教育研究, 2012(3):

1—9.

283. 张军凤. 教师的专业身份认同[J]. 教育发展研究,2007(4A):39—41.

284. 张姜坤. 规范与德性之间:道德教育的出场方式[J]. 道德与文明,2023(3):152—166.

285. 张磊. 西方教师德性研究的肇始、发展与问题[J]. 教师教育研究,2016(3):108—114.

286. 张敏. 国外教师职业认同与专业发展研究述评[J]. 比较教育研究,2006(2):77—80.

287. 张敏. 教师学习策略结构研究[J]. 教育研究,2008(6):84—90.

288. 张宁娟. 国外教师伦理研究新进展[J]. 中国德育,2010(4):55—58.

289. 张宁娟. 中西教师文化的历史演变[J]. 教师教育研究,2006(2):38—43.

290. 张释元. 教师价值取向:学校教育变革之"基"[D]. 西南大学博士学位论文,2013.

291. 张淑华,李海莹,刘芳. 身份认同研究综述[J]. 心理研究,2012(5):21—27.

292. 张诗雅. 教师深度学习:价值、内涵与模型建构[J]. 现代基础教育研究,2020(9):35—41.

293. 张学民,林崇德,申继亮. 论教师教学专长的发展与教师教育[J]. 中国教育学刊,2007(5):69—74.

294. 张学民,申继亮. 国外教师教学专长及发展理论述评[J]. 比较教育研究,2001(3):1—5.

295. 张音,陈欣. 教师专业洞察力:内涵、要素与发展评价方法[J]. 外国教育研究,2019(2):89—103.

296. 张志勇,史新茹. "中国特有的教育家精神"的演进逻辑、本质内涵和时代价值[J]. 中国教育学刊,2023(11):1—6.

297. 赵昌木. 论教师信念[J]. 当代教育科学,2004(9):11—14.

298. 赵昌木. 教师持续成长:信念的转变与适应[J]. 全球教育展望,2002(8):22—24.

299. 赵履宽. 论教师的劳动[J]. 人民教育,1980(4):28—30.

300. 赵明仁,黄显华. 建构主义视野中教师学习解析[J]. 教育研究,2011(2):83-86.

301. 郑召利. 信念的本性:从知识论谈起[J]. 中国德育,2015(12):42-45.

302. 曾拓,张彩云,申继亮. 中小学教师教学问题诊断能力的研究[J]. 教育理论与实践,2005(6):29-31.

303. 钟芳芳,朱小蔓. 教师关切情感的逻辑及其实践路径:兼论当代师生关系危机[J]. 中国教育学刊,2016(11):67-74.

304. 钟启泉. 国外的"教师研究"及其启示[J]. 网络科技时代,2007(1):6-10.

305. 钟启泉. "教师专业化"的误区及其批判[J]. 教育发展研究,2003(4-5):119-123.

306. 钟启泉. "实践性知识"问答录[J]. 全球教育展望,2004(4):3-6.

307. 周贵礼. 论当代教师思维方式变革[D]. 华中师大博士论文,2011.

308. 周建达,林崇德. 教师素质的心理学研究[J]. 心理发展与教育,1994(1):32-37.

309. 周钧,罗剑平. 西方"教师学习"研究述评[J]. 比较教育研究,2014(4):70-76.

310. 周文叶,崔允漷. 何为教师之专业:教师专业标准比较的视角[J]. 全球教育展望,2012(4):31-37.

311. 周正. 教学活动本质的社会学分析[J]. 教学与管理,2006(2):7-9.

312. 朱宁波. 论教师的专业精神[J]. 教育科学,1999(3):53-55.

313. 朱水萍,高德胜. 教师伦理角色的缺位与回归[J]. 全球教育展望,2013(10):35-41.

314. 朱小蔓. 关于教师创造性的再认识[J]. 中国教育学刊,2001(3):57-60.

315. 朱小蔓. 把教师当作生命主体看待[J]. 江苏教育,2016(9):1.

316. 朱小蔓. 情感是人类精神生命中的主体力量[J]. 南京林业大学学报(人文社会科学版),2001(1):55-60.

317. [日]佐藤学. 课程研究与教师研究[J]. 钟启泉,译,全球教育展望,2002(9):7-12.